Baun
Verteilungsprognose für den Deutschen Aktienindex

Lieber Axel,

ich danke Dir nochmals sehr für Deine Hilfe beim 1. Meilenstein - weißt Du noch? Dein tolles Excel-Programm zur Berechnung der Quartile!
Auf ein baldiges Wiedersehen - z dem Jobas!
Alles Liebe
Deine Susanne

GABLER EDITION WISSENSCHAFT

Susanne Baun

Verteilungsprognose für den Deutschen Aktienindex

Einsatz Neuronaler Netze

Mit einem Geleitwort
von Prof. Dr. Wolfgang Gerke

DeutscherUniversitätsVerlag

Die Deutsche Bibliothek - CIP-Einheitsaufnahme

Baun, Susanne:
Verteilungsprognose für den Deutschen Aktienindex :
Einsatz Neuronaler Netze / Susanne Baun.
Mit einem Geleitw. von Wolfgang Gerke.
- Wiesbaden : Dt. Univ.-Verl. ; Wiesbaden : Gabler, 1997
(Gabler Edition Wissenschaft)
Zugl.: Erlangen-Nürnberg, Univ., Diss., 1996
ISBN 3-8244-6475-6

n 2

Der Deutsche Universitäts-Verlag und der Gabler Verlag sind Unternehmen der Bertelsmann Fachinformation.

Gabler Verlag, Deutscher Universitäts-Verlag, Wiesbaden
© Betriebswirtschaftlicher Verlag Dr. Th. Gabler GmbH, Wiesbaden 1997
Lektorat: Claudia Splittgerber / Michael Gließner

Das Werk einschließlich aller seiner Teile ist urheberrechtlich geschützt. Jede Verwertung außerhalb der engen Grenzen des Urheberrechtsgesetzes ist ohne Zustimmung des Verlages unzulässig und strafbar. Das gilt insbesondere für Vervielfältigungen, Übersetzungen, Mikroverfilmungen und die Einspeicherung und Verarbeitung in elektronischen Systemen.

Höchste inhaltliche und technische Qualität unserer Produkte ist unser Ziel. Bei der Produktion und Auslieferung unserer Bücher wollen wir die Umwelt schonen: Dieses Buch ist auf säurefreiem und chlorfrei gebleichtem Papier gedruckt.

Die Wiedergabe von Gebrauchsnamen, Handelsnamen, Warenbezeichnungen usw. in diesem Werk berechtigt auch ohne besondere Kennzeichnung nicht zu der Annahme, daß solche Namen im Sinne der Warenzeichen- und Markenschutz-Gesetzgebung als frei zu betrachten wären und daher von jedermann benutzt werden dürften.

Druck und Buchbinder: Rosch-Buch, Scheßlitz
Printed in Germany

ISBN 3-8244-6475-6

Geleitwort

Neuronale Netze gelangen in vielen finanzwirtschaftlichen Fragen aus der Experimentierphase in die Anwendungsphase. Dies gilt beispielsweise für die Bonitätsprüfung im Kreditgeschäft bei Banken und für Baufinanzierungskredite bei Bausparkassen. Teilweise ersetzen Neuronale Netze in der Kreditwürdigkeitsprüfung bereits die konventionellen Scoring-Verfahren.

In diesem Buch wird der spannende Versuch unternommen, für den Verlauf des deutschen Aktienindex (DAX) mit Hilfe Neuronaler Netze Verteilungsprognosen zu erstellen. Die Studie zeichnet sich dadurch aus, daß der Leser erst einmal behutsam in die Gestaltung eines zielgerichtet optimierten Neuronalen Netzes zur Verteilungsprognose von Aktienindizes eingeführt wird. Der Leser gewinnt so einen Einblick in die Funktionsweise, Variabilität und Methodik Neuronaler Netze und kann deren Aufbau mit der Verfahrensweise bei linearen Prognosemodellen vergleichen. Der Arbeit ist dabei kein enger Modellbildungsbegriff zugrundegelegt. Erweitert wird die Modellierungsperspektive insofern, als die Schnittstellen zu angrenzenden bankbetrieblichen Teilfunktionen - Datenerhebung - Modellentwicklung - Modellauswertung - Modelleinsatz - im Sinne einer prozeßorientierten Vorgehensweise mit einbezogen werden. Insbesondere wird auf eine Gewährleistung der Synchronisation bezüglich der einzelnen Komponenten der Prozeßkette „Entwicklung - Auswertung - Einsatz" im Rahmen eines Interface-Konzepts geachtet.

Im empirischen Teil erfolgen die Bewertungen der neuronalen Ergebnisse vor dem Hintergrund ihrer Einordnung zwischen dem Vergleichsmaßstab einer naiven Schätzung als wünschenswerte Untergrenze und dem Vergleichsmaßstab der perfekten Voraussicht als wünschenswerte Obergrenze. Des weiteren erfolgen die Auswertungen stets sowohl in globaler Betrachtung, d. h. über die zweijährigen Generalisierungszeiträume hinweg, als auch in dynamischer Darstellung in Form von Werteakkumulierungen und Quartalsrasterungen. Die Arbeit demonstriert anschaulich, daß sich das Interface-Konzept als eine adäquate Alternative zu einer direkten Strategiemodellierung anbietet, verbunden mit einem hohen Maß an Flexibilität gegenüber den jeweiligen Einsatzstrategien.

Aus der Zusammenarbeit mit Technologieanbietern, Kreditwirtschaft, Systemberatern und Wissenschaft entsteht eine Studie, die weit über die wissenschaftliche Grundlagenforschung hinausgeht. Das Buch wird damit für all diejenigen, die sich mit dem Einsatz Neuronaler Netze bei der Kursprognose beschäftigen wollen, zur Pflichtlektüre.

Prof. Dr. Wolfgang Gerke

Vorwort

Den Neuronalen Netzen als innovative Analyse- und Prognosemethodik wurde in letzter Zeit vermehrt Aufmerksamkeit geschenkt. Ihre Lernfähigkeit bedingt, daß sie auch nicht vollständig bekannte oder verstandene Systemstrukturen modellieren können, und macht sie interessant für den Bereich der Finanzprognose. Bei Kapitalmärkten handelt es sich gerade um komplexe Systeme, die durch die Determinanten - hohe Anzahl an Einflußgrößen, Nichtlinearität in den Wechselwirkungen, Überlagerungseffekte in den Daten - bestimmt werden. Das Potential Neuronaler Netze, Kapitalmarktstrukturen in ihren Zusammenhängen untersuchen und in ihrer Vernetztheit abbilden zu können, wird derzeit von einer wachsenden Zahl von Finanzinstituten erkannt und erprobt. In der vorliegenden Arbeit liegt der Untersuchungsschwerpunkt jedoch weniger auf neurotechnisch/mathematischen Aspekten, als vielmehr in der effizienten Einbeziehung und Optimierung finanzwirtschaftlicher Fragestellungen an der Schnittstelle zum Modelleinsatz.

Die vorliegende Arbeit wurde im Wintersemester 1996 / 1997 von der Wirtschafts- und Sozialwissenschaftlichen Fakultät der Friedrich-Alexander-Universität Erlangen-Nürnberg als Dissertation angenommen. An dieser Stelle danke ich meinem akademischen Lehrer und Doktorvater, Herrn Professor Dr. Wolfgang Gerke, nicht nur für die gewährte Unterstützung, sondern vor allem auch für die fachliche Offenheit für innovative Fragestellungen abseits des Forschungsmainstreams. Mein Dank gilt weiterhin Herrn Professor Dr. Freimut Bodendorf für seine sofortige Bereitschaft, das Zweitgutachten zu übernehmen.

Für die Durchführung der dieser Arbeit zugrundeliegenden empirischen Studie möchte ich mich bei Herrn Professor Dr. Jens Breckling und Herrn Christoph Bernhardt, Deutsche Bank AG, herzlich bedanken. Ohne Übermittlung ihres praxisbezogenen Finanzwissens im Rahmen ungezählter, lehrreicher Diskussionen wäre diese Arbeit nicht möglich gewesen.

Weiterhin danke ich Herrn Hans-Otto Isbert, Siemens Nixdorf Advanced Technologies GmbH, der mich durch großes Entgegenkommen bezüglich Arbeitszeitgestaltung und Verwendung des firmeneigenen Softwareproduktes SENN^{TM} V0.9 unterstützte.

Zu Dank verpflichtet bin ich ebenfalls Herrn Karl-Heinz Gerlach, INSIDERS TEKNON Wissensbasierte Systeme GmbH, für die Chance und seine konzeptionelle Unterstützung, die Technologie der Neuronalen Netze in die betriebliche Praxis umzusetzen.

Ganz besonderen Dank jedoch gilt Herrn Dr. Hans-Georg Zimmermann, Siemens AG, für alles - für die geduldige Heranführung an die Thematik der Neuronalen Netze und seinen nie versiegenden Wissenstransfer. Aufbauend auf seine Forschungsleistung, welche in kontinuierlicher Form in SENN^{TM} eingeht, ist vorliegende Arbeit entstanden.

Inhaltsübersicht

Inhaltsverzeichnis	XI
Abbildungsverzeichnis	XV
Tabellenverzeichnis	XXI
Formelverzeichnis	XXV

A. Einführung   1

    1. State-of-the-Art der Neuronalen Netze in der Finanzmarktanalyse und -prognose als Ausgangspunkt der Problemstellung der Arbeit   1

    2. Abgrenzung der Arbeit   13

    3. Gang der Untersuchung   19

B. Theoretischer Teil   21

    1. Grundlagen Neuronaler Netze   21

    2. Die Prozeßkette 'Entwicklung - Auswertung - Einsatz' im Rahmen der neuronalen Modellbildung in der Finanzprognose   47

    3. Verteilungsprognosen im Rahmen der Interface-Modellierung zwischen Entwicklung und Einsatz neuronaler Modelle   61

    4. Entwicklungsmethodologie neuronaler Prognosemodelle in der Finanzprognose   87

C. Empirischer Teil   129

    1. Prognose von Wahrscheinlichkeitsverteilungen des Deutschen Aktienindex   129

    2. Entwicklung des strategienunabhängigen Interface Modells im Rahmen der Prognose von Verteilungsmaßzahlen   141

    3. Entwicklung von Benchmark Modellen in Form einer ausgewählten Strategieoptimierung   199

    4. Ökonomische Modellbewertung des Interface und der Benchmark Modelle anhand selektiver Auswertungs- bzw. Einsatzstrategien   219

D. Resümee   273

Anhang   275
Literaturverzeichnis   309

Inhaltsverzeichnis

A. Einführung 1

1. State-of-the-Art der Neuronalen Netze in der Finanzmarktanalyse und -prognose als Ausgangspunkt der Problemstellung der Arbeit 1

2. Abgrenzung der Arbeit 13

3. Gang der Untersuchung 19

B. Theoretischer Teil 21

1. **Grundlagen Neuronaler Netze** 21

   1.1. Das de facto-Referenzmodell Neuronaler Netze 21
   1.2. Interpretation der Funktionsapproximation Neuronaler Netze aus statistischer Sichtweise 39

2. **Die Prozeßkette 'Entwicklung - Auswertung - Einsatz' im Rahmen der neuronalen Modellbildung in der Finanzprognose** 47

   2.1. Die Prozeßkette 'Entwicklung - Auswertung - Einsatz' der Prognosemodelle als ganzheitlicher Ansatz der neuronalen Modellentwicklung 47
   2.2. Funktionsapproximation und Signalerkennung - zwei unter Umständen konkurrierende Entwicklungskonzepte und deren Implikationen für die Auswertung und den Einsatz neuronaler Prognosemodelle 49
   2.3. Problematik der ökonomischen Strategienvielfalt, deren Implikationen für das Entwicklungskonzept und der Lösungsansatz mittels geeigneter Formulierungen von Interface Modellen zur Intermediation zwischen technischem und ökonomischem Umfeld 56

3. **Verteilungsprognosen im Rahmen der Interface-Modellierung zwischen Entwicklung und Einsatz neuronaler Modelle** 61

   3.1. Erwartungswert- versus Verteilungsschätzungen 61
   3.2. Systematisierungsansatz und Überblick über Verteilungsprognosen auf der Basis Neuronaler Netze: Schätzung von Mittelwert/Varianz-Beziehungen, Verteilungsmaßzahlen, Klassenzugehörigkeiten und Dichtefunktionen 65
   3.3. Systematisierungsansatz verteilungsbasierter Klassifikatoren und ihrer zugehörigen Fehlerfunktionen 78

4. Entwicklungsmethodologie neuronaler Prognosemodelle in der Finanzprognose 87

4.1. Zu den Besonderheiten Neuronaler Netze als Modellschätzungsmethodik und deren Implikationen für die Entwicklungsmethodologie 87
4.2. Überblick und Bedeutung über die Entwicklungsmethodologie 90
4.3. Abfrageschema vor der Modellerstellung: Einbringung der Modellvorstellung 92
    4.3.1. Architekturgetriebene Modellvorstellung 93
    4.3.2. Inputgetriebene Modellvorstellung 95
        4.3.2.1. Festlegung der Variablen 95
        4.3.2.2. Einteilung der Daten in Teilmengen 97
        4.3.2.3. Festlegung der Transformationen 100
        4.3.2.4. Statistische Vorauswahl der Zeitreihen 104
    4.3.3. Topologiegetriebene Modellvorstellung 106
4.4. Ablaufschema während der Modellerstellung: Trainings- und Optimierungsprozesse 108
    4.4.1. Optimierungsverfahren: Regulierungs- und Eliminierungstechniken 108
    4.4.2. Ablaufschema in Form einer Reihenfolgebelegung der Eliminierungstechniken 115
4.5. Modellevaluierung 120
4.6. Sensitivitätsanalysen als Ansatz einer Verhaltenskomponente 124

C. Empirischer Teil 129

1. Prognose von Wahrscheinlichkeitsverteilungen des Deutschen Aktienindex 129

1.1. Kennzeichnung des Prognosegegenstandes und graphische Darstellung der auf den Deutschen Aktienindex angewandten Verteilungsmaßzahlen 129
1.2. Abgrenzung der Prognosespezifikation und Vorgehensweise: Interface-Modellierung versus Benchmark-Modellierung 136

2. Entwicklung des strategienunabhängigen Interface Modells im Rahmen der Prognose von Verteilungsmaßzahlen 141

2.1. Diskussion der adäquaten Formulierung des Prognoseoutput: Formulierung als absolute Verteilungsmaßzahlen versus Formulierung von Differenzen zwischen Verteilungsmaßzahlen 141

2.2. Abfrageschema vor der Modellentwicklung: Einbringung der
   Modellvorstellung 149
   2.2.1. Inputgetriebene Modellvorstellung 149
      2.2.1.1. Festlegung der Variablen und Einteilung der
         Daten in Teilmengen 149
      2.2.1.2. Festlegung der Transformationen und statistische
         Vorauswahl der Zeitreihen 156
   2.2.2. Architektur- und topologiegetriebene Modellvorstellung 163
2.3. Modellevaluierung anhand der Komplexitätsreduktion und des
   Fehlerkriteriums 164
   2.3.1. Übersicht über die Komplexitätsreduktion 164
   2.3.2. Auswertungssystematik und Überblick über die Fehler-
      kriterien 165
      2.3.2.1. Die Auswertungssystematik vor dem Hinter-
         grund der beiden Datensets der Differenzen-
         und der Absolutformulierung 165
      2.3.2.2. Fehlerkriterien und die Besonderheiten in ihrer
         Anwendung auf die beiden Datensets der Diffe-
         renzen- und der Absolutformulierung 167
   2.3.3. Evaluierung auf Basis der verwendeten Prognoseformu-
      lierung als Differenzengrößen - interquartile und intra-
      quartile Differenzen 172
   2.3.4. Evaluierung auf Basis der rücktransformierten Prognose-
      formulierung als Absolutgrößen 184
      2.3.4.1. Evaluierung gemäß Fehlermaße 184
      2.3.4.2. Evaluierung gemäß relativem Entropiemaß 194

3. **Entwicklung von Benchmark Modellen in Form einer ausgewählten
   Strategieoptimierung** **199**

   3.1. Indirekte Strategieoptimierung mittels Formulierung im Prognose-
      output versus direkte Strategieoptimierung mittels Formulierung
      in der Zielfunktion 199
   3.2. Entwicklung des Benchmark Modells mittels indirekter Strategie-
      formulierung auf Basis von Differenzengrößen - Abfrageschema
      vor der Modellentwicklung 203
   3.3. Entwicklung des Benchmark Modells mittels indirekter Strategie-
      formulierung auf Basis von Absolutgrößen - Abfrageschema vor
      der Modellentwicklung 206
   3.4. Gemeinsame Aspekte des Benchmark Modells auf Basis von
      Differenzengrößen und des Benchmark Modells auf Basis von
      Absolutgrößen und deren Implikationen für die Abfrage- und
      Ablaufschemata 210
   3.5. Modellevaluierung anhand der Komplexitätsreduktion und der
      Klassifikationsrate 214
      3.5.1. Übersicht über die Komplexitätsreduktion 214
      3.5.2. Klassifikationsraten von Interface Modell versus Bench-
         mark Modell auf Basis von Differenzengrößen 215
      3.5.3. Klassifikationsraten von Interface Modell versus Bench-
         mark Modell auf Basis von Absolutgrößen 216

4. **Ökonomische Modellbewertung des Interface und der Benchmark Modelle anhand selektiver Auswertungs- bzw. Einsatzstrategien**   219

   4.1. Auswertungs- bzw. Einsatzstrategien des Interface und der Benchmark Modelle   219
     4.1.1. Überblick über die Auswertungs- bzw. Einsatzstrategien   219
     4.1.2. Auswertungs- bzw. Einsatzstrategien für die Auswertungsgruppe der Differenzengrößen   221
     4.1.3. Auswertungs- bzw. Einsatzstrategien für die Auswertungsgruppe der Absolutgrößen   233
   4.2. Auswertungs des Interface Modells und Gegenüberstellung zu dem entsprechenden Benchmark Modell   238
     4.2.1. Das Interface Modell auf Basis von Differenzengrößen versus dem Benchmark-Pendant   239
     4.2.2. Das Interface Modell auf Basis von Absolutgrößen versus dem Benchmark-Pendant   249
   4.3. Zusammenfassung der ökonomischen Auswertungsergebnisse   263
   4.4. Analyse der verbliebenen Variablen- und deren Verknüpfungsstruktur des anhand der ökonomischen Bewertung identifizierten Endmodells   268
     4.4.1. Globale Sensitivitätsanalyse über die Trainings- und Generalisierungsmenge   268
     4.4.2. Lokale Sensitivitätsanalyse zur Aufdeckung zeitpunktbezogener Gewichtungsschemata   270

D. Resümee   273

Abbildungsverzeichnis

Abb. 1: Einsatzfeld Neuronaler Netze vor dem Hintergrund der systemtheoretischen Eigenschaften des Aktienmarktes 3

Abb. 2: Klassifizierung der Adoptier einer Innovation anhand der ideal typischen Diffusionskurve 8

Abb. 3: Ausgewählte Aktivierungsfunktionen 24

Abb. 4: Beispiele unterschiedlicher Netzarchitekturen 26

Abb. 5: Nichtlineares Multilayer Perceptron mit nichtlinearen Aktivierungsfunktionen in der Hidden Schicht 30

Abb. 6: Vorwärtsvermittlung von Eingabewerten und Rückwärtsvermittlung von Fehlerdifferenzen beim Multilayer Perceptron 32

Abb. 7: Gradientenabstiegsverfahren zur Ermittlung der Minimalkombination der Gewichte 33

Abb. 8: Logikkette einer Prognosemodellrealisierung: bottom up beschreibt die operative Realisierungsperspektive; top down die gedankliche Planungsperspektive 48

Abb. 9: Konzept der Funktionsapproximation (Abb. a) und der Signalerkennung (Abb. b) 50

Abb. 10: Zusammenhang zwischen Entwicklung und Einsatz neuronaler Modelle: das Entwicklungskonzept der Funktionsapproximation impliziert ein Portfoliomodell, das Entwicklungskonzept der Signalerkennung ein Handelsmodell 53

Abb. 11: Zielkonflikt zwischen Modellentwicklung im Sinne der Funktionsapproximation und Modellauswertung und -einsatz im Sinne der Signalerkennung 55

Abb. 12: Bedeutung der Strategienvielfalt für die Modellentwicklung: jede Einsatzstrategie findet ihr Pendant in einer adäquaten Fehlerfunktion und damit in einem individuellen Modell 57

Abb. 13: Das Interface Modell als Schnittstelle zwischen Entwicklung und Einsatz bzw. technischem und ökonomischem Umfeld 59

Abb. 14: Überblick über Arten der Verteilungsprognose vor dem Hintergrund der Methodik der Neuronalen Netze 66

Abb. 15: Schematische Darstellung eines CDEN zur Approximation der bedingten Dichte $p(y|x)$ 75

Abb. 16: Schematische Darstellung eines DPMN zur Approximation der bedingten Dichte $p(y|x)$ 76

Abb. 17: Systematisierung neuronaler Klassifikatoren in Probability Density Function Classifiers, Posterior Probability Classifiers und Boundary Forming Classifiers 78

Abb. 18: Diskriminanzfunktionen verschiedener Klassifikatoren für ein Zwei-Klassen-Problem mit einem Inputdatensatz 80

Abb. 19:	Das generelle N-Klassen Klassifikationsproblem	81
Abb. 20:	Kategorien von Fehlerfunktionen Neuronaler Netze zur Ermittlung von Bayes a posteriori Wahrscheinlichkeiten	82
Abb. 21:	Neuronale Klassifikatoren und zugehörige Fehlerfunktionen	84
Abb. 22:	Entwicklungsmethodologie neuronaler Prognosemodelle	91
Abb. 23:	Aufteilung der Daten in die Teilmengen Trainings-, Validierungs- und Generalisierungsmenge	98
Abb. 24:	Festlegung der Transformationen in ein Neuronales Netz	101
Abb. 25:	Ablaufschema der Eliminierungstechniken	115
Abb. 26:	Übersicht über die Evaluierungskriterien neuronaler Modelle	121
Abb. 27:	Lokale Sensitivitätsanalyse in Neuronalen Netzen	126
Abb. 28:	Verteilungsmaßzahlen der Quartile	131
Abb. 29:	Verteilungsmaßzahlen der Quartile über das folgende 60-Tagefenster hinweg in der Syntax der Arbeit	132
Abb. 30:	Aufbereitung der Quartile im Rahmen der Modellierungs- und der Prognoseperspektive	133
Abb. 31:	Verlauf der DAX-Reihe über den Modellierungs- und Generalisierungszeitraum	134
Abb. 32:	Verlauf der Quartile der DAX-Reihe und des logarithmierten DAX über den Generalisierungszeitraum	135
Abb. 33:	Spezifische Ausgestaltung des Interface Modells als Schnittstelle zwischen der technischen Entwicklung und dem ökonomischen Einsatz	138
Abb. 34:	Interquartile Differenzenbildung benachbarter Quartile	146
Abb. 35:	Verlauf der Targetreihen der interquartilen Differenzen über den Generalisierungszeitraum	147
Abb. 36:	Verlauf der Targetreihe der intraquartilen Differenz des Median über den Generalisierungszeitraum	148
Abb. 37:	Spezifikation der Architektur- und Dateninputbelegung für die Interface-Modellierung	153
Abb. 38:	Dateneinteilung in die Trainings-, Validierungs- und Generalisierungsmenge	155
Abb. 39:	Zeitliche Verzögerungen in der Reaktionsanpassung der Lagemaße (Abb. b) an Veränderungen der Basisreihe (Abb. a)	161
Abb. 40:	Legende der Fehlerkriterien im Rahmen der Auswertung der Differenzen- und der Absolutformulierung	169
Abb. 41:	Output-Targetannäherung max60(60) - upquart60(60)	173
Abb. 42:	Output-Targetannäherung upquart60(60) - med60(60)	173
Abb. 43:	Output-Targetannäherung med60(60) - lowquart60(60)	174
Abb. 44:	Output-Targetannäherung lowquart60(60) - min60(60)	175

Abb. 45:	Output-Targetannäherung med60(60) - med60	176
Abb. 46:	Outputverläufe der interquartilen Differenzen des Interface Modells	177
Abb. 47:	MSD CIR und MAD CIR der inter- und intraquartilen Differenzen des Interface Modells im Vergleich	179
Abb. 48:	MSD CIR und MAD CIR der inter- und intraquartilen Differenzen des Interface Modells über Quartale hinweg im Vergleich	180
Abb. 49:	MSD CIR und MAD CIR von med60(60) - med60 über Monatsabschnitte hinweg	182
Abb. 50:	Output-Targetannäherung maxabs60(60) und im Vergleich zu den Targetverläufen der restlichen Quartilen	184
Abb. 51:	Output-Targetannäherung upquartabs60(60) und im Vergleich zu den Targetverläufen der restlichen Quartilen	185
Abb. 52:	Output-Targetannäherung lowquartabs60(60) und im Vergleich zu den Targetverläufen der restlichen Quartilen	185
Abb. 53:	Output-Targetannäherung minabs60(60) und im Vergleich zu den Targetverläufen der restlichen Quartilen	186
Abb. 54:	Output-Targetannäherung medabs60(60) und im Vergleich zu den Targetverläufen der restlichen Quartilen	187
Abb. 55:	Targetverläufe der absoluten Lagemaße des Interface Modells im Vergleich zur Rohvariablen DAX	188
Abb. 56:	Outputverläufe der absoluten Lagemaße des Interface Modells im Vergleich zur Rohvariablen DAX	188
Abb. 57:	MSD CIR und MAD CIR der absoluten Lagemaße des Interface Modells im Vergleich	191
Abb. 58:	MSD CIR und MAD CIR der absoluten Lagemaße des Interface Modells über Quartale hinweg im Vergleich	193
Abb. 59:	Klassenintervall-Struktur und Zugehörigkeitswahrscheinlichkeiten für die erwartete Wahrscheinlichkeitsverteilung $Q_\alpha(Y_h)$ der Quartilsprognose	195
Abb. 60:	Beispiel einer Klassenintervall-Struktur und Zugehörigkeitswahrscheinlichkeiten für die prognostizierte Wahrscheinlichkeitsverteilung $P_\alpha(Y_h)$ der Quartilsprognose	195
Abb. 61:	Differenzen der Kullback-Leibler Distanz der naiven minus der neuronalen Prognose für die absoluten Lagemaße über die Generalisierungsmenge	197
Abb. 62:	Entwicklungs- und Auswertungssystematik von Interface und Benchmark Modellen	220
Abb. 63:	Realised Potential des Interface und Benchmark Modells über den Generalisierungszeitraum 1 - auf Basis von Differenzengrößen	239
Abb. 64:	Profit/Loss des Interface und Benchmark Modells über den Generalisierungszeitraum 1 - auf Basis von Differenzengrößen	240

Abb. 65:	Akkumuliertes Realised Potential des Interface und Benchmark Modells über den Generalisierungszeitraum 1 - auf Basis von Differenzengrößen	240
Abb. 66:	Akkumulierter Profit/Loss des Interface und Benchmark Modells über den Generalisierungszeitraum 1 - auf Basis von Differenzengrößen	241
Abb. 67:	Realised Potential des Interface und Benchmark Modells über die Quartale des Generalisierungszeitraums 1 hinweg - auf Basis von Differenzengrößen	242
Abb. 68:	Profit/Loss des Interface und Benchmark Modells über die Quartale des Generalisierungszeitraums 1 hinweg - auf Basis von Differenzengrößen	243
Abb. 69:	Realised Potential des Interface und Benchmark Modells über den Generalisierungszeitraum 2 - auf Basis von Differenzengrößen	244
Abb. 70:	Profit/Loss des Interface und Benchmark Modells über den Generalisierungszeitraum 2 - auf Basis von Differenzengrößen	245
Abb. 71:	Akkumuliertes Realised Potential des Interface und Benchmark Modells über den Generalisierungszeitraum 2 - auf Basis von Differenzengrößen	245
Abb. 72:	Akkumulierter Profit/Loss des Interface und Benchmark Modells über den Generalisierungszeitraum 2 - auf Basis von Differenzengrößen	246
Abb. 73:	Realised Potential des Interface und Benchmark Modells über die Quartale des Generalisierungszeitraums 2 hinweg - auf Basis von Differenzengrößen	247
Abb. 74:	Profit/Loss des Interface und Benchmark Modells über die Quartale des Generalisierungszeitraums 2 hinweg - auf Basis von Differenzengrößen	248
Abb. 75:	Realised Potential des Interface und Benchmark Modells über den Generalisierungszeitraum 1 hinweg - auf Basis von Absolutgrößen	250
Abb. 76:	Akkumuliertes Realised Potential des Interface und Benchmark Modells über den Generalisierungszeitraum 1 - auf Basis von Absolutgrößen	250
Abb. 77:	Profit/Loss des Interface und Benchmark Modells über den Generalisierungszeitraum 1 hinweg - auf Basis von Absolutgrößen	252
Abb. 78:	Akkumulierter Profit/Loss des Interface und Benchmark Modells über den Generalisierungszeitraum 1 hinweg - auf Basis von Absolutgrößen	252
Abb. 79:	Realised Potential des Interface und Benchmark Modells über die Quartale des Generalisierungszeitraums 1 hinweg - auf Basis von Absolutgrößen	254
Abb. 80:	Profit/Loss des Interface und Benchmark Modells über die Quartale des Generalisierungszeitraums 1 hinweg - auf Basis von Absolutgrößen	255
Abb. 81:	Realised Potential des Interface und Benchmark Modells über den Generalisierungszeitraum 2 hinweg - auf Basis von Absolutgrößen	256
Abb. 82:	Akkumuliertes Realised Potential des Interface und Benchmark Modells über den Generalisierungszeitraum 2 hinweg - auf Basis von Absolutgrößen	257

Abb. 83:	Profit/Loss des Interface und Benchmark Modells über den Generalisierungszeitraum 2 hinweg - auf Basis von Absolutgrößen	258
Abb. 84:	Akkumulierter Profit/Loss des Interface und Benchmark Modells über den Generalisierungszeitraum 2 hinweg - auf Basis von Absolutgrößen	259
Abb. 85:	Realised Potential des Interface und Benchmark Modells über die Quartale des Generalisierungszeitraums 2 hinweg - auf Basis von Absolutgrößen	261
Abb. 86:	Profit/Loss des Interface und Benchmark Modells über die Quartale des Generalisierungszeitraums 2 hinweg - auf Basis von Absolutgrößen	262
Abb. 87:	RP und Profit/Loss des Interface Modells über die Quartale der Generalisierungszeiträume 1 und 2 hinweg - auf Basis von Differenzengrößen	265
Abb. 88:	RP und Profit/Loss des Interface Modells über die Quartale der Generalisierungszeiträume 1 und 2 hinweg - auf Basis von Absolutgrößen	267

Tabellenverzeichnis

Tab. 1:	Das de facto-Referenzmodell Neuronaler Netze und seine Komponenten	22
Tab. 2:	Beispiele finanzanalytischer Transformationen	103-104
Tab. 3:	Optimierungsverfahren Neuronaler Netze	109-110
Tab. 4:	Variablenliste für die neuronale Modellbildung	150-151
Tab. 5:	Pauschale Transformationen für die interquartile Differenzenschätzung	158
Tab. 6:	Pauschale Transformationen für die intraquartile Schätzung des Median	159
Tab. 7:	Spezifische Transformationen für die interquartile Differenzenschätzung	160
Tab. 8:	Spezifische Transformationen für die intraquartile Schätzung des Median	160
Tab. 9:	Anfangs- und Endparametrisierung des Interface Modells	165
Tab. 10:	Ergebnisse der inter- und intraquartilen Differenzen des Interface Modells anhand der Fehlerkriterien über den Generalisierungszeitraum	178
Tab. 11:	Ergebnisse der Absolutgrößen des Interface Modells anhand der Fehlerkriterien über den Generalisierungszeitraum	190
Tab. 12:	Beispiel eines Zielkonflikts zwischen Funktionsapproximation und Signalerkennung	201
Tab. 13:	Lag-Strukturen des Benchmark Modells auf Basis von Differenzengrößen	206
Tab. 14:	Lag-Strukturen des Benchmark Modells auf Basis von Absolutgrößen	209
Tab. 15:	Anfangs- und Endparametrisierung der Benchmark Modelle	214
Tab. 16:	Hit Rate des Interface und des Benchmark Modells über den Generalisierungszeitraum	215
Tab. 17:	Hit Rate des Interface und des Benchmark Modells über die Quartale des Generalisierungszeitraums hinweg	215
Tab. 18:	Hit Rate des Interface und des Benchmark Modells über den Generalisierungszeitraum	216
Tab. 19:	Hit Rate des Interface und des Benchmark Modells über die Quartale des Generalisierungszeitraums hinweg	217
Tab. 20:	Parameterbelegung der Black/Scholes-Formel für eine Call Option	225
Tab. 21:	Die Performancegrößen *möglich* und *naiv* der Optionspreisstrategie über die Generalisierungszeiträume 1 und 2 hinweg	226
Tab. 22:	Die Performancegrößen *möglich* und *naiv* der DAX-Volatilitätsindex-Strategie über die Generalisierungszeiträume 1 und 2 hinweg	228
Tab. 23:	Belegung der Ist-Signale und der Ertagsanteile für die Auswertungen auf Differenzenbasis	231

Tab. 24:	Realised Potential und Profit/Loss der Spread-Strategie jeweils *möglich* und *naiv* über die Trainingsmenge, Generalisierungsmenge 1 und Generalisierungsmenge 2 hinweg auf Basis von Differenzengrößen	232
Tab. 25:	Realised Potential und Profit/Loss der Spread-Strategie jeweils *möglich* und *naiv* der Quartalsabschnitte der Generalisierungsmenge 1 auf Basis von Differenzengrößen	232
Tab. 26:	Realised Potential und Profit/Loss der Spread-Strategie jeweils *möglich* und *naiv* der Quartalsabschnitte der Generalisierungsmenge 2 auf Basis von Differenzengrößen	232
Tab. 27:	Belegung der Ist-Signale und der Ertragsanteile für die Auswertungen auf Absolutbasis	236
Tab. 28:	Realised Potential und Profit/Loss jeweils *möglich* und *naiv* über die Trainingsmenge, Generalisierungsmenge 1 und Generalisierungsmenge 2 hinweg auf Basis von Absolutgrößen	237
Tab. 29:	Realised Potential und Profit/Loss jeweils *möglich* und *naiv* der Quartalsabschnitte der Generalisierungsmenge 1 auf Basis von Absolutgrößen	237
Tab. 30:	Realised Potential und Profit/Loss jeweils *möglich* und *naiv* der Quartalsabschnitte der Generalisierungsmenge 2 auf Basis von Absolutgrößen	238
Tab. 31:	Realised Potential und Profit/Loss des Interface und Benchmark Modells über den Generalisierungszeitraum 1 - auf Basis von Differenzengrößen	239
Tab. 32:	Realised Potential des Interface und Benchmark Modells über die Quartae des Generalisierungszeitraums 1 hinweg - auf Basis von Differenzengrößen	242
Tab. 33:	Profit/Loss des Interface und Benchmark Modells über die Quartale des Generalisierungszeitraums 1 hinweg - auf Basis von Differenzengrößen	243
Tab. 34:	Realised Potential und Profit/Loss des Interface und Benchmark Modells über den Generalisierungszeitraum 2 - auf Basis von Differenzengrößen	244
Tab. 35:	Realised Potential des Interface und Benchmark Modells über die Quartale des Generalisierungszeitraums 2 hinweg - auf Basis von Differenzengrößen	247
Tab. 36:	Profit/Loss des Interface und Benchmark Modells über die Quartale des Generalisierungszeitraums 2 hinweg - auf Basis von Differenzengrößen	248
Tab. 37:	Realised Potential des Interface und Benchmark Modells über den Generalisierungszeitraum 1 hinweg - auf Basis von Absolutgrößen	249
Tab. 38:	Profit/Loss des Interface und Benchmark Modells über den Generalisierungszeitraum 1 hinweg - auf Basis von Absolutgrößen	251
Tab. 39:	Realised Potential des Interface und Benchmark Modells über die Quartale des Generalisierungszeitraums 1 hinweg - auf Basis von Absolutgrößen	253
Tab. 40:	Profit/Loss des Interface und Benchmark Modells über die Quartale des Generalisierungszeitraums 1 hinweg - auf Basis von Absolutgrößen	254
Tab. 41:	Realised Potential des Interface und Benchmark Modells über den Generalisierungszeitraum 2 hinweg - auf Basis von Absolutgrößen	256

Tab. 42:	Profit/Loss des Interface und Benchmark Modells über den Generalisierungszeitraum 2 hinweg - auf Basis von Absolutgrößen	258
Tab. 43:	Realised Potential des Interface und Benchmark Modells über die Quartale des Generalisierungszeitraums 2 hinweg - auf Basis von Absolutgrößen	260
Tab. 44:	Profit/Loss des Interface und Benchmark Modells über die Quartale des Generalisierungszeitraums 2 hinweg - auf Basis von Absolutgrößen	261
Tab. 45:	Rangliste der gemäß der globalen Sensitivitätsanalyse relevantesten Inputzeitreihen für die intraquartile Differenz des Median über die Trainingsmenge und Generalisierungsmenge 1	269
Tab. 46:	Rangliste der gemäß der lokalen Sensitivitätsanalyse relevantesten Inputzeitreihen für die intraquartile Differenz des Median für einen spezifischen Ausschnitt der Generalisierungsmenge 1	270-271

Formelverzeichnis

F. 1:	Informationsverarbeitung in einem Neuron	23
F. 2:	Hyperbolic Tangent [*tanh* (u)]-Aktivierungsfunktion	25
F. 3:	Logistische Aktivierungsfunktion [*log* (u)]	25
F. 4:	Informationsverarbeitung in der Hidden Schicht eines Multilayer Perceptrons	31
F. 5:	Informationsverarbeitung in der Output Schicht eines Multilayer Perceptrons	31
F. 6:	Lokale Fehlerfunktion eines einzelnen Neurons der Output Schicht	34
F. 7:	Globale Fehlerfunktion aller Neuronen der Output Schicht	34
F. 8:	Allgemeine Formulierung des Grundprinzips der Gewichtsveränderung durch den Backpropagation-Algorithmus	35
F. 9:	Das VarioEta-Lernverfahren mit variabler Lernrate	35
F. 10:	Gewichtsveränderung zwischen den Neuronen der Output Schicht und der Hidden Schicht	36
F. 11-16:	Gewichtsveränderung zwischen den Neuronen der Hidden Schicht und der Input Schicht	37-38
F. 17-18:	Allgemeine Formulierungen der Regressionsfunktion	41-42
F. 19-20:	Lineares Regressionsmodell und dessen bedingte Erwartungswertschätzung	42
F. 21:	Fehlerfunktion des Regressionsmodells	43
F. 22:	Fehlerfunktion des Feedforward-Netzwerkes	43
F. 23:	Mittlere quadrierte Fehlerfunktion (MSE)	50
F. 24:	Mittlere absolute Fehlerfunktion (MAD)	50
F. 25:	ProfMax-Fehlerfunktion	50
F. 26:	Targetformulierung für eine quantitative Punktprognose	51
F. 27:	Targetformulierung für eine quantitative Differenzenprognose	51
F. 28:	Targetformulierung für eine qualitative Steigt/Fällt-Prognose	51
F. 29:	Allgemeine Darstellung der Fehlerminimierung eines Neuronalen Netzwerkes	61
F. 30:	Allgemeine Formalisierung des Beziehungsgefüges zwischen beobachteten und realen Daten	65
F. 31-32:	Formalisierung des erwarteten Risikos einer Fehlklassifikation und der Bayes a posteriori Wahrscheinlichkeit	70-71
F. 33:	Bedingungen einer kontinuierlichen Dichte	72
F. 34-35:	Lineare Mischung verschiedener einfacher Dichten mit dem Resultat einer Gauß'schen Mischdichte	72-73

F. 36:	Umformung der gemeinsamen Dichte zur bedingten Dichte	73
F. 37:	Rückermittlung des bedingten Erwartungswertes aus der bedingten Dichtefunktion bei einem Conditional Density Estimation Network (CDEN)	77
F. 38:	Rückermittlung des bedingten Erwartungswertes aus der bedingten Dichtefunktion bei einem Distorted Probability Mixture Network (DPMN)	77
F. 39:	Allgemeine Formalisierung der Bayes Klassifikationsfunktion	81
F. 40:	Gütekriterium des Weight Pruning Standard (WPS)	110
F. 41:	Gütekriterium des Weight Pruning nach dem Statistical Significance Test (SST)	111
F. 42:	Gütekriterium des Input Pruning (IP)	113
F. 43:	Gütekriterium des Hidden Merging (HM)	114
F. 44:	Fehlermaß einer Output-Targetannäherung: Mean Standard Deviation (MSD)	167
F. 45:	Fehlermaß einer Output-Targetannäherung: Mean Standard Deviation - Corresponding Information Ratio (MSD CIR)	167
F. 46:	Fehlermaß einer Output-Targetannäherung: Mean Absolute Deviation (MAD)	168
F. 47:	Fehlermaß einer Output-Targetannäherung: Mean Absolute Deviation - Corresponding Information Ratio (MAD CIR)	168
F. 48:	Fehlermaß einer Output-Targetannäherung: Bias	168
F. 49:	Bedingung der erwarteten Wahrscheinlichkeitsverteilung	194
F. 50:	Formalisierung der relativen Entropie bzw. der Kullback-Leibler Distanz	196
F. 51:	Ökonomische Performancekennziffer: Realised Potential (RP)	222
F. 52:	Ökonomische Performancekennziffer: Profit/Loss	223
F. 53:	Black/Scholes-Formel	225

A. Einführung

1. State-of-the-Art der Neuronalen Netze in der Finanzmarktanalyse und -prognose als Ausgangspunkt der Problemstellung der Arbeit

Neuronale Netze sind den innovativen **Methoden** der komplexen **Finanzmarktanalyse und -prognose** zuzuordnen. Sie erfüllen die ihnen gestellten Aufgaben im Rahmen einer weitgehend **eigenständigen Systemanalyse und -strukturierung**, indem sie nicht auf Basis einer expliziten Modellvorgabe arbeiten, sondern **datengetrieben** die in den Daten enthaltenen Strukturen ermitteln. Dabei entwickeln sie sich ausgehend von einer großen Zahl an Freiheitsgraden in Richtung einer zunehmend besseren Systemanpassung. Diese Lernfähigkeit Neuronaler Netze, auch nicht vollständig bekannte oder verstandene Systemstrukturen modellieren zu können, machen sie interessant für den Anwendungsbereich der Finanzprognose. Dies gilt gerade deshalb, da es sich bei **Kapitalmärkten** und insbesondere dem **Aktienmarkt** um **Systeme** handelt, die sich mit Hilfe der folgenden antagonistischen Systemeigenschaften [FRIE84, 37] charakterisieren lassen:

- Legt man das Begriffspaar **Einfachheit versus Komplexität** zugrunde, so ist unmittelbar einleuchtend, daß der Aktienmarkt - etwa im Zuge zunehmender Globalisierungs- und Internationalisierungstendenzen [GERK88, 24] sowie der damit steigenden Anzahl an Marktteilnehmern oder der Deregularisierung sowie der damit verbundenen Zunahme der originären und derivaten Finanzmarktinstrumente - in der Vergangenheit an Unüberschaubarkeit gewonnen hat.

- Analysiert man den Aktienmarkt anhand der Eigenschaft **Linearität versus Nichtlinearität**, so ist aufgrund der Tatsache, daß bereits der elementare Mechanismus - das ökonomische Entscheidungskalkül eines Marktteilnehmers - den nichtlinearen Charakter einer Schwellenwertentscheidung aufweist, von nichtlinearen Abhängigkeiten auszugehen. Legt man neben der mikrotheoretischen eine makrotheoretische Perspektive zugrunde, so läßt sich der Preisbildungsprozeß auf dem Aktienmarkt als Überlagerung einer Vielzahl nichtlinearer Entscheidungen interpretieren.

- Verwendet man das antagonistische Tupel **Determinismus versus Stochastizität**, so ist unter Berücksichtigung früherer Forschungsarbeiten zum Themenkomplex Aktienmarkt festzuhalten, daß etwa aufgrund von Risiko- bzw. Informationsasymmetrien nicht von deterministischen Entscheidungen ausgegangen werden kann. Es ist viel eher davon auszugehen, daß die Unsicherheit des Eintretens zukünftiger Ereignisse mit Hilfe **wahrscheinlichkeitstheoretischer Konzepte** adäquat modelliert werden kann.

- Zieht man darüber hinaus in Betracht, daß die **Größe Zeit** in einer Vielzahl von neueren betriebswirtschaftlichen Ansätzen zur erklärenden Größe wird, so ist anhand der Systemeigenschaften **Statik versus Dynamik** der Aktienmarkt als überaus zeitvariates Konstrukt zu begreifen. Beispielhaft sei zur Begründung dieser Charakterisierung die Perfektionierung der Verbreitung und Verarbeitung börsenrelevanter Daten zu nennen, welche weltweite Reaktionen - quasi in Echtzeit - auf kursbeeinflussende Ereignisse begünstigen.

Neuronale Netze verkörpern ein Instrumentarium, **komplexe, nichtlineare, stochastische und dynamische Systemstrukturen realer Aktienmärkte** in Modellen nachzubilden. Sie können demnach nicht nur die **Vielzahl an Variablen mit nichtlinearen Wechselwirkungen** in ihren Zusammenhängen untersuchen und in ihrer Vernetztheit abbilden. Sie sind vielmehr auch in der Lage, mit einem **hohen Grad an Stochastizität im Sinne eines Rauschanteils in den Daten** umgehen zu können. Im Bereich der Finanzanalyse wird zwischen einer deterministischen und einer stochastischen Komponente in den Zeitreihen unterschieden. Die deterministische Komponente enthält diejenigen Strukturen, die mittels Neuronaler Netze zu extrahieren sind und im Rahmen von Prognosen verwendet werden können. Die stochastische Komponente umfaßt das Datenrauschen im Sinne von nicht prognostizierbaren Ausprägungen. Der Rauschanteil erhöht sich im mehrdimensionalen Fall, so daß es auch zu Überlagerungseffekten im Rauschen kommt. Ein bestimmtes Kapitalmarktsegment als nicht prognostizierbar einzustufen, kann folglich auch in der mangelnden Trennschärfe des angewandten Verfahrens zwischen deterministischem und stochastischem Einfluß begründet sein.

Folgende Abbildung zeigt das **Einsatzfeld Neuronaler Netze vor dem Hintergrund der systemtheoretischen Eigenschaften des Aktienmarktes**:

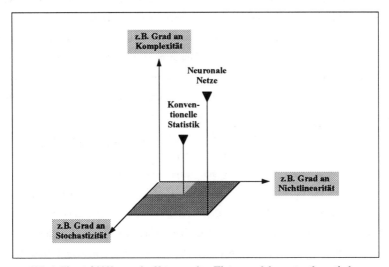

Abb. 1: Einsatzfeld Neuronaler Netze vor dem Hintergrund der systemtheoretischen Eigenschaften des Aktienmarktes

Im Rahmen des **Training eines Neuronalen Netzes** wird die **Strukturkomponente von der Rauschkomponente separiert**, wobei lediglich die Strukturinformation in der Netztopologie verbleibt. Ein während des Trainings zu beobachtendes **Overfitting** im Sinne einer **Verschlechterung der Generalisierungsfähigkeit** indiziert, daß das Netzwerk nicht mehr primär das deterministische Verhalten der Zeitreihen abbildet, sondern das Rauschen in den Daten überbetont. Das Netzwerk bezieht stochastische Einflüsse in die Modellbildung mit ein, und es kommt zu einer Fehlinterpretation dieser Einflüsse im Sinne kausaler oder indikativer Abhängigkeiten. Neuronale Netze bieten vor diesem Hintergrund **Optimierungsmethoden**, welche dieses Overfitting vermeiden, indem sie nach einem ständigen **Kompromiß zwischen Struktur- und Rauschanpassung** suchen.

Zu der **grundsätzlichen Einsetzbarkeit Neuronaler Netze in der Finanzanalyse und -prognose** wurden in den letzten Jahren aus zwei unterschiedlichen Perspektiven - der **technisch/mathematischen** und der **anwendungsorientierten/empirischen** Perspektive - zahlreiche Befunde geliefert.

Technisch/mathematisch spielte die Arbeit von [HORN89] eine Vorreiterrolle, welche sich mit den Approximationseigenschaften Neuronaler Netze an unbekannte Funktionen beschäftigt. In dieser Arbeit wurde erstmals nach einigen vorangegangenen Ansätzen [LAPE87], [GALLI88], [HECH89] der abschließende Beweis erbracht, daß Neuronale Netze als eine **Klasse von universal approximators** zu interpretieren sind. Konkret lautete die Beweisführung, daß Feedforward Netzarchitekturen mit beliebigen sigmoiden Aktivierungsfunktionen in nur einer Hidden Schicht jede beliebige Funktion mit jeder gewünschten Genauigkeit implementieren können, eine ausreichende Anzahl an Hidden Neuronen vorausgesetzt. Als Fazit ist aus diesem Beweis bezüglich universeller Approximationseigenschaften Neuronaler Netze abzuleiten, daß Approximationsungenauigkeiten, eine adäquate Anzahl an Hidden Neuronen vorausgesetzt, der Existenz eines ausschließlich stochastischen anstelle eines vorwiegend deterministischen Zusammenhangs in den Systemstrukturen zuzuschreiben sind. Aufbauend auf [HORN89] folgten eine Reihe weiterer Beweise, beispielsweise hinsichtlich der Erweiterung der Klasse der Aktivierungsfunktionen auf nicht-sigmoide Funktionen [STIN89] oder hinsichtlich der beliebigen Approximationsgenauigkeit nicht nur einer Funktion, sondern auch ihrer Ableitung [HORN90]. Diese Beweisführungen mündeten bei [HORN91] in der Proklamation, daß die Netzarchitektur diejenige Hauptdeterminante darstellt, die ein Neuronales Netz zur Funktionsapproximation befähigt.

Desweiteren existieren zahlreiche Arbeiten, die sich mit dem Verhältnis der Neuronalen Netze gegenüber der Statistik auseinandersetzen. In [WHIT89a] und [WHIT89b] wurde erstmals der Beweis erbracht, daß **ein bei Neuronalen Netzen etabliertes Verfahren der Parameteradaption im Rahmen der Fehlerrückberechnung - das Backpropagation-Verfahren - und die nichtlineare Regression als alternative Ansätze** betrachtet werden können. Bedingung für die Gleichsetzung von Backpropagation und Regression ist, daß die Parameter des Regressionsverfahrens identisch zu der Arbeitsweise Neuronaler Netze unter einer iterativen Funktionsoptimierung angepaßt werden. Unter einer globaleren Perspektive wird dieses Thema auch in [ARMI94] behandelt, wo Neuronale Netze allgemein als komplexe multivariate statistische Modelle aufgefaßt werden, deren Gewichte sich daher auch als Parameter interpretieren lassen, die mit statistischen Methoden geschätzt werden können, und deren Lernalgorithmen spezielle statistische Schätzverfahren darstellen.

Erfolge aus **anwendungsorientierter/empirischer Perspektive** lassen sich mit Neuronalen Netzen im Rahmen der Finanzprognose allgemein und in der Aktienkursprognose im besonderen erzielen, was zahlreiche empirische Studien belegen [1]:

- In [REHK90] und [PODD92] werden Neuronale Netze zur Prognose der Veränderung des Aktienindex des statistischen Bundesamtes auf Jahresfrist eingesetzt. Das neuronale Modell erzielt auf der Testmenge mit einer Hit Rate [2] von 72% und einem Mehrgewinn gegenüber dem Markt von 93 % eine höhere Performance als ein multivariates lineares Regressionsmodell mit einer Hit Rate von 63 % und einem Mehrgewinn von 43 %.

- In [REFE92] erfolgt ein Performancevergleich zwischen einem Neuronalen Netz und einer multivariaten linearen Regressionsanalyse im Rahmen einer Stock Selection unter Anwendung der Arbitrage Pricing Theory (APT). Aufgabe ist es, die relative Outperformance jeder Aktie auf einen Horizont von 6 Monaten zu prognostizieren. Der Dateninput besteht aus Faktoren, von denen angenommen wird, daß diese die Returns aller betrachteten Aktienwerte bestimmen. In einer out-of-sample-Betrachtung liefert das Neuronale Netz mit einem MSD [3] von 0.11 und einer Hit Rate von 85 % eine höhere Performance als das Regressionsmodell mit einem MSD von 0.12 und einer Hit Rate von 51 %.

- In [BAES92, 543-559] wird ein Neuronales Netz einem multivariaten linearen Regressionsmodell und einer linearen Diskriminanzanalyse in der Prognose des Monatsreturns des Amsterdamer Aktienindex gegenübergestellt. Im Falle des Performancevergleichs mit dem Regressionsmodell wird die Prognoseaufgabe quantitativ formuliert, indem der Return als solcher geschätzt wird. Im Falle des Diskriminanzvergleichs hingegen wird die Aufgabe qualitativ mittels der Aufstellung bestimmter Klassenintervalle formuliert, welche unterschiedliche Ausmaße der Monatsreturns charakterisieren. In beiden Benchmarkvergleichen dominieren die neuronalen Modelle.

---

[1] Die in den folgenden Studien aufgeführten Performanceaussagen werden an dieser Stelle ohne Hinterfragung ihres Beitrages zur Modellevaluierung wiedergegeben. Es erfolgt somit eine **wertneutrale Wiedergabe der in den Arbeiten dokumentierten Ergebnisse**.

[2] Die **Hit Rate** mißt die **Güte einer qualitativen Steigt-/Fällt-Prognose** im Sinne einer Vorzeichenerkennung.

[3] **MSD** steht für **Mean Standard Deviation**. Siehe hierzu die mathematische Darstellung im Rahmen der in der vorliegenden Arbeit verwendeten Fehlerkriterien in Gliederungspunkt C. 2.3.2.2..

- In [WITT94] erfolgen Untersuchungen der Einsatzmöglichkeit Neuronaler Netze vor dem Hintergrund der Kapitalmarkttheorie. Neuronale Ansätze im Rahmen des Aktienrenditegenerierungsprozesses werden erstellt und mit dem Kapitalmarktmodell verglichen. Hierbei werden die täglichen Aktienrenditen ausgewählter Titel einmal mittels dem neuronalen Ansatz und einmal mittels der univariaten und der multivariaten linearen Regressionsanalyse, welche an die Existenz des Kapitalmarktmodells gekoppelt ist, ermittelt. Die über die Aktientitel hinweg aggregierten Fehlerwerte des MAD [4] und MSE [5] demonstrieren eine Überlegenheit der neuronalen Modelle. Auf Seiten des Aktienrisikos werden neuronale Modelle, welche die Volatilität ausgewählter Aktientitel auf den Folgemonat berechnen, mit herkömmlichen, technisch orientierten Volatilitätsprognoseverfahren verglichen. Gemessen an den beiden Fehlermaßen MAD und MSE sind die Neuronalen Netze den Vergleichsverfahren nach einer Rangsummenbildung über alle Aktientitel hinweg überlegen.

- In [HAEF94] werden bedingte und unbedingte Prognosemodelle für Tagesdifferenzen des österreichischen Initial Public Offerings Index IPOX erstellt. Die Prognosemodelle basieren auf der linearen Regressionsanalyse und auf Neuronalen Netzen. Die Modelle sind in dem Sinne bedingt, daß die neben der historischen IPOX-Reihe verwendete zweite Erklärungsgröße des Austrian Traded Index ATX selbst als Schätzgröße in den Dateninput eingestellt wird. In der unbedingten Variante werden ausschließlich die real beobachteten ATX-Werte neben der historischen IPOX-Reihe als Erklärungsgrößen verwendet. Sowohl bei den Regressions-, als auch bei den neuronalen Modellen dominiert, gemessen an den wesentlichen Performancekriterien des MSE, R^2 [6] und MSD Corresponding Information Ratio [7] out-of-sample, die unbedingte Prognose. Innerhalb des Ansatzes der bedingten Prognose übertreffen die Regressionsvorhersagen

---

[4] MAD steht für **Mean Absolute Deviation** (mittlerer absoluter Fehler). Siehe hierzu die mathematische Darstellung im Rahmen der in der vorliegenden Arbeit verwendeten Fehlerkriterien in Gliederungspunkt C. 2.3.2.2..

[5] MSE steht für den **mittleren quadrierten Fehler**. Siehe hierzu die Darstellung im Rahmen der Fehlerfunktionen in Gliederungspunkt B. 2.2..

[6] Das **Bestimmtheitsmaß R^2** als das **Quadrat des Korrelationskoeffizienten** erklärt den durch das Modell erklärten Anteil der Varianz des Zielwertes. Siehe auch den Überblick über Evaluierungskriterien neuronaler Modelle in Gliederungspunkt B. 4.5..

[7] Das **MSD Corresponding Information Ratio (MSD CIR)** setzt den **MSD der neuronalen Prognose ins Verhältnis zum MSD der naiven Annahme**. Siehe hierzu die mathematische Darstellung im Rahmen der in der vorliegenden Arbeit verwendeten Fehlerkriterien in Gliederungspunkt C. 2.3.2.2..

die neuronalen Schätzungen. Im Rahmen der unbedingten Prognose hingegen erzielen die neuronalen Vorhersagen mit einem MSE von 0.55, einem R^2 von 0.95 und einem MSD Corresponding Information Ratio von 0.64 im Vergleich zu den Regressionsprognosen mit einem MSE von 0.73, einem R^2 von 0.94 und einem MSD Corresponding Information Ratio von 0.85 eine bessere Performance.

Derzeit läßt sich ein **Umorientierungsprozeß weg von der technisch/ mathematischen hin zu der anwendungsorientierten/empirischen Perspektive gegenüber den Neuronalen Netzen** feststellen. Nimmt man aktuelle Veröffentlichungs- [WEIG93], [REHK94], [REFE95] oder Konferenzinhalte [NNCM94], [NNCM95] als Indikator für den State-of-the-Art der Neuroinformatik, so erfahren Fragestellungen beispielsweise bezüglich mathematischer Weiterentwicklungen von Netzarchitekturen, Lernverfahren oder Optimierungstechniken eine zunehmend untergeordnete Bedeutung, wohingegen finanzwirtschaftliche Einsatzgebiete zunehmend systematischen Methodenvergleichen zwischen konventioneller und neuronaler Methodik unterzogen werden. Dieser Umorientierungsprozeß geht einher mit einer Verlagerung der Neuroinformatik aus dem Bereich technischer Forschung und Entwicklung hin zu den anwendungsorientierten Research- und Handelsabteilungen internationaler Finanzinstitutionen.

Bedingt durch die Tatsache, daß die Neuroinformatik originär von Entwicklern mit informationstechnisch/mathematischem Hintergrund etabliert wurde und es an einem interdisziplinären Austausch zwischen Entwicklern und Praktikern bis zu diesem Umorientierungsprozeß mangelte, resultieren Anpassungsschwierigkeiten in dem **Übergang zwischen Neurotechnik als der technisch/mathematischen Entwicklung Neuronaler Netze zum Neuromanagement als deren anwendungsorientierte Umsetzung im Sinne einer prozeßorientierten Modellentwicklung.** Angesichts der Tatsache, daß die Neurotechnik gegenüber dem Neuromanagement einige Jahre an Entwicklungsvorsprung besitzt und in dieser Zeit der theoretische Beweis erbracht wurde, daß ein breites **Spektrum an alternativen technischen Parametern und an Entwicklungsmethodologien** Neuronaler Netze [8] in der Lage ist, komplexe, nichtlineare, stochastische und dynamische Strukturen und

---

[8] Die im Rahmen der vorliegenden Arbeit eingesetzten Neuronalen Netze basieren auf der **Softwareentwicklungsumgebung SENNV0.9**™ (Software Environment for Neural Networks Version 0.9) der Firma **Siemens Nixdorf Informationssysteme AG**.

Prozesse theoretisch besser abzubilden als konventionelle Methoden, ist es heute möglich, **neuromanagementorientierte Forschungsschwerpunkte** zu berücksichtigen. Diese tragen zum einen dem **hohen Nachholbedarf an praxisorientierter Modellentwicklung und -evaluierung** Rechnung. Zum anderen beziehen sie im Sinne der engpaßorientierten Planung betriebswirtschaftliche Implementierungs- und Anwendungsprobleme in die Betrachtung mit ein (z.B. Qualitäts-, Zeit- und Kosten-/Nutzenaspekte, Integration in bestehende Research- und Managementprozesse bzw. Organisationsstrukturen und -abläufe) und versuchen, Lösungsansätze für die betriebliche Praxis zu entwickeln.

Der **Übergang von Neurotechnik zu Neuromanagement** ist jedoch bereits bei einigen **Finanzinstituten mit Pilotanwendercharakter** in dem Maße vonstatten gegangen, als erste Modellentwicklungen, welche auf einem fundierten praxisnahen Ansatz beruhen, abgeschlossen sind und sich entweder in einem **fiktiven Simulationsmodus** oder bereits in **Echteinsatz** befinden. Diese Anwender sind als **Frühadoptierer** zu bezeichnen.

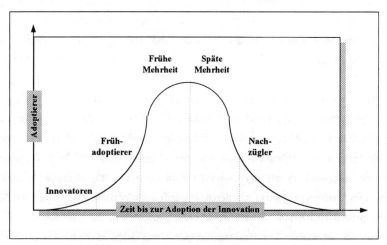

Abb. 2: Klassifizierung der Adoptierer einer Innovation anhand der idealtypischen Diffusionskurve (entnommen aus: [KOTL95, 552] und [ROGE62, 162]).

Der Begriff **Frühadoptierer** wird in Anlehnung an [KOTL95, 551f] gewählt, wo eine Klassifizierung von Innovationsanwendern gemäß ihrem Innovationsprofil vorgenommen wird [9]. Die Anzahl der Adoptierer im Zeitverlauf ergibt einen Kurvenverlauf, welcher ein idealtypisches Muster für einen Diffusionsprozeß von Innovationen kennzeichnet und Diffusionskurve genannt wird.

Praxisorientierte Modellentwicklungen auf Basis Neuronaler Netze werden zusätzlich mit **Schwierigkeiten**, zum einen **in organisatorischer Hinsicht**, was deren Einbettung in das Organisationsgefüge des Unternehmens anbelangt, und zum anderen **in inhaltlicher Hinsicht** konfrontiert. Diese Schwierigkeiten begründen sich auf einem **hohen Grad an Taylorismus**. Tayloristisch ist die Modellentwicklung **organisatorisch** in der Realisation von **Inseleinheiten**, welche isoliert in der Unternehmensstruktur aufgehängt sind. Hier findet das Datenaufkommen, die Datensammlung und -aufbereitung an einer Stelle statt, während die Modellentwicklung an einer anderen und die Evaluierung und der Einsatz der Modelle wiederum an anderer Stelle vorgenommen wird. Zwischen den unterschiedlichen Organisationseinheiten herrscht nur geringe konzeptionelle und operative Durchlässigkeit. Tayloristisch ist die Modellentwicklung **inhaltlich** in dem Sinne, daß **anstelle einer Gesamtoptimierung des Entwicklungsprozesses**, bestehend aus den Komponenten Datenbereitstellung - Modellentwicklung - Auswertung - Einsatz oftmals **nur Partialoptimierungen bestimmter Komponenten bzw. Teilprozesse vorgenommen werden, ohne deren Integration in den Gesamtprozeß zu berücksichtigen**.

Vor diesem Hintergrund beschäftigt sich die vorliegende Arbeit mit der **ganzheitlichen Optimierung der Prozeßkette Datenbereitstellung - Modellentwicklung - Auswertung - Einsatz neuronaler Modelle** am Beispiel einer **Prognosemodellentwicklung für den Deutschen Aktienindex (DAX)**. Ausgehend von der Fragestellung, ob und in welcher Form ganzheitliche Optimierungspotentiale der Prognosemodellentwicklung existieren, werden daher **zwei alternative Modellierungsansätze** gegenübergestellt. Im Rahmen des ersten neurobasierten Ansatzes wird die gesamte Prozeßkette im Sinne eines **simultaneous engineering** ganzheitlich optimiert **(Interface-Modellierung)**. Bei dem zweiten Ansatz

---

[9] In [KOTL95, 552] wird der Begriff **Frühadoptierer** wie folgt definiert: „Die Frühadoptierer lassen sich von ihrem Wunsch nach Respekt leiten. Sie sind in ihrem gesellschaftlichen Umfeld die Meinungsführer und übernehmen neue Ideen frühzeitig, aber vorsichtig." Zu den **Frühadoptierern Neuronaler Netze im Finanzbereich in Deutschland** sind beispielsweise die Westdeutsche Landesbank AG in Düsseldorf, die Sal. Oppenheim jr. & Cie. in Frankfurt, die Allianz Lebensversicherungs-AG in Stuttgart, die Siemens Kapitalanlagegesellschaft mbH in München, die Commerzbank AG in Frankfurt und die Süddeutsche Genossenschaftszentrale AG in Karlsruhe zuzurechnen.

werden die Einzelkomponenten der Prozeßkette isoliert voneinander betrachtet und optimiert (**Benchmark-Modellierung**). In welcher Form das **Taylorismusprinzip** mit Hilfe der Interface-Modellierung überwunden werden kann und welche Voraussetzungen zur Realisierung des **Prozeßprinzips der Aktienmarktprognose** zu erfüllen sind, läßt sich im folgenden mit der Konkretisierung von Teilzielen der Untersuchung darlegen.

Das in dieser Arbeit zu entwickelnde Interface Modell zur integrativen Gesamtprozeßoptimierung stellt auf eine **Verteilungsprognose für den DAX** ab. Bedingt durch die Wahl des **Prognosegegenstandes in Form einer Verteilungsaussage im Unterschied zu einer Prognose von Handelssignalen im Rahmen der Benchmark-Modellierung** liefert das Interface Modell eine **breite Informationsbasis**. Diese Informationsbasis weist **schnittstellenübergreifenden Charakter** auf, da sie als Anknüpfungspunkt differenzierter Auswertungs- und Einsatzstrategien fungieren kann, während der **Benchmark-Ansatz** lediglich die **Ableitung einer spezifischen Handelsstrategie** unterstützt. Der potentielle Vorteil einer solchen direkten **Strategieoptimierung** (z.B. hinsichtlich der Performance) wird jedoch durch den Nachteil einer Inflexibilität gegenüber der Anwendung anderer Handelsstrategien erkauft.

Dem Übergang von Modellentwicklung - Auswertung - Einsatz wird folglich durch eine neuromanagementorientierte Prognosespezifikation Rechnung getragen, die als eine Interface-Modellierung zwischen technisch/mathematischer Entwicklung und ökonomischer Auswertung bzw. Einsatz bezeichnet werden kann. Diese **Interface-Modellierung** erlaubt es, **die Prozeßkomponente Entwicklung unabhängig von den Komponenten Auswertung und Einsatz und dennoch unter Beibehaltung eines effizienten Übergangs zwischen den technischen und ökonomischen Aspekten dieser Komponenten durchzuführen.** Das hat zur Folge, daß Aspekte der Modellauswertung und -einsatzes vor und während der Modellentwicklung unberücksichtigt bleiben können, was dieser einerseits einen hohen Flexibilitätsgrad, andererseits Kosten- und Zeitvorteile im Sinne des Neuromanagement erschließt. Zu evaluieren ist jedoch, ob die genannten Vorteile nicht dadurch erkauft werden, daß das allgemeinere Interface Modell Qualitätsnachteile (z.B. geringere Performance) im Vergleich zu spezifischeren Benchmark Modellen aufweist.

Um diese Frage zu beantworten, werden **zwei unterschiedliche Handelsstrategien** [10] eingesetzt, um die alternativen Modellierungsansätze zu vergleichen. Diese **Vergleichsanalyse zwischen der strategienunabhängigen Interface-Entwicklung und der strategienspezifischen Benchmark-Modellierung** dient dem **ökonomischen Performancevergleich** [11] beider Alternativen. Die Fragestellung dabei ist, ob ein **Performanceunterschied zuungunsten der Interface-Modellierung erwartet werden kann, der so deutlich ausfällt, daß eine spezifische Strategieoptimierung notwendig wird.**

Da in der vorliegenden Arbeit auf die **Gesamtoptimierungskette Datenbereitstellung - Modellentwicklung - Auswertung - Einsatz neuronaler Modelle** und deren Integration abgestellt wird, erfolgt eine **Betonung globaler integrativer Prozeßaspekte** und eine Vernachlässigung von Detailaspekten, welche die einzelnen Komponenten der Optimierungskette betreffend. Welche Erklärungstiefe die Arbeit bezüglich der einzelnen Komponenten der Prozeßkette besitzt, und auf welchen weiteren Abgrenzungen die Arbeit beruht, wird im nächsten Gliederungspunkt dargestellt.

2. Abgrenzung der Arbeit

Die **Abgrenzung der Arbeit orientiert sich anhand der** im vorausgegangenen Gliederungspunkt definierten **Prozeßkette**. Anhand der einzelnen Teilprozesse wird dargestellt, welche Aspekte vor dem Hintergrund der jeweiligen Problemstellung zugunsten der Gesamtperspektive des Modellierungsprozesses ausgegrenzt werden müssen.

- **Datenbereitstellung**

    Grundsätzlich existieren im Rahmen der Modellentwicklung, unabhängig von der dabei verwendeten Methodik, **normative (deduktive)** und **deskriptive (explorative)**

---

[10] Bedingt durch die Art der Formulierung der DAX-Prognose werden **zwei unterschiedliche Handelsstrategien** evaluiert, wobei die **erste** eine **Volatilitätsstrategie** auf Basis von Differenzengrößen, die **zweite** eine **Niveaustrategie** auf Basis von Absolutgrößen darstellt (siehe auch Gliederungspunkte C. 3.2. und C. 3.3.).

[11] Der **ökonomischen Performancemessung** dienen im einzelnen das Kriterium des **Realised Potential** im Sinne einer Streckenbetrachtung der Gewinnmitnahme und das Kriterium des **Profit/Loss** (siehe auch Gliederungspunkt C. 4.1.2.).

Ansätze der Datenbereitstellung. Die **normative Vorgehensweise** ist dadurch gekennzeichnet, daß die Datenauswahl unter Zugrundelegung ökonomischer Theorien erfolgt, und somit eine **hypothesengestützte Modellvorstellung a priori in das Modell** eingestellt wird. Die normative Datenauswahl geht dabei grundsätzlich mit einer mehr oder weniger intensiv ausgeprägten ökonometrischen Vorselektion der Daten einher, innerhalb derer quantitativ die Erklärungskraft der Daten gemessen wird, um die Datenmenge a priori auf die relevanteste Untermenge zu komprimieren. Die **deskriptive Vorgehensweise** hingegen abstrahiert in ihrer Extremform vollständig von einer Theorienfundierung, sondern stellt die Daten im Sinne eines **Data-Mining-Ansatzes** zur Verfügung. Die Kritik gegenüber der normativen Vorgehensweise äußert sich primär in dem Vorwurf der Aufoktroyierung eines eng abgesteckten Ausschnitts der Wirklichkeit mit der Gefahr einer realweltlich nicht repräsentativen Modellvorgabe [12]. Umgekehrt besteht die Kritik gegenüber dem deskriptiven Ansatz in dem Vorwurf, daß oftmals das Prinzip der Sparsamkeit der Parametrisierung aufgrund eines nicht vertretbaren Komplexitätsgrades derartiger Modelle verletzt wird. Insbesondere, so der Vorwurf weiter, scheitert die Übertragbarkeit der Ergebnisse deskriptiver Modelle nicht zuletzt an der Gefahr der Modellierung von Scheinkorrelationen [13].

Die folgende Arbeit nutzt die Leistungsfähigkeit Neuronaler Netze bei der Abbildung komplexer, nichtlinearer, stochastischer bzw. dynamischer Strukturen dazu, bestehende Grenzen der normativen Modellbildung zumindest schrittweise zu erweitern.

Der in der Arbeit gewählte Finanzanalyseansatz entspricht der **neurobasierten ökonometrischen Modellbildung**. Aspekte sowohl der Technischen Analyse, als auch der Fundamentalanalyse werden mit Neuronalen Netzen kombiniert. Dabei erfolgt die **Festlegung der Datenbasis für den Methodenvergleich insofern normativ, als technische und fundamentale Theorien die Grundlage für das Expertenwissen der DB Research GmbH und der Deutschen Bank AG bilden, auf deren Finanz-

---

[12] Auch wenn an dieser Stelle der Schwerpunkt des Methodenstreits der Ökonomie (normative versus deskriptive Modellbildung) nicht im einzelnen wiedergegeben werden kann [WÖHE86, 34-82], so ist festzuhalten, daß innovative Berechnungsverfahren wie Neuronale Netze prinzipiell eine Überbrückung des einstigen Gegensatzes (z.B. restriktive Prämissen der bislang auf konventionellen Methoden aufsetzenden normativen Modellbildung versus Grenzen der Allgemeingültigkeit deskriptiver Modelle) ermöglichen.

[13] **Scheinkorrelationen** zwischen zwei Zeitreihen liegen dann vor, wenn beide Zeitreihen von einer dritten Zeitreihe abhängen [HART93, 77].

marktmodell die Auswahl der Datenbasis beruht. Die ausführliche Herleitung dieses Finanzmarktmodells kann nicht zuletzt deshalb unterbleiben, als davon auszugehen ist, daß es eine ausreichend tragfähige Basis für den Methodenvergleich bietet, der im Zentrum der Zielsetzung der Arbeit steht.

Fokussiert wird auf die **Modellierung von Märkten** einerseits im Sinne unterschiedlicher **Kapitalmarktsegmente**, wie der Modellierung von Aktien- und Bondmärkten, andererseits in **geographischer Hinsicht**, wie der Modellierung unterschiedlicher Länder.

Untersuchungen statistischer Eigenschaften des verwendeten Datenmaterials kommen nur **in sehr begrenztem Umfang** zum Einsatz. So gilt es mittels Korrelationsanalysen **Time-lag-Strukturen** zwischen den **erklärenden Variablen und der Prognosegröße** zu identifizieren, die auf einen Vorlaufcharakter der erklärenden Zeitreihe hinweisen. Untersuchungen der Variablen auf Multikollinearität, Ausreißerverhalten, Überprüfung der Normalverteilungsannahme, Überprüfung auf Nichtlinearitätsgrad in den Daten, etc. werden vernachlässigt.

- **Modellentwicklung**

Im Rahmen der Modellentwicklung wird auf eine spezifische Modellierungsmethodologie abgestellt. Die neuronale Modellbildung kennt **drei unterschiedliche Methodologien**: diejenige auf Basis von **analytic estimation techniques**, von **constructive techniques** und **pruning techniques** [14] [REFE93, 6],[REFE95c, 33]. Die Methodologie mittels analytic estimation techniques determiniert vor Beginn der Modellentwicklung die Dimensionalität des Modells mittels mathematisch/statistischer Überlegungen, und auf Basis von constructive techniques wird ein a priori niedrig dimensioniertes Modell während der Modellentwicklung vergrößert. Die Methodologie auf Basis von pruning techniques reduziert den Komplexitätsgrad des Modells während seiner Entwicklung.

Die Arbeit stützt sich auf die **Entwicklungsmethodologie auf Basis von pruning techniques**. Eine Entwicklungsmethodologie, welche eine hohe Anfangsdimensionalität zuläßt, diese jedoch im Laufe der Modellerstellung reduziert und damit einhergehend auch die aus der Anfangskomplexität resultierenden statistischen Probleme wie das

---

[14] Unter dem Begriff **pruning techniques** wird die Verfahrenspalette der Regulierungs- und der Eliminierungstechniken (siehe auch Gliederungspunkt B. 4.4.1.) subsumiert.

Overlearning systematisch ausschaltet, erscheint im Rahmen des vorliegenden Ansatzes die geeignetste zu sein.

Auf mathematisch/statistische Fragestellungen im Zusammenhang mit der ökonomischen oder technischen Parameterspezifikation der neuronalen Modelle, deren Beantwortung primär die Statistik fordert, wird im Rahmen der empirischen Modellrechnungen nicht eingegangen. Solche Fragestellungen betreffen beispielsweise die aus statistischer Perspektive gerade noch zu vertretende Relation zwischen Anzahl an Datenbeispielen zu Anzahl an Freiheitsgraden in der Modellspezifikation oder die Frage der statistisch signifikanten Stichprobengröße der Datenunterteilungen, für welche die Statistik ihrerseits teilweise auch nur eingeschränkte quantitative Aussagen in Form von sogenannten **Daumenregeln** bieten kann.

Da Prozeßaspekte des Modellbaus und keine statischen technischen Aspekte im Vordergrund der Arbeit stehen, erfolgt kein Überblick über das Spektrum existierender neuronaler Architekturen, ihrer mathematischen Besonderheiten, sowie ihrer Risiko- /Schwächenprofile oder Einsatzschwerpunkte. Die Arbeit konzentriert sich vielmehr auf die bis dato am verbreitetsten neuronale Architektur **des Feedforward Multilayer Perceptrons**, welche sich als eine Art Standardarchitektur etabliert hat. Diese wird sowohl in theoretischer Hinsicht erläutert, als auch im Rahmen des empirischen Modellbaus umgesetzt.

Das Interface Modell beruht auf **Verteilungsaussagen für den DAX**, wobei es unter dem folgenden Spektrum an möglichen Arten neuronaler Verteilungsprognosen zu wählen gilt: **Schätzung von Mittelwert/Varianz-Beziehungen, Verteilungsmaßzahlen, verteilungsbasierten Klassenzugehörigkeiten und Dichtefunktionen.** Die **in der Arbeit durchgeführte Verteilungsschätzung** basiert auf der **Prognose bestimmter Verteilungsmaßzahlen** (dem Maximum, Upper Quartile, Median, Lower Quartile und Minimum im Falle des Interface Modells) und auf der **Schätzung von verteilungsbasierten Klassenzugehörigkeiten** (im Falle der Benchmark Modelle im Sinne einer Strategieoptimierung). Die Schätzung von Mittelwert/Varianz-Beziehungen wird verworfen, da bei diesem Ansatz keine modellfreien Verteilungen geschätzt, sondern bestimmte parametrisierte Verteilungsformen zugrundegelegt werden. Auch ist der Umfang der Prognoseinformation, den diese Art der Verteilungsschätzung liefert, in Relation zu den anderen Varianten eingeschränkt. Gegen die Schätzung kontinuierlicher Dichtefunktionen sprechen zum einen technische Gründe, da diese Modifikationen der konventionellen neuronalen Netztopologien bedingen, und diese in der verwendeten Simulationssoftware SENNV0.9™ bis dato noch nicht implementiert waren. Zum anderen erheben Dichtefunktionsschätzungen hohe Anforderungen an die Quantität der Datenmenge, welche in dem vorliegenden Fall nicht erfüllt sind.

Den beiden **Strategiemodellen** liegen **zwei spezifische Handelsstrategien** zugrunde, welche prototypisch sind für weitere Auswertungsregeln. Gemein ist den beiden Handelsstrategien, daß sie auf die **mittels den Verteilungsmaßzahlen quantifizierte Entwicklung des DAX** abstellen. Die **erste Strategie** stützt sich dabei auf die **prognostizierte Entwicklung interquartiler Differenzen und stellt somit eine Volatilitätsstrategie dar**, während **die zweite die Relation des aktuellen DAX-Niveaus zu den Schätzgrößen absoluter Quartile** als Entscheidungsregel für die Handelssignalableitung heranzieht.

- **Auswertung bzw. Einsatz** [15]

Neuronale Modelle lassen sich **in dreifacher Hinsicht evaluieren**: zum ersten lassen sie sich auf ihre **statistische Verifikation, d.h. auf eventuelle Fehlspezifikation des Modells**, hin untersuchen, zum zweiten messen Anpassungskriterien die **Anpassungsgenauigkeit der Schätzfunktion** und zum dritten geben **ökonomische Performancemessungen** Aufschluß über die potentielle Performanceerzielung unter Simulation spezifischer Einsatzstrategien (siehe auch Gliederungspunkt B. 4.5.). Dabei wird ein Bogen von der technisch/statistischen hin zu der anwendungsbezogenen / ökonomischen Evaluierung gespannt.

Die **Modellergebnisse der vorliegenden Arbeit** werden primär unter **anwendungsbezogener/ökonomischer Perspektive** analysiert. Die Betonung liegt in der ökonomischen Performanceerzielung, auf welcher letztendlich die Vergleichsanalyse zwischen Interface- und Strategieoptimierung beruht. Sekundär wird die Anpassungsgenauigkeit der Schätzfunktion bewertet; auf die statistische Verifikation der Modelle wird verzichtet. Die statistische Verfikation umfaßt ähnlich gelagerte statistisch/mathematische Fragestellungen nach Freiheitsgrad- oder Nichtlinearitäts-

---

[15] Die beiden Prozeßkomponenten der Auswertung und des Einsatzes werden im folgenden zusammengefaßt, da die Modelle bis dato nicht einem realen Einsatz unterzogen wurden und ein fiktiver Einsatz ja gerade mittels ökonomischer Evaluierungskriterien bewertet wird.

bestimmungen, wie sie auch in der Prozeßkomponente Modellentwicklung angebracht werden, mit dem Unterschied, daß diese nun nach Fertigstellung des Modells auf dessen Endspezifikation abstellen. Entscheidende Orientierungskriterien für die Modellgüte sind somit **ökonomische Performancekennziffern**, welche die **Anwendung spezifischer ökonomischer Auswertungsstrategien** bedingen.

Desweiteren basieren die in der Arbeit durchgeführten Modellentwicklungen ausschließlich auf dem neuronalen Entwicklungsansatz, und ein Methodenvergleich zu anderen multivariaten statistischen Vefahren entfällt. Der Grund hierfür liegt darin, daß die Festlegung auf einen hochkomplexen multidimensionalen Dateninput im Rahmen der neuronalen Modellierung eine analoge Übertragung auf die nichtlineare Statistik verhindert, da diese mit zunehmendem Komplexitätsgrad unhandlich wird. Im Rahmen der Überprüfung auf Anpassungsgenauigkeit der Schätzfunktion und bei der ökonomischem Performanceermittlung der Modelle erfolgen jedoch **Vergleichsanalysen zu naiven Annahmen und zu dem maximal erreichbaren Performancepotential**.

3. Gang der Untersuchung

Die Arbeit gliedert sich in einen **theoretischen Teil B** und einen **empirischen Teil C**. Teil B dient dazu, diejenigen Aspekte Neuronaler Netze theoretisch darzustellen, welche in den empirischen Modellrechnungen in Teil C zur Anwendung kommen. Somit ist Teil B als eine theoretische Hinführung zu den Modellentwicklungen in Teil C zu betrachten.

Gliederungspunkt 1 des theoretischen Teils B stellt die **Neuronalen Netze als Instrumentarium für die Modellentwicklung in der Finanzprognose** vor. Die **Funktionsweise Neuronaler Netze** wird anhand eines **de facto-Referenzmodells** erläutert, wobei an den einzelnen Ebenen eines Neurons und eines Netzwerks angesetzt wird. Dabei liegt die Betonung auf der neuronalen Architektur des Feedforward Multilayer Perceptrons, dessen Informationsverarbeitungsweise und auf ausgewählten lerntechnischen Parametern, welche im Zuge der Modellentwicklungen des empirischen Teils C angewendet werden. Um das Verständnis bezüglich der mathematischen Funktionsweise Neuronaler Netze zu erhöhen, werden deren **Eigenschaften** zur **Funktionsapproximation** aus statistischer Perspektive **interpretiert** und statistischen nichtlinearen Regressionsmodellen gegenübergestellt.

Aus der Kritik heraus, daß bisherige empirische Studien über den Einsatz Neuronaler Netze in der Finanzprognose eine ganzheitliche Konzeption weitgehend vermissen lassen, indem sie Einzelaspekte betonen, ohne deren Einbettung in das Spannungsgefüge zwischen Datenbereitstellung - Entwicklung - Auswertung - Einsatz der Modelle als wesentlichen Erfolgsfaktor zu berücksichtigen, schließt sich **Gliederungspunkt 2** an. Dessen Inhalt stellt auf die **Konzeption eines** solchen **Bezugsrahmens auf der Theorienebene** ab. Die **Prozeßkette Datenbereitstellung - Entwicklung - Auswertung - Einsatz** und die Notwendigkeit ihrer Umkehrung im Sinne einer gedanklichen Vorwegnahme vor der Modellgenerierung wird erläutert. Die Problematik der Strategienvielfalt bezüglich des Einsatzes eines neuronales Modells verkörpert den zentralen Teil des Gliederungspunktes. Diese Strategienvielfalt macht es prinzipiell notwendig, die Modelloptimierung auf die gewählte Auswertungs- bzw. Einsatzstrategie abzustellen mit dem Ergebnis einer 1:1-Zuordnung zwischen Strategie und Entwicklungskonzept. Ein Lösungsansatz gegen eine daraus resultierende Modellexplosion wird in Form eines Interface-Ansatzes vorgestellt. Intension des Interface Modells ist ein Aufbrechen dieser engpaßorientierten Planung im Rahmen einer strategienunabhängigen Entwicklung. Das verwendete Entwicklungskonzept muß hierbei nicht auf eine spezifische Einsatzstrategie abgestellt sein. Dies besitzt den Vorteil, anstelle mehrerer Spezialoptimierungen eine einzige Globaloptimierung mit der Möglichkeit der Ableitung unterschiedlicher Einsatzstrategien durchzuführen. Ein solches **Interface Modell** verkörpert in dieser Arbeit ein **Verteilungsmodell**, welches anstelle einer punktuellen Erwartungswertprognose über die **zukünftige Verteilung der Prognosegröße** Auskunft gibt.

Gliederungspunkt 3 leistet eine **Einführung in die Thematik der Verteilungsprognose auf Basis Neuronaler Netze** und stellt aktuelle Ansätze vor. Diese werden im Rahmen eines einheitlichen Systematisierungsansatzes und eines daraus abgeleiteten Überblicks über unterschiedliche Arten von neuronalen Verteilungsprognosen erörtert und deren Stärken und Schwächen aufgezeigt. Feedforward Multilayer Perceptrons und deren Qualitäten als verteilungsbasierte Klassifikatoren werden explizit dargestellt. Dies geschieht vor dem Hintergrund, daß die im Rahmen der empirischen Modellrechnungen in Teil C der Arbeit für die Strategienmodellierung verwendeten Modelle als Klassifikationsnetze spezifiziert werden, da deren Prognoseausgaben in Form von Handelssignalen mit dem Klassifikationsansatz verbunden sind.

Gliederungspunkt 4 skizziert die in Teil C der Arbeit verwendete **Entwicklungsmethodologie neuronaler Prognosemodelle auf der operativen Ebene**. Die einzelnen Schritte des Modellbaus werden analysiert, wobei diese in ein Abfrageschema vor und in ein Ablaufschema während der Modellentwicklung unterteilt werden. Das Abfrageschema vor der Modellerstellung dient der Einbringung von Expertenwissen. Im Sinne einer Hypothesenbildung wird a priori-Wissen über das Modellierungsgebiet über die Anknüpfungspunkte Architektur, Dateninput und Topologie in mehr oder weniger großem Umfang in das Modell mit eingebracht. Im Rahmen des sich anschließenden Ablaufschemas bezüglich der Trainings- und Optimierungsprozesse erfolgt eine Bewertung dieser Hypothesen, wobei die Optimierungsverfahren zwischen relevanten, d.h. einen Erklärungsbeitrag für die Prognose liefernden, und nicht relevanten Erklärungsgrößen filtern. Im Anschluß an die Modellerstellung werden Kriterien zur Modellevaluierung vorgestellt und Ansätze einer Verhaltenskomponente zur Offenlegung des netzinternen Gewichtungsschemas dargelegt.

Gliederungspunkt 1 des empirischen Teils C kennzeichnet den **Prognosegegenstand des Deutschen Aktienindex (DAX)**, indem dessen Entwicklungen insbesondere über den betrachteten Prognosezeitraum hinweg graphisch dargestellt und erörtert werden. Die im weiteren gewählte Vorgehensweise einer Interface- versus einer Benchmark-Modellierung wird skizziert.

Der Inhalt des **Gliederungspunkts 2** umfaßt die **Entwicklung des Interface Modells im Sinne einer Prognose bestimmter Verteilungsmaßzahlen des DAX**. Nach einer Alternativenanalyse der Prognoseformulierung fällt die Wahl auf die Schätzung interquartiler Abstände zwischen den Lagemaßen des Maximum, Upper Quartile, Median, Lower Quartile und Minimum. Die in der Theorie in Teil B dargestellte Entwicklungsmethodologie wird auf die Interface-Entwicklung angewandt und das Modell nach seiner Fertigstellung anhand unterschiedlicher Fehlerkriterien auf Anpassungsgenauigkeit seiner Schätzfunktion evaluiert. Diese Evaluierung findet zum einen auf Basis der in der Prognoseformulierung verwendeten Interquartilsabständen, d.h. auf Differenzenbasis, und zum anderen auf Basis der hieraus zurückgeführten Absolutformulierungen der Lagemaße statt.

Die **Entwicklung der Strategienmodelle im Sinne einer Benchmark-Modellierung** hat der **Gliederungspunkt 3** zum Gegenstand. Unterschiedliche Varianten der Strategienformulierung, einmal indirekt im Prognoseoutput, und einmal direkt in der Fehlerfunktionsbelegung werden diskutiert, woran sich die Entscheidung für die indirekte Strategienformulierung im Rahmen der Benchmark-Entwicklung anschließt. Da zuvor das Interface Modell sowohl auf Differenzen- als auch auf Absolutbasis ausgewertet wurde, werden zwei Benchmark Modelle optimiert, welche an den entsprechenden Datensets ansetzen. Analog zur Interface-Modellierung findet die Anwendung der Entwicklungsmethodologie und die Modellevaluierung anhand der Komplexitätsreduktion und der Klassifikationsrate zur Messung der Anpassungsgenauigkeit der Schätzfunktion statt. Bis dato sind die generierten Modelle einer isolierten Bewertung unterzogen worden, so daß im folgenden Gliederungspunkt eine Gegenüberstellung zwischen Interface- und Benchmark-Modellierung getroffen wird. Diese basiert ausschließlich auf ökonomischen Performancekriterien.

In **Gliederungspunkt 4** schließt sich eine **ökonomische Modellbewertung des Interface Modells im Vergleich zu den Benchmark Modellen** anhand selektiver Auswertungskriterien an. Die Auswertungs- bzw. Einsatzkriterien werden mathematisch dargestellt und interpretiert. Die im Rahmen der ökonomischen Evaluierung identifizierte beste Modellierungsvariante - die strategienunabhängige Interface-Modellierung oder die strategienspezifische Benchmark-Modellierung - wird als Endmodell einer näheren Analyse hinsichtlich der verbliebenen Variablenstruktur unterzogen.

Der abschließende **Gliederungspunkt 5** faßt als **Resümee** die empirischen Befunde zusammen und gibt einen Ausblick bezüglich des zukünftigen Stellenwertes von Interface-Ansätzen in Form von Verteilungsschätzungen auf Basis Neuronaler Netze.

B. Theoretischer Teil

1. Grundlagen Neuronaler Netze

1.1. Das de facto-Referenzmodell Neuronaler Netze

Neuronale Netze sind Strukturen für die Lösung kognitiver Aufgaben, die im weiteren Sinne auf den Erkenntnissen der Funktionsweise des Gehirns basieren. Ein **Neuronales Netz** besteht aus **elementaren Verarbeitungseinheiten**, den **Neuronen**, die in Abhängigkeit der eintreffenden Signale anderer Einheiten ihren Aktivierungszustand aktualisieren. Es besitzt eine **Netzstruktur**, deren Knoten den Verarbeitungseinheiten entsprechen und deren **gewichtete Verbindungen** die Kommunikationskanäle innerhalb des Netzes darstellen.

Die Modellierung mittels Neuronaler Netze ist im Gegensatz zu einem regelorientierten Problemlösungsverfahren eine datengetriebene Methode. Die Programmierung von Regeln und Relationen wird durch die Approximation einer Abbildungsfunktion zwischen Eingabe- und Ausgabevektoren substituiert. Dieser, als Lernvorgang bezeichneter Prozeß, bewirkt eine Adaption des Neuronalen Netzes an die vorgegebene Problemstruktur. Das Problemwissen ist hierbei im Netz verteilt und subsymbolisch im Sinne einer impliziten, numerischen Repräsentation auf einer niedrigeren Darstellungsebene in Struktur und Gewichtung des Netzwerks verschlüsselt.

Es haben sich gewisse **Standards hinsichtlich Terminologie und Systemarchitektur Neuronaler Netze** gebildet, die als **de facto-Referenzmodell** dienen können. Gemäß eines de facto-Referenzmodell ist ein Neuronales Netz gekennzeichnet durch:

- Das **Neuronenmodell** und die **Neuronendynamik** als die Art der Informationsverarbeitung innerhalb eines Neurons und dessen Zustandsveränderung auf der Neuronen-Ebene.

- Die **Netzarchitektur**, spezifiziert durch die Anzahl und Anordnung der Neuronen und ihren Verbindungen, und die **Netzwerkdynamik** als der Verarbeitungsmodus einer Eingabe in eine Ausgabe auf der Netzwerk-Ebene.

- Die **Lernverfahren** und **-algorithmen** als die Anpassungsmechanismen von Verbindungsgewichten und Schwellenwerten an die Problemstellung im Rahmen der Fehlerrückvermittlung ebenfalls auf der Netzwerk-Ebene.

Struktur	Dynamik
Neuronen-Ebene (Mikro-Struktur)	Propagierung, Aktivierung, Ausgabe, ...
Netzwerk-Ebene - Vorwärtspropagierung (Makro-Struktur)	Netzarchitektur, Netzwerkdynamik, ...
Netzwerk-Ebene - Rückwärtspropagierung (Makro-Struktur)	Lernverfahren, Lernalgorithmus, ...

Tab. 1: Das de facto-Referenzmodell Neuronaler Netze und seine Komponenten

Das in Tab. 1 wiedergegebene Referenzmodell soll anhand eines konzeptionellen Rahmens die Beziehung zwischen Struktur und Funktion neuronaler Netze verdeutlichen, um ein grundlegendes Verständnis für die im folgenden dargestellte Erörterung Neuronaler Netze zu schaffen.

Ein formales **Neuron** kann als **abstraktes, lokal arbeitendes Rechenelement** interpretiert werden. Es besitzt folgende **Eigenschaften**:

- Jeder Verbindung zwischen zwei Neuronen ist ein Gewicht aus dem Bereich der reellen Zahlen zugeordnet, das die Stärke der Verbindung zwischen den beiden Neuronen beschreibt.

- Jedes Neuron sendet ein Signal aus, das seiner Aktivierung entspricht.

- Für jedes Neuron ist eine Aktivierungsfunktion definiert. Diese bestimmt die Aktivierung des Neurons und damit das Signal, das das Neuron sendet, in Abhängigkeit von den Signalen, die es empfängt. Dazu werden die empfangenen Signale gewichtet und zum internen Potential summiert und die Aktivierungsfunktion auf das sich ergebende Potential angewendet.

Die **Ausgabe als Ergebnis der logischen Operationen in einem Neuron** ist wie folgt formalisiert [1]:

F.1 $$y_j = \psi\left(\sum_{i=1}^{I} w_{ij} x_i\right)$$

mit y_j = Ausgabewert des betrachteten Neurons j mit ($j=1,2,...,J$)
ψ = Aktivierungsfunktion des Neurons
w_{ij} = Verbindungsgewichte zwischen den i vorgelagerten Neuronen mit ($i=1,2,...,I$) und dem betrachteten Neuron j
x_i = Eingabewerte für das betrachtete Neuron j
$\left(\sum_{i=1}^{I} w_{ij} x_i\right)$ = internes Potential u_j des betrachteten Neurons j als Ergebnis der Propagierungsfunktion

Entsprechend der Gleichung F.1 wird also die **einfache logische Operation** des Neurons durch folgende Teilfunktionen bestimmt:

- Die **Propagierungsfunktion**, welche die Eingangswerte x_i des betrachteten Neurons j mit den Gewichten der Verbindungen w_{ij} zu vorgelagerten Neuronen multipliziert und anschließend aufsummiert.

- Das Ergebnis der Propagierung wird mit einer Entscheidungsregel (Schwellenwert Θ (Bias)) verglichen und mittels **Aktivierungsfunktion** ψ transformiert.

- Die **Ausgabefunktion**, die das Ergebnis y_j der im betrachteten Neuron ablaufenden logischen Operation an nachfolgende Neuronen im Netz weitervermittelt.

Die allgemeine Formulierung der Teilaufgabe der Aktivierung ist in Abhängigkeit von der verwendeten **Aktivierungsfunktion** weiter zu spezifizieren. Werden Aktivierungsfunktionen gewählt, die eine Nettoeingabe in ein Neuron mittels nichtlinearer Schwellenwertdynamik in

---

[1] Zu der in der Arbeit verwendeten **Notation** sei gesagt, daß aus Gründen der Übersichtlichkeit **nicht zwischen Einzelwerten und Vektoren unterschieden wird**.

den aktuellen Aktivierungszustand und somit in die Ausgabe überführen, so werden nichtlineare Abbildungen zwischen Eingabe- und Ausgabewert durchgeführt. Die **Wahl der Aktivierungsfunktion** bestimmt folglich, ob das Neuron eine **lineare oder nichtlineare Abbildung** durchführt.

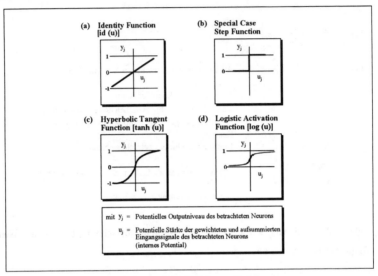

Abb. 3: Ausgewählte Aktivierungsfunktionen

So arbeiten **lineare neuronale Netze** mit einer Aktivierungsfunktion, die lediglich mit der **Identität** als Entscheidungsregel (Fall (a) in Abb. 3) ausgestattet ist. Um der Abbildung der **Nichtlinearität** des Anwendungsproblems zu dienen, verwenden Neuronale Netze die binäre Entscheidungsregel der **Step Function** (Fall (b) in Abb. 3), mit dem Nachteil, daß diese binär und nicht stetig differenzierbar ist) sowie die beiden sigmoiden Aktivierungsfunktionen der **Hyperbolic Tangent [tanh (u)]-Aktivierungsfunktion** (Fall (c) in Abb. 3) und der **logistischen Aktivierungsfunktion [log (u)]** (Fall (d) in Abb. 3) [LIPP87,14],[HERT91,27f]. Die Aktivierungsfunktionen eines Netzwerks besitzen grundsätzlich entweder einen unstetigen Verlauf mit diskreten Funktionswerten oder einen stetigen Verlauf mit monoton wachsenden Funktionswerten.

Die Aktivierungsfunktion einer **Hyperbolic Tangent [tanh (u)]** beeinflußt den Ausgabebereich der Ausgabefunktion eines Neurons in der Weise, daß dieser **kontinuierliche Werte zwischen**

-1 und +1 annimmt. Die formale Schreibweise einer **Hyperbolic Tangent** [tanh (u)]-**Aktivierungsfunktion** läßt sich wie folgt kennzeichnen:

F.2 $$\psi = [\tanh(u_j)] = \left(\frac{e^u - e^{-u}}{e^u + e^{-u}}\right)$$

mit $[\tanh(u_j)]$ = Aktivierungsfunktion vom Typ Hyperbolic Tangent

Die **logistische Aktivierungsfunktion** [log (u)] hingegen realisiert eine Begrenzung der Netzausgaben in den Wertebereich von [0, 1]:

F.3 $$\psi = [\log(u_j)] = \left(\frac{1}{1 + e^{-u}}\right)$$

mit $[\log(u_j)]$ = Aktivierungsfunktion vom Typ Logistic

Neben der Funktion einzelner Neuronen beeinflussen zudem die **Struktur und Dynamik der Vernetzung** den Prozeß der neuronalen Informationsverarbeitung.

Im Rahmen ihrer Aufgabenverteilung innerhalb eines Netzes können drei disjunkte Teilmengen von Neuronen unterschieden werden: **Input Neuronen** werden in der **Input Schicht** zusammengefaßt und dienen der externen Eingabe von Daten, während an den **Output Neuronen** in der **Output Schicht** Werte als Ergebnisse der Informationsverarbeitung abgelesen werden. **Hidden Neuronen** (innere Neuronen) der **Hidden Schicht** dienen der internen Repräsentation des Anwendungsproblems im Netz und übernehmen somit hauptsächlich Informationsverarbeitungs- und -verteilungsaufgaben. Da jedes Neuron ein Fragment des gesamten Netzzustandes zu einem bestimmten Zeitpunkt repräsentiert, ist der Zustand eines Netzes jederzeit durch ein Muster von Aktivierungen der Neuronen gekennzeichnet. Ein Aktivierungsmuster eines Netzes stellt somit einen Vektor der Aktivierungszustände aller Neuronen des Netzwerkes zu einem bestimmten Zeitpunkt dar [2] [KRAT90, 23].

---

[2] Siehe auch hierzu weiter unten im Text der Begriff **short-term memory**, welcher das aktuelle Aktivierungsmuster der Neuronen kennzeichnet, im Gegensatz zu dem durch das Lernen erworbene Strukturwissen des **long-term memory**, welches sich in den Gewichten manifestiert.

Aufgrund der Heterogenität der unterschiedlichen Netzwerkparadigmen ist eine trennscharfe Unterscheidung der einzelnen Konzepte nur ansatzweise möglich. Grundsätzlich sind Neuronale Netze aufgrund der **Art der Verknüpfung ihrer Verarbeitungseinheiten (Netzwerkarchitektur)** in **hierarchische** und **nichthierarchische** Netzwerke zu unterteilen. Bei den **hierarchischen Netzwerken** sind die einzelnen Neuronen entsprechend ihrer Aufgabe bei der Informationsverarbeitung in **Schichten** (Input, Hidden und Output Schicht) angeordnet, wobei die Neuronen einer Schicht keine Verbindungen untereinander aufweisen (z.B. **Multilayer Perceptron)**. **Nichthierarchische Netzwerke** erlauben beliebige Verbindungen und sind im Extremfall durch eine vollständige, symmetrische Vernetzung ausgezeichnet [KEMK88, 149], [KÖHL90, 82].

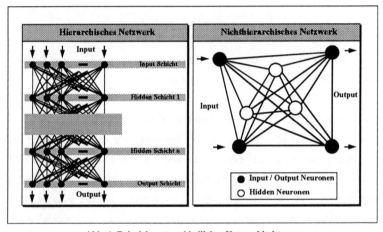

Abb. 4: Beispiele unterschiedlicher Netzarchitekturen

Eng verknüpft mit der Netzarchitektur ist die **Netzdynamik** als **der Verarbeitungsmodus, welcher eine Netzeingabe in eine -ausgabe transformiert.** Bezüglich der Netzdynamik unterscheidet man im wesentlichen zwei unterschiedliche Ansätze [3] : eine **vorwärtsgerichtete, azyklische** und eine **rückgekoppelte, zyklische Vernetzung.**

---

[3] So wird der Begriff **Netzarchitektur** in vorliegender Arbeit einmal **statisch**, indem er gemäß der Art der Verknüpfung der Neuronen hierarchische und nichthierarchische Netzwerke unterscheidet, und einmal **dynamisch** verwendet, indem er gemäß des Verarbeitungsmodus vorwärtsgerichtete und rückgekoppelte Netzwerke unterscheidet.

Vorwärtsgerichtete, auch **Feedforward Netze** genannt, zeichnen sich dadurch aus, daß die **Neuronen so in Schichten angeordnet sind, daß Neuronen einer bestimmten Schicht nur Signale von Neuronen einer vorgelagerten Schicht empfangen**. Sie verarbeiten folglich eine externe Eingabe unidirektional mittels Vorwärtspropagierung vom Netzeingang zum Netzausgang [NELS90, 112], [KEMK88, 152]. Dabei wird die Neuronenaktivierung schichtweise von der Input Schicht zur Output Schicht durchgeführt, indem alle Neuronen derselben Schicht gleichzeitig aktiviert sind und simultan arbeiten [KRAT90, 29].

Bei rückgekoppelten, auch **Feedback Netze** genannt, wird der **Ausgabewert eines Neurons auf vor- oder gleichgelagerte Neuronen rückgekoppelt** und beeinflußt deren Eingabewert. Die Verarbeitung des Eingabevektors erfolgt ausgehend von einem Initialzustand dadurch, daß sich das Netz in einen Stabilitätszustand einschwingt. Diese Relaxation in Abhängigkeit spezifischer Konvergenzkriterien erfordert den Durchlauf mehrerer iterativer Zyklen [NELS90, 112],[ZEID90, 43].

Für das **Lernen** in Neuronalen Netzen ist entscheidend, wie das Ausgabeverhalten des Netzes geändert werden kann und demnach auch, wie und wo das Netz etwas speichert, das dieses Verhalten bestimmt [KÖHL90, 84]. Das dynamische Wissen - als aktuelle Reaktion des Netzes auf Eingangssignale - ist in den Aktivierungswerten der Neuronen enthalten. Folglich verkörpert **das aktuelle Aktivierungsmuster** das **short-term memory** des Netzwerkes im Sinne des Ausgabeverhaltens in Folge der Verarbeitung eines bestimmten Inputvektors. Dahingegen versteht man unter dem **long-term memory** das **durch den Lernvorgang erworbene, statische Stukturwissen**, welches sich in den **Verbindungsgewichten** manifestiert [CRUZ88, 7 u. 14].

Die **Lernfähigkeit** ist das wesentliche Charakteristikum Neuronaler Netze. Sie ersetzt die explizite Suche einer algorithmischen Lösung zu einem gestellten Problem. Lernen bedeutet im Zusammenhang mit Neuronalen Netzen die **mittels Lernalgorithmen zielgerichtete Anpassung der Verbindungsgewichte an einen Datensatz**, wobei Schwellenwerte als Sonderfälle der Verbindungsgewichte betrachtet werden, da sie ebenfalls ein Maß für die Aktivierung bzw. Deaktivierung eines Neurons darstellen [KRAT90, 28]. **Ziel der Veränderung der Gewichtsstruktur** während der Trainingszyklen ist das **Auffinden derjenigen Gewichtsmatrix, bei der das Netzwerk die ihm gestellte Aufgabe adäquat löst** [NELS90, 109]. Mathematisch handelt es sich dabei um einen Konvergenzprozeß, der auf schrittweises Verändern der Gewichte beruht. Für eine Parallelisierung der Informationsverarbeitung ist es erforderlich, daß der Lernalgorithmus lokal ist: die Änderung eines bestimmten Verbindungsgewichts mittels dieses Algorithmus darf nur von dem Eingang, der Aktivität und dem Ausgang des zugehörigen Neurons abhängen [GRAM89, 325]. Werden Lernregeln - in jedem Neuron und auf jede Neuronenverbindung angewandt - im Verbund tätig, so beginnen die Neuronen im Laufe der Trainingsschritte die ihnen gestellte Aufgabe simultan zu lösen.

Konkret bedingen Lernregeln, wie ein Neuron aus lokal zugänglicher Information eine Korrektur seiner aktuellen Verbindungsgewichte berechnet. Dieser Korrekturwert wird mit dem aktuellen Verbindungsgewicht verrechnet, so daß im folgenden Trainingsschritt ein verändertes Gewicht wirksam wird. Die Lernalgorithmen sind dem Bereich des induktiven Lernens zuzuordnen, da der Wissenserwerb allein durch Präsentation der Daten erfolgt.

In Abhängigkeit von der Art der Datenpräsentation unterscheidet man die **Verfahren des überwachten** (supervised) **und unüberwachten** (unsupervised) **Lernens** [KÖHL90, 84].

Beim **überwachten Lernverfahren** liegen dem Netz sowohl Eingabe- als auch Ausgabedaten vor. Das Ziel besteht darin, in einem Soll/Ist-Abgleich die Gewichte so anzupassen, daß zu gegebenen Eingabedaten die zugeordneten Ausgabedaten erlernt werden. Mathematisch betrachtet werden Eingabe- auf Ausgabevektoren abgebildet, und Aufgabe des Lernverfahren ist es, die passende Transformationsformel zu berechnen [KEMK88, 151],[KRAT90, 30].

Beim **unüberwachten Lernverfahren** erfolgt keine Vorgabe in Form von Ausgabedaten oder einer Bewertung. Das Netz entdeckt selbständig Regelmäßigkeiten in der Folge von Eingabedaten und unterteilt diese in Klassen [GRAM89, 327], [NELS90, 132f]. Das unüberwachte Lernverfahren ist bis dato das am wenigsten ausgereifteste, und Optimierungsverfahren mit dem Ziel des Vermeidens von Rauschanpassungen in den Daten [4] sind bis dato nicht anwendbar.

---

[4] Zu den **Optimierungsverfahren in Neuronalen Netzen** und deren Zielsetzungen siehe Gliederungspunkt B. 4.4.1..

Der bekannteste Vertreter der Klasse des **überwachten Lernens** und die Grundlage der vorliegenden Arbeit ist der **Backpropagation-Algorithmus**, der die Gewichte eines Netzes entsprechend der Abweichung des Output zum gewünschten Input in einem iterativen Prozeß bestimmt. Der Backpropagation-Algorithmus ist eine **Lernmethode für mehrschichtige Feedforward-Netze (Multilayer Perceptrons)** [WERB74],[RUME86],[WERB94] im Sinne eines **nichtlinearen Optimierungsverfahrens** [5]. Während des Trainingsprozesses werden die Gewichte des Netzes iterativ so bestimmt, daß der **Fehler zwischen erhaltener Netzausgabe (Output) und gewünschter Netzausgabe (Target) minimiert** wird.

Im folgenden wird der **Backpropagation-Algorithmus** anhand der Feedforward-Struktur des **Multilayer Perceptrons** formal erläutert, **wie sie auch in den Modellrechnungen des empirischen Teils C der Arbeit zum Einsatz kommt**. Das Multilayer Perceptron ist dergestalt parametrisiert, daß es mit **nichtlinearen Hyperbolic Tangent [tanh (u)]-Aktivierungsfunktionen** in der **Hidden Schicht** und mit **Identitätsfunktionen in der Input und Output Schicht** arbeitet. Mit dieser dreischichtigen Netzstruktur - bestehend aus nur einer Hidden Schicht - und durch eine derartige Integration von Nichtlinearitäten ist das Netzwerk bereits in der Lage, jede stetige nichtlineare Funktion durch Überlagerung von Stufenfunktionen zu approximieren [HORN89], [CYBE89]. Dabei hängt die Güte der Approximation von der Anzahl der Neuronen in der Hidden Schicht ab, da pro Neuron eine Stufenfunktion einen bestimmten Ausschnitt des Lösungsraums darstellt [HORN90, 557f].

---

[5] Zur **geschichtlichen Entwicklung des Backpropagation-Lernalgorithmus** siehe [WERB94], [ZEID90, 67],[BEAL90, 68].

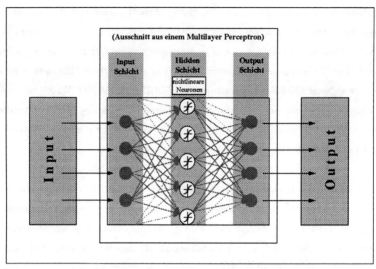

Abb. 5: **Nichtlineares Multilayer Perceptron mit nichtlinearen Aktivierungsfunktionen in der Hidden Schicht**

Da Neuronale Netze aus einer Vielzahl miteinander verknüpfter Elemente bestehen, ist im folgenden die Formalisierung der **Interaktion mehrerer Neuronen** zu charakterisieren. Mit Blick auf die Netzwerk-Ebene werden dabei Aspekte aufgegriffen, die mit der Abbildung von Informationen auf der Makro-Ebene der neuronalen Modellierung (siehe Tab. 1) im Zusammenhang stehen.

Der **Informationsfluß zwischen den einzelnen Schichten des Multilayer Perceptrons** wird schrittweise beschrieben. Dabei resultiert der **Ausgabewert y_j eines betrachteten Neurons der Hidden Schicht** aus dem Ergebnis der Operationen der Propagierungs-, Aktivierungs- und Ausgabefunktion.

Wie bereits ausgeführt, handelt es sich dabei um eine nichtlineare Aktivierungsfunktion vom **Typ Hyperbolic Tangent**:

F.4 $$y_j = \tanh\left(\sum_{i=1}^{I} w_{ij} x_i\right)$$

mit y_j = Ausgabewert des betrachteten Neurons *j* in der Hidden Schicht
 w_{ij} = Verbindungsgewichte zwischen den vorgelagerten Neuronen der Input und dem betrachteten Neuron der Hidden Schicht
 tanh = Aktivierungsfunktion des betrachteten Neurons *j* der Hidden Schicht vom Typ Hyperbolic Tangent
 x_i = Eingabewerte des betrachteten Neurons der Hidden Schicht, welche identisch sind zu den Ausgabewerten y_i der Neuronen der vorgelagerten Input Schicht.

Der Ausgabewert y_k **eines Neurons der Output Schicht** hingegen wird durch seine **Identitätsfunktion** bestimmt:

F.5 $$y_k = id\left(\sum_{j=1}^{J} w_{jk} x_j\right)$$

mit y_k = Ausgabewert des betrachteten Neurons *k* in der Output Schicht
 w_{jk} = Verbindungsgewichte zwischen den vorgelagerten Neuronen der Hidden und dem betrachteten Neuron der Output Schicht
 id = Aktivierungsfunktion des betrachteten Neurons *k* der Output Schicht vom Typ Identität
 x_j = Eingabewerte des betrachteten Neurons der Output Schicht, welche identisch sind zu den Ausgabewerten y_j der Neuronen der vorgelagerten Hidden Schicht.

Nach dem Anlegen von Informationen an der Eingabeschicht des Netzwerkes summiert das Netz simultan für jedes Neuron der folgenden Hidden Schicht die gewichteten Eingangssignale, transformiert diese Summe entsprechend den nichtlinearen Aktivierungsfunktionen und vermittelt die Ausgabewerte an die Neuronen der Output Schicht weiter. Dort finden dieselben Prozesse der Propagierung und Aktivierung statt, wobei es sich bei der Aktivierung um eine identische Weiterleitung des Ergebnisses der Propagierung handelt. Dabei ist zu beachten, daß die Verbindungsgewichte w_{ij} und w_{jk} während der Verarbeitung von Eingangssignalen, der **Phase der Vorwärtsvermittlung (Feedforward)**, unverändert bleiben.

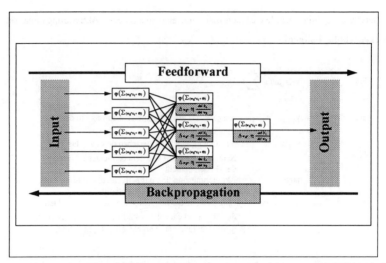

Abb. 6: **Vorwärtsvermittlung von Eingabewerten und Rückwärtsvermittlung von Fehlerdifferenzen beim Multilayer Perceptron**

Die Phase der Rückwärtsvermittlung umfaßt den eigentlichen **Lernprozeß**. Dieser beruht auf einem **Vergleich des Ausgabeergebnisses des Netzes mit dem tatsächlichen Zielwert eines Trainingsbeispiels** und einer **Rückwärtsvermittlung (Backpropagation)** des entsprechenden Fehlers.

Das Netzwerkverhalten ist in der Trainingsphase darauf auszurichten, die Input-/Outputvektoren der **Trainingsmenge** (diese enthält alle Trainingsbeispiele t (mit t=1,2,...,T)) möglichst gut abzubilden. Ein einzelnes **Trainingsbeispiel** besteht aus einem Eingabevektor, bestehend aus den Elementen x_i (mit $x_i = 1, 2, ..., I$), und besitzt korrespondierende **Zielwerte** z_k. Das Multilayer Perceptron justiert nun im Rahmen des Lernprozesses seine Verbindungsgewichte in der Form, daß diese den **Zusammenhang zwischen den Zielwerten** z_k **und den berechneten Ausgabewerten** y_k an den jeweiligen Neuronen der Output Schicht **möglichst genau approximieren**. Mathematisch formuliert läuft dabei ein **Konvergenzprozeß** ab. Alle zu Beginn des Trainings zufällig initialisierten Verbindungsgewichte eines Netzes verändern sich dabei in der Weise, daß der **durchschnittliche Fehler der Netzabbildung über alle Trainingsbeispiele** als Ergebnis eines Vergleichs zwischen allen tatsächlichen Netzausgaben der Neuronen der Ausgabeschicht und allen zugehörigen Zielwerten minimiert wird. Diese Lernprozedur wird solange wiederholt, bis für jeden Input-/Outputvektor ein akzeptables

Approximationsverhalten erreicht wird, welches sich in einer akzeptablen Fehlerminimierung widerspiegelt. Die zu minimierende **Zielfunktion entspricht beispielsweise dem Quadrat des (globalen) Fehlers über alle Trainingsbeispiele hinweg.**

Als Verfahren der Fehlerminimierung im mehrdimensionalen Raum wird beim Backpropagation-Algorithmus in der Regel die **Gradientenabstiegsmethode** verwendet.

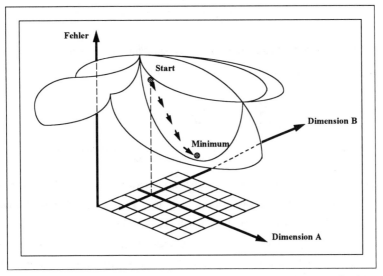

Abb. 7: **Gradientenabstiegsverfahren zur Ermittlung der Minimalkombination der Gewichte**
(in Anlehnung an [TANK88, 49])

Abb. 7 zeigt vereinfacht das Grundprinzip des Gradientenabstiegsverfahren in einem von zwei Neuronen aufgespannten Gewichtsvektorraum (Dimension A und B). Die Ordinate steht für das Ausmaß des Fehlers, erzeugt durch den zufällig initiierten Anfangszustand des Verbindungsgewichts (Start). Mit jedem Trainingsschritt, in der Abbildung symbolisiert durch einen Pfeil, verändert sich das Verbindungsgewicht auf der Suche nach einer fehlerminimalen Einstellung (Minimum) zur Abbildung des Zusammenhangs zwischen den Eingabe- und Ausgabewerten und damit die Repräsentation der zu lösenden Aufgabenstellung. Die Kombination derjenigen Gewichte eines Netzes, die den Berechnungsfehler minimiert, bildet am Ende der Lernphase die Lösung des Anwendungsproblems.

Während die (**lokale**) **Fehlerfunktion** E_k der *k* **Neuronen der Output Schicht** für ein **Trainingsbeispiel** nach der **Methode der kleinsten Quadrate** wie folgt zu formalisieren ist,

F.6 $$E_k = \frac{1}{2}\sum_{k=1}^{K}(z_k - y_k)^2$$

mit E_k = Lokale Fehlerfunktion aller Output Neuronen *k* für ein Trainingsbeispiel *t*
z_k = Zielwert für ein Trainingsbeispiel *t*
y_k = Ausgabewert des Neurons *k* der Output Schicht für Trainingsbeispiel *t*

ergibt sich für (**globale**) **Fehlerfunktion** *E* über **alle Output Neuronen** *k* und über **alle Trainingsbeispiele** (mit t=1,2,...T) hinweg die Schreibweise

F.7 $$E = \sum_{t=1}^{T}\sum_{k=1}^{K}E_k = \frac{1}{2}\sum_{t=1}^{T}\sum_{k=1}^{K}(z_k - y_k)^2$$

mit *E* = Globale Fehlerfunktion aller Output Neuronen *k* über alle Trainingsbeispiele *t* hinweg

Hinsichtlich der Häufigkeit der Gewichtsadaption unterscheidet man das **Batch Size-Verfahren** (kumulatives Gradientenverfahren) und das **Pattern by Pattern-Verfahren** (stochastisches Gradientenverfahren). Beim **Batch Size-Verfahren** werden dem Netzwerk alle Paare der Datenmenge in einem vollständigen Trainingszyklus präsentiert, die einzelnen Gewichtsänderungen kumuliert und die **Gewichtsadaption erst nach der vollständigen Präsentation** durchgeführt. Das **Pattern by Pattern-Verfahren** hingegen erlaubt die **Gewichtsadaption nach jedem Eingabemuster**. Der Vorteil der **Pattern by Pattern-Adaption** liegt darin, daß die mittels Teilgradienten durchgeführte Veränderung der Gewichte einer stochastischen Suchbewegung im Gewichtsraum gleichkommt, welche eine **höhere Robustheit gegenüber lokalen Minima besitzt** [FINN94]. Kumulative und stochastische Gradientenverfahren stellen Anworten auf ein lokal bzw. global gewünschten Verhaltens der Suchverfahren dar. Dabei ist allerdings auch eine Übergang zwischen diesen beiden Verfahren konstruierbar, indem mehrere Teilgradienten zusammengefaßt werden und im Anschluß daran die Gewichtsadaption erfolgt [ZIMM94, 42f].

Das in der vorliegenden Arbeit verwendete **Pattern by Pattern-Lernverfahren** ändert für jedes Trainingsbeispiel bei der Fehlerrückvermittlung die Gewichte *w* um ihren jeweiligen **Beitrag zum Gesamtfehler** Δw in Abhängigkeit von der **Lernrate** η und proportional zum negativen Gradienten der lokalen Fehlerfunktion E_k. Die **allgemeine formale Schreibweise des Grundprinzips der Gewichtsveränderung** lautet:

F.8 $\quad \Delta w = -\eta \dfrac{\partial E_k}{\partial w}, \quad \eta > 0.$

mit $\quad \Delta w \quad =\quad$ Gewichtsveränderung durch Backpropagation
$\quad\quad\;\, \eta \quad\;\, =\quad$ Lernrate
$\quad\quad \dfrac{\partial E_k}{\partial w} \;=\quad$ Ableitung der lokalen Fehlerfunktion nach den Verbindungsgewichten

Eine entsprechende **Lernrate** η in der Gleichung F.8 minimiert auch die **globale Fehlerfunktion** E [RUME86]. Zwar ist mittels dieses Konvergenzprozesses nicht immer das **Finden der optimalen Lösung** (d.h. Fehlerminimum) in endlicher Zeit möglich (falls eine solche existiert), dennoch garantiert diese Vorgehensweise das **Erreichen einer guten Näherungslösung** der Approximationsaufgabe [KEMK88, 146].

Während das in F.8 dargestellte Grundprinzip von einer konstanten Lernrate η ausgeht, existieren weitere Varianten des Gradientenverfahrens mit variabler Lernrate [ZIMM94, 47-49]. Das in der vorliegenden Arbeit verwendete Verfahren stellt ein solches **Verfahren mit variabler Lernrate** dar, bei dem **die Varianz der Ableitungen zur Steuerung der Lernschrittweiten der einzelnen Gewichte** [6] verwendet wird [FINN93b] [7]. Diese Variante wird im folgenden formal dargestellt:

F.9 $\quad \eta(w) = \dfrac{\eta_0}{\sqrt{\sum\limits_{t=1}^{T}\left(\dfrac{\partial E_k}{\partial w} - \dfrac{\partial E}{\partial w}\right)^2}}$

mit $\quad \eta(w) \quad =\quad$ Lernrate für ein einzelnes Gewicht
$\quad\quad \eta_0 \quad\;\;\, =\quad$ Basis-Lernrate, welche gewichtsspezifisch modifiziert wird

Die gewichtsspezifische Lernrate $\eta(w)$ ergibt sich wie folgt: für jedes Gewicht wird die Summe der Fehlerableitungen über alle Trainingsbeispiele hinweg gebildet. Weisen die Gewichts-

---

[6] Die Bezeichnung **w** in **Gleichung F.9** steht folglich für **ein einzelnes Gewicht**.

[7] Dieses Verfahren wird in SENNV0.9^{TM} als **VarioEta-Lernalgorithmus** bezeichnet [SENN95].

veränderungen der einzelnen Trainingsbeispiele in eine einheitliche Richtung, d.h. sind sie der kumulativen Veränderung ähnlich, so ist die Schwankungsbreite gemessen an der Varianz der Ableitungen (und somit der Nenner des Ausdrucks F.9) klein, und es wird eine große Schrittweite gewählt, und umgekehrt [ZIMM94, 48f]. Geringe Schwankungen der Gewichte deuten auf einen stabilen Kurs in die richtige Suchrichtung hin und werden durch große Schritte im Lernverhalten unterstützt. Der **Vorteil einer variablen** im Gegensatz zu einer konstanten **Lernrate** liegt darin, daß **das Auffinden eines Minimums situationsgerechter gesteuert** werden kann: ist die konstante Lernrate zu groß gewählt, wird gegebenenfalls ein Minimum übersprungen, ist sie zu klein gewählt, resultieren hieraus sehr lange Lernzeiten.

Die **Berechnung des lokalen Fehlers für die Neuronen der Output Schicht** und damit die notwendige **Anpassung der Gewichte zu den vorgelagerten Neuronen der Hidden Schicht** gestaltet sich deshalb relativ einfach, weil dazu unmittelbar die Differenz zwischen dem realisierten Ausgabewert eines Neurons und dem entsprechenden Zielwert des Trainingsbeispiels Verwendung findet. In Anlehnung an Gleichung F.5 und unter Berücksichtigung der Gleichungen F.6 bis F.8 läßt sich der lokale Fehler der Gewichtseinstellung zwischen den einzelnen Neuronen der Output Schicht und den jeweils vorgelagerten Neuronen der Hidden Schicht direkt ermitteln.

Die formale Schreibweise für die in den **Neuronen der Output Schicht stattfindende Gewichtsveränderung** lautet:

F.10 $\quad \Delta w_{jk} = \eta \delta_{jk} y_k$

mit $\quad \delta_{jk} = E_k[id(u_k)] = (z_k - y_k)\dfrac{\partial id(u_k)}{\partial u_k}$

Δw_{jk} = Veränderung der Gewichte zwischen dem Neuron k der Output Schicht und den j vorgelagerten Neuronen der Hidden Schicht

δ_{jk} = Ableitung der lokalen Fehlerfunktion E_k bei Trainingsbeispiel t nach den Gewichten

Die **lokale Gewichtsveränderung der Verbindungen zwischen Neuronen der Hidden bzw. den jeweiligen Neuronen der Input Schicht** läßt sich hingegen nicht unmittelbar aus der Differenz zwischen Netzausgabe- und Zielgröße ableiten. Vielmehr ist hier der Betrag der

Gewichtsveränderung zwischen der Output und der Hidden Schicht bei der Berechnung zu berücksichtigen:

F.11 $$\Delta w_{ij} = -\eta \frac{\partial E_j}{\partial w_{ij}} = -\eta \frac{\partial E_j}{\partial u_j} \frac{\partial u_j}{\partial w_{ij}} = \eta \delta_{ij} y_j$$

mit Δw_{ij} = Veränderung der Gewichte zwischen dem Neuron j der Hidden Schicht und den i vorgelagerten Neuronen der Input Schicht
δ_{ij} = Ableitung der lokalen Fehlerfunktion E_j bei Trainingsbeispiel t nach den Gewichten

Die **Ableitung der lokalen Fehlerfunktion eines Neurons der Hidden Schicht** ist dabei wie folgt definiert:

F.12 $$\delta_{ij} = -\frac{\partial E_j}{\partial u_j}$$

Im Gegensatz zu der Fehlerermittlung für Output Neuronen, welche auf einem direkten Output/Target-Vergleich basiert, wird bei der Berechnung der fehlerbedingten Gewichtsveränderung für die Hidden Schicht die Fehlerdifferenz indirekt abgeleitet. Unter Verwendung der Kettenregel läßt sich Gleichung F.13 wie folgt ableiten:

F.13 $$\delta_{ij} = -\frac{\partial E_j}{\partial u_j} = -\frac{\partial E_j}{\partial y_j} \frac{\partial y_j}{\partial u_j}$$

Berücksichtigt man zudem, daß die Ausgabe eines Neurons der Hidden Schicht das Ergebnis unmittelbar in Abhängigkeit von der **logischen Operation der Aktivierung** erfolgt, so ergibt sich die folgende Schreibweise:

F.14 $$\delta_{ij} = -\frac{\partial E_j}{\partial y_j} \frac{\partial [\tanh(u_j)]}{\partial u_j}$$

Für die Ermittlung der **Ableitung der sich aus einem Ausgabewert eines Neurons der Hidden Schicht ergebenden lokalen Fehlerdifferenz** zwischen Hidden und Input Neuronen resultiert daraus:

F.15
$$-\frac{\partial E_j}{\partial y_j} = -\sum_{k=1}^{K} \frac{\partial E_j}{\partial u_k} \frac{\partial u_k}{\partial y_j}$$
$$= -\sum_{k=1}^{K} \left(-\frac{\partial E_j}{\partial u_k}\right) \frac{\partial}{\partial y_j} \left(\sum_{k=1}^{K} w_{jk} x_j\right)$$
$$= -\sum_{k=1}^{K} \delta_{jk} \frac{\partial}{\partial y_j} \left(\sum_{k=1}^{K} w_{jk} x_j\right)$$
$$= -\sum_{k=1}^{K} \delta_{jk} w_{jk}$$

Gemäß dieser Umformung lautet die **endgültige Formulierung der lokalen Funktion zur Veränderung der Verbindungen zwischen den Neuronen der Hidden Schicht und den Neuronen der Input Schicht**:

F.16
$$\delta_{ij} = \sum_{k=1}^{K} \delta_{jk} w_{jk} \frac{\partial [\tanh(u_j)]}{\partial u_j}$$

Mit dem Minimieren des Abstandes zwischen der tatsächlichen Netzwerkausgabe und dem Zielwert für die Output Schicht bzw. der Berücksichtigung der Fehlerdifferenz der nachgeschalteten Neuronen für die Hidden Schicht eines Multilayer Perceptrons bezüglich sämtlicher Trainingsbeispiele sind die **grundlegenden Teilaufgaben des Trainingsprozesses** des im Rahmen der vorliegenden Arbeit verwendeten Netzwerkes hinreichend beschrieben.

Aus der im vorangegangenen dargestellten Funktionsweise Neuronaler Netze lassen sich **charakteristische Eigenschaften Neuronaler Netze** - die **Adaptivität** und **Generalisierung** - ableiten. Unter **Adaptivität** Neuronaler Netze werden im allgemeinen die Lernfähigkeit auf der Ebene der einzelnen Neuronen, die Selbstorganisation auf Netzebene sowie das Netztraining auf Basis der Lernalgorithmen zusammengefaßt. Die Eigenschaft des Netzes, auf unbekannte Muster mit einem sinnvollen Ergebnis zu reagieren, wird als **Generalisierung** bezeichnet.

Die Lernfähigkeit auf der Ebene der einzelnen Neuronen wird durch die Anpassungfähigkeit der Neuronenverbindungen, bis das Netzwerk das gewünschte Ausgabeverhalten zeigt, gewährleistet. Die Selbstorganisation beschreibt die lokal oder zentral gesteuerte Aufgabenverteilung innerhalb des Netzes durch das Lernverfahren. Die Gewichte repräsentieren je nach Wertebereich entweder Widerspruch, Unabhängigkeit oder Verträglichkeit zweier Hypothesen. Die Erfüllung möglichst vieler Bedingungen auf einem bestimmtem Fehlerniveau wird auch als **constraint satisfaction**, die Verbindungsgewichte als **soft constraints** bezeichnet. Durch die Parameteradaption beim Training sind Neuronale Netze in der Lage, Ähnlichkeiten zwischen verschiedenen Eingabemustern durch Approximation der Abbildungsvorschrift im Netz abzubilden. Vergleichbar mit einer statistischen Parameterschätzung entbindet die Lernfähigkeit das Netz von der expliziten, algorithmischen Lösungsfindung im Sinne einer formalen Festlegung funktionaler Abhängigkeiten. Als Folge davon gestaltet sich auch die Modellaktualisierung durch die Ergänzung neuer Datenbeispiele einfacher als bei Ansätzen, bei denen Ergänzungen explizit formuliert werden müssen.

Somit unterstützen die Eigenschaften der Adaptivität und der Generalisierung **komplexe Problemstellungen**, bei denen **keine exakten, analytischen Lösungsalgorithmen** existieren, das **nichtlineare Zusammenwirken vieler Einflußgrößen nicht eindeutig erklärbar** und **learning by example** möglich ist, sowie **Problemstrukturen, die einem dynamischem Wandel unterliegen.**

1.2. Interpretation der Funktionsapproximation Neuronaler Netze aus statistischer Sichtweise

Neuronale Netze ermitteln eine Funktion nicht durch normative Unterstellung von Wirkungszusammenhängen und Abhängigkeiten in den Daten, sondern **deduzieren eine Funktion aus empirisch ermittelbaren Beobachtungsdaten.** Dabei stellt sich unmittelbar die Frage, ob die Erfassung und Auswertung von Beobachtungen im Sinne einer deskriptiven Informationsgewinnung ausreichend ist, oder ob zusätzlich kausale Information zur Erklärung der Beobachtungen hinzugezogen werden soll. Kausale Information wären z.B. nomologische Hypothesen über die Interaktion von Kapitalmarktsegmenten oder das Entscheidungsverhalten von Marktteilnehmern.

Mit der **Frage nach der Notwendigkeit von Erklärungen zu beobachteten Ursache-/Wirkungszusammenhängen** trifft man den Kern des Selbstverständnisses der **Betriebswirtschaftslehre** [RAFF74],[SCHNE92, 239ff]. Hierbei gilt es die Frage zu klären, ob die Aufgabe der Betriebswirtschaftslehre darin besteht, die Realität im Sinne einer explikativen Wissenschaft zu beschreiben **und** zu erklären. Desweiteren schließt sich die Frage an, ob aus Beobachtungen per Induktion empirische Gesetze abgeleitet werden, welche ihrerseits zur deduktiv-nomologischen Erklärung empirischer Tatbestände herangezogen werden können. Da die Betriebswirtschaft jedoch, verglichen mit den Naturwissenschaften, lediglich über Gesetzeshypothesen von geringer Erklärungskraft verfügt [SCHNE92, 241], besteht ihre Aufgabe primär darin, im Sinne einer **handlungsorientierten Wissenschaft** zufriedenstellende Lösungen betriebswirtschaftlicher Problemstellungen zu liefern. Hierbei zieht man sich zur Erklärung beobachteter Abhängigkeiten auf Primitiverklärungen zurück, indem man aus den bisherigen Beobachtungen auf einen entsprechenden Zusammenhang zwischen einer spezifischen Anfangsbedingung und einem empirischen Tatbestand schließt. Ist ein **nachhaltiger Erfolg** gegeben, so **kann auf eine tiefergehende, kausale Erklärung verzichtet werden**, wenn diese nicht oder nur mit unvertretbar hohem Aufwand erhältlich ist.

Neuronale Netze sind nun originär den **deskriptiven Ansätzen** zuzuordnen. Diese verzichten darauf, das Systemverhalten zu hinterfragen und ermitteln Modelle, welche das empirisch beobachtete Systemverhalten hinreichend genau reproduzieren. Im Unterschied zu normativen Ansätzen versuchen deskriptive Ansätze, die zu modellierenden Zusammenhänge aus Beobachtungen zu konstruieren, und schränken die ökonomische Modellbildung aufgrund des Fehlens einer Rahmenvorgabe weniger ein. Folglich handelt es sich bei Neuronalen Netzen um die **Approximation einer Funktion aus einer Menge empirisch ermittelter Ein- und Ausgabedaten** und **in diesem Sinne um statistische Verfahren**. Damit besitzen sie **dieselbe Intention wie die Approximationstheorie und die Statistik**, welche hierfür einen umfassenden Methodenapparat zur Verfügung stellen.

Die **Approximationstheorie** beschäftigt sich mit der Konstruktion guter Näherungen für Funktionen bei vorgegebener Genauigkeit. Sie impliziert die Untersuchung meist **nur univariater Zusammenhänge** und setzt dabei voraus, daß **keine Meßfehler in den Beobachtungsdaten** enthalten sind, ausschließlich **deterministisch funktionale Zusammenhänge** anstelle von stochastischen Einflüssen zwischen abhängigen und unabhängigen Variablen vorhanden sind und **die zu approximierende Funktion a priori bekannt** ist. In betriebswirtschaftlichen Anwendungsgebieten allerdings sind die Zustandsräume in der Regel nicht eindimensional, die Zuordnungen nicht deterministisch und die zu approximierende Funktion nicht bekannt. Aufgrund **zufälliger Einflüsse** wird hierbei nicht die Funktion an sich, sondern eine stochastisch überlagerte Funktion beobachtet, so daß man davon ausgehen muß, daß **die Beobachtungen den funktionalen Zusammenhang nur verrauscht widerspiegeln**.

Vor dem Hintergrund einer **verrauschten Systemumgebung** werden Verfahren der statistischen **Regressionsanalyse** zur **Ermittlung eines Modells aus einer Menge stochastisch überlagerter Wertepaare** verwendet.

Die **lineare Regressionsanalyse** unterstellt einen **linearen Zusammenhang zwischen abhängigen und unabhängigen Größen** und berechnet beste lineare erwartungstreue Schätzer. **Nichtlineare Regressionsverfahren** unterstellen entsprechend **nichtlineare Abhängigkeiten höherer Ordnung**, beispielsweise polynomiale Abhängigkeiten, und schätzen deren Parameter erwartungstreu. Dabei kann auch bei der **Regressionsanalyse identisch zu den Neuronalen Netzen die analytische Bestimmung der optimalen Parameter gegen ein iteratives Suchverfahren eingetauscht werden.**

Die im folgenden dargestellten Ausführungen im Zusammenhang mit den statistischen Ursprüngen des Backpropagation Algorithmus basieren vorwiegend auf [HAYK94, 71-75] und [WERB94, 31-44].

Im Rahmen der **Regressionsanalyse** versucht man typischerweise die **abhängige** (endogene) **Variable y durch unabhängige** (exogene) **Variablen $x_1, x_2, ..., x_n$ zu bestimmen**. Der **Zusammenhang zwischen y und den Werten x** wird dabei durch eine **Funktion f** in der folgenden Form beschrieben:

F.17 $\quad y = f(x_1, x_2, ..., x_n) \quad$ oder auch vereinfacht

$\quad\quad\quad y = f(x)$

Ist die funktionale Form für die Beziehung zwischen den Variablen bis auf die Parameter θ bekannt, so wird diese als solche vorgegeben, und es sind nur noch die Parameter dieser Beziehung aus den vorhandenen Daten zu bestimmen [8]. Dies wird ausgedrückt durch:

---

[8] Siehe auch die im Zusammenhang mit der Approximationstheorie in diesem Gliederungspunkt dargestellten Erläuterungen.

F.18 $\quad y = f(x_1, x_2, \ldots, x_n; \theta)$

Die **Beziehung zwischen y und x** ist allerdings fast nie exakt, da sie **Rauschen, Meßfehler oder unerklärte Fluktuationen** beinhaltet. In den Fällen, wenn keine Theorie über den Variablenzusammenhang besteht, versucht man die Funktion f so zu bestimmen, daß sie die vorhandenen Datenabhängigkeiten so gut wie möglich modelliert. Hierfür wird eine Familie von Funktionen zur Auswahl gestellt, die groß und flexibel genug ist, eine hinreichend große Menge von funktionalen Verläufen zu approximieren. Im Rahmen der **linearen Regression** werden hierfür Modelle der folgenden Form verwendet:

F.19 $\quad Y = \beta_0 + \beta_1 x_1 + \ldots + \beta_n x_n + e \quad$ oder auch vereinfacht

$\quad\quad\quad y = f(x) + e$

mit $\quad e \quad = \quad$ additiver Fehler mit Erwartungswert 0

Der **additive Fehler e** verkörpert hierbei die **stochastische Komponente** und besitzt einen **Erwartungswert von 0**. Der Parametervektor θ besteht aus den Parametern der einzelnen Komponenten: $\theta = (\beta_0, \beta_1, \ldots, \beta_n)$; die Werte x errechnen sich durch Quadrate oder Exponenten höherer Ordnung, Kreuzprodukte oder Transformationen (z.B. Logarithmus) der ursprünglichen Daten. Einzige Bedingung ist, daß die Funktion f in den Parametern θ linear ist. In diesem Modell ist die Funktion f(x) wie folgt definiert [WHIT89a]:

F.20 $\quad f(x) = E[y|x]$

mit $\quad E[y|x] \quad = \quad$ Erwartungswert für das Eintreten von y unter der Bedingung x

Gleichung F.19 beinhaltet den Spezialfall des exakten Zusammenhangs zwischen x und y mit einem Fehler e = 0. Da $E[e|x] = 0$ gilt, **approximiert das Regressionsmodell der Gleichung F.19 den bedingten Erwartungswert von y im Sinne von Gleichung F.20** [9].

---

[9] Auf den Sachverhalt der Approximation eines bedingten Erwartungswertes wird im Rahmen der Diskussion bzgl. Erwartungswert- versus Verteilungsprognosen in Gliederungspunkt B. 3.1. nochmals

Die **Bestimmung der Parameter** θ wird hierfür mittels **Kleinste-Quadrate-Methode** (OLS = Ordinary Least Squares) so vorgenommen, daß **der quadrierte Gesamtfehler E zwischen der abhängigen Variable** y_t **und der diese Variable erklärenden Funktion** $f(x_t; \theta)$ **über alle t wie folgt minimiert wird**:

$$F.21 \qquad E = \sum_{t=1}^{T} [y_t - f(x_t; \theta)]^2$$

Im Rahmen einer **nichtlinearen Regressionsanalyse** wird ebenfalls Gleichung **F.21 minimiert**, jedoch ist die **Funktion f nichtlinear in den Parametern** θ. Hierzu wird eine **iterative Optimierung der Funktion f** erforderlich, wozu beispielsweise **Gradientenabstiegsverfahren** herangezogen werden [HART93, 642].

Überträgt man nun die **Schreibweise der Gleichung F.21 auf die Gleichungen F.6 bzw. F.7 in Kombination mit F.1** im Rahmen der neuronalen Modellierung, so läßt sich für ein entsprechend parametrisiertes **Feedforward-Netzwerk folgende Fehlerfunktion** ableiten:

$$F.22 \qquad E = \sum_{t=1}^{T} [y_t - f(x_t; w)]^2$$

In [WHIT89a und b] und [WHIT90] wurde nun erstmals bewiesen, daß **für** $\lim_{t \to \infty}$ **die optimalen Netzwerkgewichte** w_{opt} **gegen die Parameter** θ **der nichtlinearen Regression konvergieren**. Das bedingt, daß ein **optimaler Gewichtsvektor** w_{opt} **identisch zu der Regressionsanalyse eine fehlerminimale Approximation an die bedingte Erwartungswertfunktion** $y(x) = E[y|x]$ verkörpert [HAYK94, 73f].

Backpropagation-Netzwerke und **nichtparametrische nichtlineare Regression** können somit als **alternative statistische Ansätze** betrachtet werden. Zu beachten ist dabei allerdings, daß im Zusammenhang mit dem **Multilayer Perceptron** je nach dessen spezifischer Ausgestaltung bzw. Parametrisierung sehr viele Varianten existieren, welche das **Spektrum von einem einfachen parametrischen Modell bis hin zu einem flexiblen**,

---

eingegangen. Die Implikation der Annahme $E[e|x] = 0$ für die Verteilungsprognose wird dabei näher erläutert.

nichtparametrischen Modell abdecken [SARL94, 1542]. Vor diesem Hintergrund wird in [SARL94, 1542] und [GRAß95] der Begriff **Multilayer Perceptron** in spezifische Ausprägungsformen aufgesplittet und diese wiederum Ausprägungsformen der Regressionsanalyse gegenübergestellt [10].

Das Verhältnis von Neuronalen Netzen gegenüber der Statistik wird in einer Reihe weiterer Publikationen aufgegriffen, welche den oben dargestellten Analogieschluß zwischen Neuronalem Netz und Regression stützen [RIPL92], [ARMI94], [WHIT95]. So wird auch in [ARMI94] die **Schätzung der Gewichte für den Fall der Backpropagation-Lernregel auf ein nichtlineares Kleinst-Quadrate-Problem mit beliebiger Heteroskedastizität bzw. beliebiger Kovarianzstruktur zurückgeführt**. Dabei kann der neuronale, nichtlineare Ansatz als Verallgemeinerung des linearen interpretiert werden: so gilt bei Verwendung der nichtlinearen Hyperbolic Tangent [tanh (u)]-Aktivierungsfunktion für tanh (u) ≈ u (mit u = internes Potential des Neurons) bei kleinen |u|.

Vor diesem Hintergrund können Neuronale Netze auch als Testverfahren für nichtlineare Problemstrukturen dienen: „They possess the useful property that if the null hypothesis of linearity is rejected they will provide a nonlinear model that is potentially relevant for forecasting. This nonlinear model produced by the test procedure should not, of course, be accepted as being the true model but only as a useful approximation" [GRAN91, 269]. Beinhaltet die Problemstruktur **nutzbare Nichtlinearitäten**, so ist es Intention Neuronaler Netze, diese zu extrahieren.

Neuronale Feedforward Netze können folglich, ähnlich wie Verfahren der nichtlinearen Regressionsanalyse, zur Approximation funktionaler Zusammenhänge aus einer Menge ver-

---

[10] So werden im einzelnen spezifisch parametrisierte **einfache lineare Perceptrons** (Perceptrons bestehen im Unterschied zu Multilayer Perceptrons lediglich aus einer Input und einer Output Schicht) als **uni- oder multivariate lineare Regressionsmodelle**, **einfache nichtlineare Perceptrons** als **logistische Regressionsmodelle**, das **Functional Link-Netzwerk** [PAO89] als **polynomiales Regressionsmodell** und das **Multilayer Perceptron** als **uni- oder multivariates Regressionsmodell**, etc. interpretiert [SARL94].

In [GRAß95] wird ähnlich differenziert, indem bestimmte Netzausprägungen als Synonyme für **logistische Regressionsmodelle** und für flexiblere **nichtparametrische Modelle**, wie **Generalized Additive Models** oder **Projection-Pursuit Regression Models**, dargestellt werden. Zu den Modellen der nichtparametrischen Regression und Klassifikation siehe auch [HAST95].

rauschter Beobachtungen verwendet werden, indem Parameter eines mehr oder minder komplexen Funktionstyps geschätzt werden. **Lernalgorithmen in Feedforward Netzen kann man als explorative regressionsanalytische Verfahren zur Bestimmung desjenigen Parametersatzes betrachten, der die aufsummierten quadratischen Abweichungen minimiert.**

Abschließend sei vermerkt, daß die Verwandschaft Neuronaler Netze mit statistischen Verfahren nicht auf die dargestellten Beziehungen zwischen Feedforward-Netzen und Regressionanalyse beschränkt ist. Vielmehr können Neuronale Netze auch im Sinne einer Diskriminanzanalyse [GALLI88], [ASOH89], [GALLI91] [11] oder einer Faktorenanalyse [BOUR87] eingesetzt werden.

---

[11] Zu der **Verwandschaft zwischen Neuronalen Netzen und der Diskriminanzanalyse** in der Schätzung von a posteriori Wahrscheinlichkeiten siehe auch Gliederungspunkt B. 3.3..

2. Die Prozeßkette 'Entwicklung - Auswertung - Einsatz' im Rahmen der neuronalen Modellbildung in der Finanzprognose

2.1. Die Prozeßkette 'Entwicklung - Auswertung - Einsatz' der Prognosemodelle als ganzheitlicher Ansatz der neuronalen Modellentwicklung

Im Rahmen von Modellentwicklungen auf der Basis Neuronaler Netze ist darauf zu achten, daß bezüglich der einzelnen **Komponenten der Prozeßkette 'Entwicklung - Auswertung - Einsatz'** einer Prognosemodellrealisierung eine logische Übereinstimmung herrscht. In den bis dato dokumentierten empirischen Arbeiten reicht die Perspektive der Modellentwicklung nicht über die Bestimmung der technischen und der ökonomischen Parameterkombination im Rahmen der Prozeßkomponente **Entwicklung** hinaus, wobei bei der ökonomischen Parameterspezifikation der Schwerpunkt auf der Festlegung der Datenbasis auf der Inputseite liegt. Nach Kriterien bezüglich der Auswertung im Sinne einer Beurteilung der Prognosegüte wird erst nach Vorliegen des optimierten Modells gesucht. Folglich können bereits bei dem **Übergang 'Entwicklung - Auswertung' Inkonsistenzen** auftreten, da die Entwicklung des Modells unter Umständen nicht auf die Kriterien der Modellauswertung abgestellt war.

Weiterhin müßte die **Festlegung der Auswertungskriterien in Abhängigkeit von dem geplanten Modelleinsatz** erfolgen. Die Modellauswertung besitzt ja gerade die Zielsetzung, anhand einer Testmenge den Modelleinsatz über ein ex post Zeitintervall, welches aus Modellperspektive die Zukunft repräsentiert, zu simulieren. Der Anwender kann somit - zumindest über einen gewissen Zeithorizont hinweg - einen fiktiven Modelleinsatz analysieren und verfügt über eine fundierte Entscheidungsgrundlage, das Modell in der vorgesehenen Weise einzusetzen [12].

> Ein monatsbasiertes Modell mit einem Prognosehorizont von 3 Monaten wird anhand des Gütekriteriums **Hit Rate** ausgewertet. Hierbei wird jeden Monat die Prognose auf 3 Monate bezüglich ihrer Steigt-/Fällt-Aussage mit dem realen Trend verglichen. Im praktischen Einsatz des Modells

---

[12] Die Modellauswertung über einen vergangenen Testzeitraum hinweg garantiert aufgrund der Zeitvarianz von Strukturen jedoch nicht, daß der ab einem bestimmten Zeitpunkt auf Basis von ex ante-Prognosen real stattfindende **Modelleinsatz unter entsprechender Performanceerzielung** verläuft. Sie erleichtert jedoch den Schritt, einen realen Einsatz zu riskieren, indem ein solcher über historische Zeitabschnitte hinweg simuliert wurde und dort gute Ergebnisse erbrachte.

erscheint es jedoch praxisfremd, Monat für Monat auf Basis eines dreimonatigen Horizonts Positionen einzugehen und diese über den Prognosehorizont hinweg zu halten, ohne sich an zwischenzeitlich eingestellte Realinformation zu orientieren.

Die dargestellte **Prozeßkette 'Entwicklung - Auswertung - Einsatz'** beschreibt folglich die **zeitliche Aufeinanderfolge von Komponenten**, welche als **Arbeitspakete** interpretiert werden. Vor ihrer Bearbeitung müßte diese Kette jedoch als **gedankliche Vorwegnahme ihrer Realisierung** zu der **Gedankenkette 'Einsatz - Auswertung - Entwicklung'** umgekehrt werden. **Abb. 8** zeigt die **Prozeßkette** mit ihren **zwei Auslegungsrichtungen**:

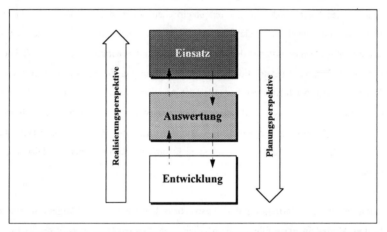

Abb. 8: Logikkette einer Prognosemodellrealisierung: bottom up beschreibt die operative Realisierungsperspektive; top down die gedankliche Planungsperspektive.

Bereits vor Beginn der Modellgenerierung ist es bis dato notwendig, die Art des Einsatzes des zu erstellenden Modells, die Kriterien der Gütemessung im Rahmen der Modellauswertung und die Kriterien, bezüglich derer das Modell trainiert bzw. optimiert werden soll, gedanklich vorweggenommen und spezifiziert zu haben. Je besser diese Spezifikationen im Sinne einer logischen Konsistenz aufeinander abgestimmt sind, desto sicherer kann sich der Entwickler sein, das Modell in der Weise, wie er es aus anwendungsspezifischer Perspektive definiert, auch tatsächlich zu erstellen.

2.2. Funktionsapproximation und Signalerkennung - zwei unter Umständen konkurrierende Entwicklungskonzepte und deren Implikationen für die Auswertung und den Einsatz neuronaler Prognosemodelle

Unter **Entwicklungskonzept** sollen im folgenden die **Anpassungsvorgaben** verstanden werden, **nach denen sich das Ausgabeverhalten des Netzes an die Targetzeitreihen**, die diesem im Rahmen des überwachten Lernens vorgegeben werden, **anzupassen hat**. Hierbei lassen sich grob **zwei Konzepte** unterscheiden.

Gemäß des **ersten Konzepts** wird das Netzwerk darauf abgestellt, den Verlauf der Targetzeitreihen im Sinne einer bestmöglichen Approximation nachzuempfinden. Es gilt, jeden einzelnen Datenpunkt, der den Verlauf der Targetzeitreihe beschreibt, nachzuvollziehen, d.h. eine **Outputfunktion** zu produzieren, **welche die Targetfunktion deckungsgleich abbildet**. Das Modell, das dabei entsteht, wird folglich auf das **Konzept der Funktionsapproximation** ausgerichtet. Es hat gelernt, zu jedem Prognosezeitpunkt einen Output abzugeben, der den zugehörigen Target wertmäßig möglichst exakt trifft. Gemäß des **zweiten Konzepts** gilt es, das Netzwerk nicht mehr an den Gesamtverlauf der Targetreihe anzupassen, sondern **bestimmte Ausschnitte aus deren Bewegungsablauf** zu erkennen. Die Erkennung dieser Ausschnitte repräsentiert dabei das dominierende Entwicklungsziel; Teilverläufe, die nicht in diese Segmente fallen, besitzen keine Relevanz. **Die Segmente enthalten** in diesem Zusammenhang **die einzig auszuwertenden Signalinformationen**, die sich für die zugehörige Auswertungs- und Einsatzstrategie des Modells als umfassend darstellen. Das sich hierbei herausbildende Modell wird folglich auf das **Konzept der Signalerkennung** abgestellt. Es hat gelernt, diejenigen Teilaspekte der Targetreihe zu erkennen, welche für die Modellevaluierung und -einsatz entscheidend sind [13].

---

[13] Der Begriff **Funktionsapproximation** wurde bereits in einem anderen Kontext in Gliederungspunkt B. 1.2. dieser Arbeit verwendet. Dort kennzeichnete er die **allgemeine Fähigkeit Neuronaler Netze, eine a priori nicht bekannte Funktion aus den Daten zu extrahieren**. Aufgrund dieser doppelten Begriffsbelegung ist die Abgrenzung der beiden Entwicklungskonzepte der Funktionsapproximation und der Signalerkennung nicht ganz trennscharf, da auch ein gemäß der Signalerkennung agierendes Netzwerk eine Funktion approximiert, in dem Sinne, daß es funktionale Zusammenhänge in den Daten ermittelt.

Abb. 9 verdeutlicht das **Konzept der Funktionsapproximation** (Abb. a) und das **Konzept der Signalerkennung** (Abb. b), dargestellt **anhand einer Targetformulierung als quantitative Differenzenprognose**:

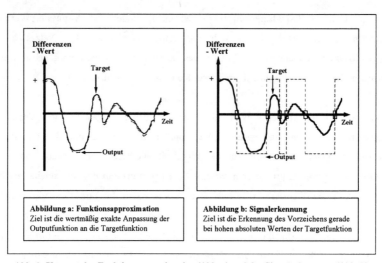

Abb. 9: Konzept der Funktionsapproximation (Abb. a) und der Signalerkennung (Abb. b)

Die Fehlerfunktion ist auf der **technischen Seite dasjenige Element,** welches die oben dargestellte **Zuordnung des Modells zu dem Konzept der Funktionsapproximation oder Signalerkennung trifft.**

Folgende Aufstellung zeigt die heutzutage gebräuchlichsten **Fehlerfunktionen**, wie sie auch in SENNV0.9^{TM} implemetiert sind [ZIMM94, 47] [14]:

F.23 $E = 0.5 \, (target_t - out_t)^2$ mittlere quadrierte Fehlerfunktion (MSE)

F.24 $E = |target_t - out_t|$ mittlere absolute Fehlerfunktion (MAD)

F.25 $E = target_t * out_t$ ProfMax-Fehlerfunktion

mit out_t = Output des Netzes für das Trainingsbeispiel t
     $target_t$ = vorgegebener Target des Netzes für das Trainingsbeispiel t

---

[14] Zu **weiteren Fehlerfunktionen** und deren Unterteilung in die beiden **Kategorien der approximationstheoretischen und informationstheoretischen Funktionen** im Rahmen des **Klassifikationsansatzes** siehe Gliederungspunkt B. 3.3..

Die Fehlerfunktionen F.23 und F.24 unterstützen den Ansatz der Funktionsapproximation, während F.25 der Signalerkennung dient [15]. Die ProfMax-Fehlerfunktion der Signalerkennung optimiert das Modell sowohl nach dem Kriterium der Signalwechsel, als auch nach dem Kriterium der Höhe der mit den Signalwechseln einhergehenden Wertveränderungen. Ziel ist es hierbei folglich, keine wertmäßig möglichst genaue Prognose abzugeben, sondern einen korrekten Trendwechsel zu prognostizieren, wobei denjenigen Trendwechseln mit den höchsten Wertveränderungen der Vorrang in der Optimierung gegeben wird.

Die Fehlerfunktionen F.23 und F.24 der Funktionsapproximation erlauben u.a. folgende Formulierungsalternativen des Target [16]:

F.26 Target = $x_{(t+n)}$ quantitative Punktprognose
F.27 Target = $x_{(t+n)} - x_t$ quantitative Differenzenprognose
F.28 Target = IF $x_{(t+n)} - x_t > 0$ THEN 1 ELSE -1   qualitative Steigt/Fällt-Prognose

Sowohl im Fall einer quantitativen oder einer qualitativen Prognose liefern die Output Neuronen Aussagen innerhalb eines kontinuierlichen Wertebereichs. Folglich werden im Rahmen der Funktionsapproximation sowohl im quantitativen als auch qualitativen Fall Fehlerdifferenzen zwischen Target als dem Solloutput und Output als dem Istoutput in einem kontinuierlichen Wertebereich berechnet und minimiert.

Der Unterschied zwischen der quadrierten und der absoluten Fehlerfunktion liegt in dem Umgang mit ausreißerbehafteten Fehlerabweichungen [ZIMM94, 47]. Im Rahmen der quadrierten Fehlerfunktion führen Extremwerte zu einem starken Fehlersignal, und es kommt folglich zu einer Übergewichtung großer Abweichungen. Gerade in der Finanzprognose ist diese Überbetonung von Ausreißern jedoch nicht erwünscht, da die strukturellen Regelmäßigkeiten in den Daten erfaßt werden sollen. Die absolute Fehlerfunktion hingegen will eine solche Übergewichtung vermeiden.

---

[15] Die **ProfMax-Fehlerfunktion** wurde aus dem **Auswertungskriterium des Realised Potential** (zu der mathematischen Erläuterung des Realised Potential siehe Gliederungspunkt C. 4.1.2.) abgeleitet. **Out** stellt hierbei den prognostizierten Differenzenoutput dar, dessen Vorzeichen als entsprechende Handelssignale interpretiert werden.

[16] Die Auflistung an Targetformulierungen besitzt nicht den Anspruch auf Vollständigkeit.

Die Fehlerfunktion **ProfMax** der Signalerkennung ist in Folge ihrer mathematischen Ausgestaltung an die spezifische Targetformulierung der quantitativen Differenzenprognose geknüpft.

Um eine Abgrenzung der beiden Entwicklungskonzepte der Funktionsapproximation und der Signalerkennung durchführen zu können, müssen sie im Kontext ihrer logisch zugehörigen Auswertungs- und Einsatzstrategien betrachtet werden. **Die im Sinne der Funktionsapproximation** auf der Basis entsprechender Fehlerfunktionen **entwickelten Modelle** sind darauf spezifiziert worden, eine **wertmäßig möglichst exakte Niveauprognose** abzugeben. **Die signalerkennenden Modelle** hingegen sind auf eine **signumartige Approximation** hin ausgerichtet worden.

Folglich sind auch die auf diesen Modellen aufgesetzten Einsatzstrategien unterschiedlich geartet: der Einsatz **funktionsapproximierender Modelle** ist eher im Bereich kapitalmarkttheoretischer Modellbildung bzw. der Portfoliomodellierung anzusiedeln. Im Rahmen der Portfoliomodellierung stellen quantitative Niveauaussagen im Sinne von Erwartungswerten gemeinsam mit Risikokennziffern relevante Eckgrößen dar. Im folgenden sollen die dabei entstehenden Modelle vereinfacht **Portfoliomodelle** genannt werden. Der Einsatz der **signalerkennenden Modelle** hingegen ist eher dem Handel zuzuordnen. Die Fehlerfunktion dient der Maximierung des Handelsgewinns, indem auf bestimmte Handelsstrategien abgestellt wird. So wird bei der Fehlerfunktion **ProfMax** das Modell sowohl auf die korrekte Signalrichtung der Handelsschritte, als auch auf die jeweiligen großen Wertveränderungen bzw. Returnerträge optimiert. Die hieraus resultierenden Modelle werden im folgenden **Handelsmodelle** genannt.

Abb. 10 zeigt den dargestellten **Zusammenhang zwischen Entwicklung und Einsatz** eines neuronalen Modells:

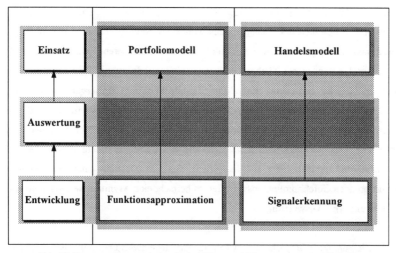

**Abb. 10: Zusammenhang zwischen Entwicklung und Einsatz neuronaler Modelle:
das Entwicklungskonzept der Funktionsapproximation impliziert ein Portfoliomodell,
das Entwicklungskonzept der Signalerkennung ein Handelsmodell**

Auch die Gütekriterien, die bei der Auswertung dieser Modelle herangezogen werden, sind korrekterweise auf das jeweilige Ziel der Funktionsapproximation oder der Signalerkennung auszurichten. Sie müssen diejenigen Sachverhalte adäquat messen, an denen die Modellentwicklung ausgerichtet wurde, und welche die Strategie des anschließenden Modelleinsatzes bestimmen. Eine Orientierung anhand des Fehlers bzw. Fehlerniveaus als entsprechendes Gütekriterium während der Modellentwicklung, um den Gütegrad des jeweiligen Modellzustandes zu beurteilen, führt vor diesem Hintergrund bei einer Mißachtung der Prozeßkette zu falschen Interpretationen. In den Fällen, in denen die Fehlerfunktion nicht auf den geplanten Verwendungszweck des Modells abgestimmt ist, mißt das Fehlerniveau nicht notwendigerweise die Güte des Modells, so wie sie über die Einsatzstrategien definiert wird.

Die **Notwendigkeit einer logischen Konsistenz von Entwicklung und Einsatz** wird **durch folgendes Beispiel** verdeutlicht. Oftmals werden ursprünglich gemäß dem Ansatz der Funktionsapproximation entwickelte Modelle als Handelsmodelle ausgewertet und eingesetzt [17], so daß es zu folgendem Dilemma kommt: Der Einsatz eines Handelsmodells suggeriert sowohl bei der qualitativen als auch bei der quantitativen Targetformulierung eine Auswertung bezüglich eines Signals bzw. Vorzeichens. Richtlinie für ein Handelsmodell im einfachsten Fall ist es, bei einem Steigt-Signal bzw. positivem Vorzeichen zu kaufen und umgekehrt. Im Rahmen des Trainingmodus wurde das Netz jedoch nicht darauf festgelegt, Handelssignale zu lernen, sondern Fehlerdifferenzen zu minimieren. Zwischen beiden Zielen kann unter Umständen ein **Zielkonflikt** liegen: **eine quadratische oder absolute Fehlerdifferenz, welche mit einer korrekten Signalerkennung einhergeht, wird im anschließenden Lernschritt identisch behandelt wie eine wertmäßig identische quadratische oder absolute Fehlerdifferenz, welche mit einer falschen Signalerkennung einhergeht.** Das Netzwerk wird folglich auf der einen Seite in Richtung eines bestimmten Gütekriteriums optimiert, aber auf der anderen Seite in Richtung eines unter Umständen konkurrierenden Gütekriteriums ausgewertet: es herrscht eine **Asymmetrie zwischen Modelloptimierung und Auswertung.**

Dieser Zielkonflikt tritt nicht ein, wenn die Modellentwicklung mit den Kriterien der Modellauswertung und der Art des Einsatzes in oben beschriebener Weise im Einklang steht. Eine Symmetrie zwischen Modelloptimierung und Auswertung ist in diesem Fall gegeben.

---

[17] [LEBA94, 473] stellt diesbezüglich fest: „ ... MSE (Mean Square Error, *Anmerkung d. Verf.*) forecast criterion may have little connection with the usefulness of a prediction to traders. Dramatic trading profits may come from rules which only are able to forecast a small fraction of the variability of a financial time series."

Abb. 11 demonstriert den Sachverhalt einer **Asymmetrie zwischen Modelloptimierung und Auswertung** anhand einer **quantitativen Punktprognose**:

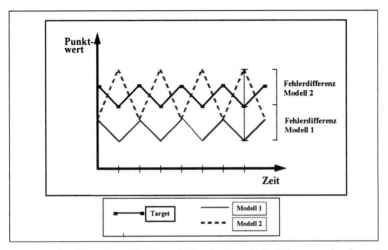

Abb. 11: Zielkonflikt zwischen Modellentwicklung im Sinne der Funktionsapproximation und Modellauswertung und -einsatz im Sinne der Signalerkennung [18]
(in Anlehnung an [PODD94, 324])

Es sind theoretische Gründe, die dafür sprechen, einen Einklang in den Kriterien bezüglich Entwicklung, Auswertung und Einsatzstrategie zu suchen. Es ist jedoch nicht gesagt, daß ein gemäß der Funktionsapproximation optimiertes Modell bei einer Auswertung und Anwendung als Handelsmodell auch tatsächlich schlechtere Ergebnisse bringt. Gelingt es dem gemäß dem Ansatz der Funktionsapproximation arbeitenden Netzwerk, den Targetverlauf optimal zu approximieren, so wird es grundsätzlich auch die Steigt-/Fällt-Zeitpunkte optimal treffen. Somit hat das vollständige Erreichen des Zieles der Funktionsapproximation das Erreichen des Zieles der Signalerkennung zur Folge, und es herrscht Zielkongruenz. Auf dem Weg dieser Zielverfolgung kann es jedoch zu dem dargestellten Konflikt kommen: das Ausgabeverhalten kann sich während des Training mehr und mehr an diejenigen Abschnitte der Targetreihe anpassen, innerhalb welchen nur wenige oder keine Vorzeichenwechsel stattfinden. In diesen Fällen wird der Fehler der Funktionsapproximation zwar sinken, wobei dies jedoch kein

---

[18] Modell 1 und 2 besitzen dieselben Fehlerdifferenzen und werden folglich im Rahmen der Entwicklung als funktionsapproximierende Modelle identisch behandelt. **Modell 1** erzielt jedoch als Handelsmodell einen 100 % **Handelsgewinn**, während **Modell 2** einen 100 % **Handelsverlust** aufweist.

Indikator für eine Performancesteigerung infolge einer Verbesserung in der Erkennung von Handelssignalen als dem eigentlichen Optimierungsziel eines Handelsmodells darstellt.

2.3. Problematik der ökonomischen Strategienvielfalt, deren Implikationen für das Entwicklungskonzept und der Lösungsansatz mittels geeigneter Formulierung von Interface Modellen zur Intermediation zwischen technischem und ökonomischem Umfeld

Vor dem Hintergrund der vorangegangenen, vereinfachten Unterteilung in Portfolio- und Handelsmodelle als die beiden charakteristischen Modelleinsatzarten, ist an dieser Stelle zu proklamieren, daß eine **Vielzahl an denkbar möglichen Ausprägungsformen von Portfolio- und Handelsmodellen** existieren. Dies wird offensichtlich, wenn mehrere Outputaussagen von einem einzigen Netzwerk abverlangt werden. Die **Einsatzstrategien von Handelsmodellen** können sich beispielsweise bezüglich folgender Kriterien unterscheiden:

- **Periodizität** der abgeleiteten **Transaktionen.**

- **Berücksichtigung von zu vergangenen Zeitpunkten erstellten Prognoseaussagen**, solange diese einen Zukunftsbezug haben, und Kombination mit der aktuellen Prognose.

- Art der **Kombination mehrerer Prognoseaussagen derselben Targetformulierung,** jedoch **mit unterschiedlichen Prognosehorizonten,** zu einer homogenen Aussage.

- Art der **Kombination mehrerer Prognoseaussagen unterschiedlicher Targetformulierungen,** welche jede für sich spezielle **Teilaspekte der Systemdynamik** darstellen.

Mittels des in Gliederungspunkt B. 2.1. bereits aufgeführten Beispiels der Monatsprognose mit 3 Monaten Prognosehorizont soll hierfür jeweils ein Beispiel aufgezeigt werden:

- Die Periodizität der Transaktionen kann hier so festgelegt werden, daß lediglich alle 3 Monate auf Perspektive der nächsten 3 Monate reagiert wird.

- Die letzten beiden Prognosen werden zu der aktuellen hinzugenommen, so daß nun Aussagen für 1, 2 und 3 Monate in die Zukunft vorliegen. Eine Transaktion wird nur dann eingegangen, wenn alle drei Aussagen in ihrer Trendrichtung gleichliegen. Dies ist gleichzusetzten mit der Einführung von Konfidenzbewertungen.

- Zuzüglich zu dem 3 Monatshorizont werden nun auch zeitgleich 1 Monats- und 2 Monatsprognosen durchgeführt. Eine Transaktion wird ebenfalls nur dann eingegangen, wenn alle drei Aussagen in ihrer Trendrichtung gleichliegen. Auch hier erfolgt eine Konfidenzbetrachtung.

- Zuzüglich zu den drei in ihrem Prognosehorizont unterschiedlichen Aussagen wird der Trend in Form des gleitenden Durchschnitts der Prognosegröße über die zukünftigen 3 Monate in einer separaten Prognose geschätzt. Gehandelt wird erst dann, wenn alle vier Aussagen widerspruchslos denselben Trend aufweisen.

Die Beispiele deuten auf eine **unendliche Kombinatorik an Einsatzstrategien** sowohl für Handels- als auch für Portfoliomodelle hin. Als Folge existieren - in Abhängigkeit von der Anzahl an Strategien - **unendlich viele Ausprägungsarten von Handels- und Portfoliomodelle**. Andererseits kann ein Neuronales Netz theoretisch jede Art von Fehlerfunktion lernen, solange diese nur an jeder Stelle differenzierbar ist. Die im vorangegangenen dargestellten Funktionen sind lediglich die bekanntesten. Um nun eine korrekte Zuordnung von Einsatzstrategie und Entwicklungskonzept zu erlangen, müßte für jede geplante Einsatzweise des Modells eine hierzu passendes Entwicklungskonzept in Form einer spezifischen Fehlerfunktion existieren. Als Folge würde **ein für jede Einsatzstrategie spezifisches Modell** erzeugt werden. **Abb. 12** zeigt die **logische Konsequenz unterschiedlicher Einsatzstrategien auf die Modellentwicklung**:

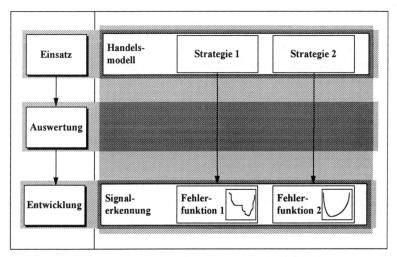

Abb. 12: **Bedeutung der Strategienvielfalt für die Modellentwicklung: jede Einsatzstrategie findet ihr Pendant in einer adäquaten Fehlerfunktion und damit in einem individuellen Modell**

Jede Zuordnung einer Fehlerfunktion zu einer spezifischen Einsatzstrategie führt lediglich zu einer **Näherungslösung, wenn die Fehlerfunktion nicht genau die Kriterien optimiert, die in der Einsatzstrategie verfolgt werden** [19]. Problematisch an dem oben gezogenen Fazit ist, daß für jede einzelne Einsatzstrategie ein separates Modell entwickelt werden muß, welches hochgradig spezifiziert und demzufolge sehr inflexibel bezüglich weiterer Einsatzalternativen ist. Mathematisch aufwendig ist auch das Herleiten der sich in ihrem Komplexitätsgrad unterscheidenden Fehlerfunktionen, wobei auch deren Herleitungsmöglichkeit nicht immer gewährleistet ist. Um die **Modellexplosion** und den damit verbundenen Entwicklungsaufwand zu reduzieren, **müßte die 1 : 1-Zuordnung von Einsatzstrategie und Modell dahingehend verbessert werden, daß im Sinne einer n : 1-Zuordnung mehrere Einsatzstrategien aus einem einzigen Modell ableitbar werden.** Voraussetzung hierzu ist es, daß das Modell ein ausreichendes Spektrum an Prognoseinformation liefert, um das Ableiten der Strategienvielfalt zu ermöglichen.

Inhalt des bislang dargestellten neuronalen Prognoseansatzes ist es, den **bedingten Erwartungswert der Prognosegröße** zu ermitteln. Der Erwartungswert liefert jedoch lediglich eine **konkrete Information zu einem konkreten Zeitpunkt in der Zukunft**. Folglich können aus ihm auch nur **in Umfang und Komplexität äußerst spezifische Einsatzstrategien** abgeleitet werden. Um jedoch einen **breitgefächerten Ausschnitt der Systemdynamik** in die Entscheidung mit einzubeziehen, müssen weitere Informationen zur Verfügung gestellt werden. Hier wird es notwendig, mehr über die **Verteilung der Prognosewerte** zu erfahren. Werden beispielsweise Verteilungsmaßzahlen prognostiziert, kann eine wahrscheinlichkeitstheoretische Aussage über den zukünftigen Verlauf der Prognosegröße innerhalb eines bestimmten Zeitintervalls getroffen werden. Es lassen sich Klassenintervalle aufstellen, und das Modell gibt die erwartete Wahrscheinlichkeit, mit der sich die künftigen Ausprägungswerte der betrachteten Größe in diesen Intervallen aufhalten, vor.

Die **wahrscheinlichkeitstheoretische Aussage über den zukünftigen Verlauf der Prognosegröße innerhalb eines bestimmten Zeitintervalls** beinhaltet eine **umfangreichere Informationsbasis** als sie die Prognose von einzelnen Erwartungswerten zu Entscheidungs-

---

[19] In diesem Zusammenhang wird auch in [REFE95d, 21] festgestellt: „Several researchers suggested that instead of minimising a cost function between observed and actual values and subsequently using its output as an input to the ultimate objective function (which typically would try to maximise profit according to a specific investment strategy), it may be more useful to consider both processes in a single step and attempt to maximise the ultimate objective function in the first place."

zwecken zur Verfügung stellen kann. Das prognostizierte Verteilungsintervall informiert über das **Bandbreitenverhalten der Prognosegröße**, welches auch als **Volatilität** interpretiert werden kann. Verteilungseckwerte stellen geeignete Anknüpfungspunkte vielfältigster Einsatzstrategien dar.

Die in dieser Weise spezifizierten Modelle lassen sich als **Interface Modelle** interpretieren. Aus der von ihnen zur Verfügung gestellten Informationsbasis läßt sich ein **Spektrum an Einsatzstrategien** ableiten, so daß sie eine Art **Schnittstelle zwischen der technischen Entwicklungs- und ökonomischen Anwendungsseite** repräsentieren. Der Vorteil besteht darin, streng genommen nicht mehr einzelne Modelle für spezielle Aufgaben rechnen zu müssen, sondern ein globales Modell zu generieren, welches umfassende Prognoseinformation für unterschiedliche Aufgaben bereitstellt. **Interface Modelle mitteln** folglich **zwischen technischem und ökonomischem Umfeld**.

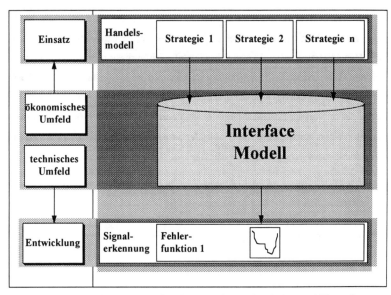

Abb. 13: Das Interface Modell als Schnittstelle zwischen Entwicklung und Einsatz bzw. technischem und ökonomischem Umfeld

Als notwendige Schlußfolgerung der Interface-Modellierung entfällt die Frage, die konkrete(n) Auswertungs- und Einsatzstrategie(n) a priori zu beantworten. Die **gedanklichen Planungs-**

stufen des Einsatzes und der Auswertung im Rahmen der Prozeßkette sind nicht mehr vor der Modellentwicklung zu beantworten. Das Interface Modell als Resultat des Teilprozesses Entwicklung ermöglicht es, von Anfang an unabhängig vom Fragenkomplex der Strategienwahl arbeiten zu können. Die Strategien können erst im nachhinein nach der Fertigstellung des Modells erörtert werden. Ein höherer Flexibilitätsgrad über den gesamten Entwicklungsprozeß hinweg ist die Folge.

In ihrer extremen Auslegung ist bei der Interface-Modellierung die **Trennung der Entwicklungskonzeption in den Funktionsapproximations- und den Signalerkennungsansatz aufzuheben**. So kann ein zur Verteilungsschätzung spezifiziertes **Interface Modell** die Verteilungsfunktion zwar auf Basis **funktionsapproximierender Fehlerfunktionen** aufstellen, und dennoch im Anschluß seiner Entwicklung im Rahmen **signalerkennender Handelsstrategien** evaluiert und eingesetzt werden.

Die punktgenau und erwartungstreu geschätzte Verteilung der Prognosegröße bietet hier einerseits für die Konstruktion effizienter Portfeuilles und andererseits für die Ableitung diverser Handelsstrategien eine ausreichende Informationsbasis. Diese Handelsstrategien basieren auf Wahrscheinlichkeitsverteilungen und nehmen einen weitaus größeren Ausschnitt der zukünftigen Entwicklung in ihrer Formulierung vorweg. Die **Wahrscheinlichkeit für das Auftreten** des im vorangegangenen dargestellten **Verzerrungseffekts infolge von funktionsapproximierender Entwicklung und signalerkennendem Einsatz** ist bei **Verteilungsaussagen** somit als weitaus **geringer** zu erachten.

3. Verteilungsprognosen im Rahmen der Interface-Modellierung zwischen Entwicklung und Einsatz neuronaler Modelle

3.1. Erwartungswert- versus Verteilungsschätzungen

Die bisherigen Ausführungen in Gliederungspunkt B. 1.2. kennzeichneten Neuronale Netze als **universelle Regressoren**. Ein Feedforward Netzwerk NN und dessen Parameter w sollen aufgefunden werden, so daß die erwartete Differenz des Netzoutput NN(x,w) für einen gegebenen Input zu dem beobachteten Target y minimiert wird. Die Differenz kann dabei u.a. mittels einer quadratischen Fehlerfunktion gemessen werden, so daß gilt (siehe auch Gleichung F.22):

F.29 $$\min_{w} E\left[(y - NN(x,w))^2\right]$$

Dieses Minimum ist erfüllt, wenn der Netzoutput gleich dem Erwartungswert von y unter der Bedingung x ist. Das **Regressions-Netzwerk** liefert aus statistischer Perspektive folglich einen quadratischen **Schätzer für $E[y|x]$ im Sinne eines bedingten Erwartungswertes**.

Die Statistik bietet für solche **Minimierungs- bzw. Optimierungsprobleme** eine **Vielfalt von Schätzmethoden, basierend auf unterschiedlichen Fehlermaßen**. Abhängig vom jeweiligen Problemtyp der zu lösenden Aufgabe können diese zum Einsatz kommen. Damit ist auch die Anwendung Neuronaler Netze erweiterbar, so daß **nicht nur bedingte Erwartungswertprognosen**, sondern **auch Aussagen über kontinuierliche Wahrscheinlichkeitsverteilungen** der Daten abgeleitet werden können. So wird in [WHIT90] erstmals konstatiert, daß ein Multilayer Perceptron nicht nur für die nichtparametrische bedingte Erwartungswertschätzung, sondern auch für die bedingte Varianz- oder Quantilsschätzung geeignet ist.

In Abhängigkeit von unterschiedlichen Systemarten sind diverse Modelle zu deren Beschreibung erforderlich. In **deterministischen Systemen** wird der Output vollständig durch den Input determiniert und kann mit perfekter Voraussicht ohne inhärente Unsicherheit gemessen werden. Somit ist ein exakter funktionaler Input-/ Output-Zusammenhang ableitbar. In einer **stochastischen Systemumgebung** hingegen, wo das Eintreten des Output mit Unsicherheit behaftet ist, ist kein exakter funktionaler Zusammenhang zwischen Input und

Output darstellbar. Ähnlich gelagert ist die Problematik, wenn die Inputdaten verrauscht oder fehlerbehaftet sind.

In Gliederungspunkt B. 1.2. wurde aufgezeigt, daß eine **stochastische Systemumgebung** die **Wahl eines Regressions-Netzwerkes** zur Beschreibung des funktionalen Zusammenhangs erlaubt. Dabei wird jedoch die Annahme unterstellt, daß der Erwartungswert der stochastischen Komponente im Sinne des Erwartungswertes des additiven Fehlers der Gleichung F.19 E[e|x] gleich Null ist. Diese Annahme schränkt den theoretischen Anspruch gegenüber Regressions-Netzwerken, nicht-deterministische Systeme approximieren zu können, ein. De facto ist demzufolge ein solcher **Regressor nicht imstande, eine vollständige Beschreibung nicht deterministischer Systeme abzugeben.** Das Verhalten stochastischer Systeme wird vielmehr durch die zugrundeliegende Wahrscheinlichkeitsverteilung determiniert [WHIT92, 3f]. Folglich sollte **im Falle stochastischer Systemstrukturen** nach einer probabilistischen Beziehung gesucht werden und **anstelle des Erwartungswertes die Wahrscheinlichkeitsverteilung das zu optimierende Lernziel** sein [ORMO95, 1-3].

Finanzwirtschaftliche Prognosemodelle auf der Basis Neuronaler Netze haben gewöhnlich das Ziel, bedingte Erwartungswerte zu prognostizieren. Dies geschieht in einer verrauschten Systemumgebung in dem Sinne, daß die Input-/Output-Datenpaare einem stochastischen Rauschen unterliegen. Punktprognosen jedoch sind lediglich in einer deterministischen Systemumgebung sinnvoll. Mit zunehmendem Rauschen werden sie bedeutungslos, wenn sie nicht mit Verteilungsinformation im Sinne von Konfidenzintervallen unterlegt werden. Handelsaktivitäten an Finanzmärkten ausschließlich auf die Punktprognose zu basieren, ohne deren Unsicherheit mit einzubeziehen, bedeutet einen Verzicht auf relevante Information [20].

Auch bei der Schätzung von Wahrscheinlichkeiten besitzt ein Neuronales Netz analog zur Erwartungswertprognose das Ziel, eine Approximation einer unbekannten Funktion mittels Datenanalyse durchzuführen. Ebenso wird dabei analog zur Erwartungswertprognose ein Modell in Form der Anfangsspezifikation eines Neuronalen Netzes unterstellt, welches über Parameteranpassung an die Daten adaptiert wird. Die **Eigenschaft eines Neuronalen Netzes**

---

[20] So bemerkten die Organisatoren des Santa Fe Wettbewerbs zu dem Thema Zeitreihenanalyse: „Analyzing the competition entries, we were quite surprised by how little effort was put into estimating the error bars. In all cases, the techniques used to generate the submitted error estimates were much less sophisticated than the models used for the point-predictions" [WEIG93, 37].

dabei unter Verwendung nichtlinearer Aktivierungsfunktionen jede beliebige Funktion zu approximieren [HORN90], kann folglich **auch für die Schätzung von Verteilungsfunktionen** proklamiert werden [HAMP90, 163]. Die Schätzung einer Verteilungsfunktion setzt voraus, daß der Output des neuronalen Modells die Klasse der Wahrscheinlichkeitsverteilung repräsentiert. Praktisch heißt das, der Output muß im positiven Wertebereich liegen und über dem Inputraum zu eins integrieren.

In [WHIT92] wird gezeigt, daß diese Bedingungen in einem Feedforward Netzwerk mit einer einzigen Hidden Schicht mittels Determinierung des Schwellenwertes der Hidden Neuronen erfüllt werden. Um die mathematisch jedoch komplexe und demzufolge zeitaufwendige Determinierung des Schwellenwertes zu umgehen, wird in [ORMO93],[NEUN94] ein anderer Ansatz gewählt. Die notwendigen Bedingungen werden hier implizit mittels Konstruktion in dem Netzwerk integriert. Hierzu werden parametrische Wahrscheinlichkeitsverteilungen in Form von Funktionen verwendet, welche die der Wahrscheinlichkeitsaussage zugrundeliegenden Bedingungen erfüllen und deren Verhalten vollständig durch ein Parameterset determiniert wird.

Parametrische Dichten können dabei in verschiedene Dichtefamilien unterteilt werden, wie die Familie der Lokationsdichten, der lokationsskalierten Dichten oder die Familie der Quantile [21] [WHIT92, 15-20],[WHIT95]. Eine einzelne Dichtefamilie kann dabei nicht jede beliebig komplexe Verteilung modellieren. Wenn man jedoch mehrere Dichten linear miteinander mischt, so ist es möglich, auch komplexere Wahrscheinlichkeitsverteilungen abzubilden [22].

Neuronale Netze können folglich **in dem diskutierten Anwendungsbereich bedingter Verteilungsschätzungen die Statistik um einen wesentlichen Beitrag bereichern, da sie für robuste Approximationen in hochdimensionalen verrauschten Systemumgebungen prädestiniert sind** [BARR92].

---

[21] An diese Unterteilung orientiert sich auch die in der Arbeit in Gliederungspunkt B. 3.2. gewählte **Systematisierung von Verteilungsprognosen** in die im einzelnen dargestellten Alternativen. So stellt die Familie der Lokationsdichten, welche beispielsweise den Mittelwert charakterisieren, darauf ab, die Lageeigenschaften einer Größe zu bestimmen, während lokationsskalierte Dichten zudem dessen Streuungseigenschaften, beispielsweise in Form der Varianz, modellieren. Quantile liefern Intervallaussagen etwa für die obere und untere Grenze, in denen sich der Zielwert mit einer bestimmten Wahrscheinlichkeit aufhält [WHIT95,130-133].

[22] Siehe hierzu auch der Ansatz von Gauß'schen Mischdichten in Gliederungspunkt B. 3.2..

Trotz der hohen Bedeutung der Wahrscheinlichkeitstheorie für die Beschreibung komplexer ökonomischer Systeme einerseits und der universellen Approximationsfähigkeit Neuronaler Netze andererseits, wurde das Thema der Verteilungsprognose auf Basis Neuronaler Netze erst in der jüngeren Zeit aufgegriffen. In [WHIT92] werden grundlegende theoretische Überlegungen bezüglich Wahrscheinlichkeitsschätzungen im ökonomischen Umfeld auf neuronaler Basis angestellt. Andere Autoren nähern sich von Seiten der Statistik - und dort vor allem aus dem Umfeld der Regressionsmethodik - dem Themengebiet. So werden in [NOWL91] diverse neuronale Netzarchitekturen einer Interpretation im statistischen Sinne unterzogen und Möglichkeiten der Nutzung von Dichteschätzungen für Prognoseaufgaben aufgezeigt. Daneben gibt es Autoren, welche die Dichteschätzung gänzlich unabhängig von der neuronalen Komponente ausschließlich statistisch weiterentwickeln. Deren Untersuchungsergebnisse, beispielsweise in Form neuer Lernalgorithmenentwicklungen, sind auch auf die neuronale Methodik übertragbar [DAY69],[EVER84],[DEMP89]. Diese Übertragung im Sinne einer Verknüpfung von gemeinsamen oder bedingten Dichteschätzungen mit dem neuronalen Ansatz wird von einer weiteren Gruppe von Autoren vorgenommen [ORMO93],[NEUN94], [NEUN94b]. Hierbei werden die aus der Statistik resultierenden Erkenntnisse direkt in den neuronalen Berechnungsansatz überführt, indem beispielsweise Netztopologien oder Fehlerfunktionen entwickelt werden, welche analog zu diesen statistischen Erkenntnissen funktionieren.

Eine weitere Gruppe von Autoren, welche man ad hoc nicht mit der Thematik der **Wahrscheinlichkeitsprognose** in direkter Verbindung sehen würde, stammt aus dem **Aufgabengebiet der Klassifikation**. Gemäß der sogenannten **Bayes Regel** werden optimale Entscheidungsregeln zur Musterklassifikation gesucht, welche das erwartete Risiko im Sinne des Erwartungswertes des Verlusts aus einer spezifischen Entscheidung minimieren. Die Ausgabewerte eines Neuronalen Netzes, welches eine Klassifikationsaufgabe löst, lassen sich als a posteriori Wahrscheinlichkeiten für das Auftreten einer Klasse interpretieren [HAMP90],[MACK91].

3.2. Systematisierungsansatz und Überblick über Verteilungsprognosen auf der Basis Neuronaler Netze: Schätzung von Mittelwert/Varianz- Beziehungen, Verteilungsmaßzahlen, Klassenzugehörigkeiten und Dichtefunktionen

Wiederum wird im folgenden Bezug genommen auf die in Gleichung F.19 dargestellte Funktionsbeziehung mit $y = f(x) + e$. Diese soll hier in allgemeiner Darstellung wiedergegeben werden, ohne den Spezialfall der in Gleichung F.19 beschriebenen Regressionsfunktion auszudrücken. Die allgemeine formale Darstellung lautet:

F.30 $\qquad d(x) = f(x) + n(x)$

Der additive Rauschanteil n(x) kann dabei als Fehler der Zielwerte interpretiert werden, welcher diese von ihren realen Ausprägungen f(x) weg hin zu den beobachteten Daten d(x) bewegt [WEIG94, 847]. In **deterministischen Systemumgebungen ist n(x) = 0**, und der **Output des Neuronalen Netzes y(x)** läßt sich bei gegebenem Input als eine **Schätzung des realen Mittelwertes μ(x) der Targetverteilung um f(x)** interpretieren. **Die Prognose des bedingten Erwartungswertes ist in deterministischen Systemen folglich gleichzusetzen mit der Prognose des bedingten Mittelwertes μ(x).**

Zusätzlich zu dieser Mittelwertprognose sollte **in verrauschten Umgebungen die Unsicherheit n(x) bezüglich des Eintreffens der Erwartungswertprognose** - und somit der **Anteil an Rauschen um μ(x)**, basierend auf dem Rauschen der Trainingsdaten - geschätzt werden. Diese Unsicherheit bezüglich des Eintreffens der Erwartungswertprognose läßt sich mittels Verteilungsinformation quantifizieren.

Nachfolgende Ansätze beschäftigen sich mit der **Ableitung dieser Verteilungsinformation als Ausdruck der Unsicherheit der zugrundeliegenden Erwartungswertprognose**. Die gewählte **Alternativenformulierung und Systematisierung bezüglich der Arten von Verteilungsaussagen** in Mittelwert/Varianz-Bestimmungen, Berechnungen von **Verteilungsmaßzahlen** zur Histogrammbildung, Bestimmung von verteilungsbasierten **Klassenzugehörigkeiten** und Aufstellung von **Dichtefunktionen** lehnt sich an die Ausführungen in [WHIT92, 5-8],[WHIT95] an.

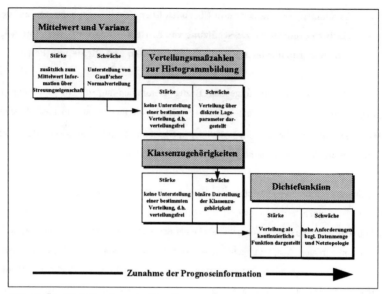

Abb. 14: Überblick über Arten der Verteilungsprognose vor dem Hintergrund der Methodik der Neuronalen Netze

- **Alternative 1: Prognose von Mittelwert und Varianz**

Die Unsicherheit n(x) läßt sich in quantitativer Weise als die **bedingte Varianz** σ^2 der **Fehlerverteilung des Zielwertes** um f(x) interpretieren. Die Varianz wird dabei berechnet als die durchschnittlich quadrierte Distanz der Datenpunkte zu ihrem Erwartungswert. Diese ist ebenso wie der Output y eine Funktion des Inputbeispiels x [WHIT92, 7]. Wäre der Grad an Rauschen für alle Zielwerte identisch über alle Inputbeispiele hinweg, so wäre $\sigma^2(x)$ konstant, d.h. unabhängig vom Input. In der Wirklichkeit variiert der Rauschanteil über die Menge an Inputbeispielen, wobei er systematischen Veränderungen, Trends und zufälligen Schwankungen unterworfen ist. Die **Fehlerverteilung des Zielwertes um f(x)**, i.e. das **Rauschen**, ist folglich nicht konstant, sondern entwickelt sich **dynamisch** über die Zeit hinweg (**Heteroskedastizität des Rauschens**) [ORMO95].

Als Prognoseziel läßt sich vor diesem Hintergrund ableiten, **nicht nur die Funktion** $y(x) \approx f(x)$ **für die Schätzung des Mittelwerts** $\mu(x)$ **der Targetverteilung** zu ermitteln, sondern **in Ergänzung die Funktion $s^2(x)$, welche die Varianz $\sigma^2(x)$ der Targetverteilung schätzt**. Die

Varianz $\sigma^2(x)$ stellt dabei **ein Maß für die Unsicherheit** von y(x) und somit ein Konfidenzintervall dar [ORMO93, 30].

Der Nachteil dieses Ansatzes liegt darin, daß die klassischen Testmethoden auf Tauglichkeit der Schätzer nur dann funktionieren, wenn die **Fehlerverteilung des Zielwertes um f(x) normalverteilt** ist. Somit wird die **Unterstellung der Gauß'schen Normalverteilung der Zielwerte um f(x)** notwendig. Diese **Normalverteilung ist** jedoch in der Wirklichkeit **nicht gegeben** [23].

Prognosemodelle auf Basis Neuronaler Netze, die den **Mittelwert** und die **Varianz** zukünftiger Zeitreihen schätzen, werden in [NIX94] und [WITT94] dargestellt. [WITT94, 104-116] prognostiziert die **Volatilität** in Form der **annualisierten Standardabweichung der Tagesrenditen ausgewählter Aktien**. Hier wird die Varianz nicht primär als statistisches Maß für die Unsicherheit des Eintretens eines Ereignisses interpretiert, sondern bekommt vor dem Hintergrund der Kapitalmarkttheorie eine eigene prognostische Bedeutung. Die geschätzte Varianz fungiert in dieser Studie als Volatilitätsmaß und wird anderen konventionellen Volatilitätsmaßen, wie dem der impliziten Volatilität, gegenübergestellt.

- **Alternative 2: Prognose von Verteilungsmaßzahlen zur Histogrammbildung**

Modellfreie Verteilungen, welche nicht auf bestimmte Annahmen der Verteilungsform der Targetwerte beruhen, sind über die **Methodik des fractional binning** prognostizierbar. Hierbei wird **die stetige Verteilung in Histogramme unterteilt, welche als Klassenintervalle die Verteilung in n Klassen splitten**. Als Verteilungsmaßzahlen, die diese Histogramme abstecken, können beispielsweise **Quantile** fungieren [WHIT92, 7 u. 20]. **Bestimmte Quantile, das sind das Maximum, Upper Quartile, Median, Lower Quartile und Minimum**, unterteilen eine Wahrscheinlichkeitsverteilung dahingehend, daß sich

---

[23] Unter Zugrundelegung einer **Gaussian Mixture-Topologie** (Erklärung siehe weiter im selben Gliederungspunkt) könnte man Exponenten des Distanzmaßes > 2 einsetzen, was zur **Modellierbarkeit eines jeden gewünschten bedingten Moments der Verteilung** führt. In der Praxis jedoch wächst sowohl die Anzahl der Moment-Schätzungen als auch die Zahl der zu lösenden Gleichungen quadratisch mit der Dimension des Eingangsraums [DAY69]. In [DAY69] wurde fernerhin nachgewiesen, daß sogar für den Fall eines zweidimensionalen Inputraums eine solche Lösung sehr unpräzise ist, was die Übertragung auf komplexere Dichtemischungen nicht zuläßt.

jeweils 25 % der Daten in den vier Klassenintervallen befinden. Im Rahmen der Prognose von Verteilungsmaßzahlen werden diese Klassengrenzen quantitativ bestimmt [24].

Im Unterschied zu der in Alternative 1 beschriebenen Prognose von Mittelwert und Varianz besitzt der **vorliegende Ansatz der Klassenintervallbildung** neben der **Unabhängigkeit der Annahme bestimmter Verteilungsformen** den Vorteil der **relativen Stabilität**. Der Mittelwert als Bezugspunkt für den Schätzwert der Varianz ist seinerseits nur ein Prognosewert, der als solcher ebenfalls mit Unsicherheit behaftet ist. Mittelwert- und Varianzwerte einer Verteilung unterliegen folglich einer additiven Unsicherheit. Dies trifft bei den eine Verteilung charakterisierenden Lagemaßen nicht zu. Desweiteren unter- und überschätzt der Median per definitionem maximal 50 % der Daten, unabhängig von der den Daten zugrundeliegenden Verteilungsform. Ein weiterer Nachteil des Mittelwerts gegenüber dem Median ist dessen Sensitivität gegenüber Ausreißern: wenige hohe Ausreißer in den Daten beeinflussen den Mittelwert überproportional, der Median hingegen ist robust. In Märkten mit hohen lokalen Veränderungen der Zeitreihen liefert die Mittelwertberechnung folglich verzerrte Information [25].

Analog zu der bedingten Varianz, welche ein Unsicherheitsmaß für das Eintreten des bedingten Mittelwerts darstellt, ließe sich hier beispielsweise die interquartile Differenz zwischen dem Upper und dem Lower Quartile ebenso als Unsicherheitsmaß für das Eintreten des Median interpretieren [WHIT92, 7]. Die **Vorteile des Median** - und hieraus schlußfolgernd **auch der anderen Lagemaße** - liegen in der **Modellierungsfähigkeit nicht notwendigerweise symmetrischer Funktionen** und in der **Robustheit gegenüber Ausreißern**. Lagemaße können weiterhin **als Anknüpfungspunkte für Handelsstrategien** verwendet werden, welche sich primär auf die **zukünftige Volatilität** einer Zeitreihe stützen.

Ein eventueller Nachteil der Histogrammbildung mittels Verteilungsmaßzahlen liegt in der diskreten Beschreibungsform der Verteilung, welche anhand einiger Lagemaße charakterisiert

---

[24] Der vorliegende Ansatz der Klassenintervallbildung wird ebenfalls in Alternative 3 übernommen, wobei die Klassenintervalle dort jedoch nicht in quantitativer Weise direkt geschätzt werden, sondern Klassenzugehörigkeiten in Form von binären Aussagen (zugehörig - nicht zugehörig) getroffen werden.

[25] Mathematisch verkörpert der **bedingte Mittelwert** das **Minimum der mittleren quadrierten Fehlerabweichung** zwischen Prognose und Zielgröße, der **bedingte Median** das **Minimum der mittleren absoluten Abweichung** [WHIT92, 7].

wird. Die mittels Lagemaßen gebildete Verteilungsfunktion stellt dabei eine Treppenfunktion dar. Erst im Rahmen einer kontinuierlichen Verteilung werden sämtliche Beobachtungen erfaßt [26]. Auf der anderen Seite jedoch ist der **Übergang zwischen der diskreten Verteilungsfunktion in Form von Verteilungsmaßzahlen und einer stetigen Verteilungsfunktion fließend**. Das heißt, je differenzierter die Lagemaße und demzufolge je größer die Zahl der dadurch gebildeten Histogramme werden, desto eher entspricht die dargestellte Verteilung einem Kontinuum.

Vor diesem Hintergrund ist es **womöglich nicht zweckmäßig, zwischen einer diskreten Verteilungsfunktion, welche über Lagemaße abgesteckt wird (Alternative 2), und einer direkt geschätzten stetigen Verteilungsfunktion (Alternative 4) zu unterscheiden**. Beide Alternativen schätzen **Verteilungsfunktionen**, ihr einziger statistischer Unterschied liegt in der Anzahl der individuell berücksichtigten Beobachtungen. Im folgenden wird die Schätzung von Verteilungsfunktionen jedoch in den dargestellten Ansatz der Maßzahlenschätzung und der direkten Verteilungsschätzung unterschieden, da zumindest aus neurotechnischer Perspektive beide Ansätze unterschiedlich unterstützt werden.

In [SRIV94] und [BURG95] werden neuronale Modelle dargestellt mit dem Ziel, Verteilungsmaßzahlen zu prognostizieren. In [BURG95] wird eine kombinierte Handelsstrategie für den britischen Aktienindex FTSE100 vorgestellt, welche simultan auf Mittelwert- und Median-Prognosen basiert.

Der dargestellte Ansatz der Prognose von Verteilungsmaßzahlen zur Histogrammbildung ist für die vorliegende Arbeit von besonderer Bedeutung, da die im empirischen Teil C der Arbeit beschriebene Entwicklung des Interface Modells auf diesem beruht. Inhaltlich verkörpert dabei das Interface Modell die Schätzung der Quantile Maximum, Upper Quartile, Median, Lower Quartile und Minimum für den DAX, anhand derer die Verteilungsfunktion über das Zeitintervall der zukünftigen 60 Werktage hinweg aufgestellt wird.

---

[26] So erfolgt in [WHIT92,5] ebenso eine **Unterteilung in einen diskreten und kontinuierlichen Fall der Verteilung** mit dem Fazit, daß nur die kontinuierliche Dichte den gesamten Datengenerierungsprozeß abdeckt.

- **Alternative 3: Prognose von Klassenzugehörigkeiten zu den mittels Verteilungsmaßzahlen abgesteckten Histogrammen**

Im Unterschied zur Prognose von Verteilungsmaßzahlen zur Histogrammbildung, welche die Gesamtverteilung in Histogramme fraktioniert, beinhaltet der vorliegende Ansatz die Zielsetzung, die **Zugehörigkeit bestimmter Zustände in diese Histogramme binär** (z.B. steht 1 für zugehörig, -1 für nicht zugehörig) **darzustellen**. Dies geschieht durch **Zuordnung eines aktuellen Zustands in eine bestimmte Klasse, welche einen Ausschnitt der zukünftigen Verteilung verkörpert**. Dabei ist pro Zuordnung stets nur eine bestimmte Klasse gültig, die restlichen Klassen dürfen konsequenterweise nicht angesprochen werden [27]. Da jede Klasse einen bestimmten Ausschnitt der prognostizierten Verteilung verkörpert, handelt sich um einen **verteilungsbasierten Klassifikationsansatz**. Im Unterschied zur herkömmlichen Musterklassifikation existiert hier ein direkter **Zukunftsbezug**, da es sich bei der **Klassenbildung um Ausschnitte der zukünftigen Verteilung einer Größe** handelt, die im Rahmen der Klassenzuordnung implizit mit prognostiziert werden.

Das erwartete Risiko der Fehlklassifikation soll dabei minimiert werden. Wenn man den Verlust aus einer solchen Fehlklassifikation, bei der man sich für Klasse j entscheidet, während i die korrekte Klasse ist, mit l(j,i) darstellt, so kann der erwartete Verlust l_j aus einer Entscheidung für Klasse j basierend auf einem Input x wie folgt geschreiben werden:

F.31 $$E[l_j|x] = \sum_{i=1}^{n} l(j,i) p(i|x).$$

Dabei stellt p(i|x) die Wahrscheinlichkeit dar, daß i die korrekte Klasse für ein Datenbeispiel x ist, d.h. die a posteriori Wahrscheinlichkeit der Klasse i. Der **Ansatz nach Bayes** sucht dabei nach derjenigen **Klasse j, für die E[l_j |x] minimal ist**. Die Lösung besteht darin, eine adäquate Approximation für p(i|x) zu finden. Wenn die posteriori Wahrscheinlichkeiten exakt geschätzt werden, ist die Fehlklassifikation minimiert, sind die Outputwerte auf eins summiert und

---

[27] So kann ein augenblicklicher Wert beispielsweise nur in das zukünftige Maximum - Median Intervall klassifiziert werden, nicht jedoch gleichzeitig in das zukünftige Median - Minimum Intervall (mit Ausnahme des Median selbst). Siehe auch die in diese Verteilungskategorie fallenden Targetformulierungen für die Benchmark Modelle in den Gliederungspunkten C 3.2. und C. 3.3.

werden als Wahrscheinlichkeitsaussagen behandelt. Diese wahrscheinlichkeitstheoretische Interpretation erlaubt es, den Konfidenzgrad einer Klassifikationsentscheidung zu schätzen.

Somit stellen **Bayes a posteriori Wahrscheinlichkeiten** diejenigen **Funktionen** dar, die benötigt werden, um einen **Bayes Klassifikator mit minimalem Fehler** zu generieren. Output y_i eines Neuronalen Netzes repräsentiert die a posteriori Wahrscheinlichkeit für die Klasse C_i, wenn diese $p(C_i|X)$ entspricht, welche die Wahrscheinlichkeit der Klasse C_i bei gegebenem spezifischem Inputvektor X darstellt.

Unter Verwendung der **Bayes Regel** gelangt man zu:

F.32
$$p(C_i|X) = \frac{p(X|C_i)p(C_i)}{p(X)}$$

In dieser Gleichung stellt $p(X|C_i)$ die Likelihood- oder bedingte Wahrscheinlichkeit für den Input dar, wenn die Klasse C_i ist, $p(C_i)$ die a priori Klassenwahrscheinlichkeit der Klasse C_i und $p(X)$ die unbedingte Wahrscheinlichkeit des Input. Die a priori Klassenwahrscheinlichkeit verkörpert die Wahrscheinlichkeit, daß eine zufällige Wahl eines neuen Inputvektors einer bestimmten Klasse zugehörig ist [LIPP95, 86].

Auf der einen Seite liefert diese Darstellung eine statistische Interpretation für Klassifikationsnetzwerke, auf der anderen Seite ist leicht ersichtlich, daß $p(i|x)$ mit der in nachfolgender Alternative 4 vorgestellten Vorgehensweise zur Dichtefunktionsschätzung ermittelt werden kann, so daß ein Bezug zwischen Klassifikationsaufgabe und Verteilungsschätzung hergestellt werden kann (siehe auch die weiterführende Darstellung von Klassifikatoren in Gliederungspunkt B. 3.3.).

Ein Spezialfall stellt hierbei das Zwei-Klassen-Problem dar, bei dem der Output lediglich zwei binäre Zustände, wie 1 und -1, kennt. In diesem Fall liefert die bedingte Erwartungswertfunktion gleichzeitig die bedingte Wahrscheinlichkeit, daß der Output für jede Realisierung des Input eins beträgt. Da die bedingte Wahrscheinlichkeit alle Information über den Input-/Outputzusammenhang beinhaltet, ist dies gleichzusetzen mit einer exakten

Determinierung des Output durch den Input im Rahmen einer deterministischen Systemumgebung [WHIT89a, 430] [28].

Der Ansatz der Prognose von Klassenzugehörigkeiten zu den mittels **Verteilungsmaßzahlen abgesteckten Histogrammen** wird in Teil C der Arbeit relevant, indem er als Basis für die dort dokumentierten Modellrechnungen der **Benchmark Modelle** zum Einsatz kommt. Diese Benchmark Modelle klassifizieren aktuelle Werte des DAX in mittels Quantilen abgesteckte zukünftige Intervallschätzungen. Die Klassifikationen gehen dabei mit der Verknüpfung mit spezifischen Handelsstrategien einher.

Das Themengebiet des **verteilungsbasierten Klassifikationsansatzes** wird vor dem Hintergrund seiner **empirischen Bedeutung für die vorliegende Arbeit** in einem eigenen Gliederungspunkt (siehe **Gliederungspunkt B. 3.3.**) weiter systematisiert und ausführlich dargelegt.

- **Alternative 4: Prognose von Dichtefunktionen**

Mittels der Prognose der Wahrscheinlichkeitsverteilung von Daten werden **Funktionen über deren Verteilung in der Zukunft** abgeleitet. Die Verteilung wird hierbei als **Wertekontinuum** dargestellt. Unter einer kontinuierlichen Dichte p(x) versteht man eine reelle Funktion von R^d nach R, die stets positiv ist und über den Eingangsraum zu eins integriert, also

F.33 $\qquad p(x) > 0$ für alle x und $\int_{-\infty}^{+\infty} p(x)dx = 1$.

Die Funktion p(x) kann dabei **alle Verteilungsformen** annehmen. Dies erzielt man durch die **lineare Mischung verschiedener einfacher Dichten** P(i) derselben oder unterschiedlicher **Dichtefamilien**, so daß man wieder eine Dichte erhält [29]:

F.34 $\qquad p(x) = \sum_{i=1}^{n} P(i)g_i(x)$.

---

[28] In diesem Fall wäre in Gleichung F.30 die Unsicherheit n(x) = 0.

[29] Es gelten hier dieselben Annahmen wie in Gleichung F.33.

Gauß'sche Mischdichten (GM) bezeichnet vor diesem Hintergrund eine neuronale Topologie, bei der für die einzelnen Dichtekomponenten P(i) multivariate Normalverteilungen mit den Gewichtungsfaktoren $g_i(x)$ eingesetzt werden [DUDA73], so daß gilt:

F.35 $$GM(x) \cong p(x) = \sum_{i=1}^{n} P(i)g_i(x)$$

mit $$P(i) \geq 0 \text{ und } \sum_i P(i) = 1.$$

Aus Perspektive des Datengenerierungsprozesses kann der Wert P(i) als a priori Wahrscheinlichkeit, daß der Datenpunkt zu der Komponentendichte i gehört, und der Gewichtungsfaktor $g_i(x)$ als die Wahrscheinlichkeit, daß x von der Komponente i generiert wurde, interpretiert werden [NEUN94, 112-114].

Mittels des Konzeptes der **Gauß'schen Mischdichten** ist es möglich, nach Anfangsparametrisierung der Verteilung **jede beliebige Verteilungsform** zu approximieren [30].

Es gibt **zwei Basisansätze**, die Wahrscheinlichkeitsfunktion von Daten zu schätzen. Entweder man schätzt die **bedingte Dichte p(y|x) eines zukünftigen Ereignisses y** bei gegebenen Beobachtungen x **direkt**, oder man schätzt **zuerst die gemeinsame Dichte p(x,y) von Input- und Targetgrößen**. Aus dieser kann man durch Umformung die bedingte Dichte errechnen [31] [NEUN94, 119]:

F.36 $$p(y|x) = \frac{p(x,y)}{p(x)} = \frac{p(x,y)}{\int p(x,y)dy}$$

Diese Umformung ist möglich, da die gemeinsame Dichte stets alle Information bezüglich der Abhängigkeiten in den Variablen des zugrundeliegenden Systems, die bedingte Dichte jedoch

---

[30] Die **Beweisführung**, daß ein als Dichtemodell in der dargestellten Weise spezifiziertes Netzwerk die **Approximationsfähigkeit bezüglich Wahrscheinlichkeitsverteilungen** besitzt, findet sich in [MOOD89].

[31] Diese Transformation ist immer möglich, da die gemeinsame Verteilung alle Informationen über die Beziehung der beteiligten Daten enthält und p(x) lediglich eine Projektion der Gesamtdichte p(x,y) ist.

nur die Information bezüglich der Beziehung zwischen den Targetgrößen y zu den Inputgrößen x umfaßt.

Die **gemeinsame Dichte** ist in ihrem Aussagegehalt umfangreicher, da sie alle Information über das zugrundeliegende System, die in den Daten enthalten ist, beschreibt. Sie approximiert folglich die **gemeinsame Verteilung der Eingangs- und Ausgangsgrößen**. Wenn wie im vorliegenden Fall jedoch nur die Verteilung der Ausgangsgrößen p(y|x) für kontinuierliche Datenwerte von x und y interessiert, so kann es günstiger sein, die bedingte Dichte direkt ohne Umweg über die gemeinsame Dichte zu schätzen [WHIT92, 6] [32]. Die **gemeinsame Dichte p(x,y)** wird **auf Basis von Gauß'schen Mischdichten** prognostiziert. Lineare Mischungen von Gauß-Verteilungen werden in ein **Gaussian Mixture Network (GMN)** übersetzt, indem jedes Hidden Neuron i eine Dichtekomponente $g_i(x)$ repräsentiert. Das Hidden Neuron besitzt hierbei eine gaußförmige Aktivierungsfunktion. Somit ist diese Topologie als eine direkte statistische Interpretation von Mischdichten zu verstehen.

Die Aktivierungszustände dieser Hidden Neuronen werden in einem linearen Output Neuron mit durch die Gewichtungsfaktoren P(i) vorgegebenen Hidden-zu-Output Gewichtungen summiert. Die Gewichtungsfaktoren P(i) der Hidden-zu-Output-Verbindungen repräsentieren dabei die a priori Wahrscheinlichkeiten. Dies führt zu einem Netzoutput GM(x) in Form einer multivariaten Gauß'schen Dichte mit den Schätzungen für die Inputverteilung p(x). Diese werden anschließend durch o.g. Transformation in die bedingte Dichte überführt [ORMO93,14f],[NEUN94b,3].

Spezielle neuronale Topologien, welche die **bedingte Dichte direkt** schätzen, sind das **Conditional Density Estimation Network (CDEN)** und das **Distorted Probability Mixture Network (DPMN)** [ORMO93],[NEUN94b],[ORMO95].

Im Rahmen des **CDEN** formuliert man den Ausdruck der parametrisch bedingten Dichte p(y|x) als p(y|ϕ(x)), wobei ϕ(x) eine Menge von Parametern kennzeichnet, die funktionell von x abhängen. Die Parametermenge ϕ(x) beschreibt dabei die Form der Dichtefunktion. Die Funktion ϕ(x) wird als ein neuronales Subnetz NN(x) mit Eingang x realisiert, welches folglich

---

[32] Bisherige Experimente belegen, daß die direkte Schätzung der bedingten Dichte bei nichttrivialen Problemen zu besseren Ergebnissen führt als der Umweg über gemeinsame Dichteschätzungen [ORMO93, 34],[NEUN94].

nun die bedingten Parameter anstelle der bedingten Dichte selbst approximiert. Die so geschätzten Parameter ɸ(x) gehen anschließend in eine GM-Topologie (Gaussian Mixture) mit Inputsignal y ein. Die GM-Topologie führt auf Basis von y die Dichteschätzung durch [ORMO93, 31f].

Diese Kombination eines vorgelagerten Netzwerks zur Parameterprognose und eines nachgelagerten Gaussian Mixture Netzes zur Dichteschätzung, dessen Parameter, hier primär die Gewichte, durch das vorgelagerte Netz bestimmt werden, läßt sich im Rahmen eines einzigen Neuronalen Netzes realisieren. Die notwendigen Annahmen der Dichteparameter, wie positive Ausgänge und die Normalisierung der Mischungs-gewichtungen, werden durch geeignete Aktivierungsfunktionen sichergestellt [ORMO93, 32],[ORMO95, 3f].

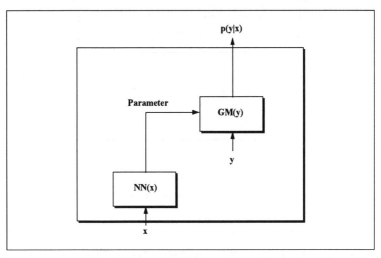

Abb. 15: Schematische Darstellung eines CDEN zur Approximation der bedingten Dichte p(y|x) (in Anlehnung an: [NEUN94, 120])

Während der Vorwärtsverarbeitung der Informationen werden die Outputwerte des Neuronalen Netzes NN(x) als Dichteparameter verwendet, während der Fehlerrückberechnung werden die Ableitungen der Fehlerfunktion nach den Parametern zur Initialisierung des externen Fehlers von NN(x) verwendet [33].

---

[33] In [ORMO93, 32f) wird über die Flexibilität dieses Ansatzes wie folgt geurteilt: „It presents a relatively simple way to adapt common neural network methods to problems of density estimation, and therefore possesses the substantial advantages of straightforward theoretical integration as well as an

Das **DPMN** basiert auf der Implementierung der Gleichung F.8, welche die Transformation von der gemeinsamen zur bedingten Dichte darstellt. Dies geschieht unter der Annahme, daß die bedingte Dichte mittels elementweise unabhängigen Gaußdichten darstellbar ist. Dies erlaubt $p(y|x)$ als $\sum_i p(y|i)p(i|x)$ zu schreiben [TRES94]. Ein DPMN läßt sich mit den Parametern einer zuvor durchgeführten gemeinsamen Dichteschätzung GM(x,y) initialisieren.

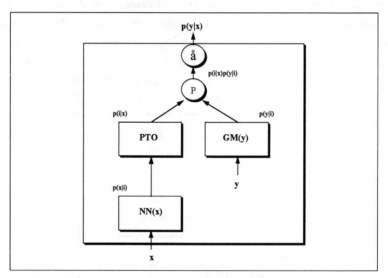

Abb. 16: **Schematische Darstellung eines DPMN zur Approximation der bedingten Dichte $p(y|x)$ (in Anlehnung an: [NEUN94, 121]).**

Auf der linken Seite der schematischen Darstellung eines DPMN in Abb. 16 werden die $p(i|x)$ über ein Subnetz NN(x) abgeleitet, bei dem die a priori Wahrscheinlichkeiten P(i) in den Hidden-zu-Output-Verbindungen enthalten sind und die a posteriori Wahrscheinlichkeiten mittels einem nachgelagerten Partitioning-To-One (PTO) [34] berechnet werden. Die GM-Topologie auf der rechten Seite bestimmt die Werte $p(y|i)$. Die nachfolgende Multiplikation p und Summation a liefert letztendlich die bedingte Wahrscheinlichkeitsdichte $p(y|x)$ als Netzoutput.

---

easy implementation". Optimierungstechniken Neuronaler Netze (siehe Gliederungspunkt B. 4.4.1.) sind auf diese Topologie einfach zu übertragen [ORMO93, 34].

[34] **Partitioning-To-One** bedeutet, daß der **Output** jedes Neurons einer Schicht **durch die Summe aller Outputs dieser Schicht geteilt** wird [MOOD89]. Siehe auch die Erläuterung in Zusammenhang mit der Normierung der Outputwerte in Gliederungspunkt C. 3.4..

Beide Netzwerke CDEN und DPMN liefern eine komplette Beschreibung der Dichte p(y|x) der betrachteten Variable. Deren wichtigster Parameter ist aber wiederum der bedingte Erwartungswert E(y|x). Dieser ist nun aus der bedingten Dichtefunktion rückermittelbar, indem er folgenden Wert darstellt [ORMO93, 34 u. 37]:

F.37 $\quad E(y|x) = \sum_{i=1}^{n} P(i)\mu_i(x) \quad$ bei einem CDEN und

F.38 $\quad E(y|x) = \sum_{i=1}^{n} p(i|x)\mu_{iy} \quad$ bei einem DPMN.

Für den Fall des CDEN bedeutet dies, daß die Hidden-zu-Output-Verbindungen der GM-Topologie und die Outputwerte μ_i zusammengelegt werden. Im Falle des DPMN werden der linke Part NN(x) inklusive PTO der Gesamttopologie und die Output Schicht des rechten Parts GM(y) über die Gewichte, welche μ_{iy} beinhalten, vereint. So ist es möglich, Ergebnisse der bedingten Erwartungswertschätzung auf Basis eines Regressor-Netzes, wie es beispielsweise ein Multilayer Perceptron darstellt, mit den entsprechenden Ergebnissen auf Basis von Topologien zur direkten Dichteschätzung zu vergleichen [35].

In [ORMO95] werden unterschiedlich spezifizierte **CDENs** dazu verwendet, die **60-Minuten-Volatilität des DAX für einen 60-Minuten-Prognosehorizont** zu prognostizieren. Gemessen an den Performancekriterien des MSE und der Output-/Target-Korrelation übertreffen die CDEN-Prognosen diejenigen eines Multilayer Perceptrons.

---

[35] In dem Zusammenhang wird auch ein **Vergleich zwischen überwachtem Lernen** mittels beispielsweise quadrierten oder absoluten Fehlerfunktionen, wie sie beim Multilayer Perceptron verwendet werden, **und zwischen unüberwachtem Lernen** mittels **Likelihood-Fehlerfunktionen** im Rahmen der Dichtefunktionsschätzung angestellt. Im Unterschied zu den quadrierten und absoluten Fehlerfunktionen, welche eine approximationstheoretisch optimale Lösung suchen, ermitteln **Likelihood-Fehlerfunktionen ein informationstheoretisches Optimum** [WHIT92, 13] (siehe auch Gliederungspunkt B. 3.3. und die dort beschriebenen Fehlerfunktionen). Ein informationstheoretisch optimales Netzwerk besitzt die geringste Abweichung zwischen erwarteter und tatsächlicher bedingter Dichte [WHIT89, 434],[WHIT92, 28]. Zu den Spezifika der Likelihood-Fehlerfunktionen siehe [WHIT92],[ORMO93, 9-11],[NEUN94,113f].

3.3. Systematisierungsansatz verteilungsbasierter Klassifikatoren und ihrer zugehörigen Fehlerfunktionen

Eine aus der herkömmlichen Mustererkennung abgeleitete Systematisierung von Klassifikatoren läßt sich auch auf das Aufgabengebiet der Verteilungsprognose übertragen. Im vorangegangenen Kapitel wurden im Rahmen der **Alternative 3 der Arten von Verteilungsprognosen Klassenzugehörigkeiten geschätzt**, wobei hier vor dem Hintergrund der Verteilungsprognose **eine Klasse einen bestimmten Ausschnitt aus der zukünftigen Wahrscheinlichkeitsverteilung des Datenprozesses in Form eines Histogramms darstellte.**

Als Folge kann die in [LIPP95] aufgestellte **Systematik neuronaler Klassifikatoren**, welche die **drei Ansätze Probability Density Function Classifiers, Posterior Probability Classifiers** und **Boundary Forming Classifiers** kennt, auch für die **Schätzung von Klassenzugehörigkeiten im Sinne von Zugehörigkeiten in zukünftige Verteilungsintervalle** herangezogen werden. Abb. 18 gibt einen Überblick über die **Systematik neuronaler Klassifikatoren:**

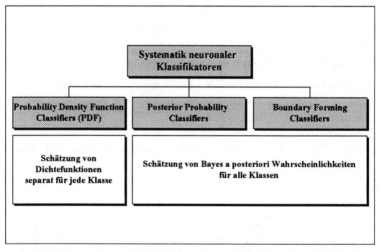

Abb. 17: Systematisierung neuronaler Klassifikatoren in Probability Density Function Classifiers, Posterior Probability Classifiers und Boundary Forming Classifiers

Probability Density Function Classifiers (PDF) beinhalten **Gauß- und Gauß'sche Mischdichten-Klassifikatoren**, welche Verteilungen oder Dichten separat für jede Klasse schätzen. PDF-Klassifikatoren werden mittels Likelihood-Ansätzen trainiert, welche Klassenverteilungen individuell modellieren, ohne die alle Daten umfassende Klassifikationsgüte zu berücksichtigen [LIPP95, 83-88] [36].

Posterior Probability Classifiers schätzen **Bayes a posteriori Wahrscheinlichkeiten simultan für alle Klassen**. Sie werden mittels Diskriminanzverfahren trainiert, bei dem alle Daten simultan dazu verwendet werden, die Bayes a posteriori Wahrscheinlichkeiten direkt zu schätzen oder die globalen Fehlklassifikationen über alle Daten hinweg zu minimieren [LIPP95, 83-88]. Der Einsatz eines **Multilayer Perceptrons mit sigmoiden Nichtlinearitäten** in der Erkennung und Klassifikation von Mustern setzt dabei voraus, daß es eine mathematische Äquivalenz zwischen den Outputwerten eines Multilayer Perceptrons und den wahren a posteriori Wahrscheinlichkeiten des zu klassifizierenden Inputvektors gibt. Multilayer Perceptrons sind als universelle Approximatoren in der Lage, hochdimensionale nichtlineare Regionen des Eingaberaumes zu isolieren und somit die lineare Diskriminanzanalyse zu verallgemeinern. Sie approximieren dabei die optimale Bayes'sche Diskriminanzfunktion. Folglich **entsprechen die Outputwerte eines Multilayer Perceptrons als Klassifikationsnetz denjenigen einer optimalen Bayes Diskriminanzfunktion** für statistisch unabhängige Trainingsdaten [BAUM88], [HAMP90, 159], [WAN90], [RUCK90], [RICH91].

Boundary Forming Classifiers produzieren **binäre Outputwerte, welche Entscheidungsräume formen, die wiederum die Klasse jedes Inputbeispiels spezifizieren**. Analog zu den **Posterior Probability Classifiers** werden sie mittels Diskriminanzverfahren trainiert und alle Daten simultan dazu verwendet, **Bayes a posteriori Wahrscheinlichkeiten** zu schätzen oder die globalen Fehlklassifikationen über alle Daten hinweg zu minimieren [LIPP95, 83-88].

---

[36] **Gauß- und Gauß'sche Mischdichten-Topologien** wurden in Gliederungspunkt B. 3.2. im Rahmen der Alternative 4 der Verteilungsprognosearten bereits behandelt. Dieselben Topologien ließen sich hier zu **Klassifikationszwecken** anwenden, indem für jede Klasse die zugehörige Dichtefunktion aufgestellt wird. Somit können neuronale Mischdichten zum einen zur Prognose der gemeinsamen oder bedingten Dichte direkt, und zum anderen zur Schätzung der Klassenzugehörigkeiten in Histogramme, welche wiederum Fragmente der Verteilung verkörpern, herangezogen werden.

Nachfolgende Abbildung stellt die Diskriminanzfunktionen [37], wie sie von den PDF, den Posterior Probability Classifiers und den Boundary Forming Classifiers gebildet werden, für eine einfache Klassifikation mit einem Inputbeispiel und zwei Klassen A und B mit Gauß'schen Dichtefunktionen dar. Likelihood-Funktionen der PDF Klassifikatoren sind gaußförmiger Art und repräsentieren die Verteilungen des Inputbeispiels für die beiden Klassen. A posteriori Wahrscheinlichkeiten der Posterior Probability Classifiers besitzen zumeist sigmoiden Verlauf, bewegen sich zwischen 0 und 1, addieren sich zu 1, und repräsentieren die Eintrittswahrscheinlichkeit jeder Klasse für einen spezifischen Inputvektor. Binäre Outputwerte der Boundary Forming Classifiers teilen den Inputraum in separate Regionen für Klasse A und B [LIPP95, 85].

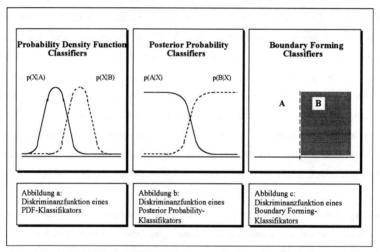

Abb. 18: Diskriminanzfunktionen verschiedener Klassifikatoren für ein Zwei-Klassen-Problem mit einem Inputdatensatz (entnommen aus: [LIPP95, 85]).

Wie aus Abb. 18 ersichtlich, unterscheiden sich Probability Density Function Classifiers, die Posterior Probability Classifiers und die Boundary Forming Classifiers in der Art der zu bildenden Diskriminanzfunktion.

---

[37] **Diskriminanzfunktionen** sind diejenigen **Input-zu-Output-Funktionen**, welche **von Klassifikatoren gebildet** werden [LIPP95, 85].

Im folgenden soll vertiefend auf die **Klassifikationsansätze, welche Bayes a posteriori Wahrscheinlichkeiten ermitteln** - also auf die **Posterior Probability Classifiers** und die **Boundary Forming Classifiers** - eingegangen werden. Klassifikationsaufgaben, welche mittels **Posterior Probability Classifiers** und den **Boundary Forming Classifiers** durchgeführt werden, besitzen folgenden schematischen Ablauf:

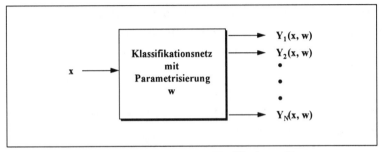

Abb. 19: Das generelle N-Klassen Klassifikationsproblem
(in Anlehnung an: [HAMP90, 160]).

Ein Inputbeispiel x soll durch ein Klassifikationsnetz mit einer Parametrisierung, welche durch die Zustandsvariable w spezifiziert ist, klassifiziert werden. Das Klassifikationsnetz hat N Outputs, von denen jeder mit einer von N möglichen Klassen korrespondiert. Zielsetzung ist es, x auf die korrekte Klasse w_i abzubilden. Folgende Gleichung stellt die **Abbildung des Vektors x auf die Klasse w_i unter Erzielung des kleinsten Fehlers** dar, was gleichzusetzen ist mit der **Abbildung von x auf w_i, welche die höchste a posteriori Wahrscheinlichkeit besitzt**:

F.39 $P(w_i| x) = P(w_{max}|x) > P(w_j|x) \quad \forall \; j \neq i$

Jede Funktion, die diese Klassifikation durchführt, repräsentiert die **Bayes Diskriminanzfunktion** [HAMP90, 160]. Das Interesse an den a posteriori Verteilungen liegt darin, daß mit diesen - zumindest theoretisch - ein optimaler Bayes'scher Klassifikator mit minimalem Fehler bzw. minimalem Risiko bestimmt werden kann. Die Bayes'schen Klassifikatoren besitzen dabei die Eigenschaft, daß es keinen anderen Klassifikator gibt, der im Mittel eine geringere Fehlerrate bzw. ein geringeres Risiko aufweist. Dies liefert eine theoretische Rechtfertigung der Verwendung Neuronaler Netze für die Klassifikation.

Fehlerfunktionen, welche die Klassifikationsansätze des **Posterior Probability Classifiers** und des **Boundary Forming Classifiers** unterstützen und somit die **Bayes Diskriminanzfunktion** abbilden, sind in **zwei Kategorien** unterteilbar: in die Funktionen der **Reasonable Error Measures (REM)** und die der **Classification Figures of Merit (CFM)** [HAMP90] [38]. Bei Fehlerfunktionen der Kategorie **REM** ist die **Klassifikationsgüte direkt abhängig von der Genauigkeit, mit der sie die a posteriori Wahrscheinlichkeiten schätzen**. Die Kategorie **CFM** hingegen erfordert **keine genaue Schätzung der a posterioris**, sondern lediglich die Identifizierung der höchsten $p(w_j|x)$ für jedes x. Der relevante Aspekt hierbei ist, daß eine genaue Schätzung der a posterioris zwar hinreichend für die Bayes Diskriminanzgüte, jedoch nicht notwendig ist. Das einzig Notwendige für das Aufstellen einer Bayes Diskriminanzfunktion besteht in der akkuraten Schätzung des höchsten a posteriori. **Abb. 20** gibt einen **Überblick über die Fehlerfunktionen, welche die Bayes Diskriminanzfunktion** abbilden, und zeigt deren **Systematisierung** auf:

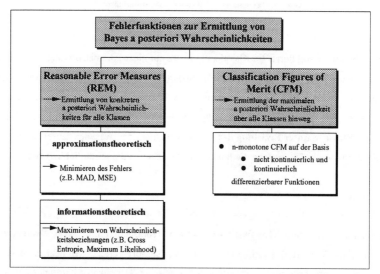

Abb. 20: Kategorien von Fehlerfunktionen Neuronaler Netze zur Ermittlung von Bayes a posteriori Wahrscheinlichkeiten (in Anlehnung an [HAMP90])

---

[38] In [HAMP90] wird generell allen Klassifikatoren zugrundegelegt, daß sie mittels Bayes Diskriminanzfunktionen arbeiten und folglich a posteriori Wahrscheinlichkeiten schätzen. [HAMP90] kennt folglich den in [LIPP95] beschriebenen Klassifikationsansatz des PDF-Klassifikators nicht, und es findet auch keine Untergliederung in Posterior Probability Classifiers und Boundary Forming Classifiers statt. Dennoch kann die in [HAMP90] dargestellte **Systematik der Fehlerfunktionen**, welche **Bayes Wahrscheinlichkeiten** ermitteln, **auf die Ansätze Posterior Probability Classifiers und Boundary Forming Classifiers** in [LIPP95] zugeordnet werden.

Die erste Kategorie der **Reasonable Error Measures (REM)** erzielt eine **Bayes Diskriminanzgüte** durch Ermittlung von Outputwerten, welche sich asymptotisch an a posteriori **Wahrscheinlichkeiten anpassen** und diese akkurat abbilden. Diese Kategorie umfaßt die mittlere absolute (MAD) und die mittlere quadrierte Zielfunktion (MSE), sowie eine Vielzahl informationstheoretischer Fehlerfunktionen, wie die Cross-Entropie [39], die Maximum Likelihood und das Kullback-Leibler Distanzmaß [40] [HAMP90],[WAN90], [RICH91, 466f].

Die Unterscheidung zwischen den MAD und MSE Fehlerfunktionen und den anschließend genannten liegt darin, daß erstere auf das Minimieren des Fehlers abstellen und somit eine approximationstheoretisch optimale Lösung suchen. Letztere hingegen interpretieren die Input- und Outputwerte als Wahrscheinlichkeiten und maximieren Entropie- oder Likelihood-Beziehungen zwischen der wahren und der geschätzten Wahrscheinlichkeitsverteilung, d.h. sie suchen nach einem informationstheoretischen Optimum [BAUM88, 56-60], [WHIT92, 13].

REM-Funktionen erzielen Outputwerte, die zu den Bayes a posteriori Wahrscheinlichkeiten $P(w_i|x)$ - wobei w_i die i-te Klasse repräsentiert - konvergieren, vorausgesetzt, das Netzwerk besitzt genügend funktionale Kapazität, asymptotisch große Mengen statistisch unabhängiger Daten zu klassifizieren.

Die zweite Kategorie hingegen umfassen n-monotone **Classification Figures of Merit (CFM)**, welche eine **Approximation an die Bayes Diskriminanzgüte** erzielen, indem sie **Klassifikations-Outputwerte** ermitteln, die asymptotisch **die maximale a posteriori Wahrscheinlichkeit für einen gegebenen Input identifizieren** [HAMP90, 159] [41]. Die Kategorie der **CFM** approximiert die Bayes Klassifikationsgüte unter denselben Bedingungen wie die erste. Jedoch produzieren die CFM-Funktionen nicht Outputaktivierungen, welche a posteriori Wahrscheinlichkeiten $P(w_i|x)$ reflektieren, sondern identifizieren die höchste a posteriori Wahrscheinlichkeit für einen gegebenen Input $P(w_{max}|x)$, solange $P(w_{max}|x) > 0.5$ [HAMP90,

---

[39] In [RICH91] wird der **mathematische Beweis** erbracht, daß auch die Minimierung der **Cross-Entropie Fehlerfunktion** zu einer **Approximation von a posteriori Wahrscheinlichkeiten** führt.

[40] Die **Kullback-Leibler Fehlerfunktion** entspricht der in SENNV0.9^{TM} implementierten Fehlerfunktion mit der folgenden mathematischen Beschreibung [SENN95],[KUAN91,14]:
$E = target_t * \ln(out_t) + (1 - target_t) * \ln(1 - out_t)$.

[41] **Beweise für den Zusammenhang** zwischen **linearen und nichtlinearen Klassifikationsnetzen auf Basis von MSE-Fehlerfunktionen und der Bayes Diskriminanzfunktion** finden sich in [DUDA73, 154f],[GISH90]. Zur mathematischen Beweisführung, daß ein Multilayer Perceptron bei einer Klassifikationsaufgabe Bayes a posteriori Diskriminanzfunktionen approximiert siehe [WAN90] und sowohl im Zwei- als auch im Mehrklassenfall [RUCK90]. In [HAMP90] ist die Beweisführung für jede der zu den beiden dargestellten Kategorien gehörenden Fehlerfunktionen zu finden.

160]. Genau genommen, werden bei den CFM-Funktionen die a posterioris in abnehmender Reihenfolge sortiert, wobei die Klasse w_l die aktivste aller Outputklassen darstellt, wenn die Funktion CFM(x) maximiert ist [42].

Die unterschiedlichen Kategorien an Fehlerfunktionen finden nicht alle gleichzeitig auf die Klassifikationsansätze Anwendung, sondern lassen sich gemäß **Abb. 21** diesen zuordnen. **Informationstheoretische Funktionen** stützen den Ansatz der **PDF-Klassifikatoren** [43], **informations- und approximationstheoretische Funktionen** denjenigen der **Posterior Probability Classifiers** und die Kategorie der **CFM-Funktionen** denjenigen der **Boundary Forming Classifiers** [44].

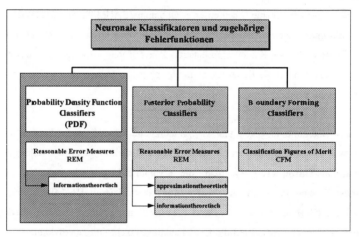

Abb. 21: Neuronale Klassifikatoren und zugehörige Fehlerfunktionen
(in Anlehnung an [HAMP90],[LIPP95]) [45]

---

[42] Die **CFM-Fehlerfunktionen** werden im einzelnen ausführlich in [HAMP90, 161-170] behandelt. Auf eine genaue Darstellung in dieser Arbeit wird verzichtet.

[43] Auch wenn in [HAMP90] PDF-Klassifikatoren nicht behandelt und informationstheoretische Fehlerfunktionen ausschließlich vor dem Hintergrund von Bayes a posteriori Wahrscheinlichkeiten erläutert werden, so kann diese Zuordnung dennoch getroffen werden (siehe auch Gliederungspunkt B. 3.2. und die dort genannten Fehlerfunktionen im Rahmen von Dichtefunktionsschätzungen).

[44] Siehe die Zuordnung in [LIPP95], der auf die in [HAMP90] dargestellte Kategorie der CFM-Funktionen verweist und diese dem Klassifikationsansatz der Boundary Forming Classifiers zuordnet.

[45] Die PDF-Klassifikatoren sind in der Abb. 22 dunkel unterlegt, da in [HAMP90] dieser Klassifikationsansatz bei der Systematisierung von zugehörigen Fehlerfunktionen nicht berücksichtigt wird.

Die unterschiedlichen Funktionsweisen der Fehlerfunktionen bedingen, daß die Klassifikationsgüte für alle Funktionen nicht notwendigerweise identisch sein muß. Neuronale Netze mit unterschiedlichen Fehlerfunktionen stellen folglich alternative Schätzmethoden für die Bayes Diskriminanzfunktion dar.

4. Entwicklungsmethodologie neuronaler Prognosemodelle in der Finanzprognose

4.1. Zu den Besonderheiten Neuronaler Netze als Modellschätzungsmethodik und deren Implikationen für die Entwicklungsmethodologie

"The advantage of neural networks in the modeling and prediction of non-linear systems is that the underlying function form which generates the data does not need to be made explicit" [TREL90, 6]. **Die genaue parametrisierte Beschreibung der zugrundeliegenden Funktion muß bei einer neuronalen Modellierung a priori nicht bekannt sein.** Vielmehr **findet das Netzwerk durch Lernen die den Daten zugrundeliegende Funktion**, wobei mathematisch betrachtet ein hochdimensionales und nichtlineares Optimierungsproblem gelöst werden muß. Die hierbei stattfindende Verknüpfung von Kombinationen sigmoider Funktionen eignet sich zur Approximation beliebig komplexer Funktionen. Ein Neuronales Netz besitzt somit die Fähigkeit, relevante Strukturzusammenhänge in den Daten im Rahmen seines Lernmodus zu erkennen und selbständig zu gewichten. In diesem Sinne lernt es das der Preisbildung von Aktienkursen zugrundeliegende Modell.

Eine gänzliche Modellfreiheit ist jedoch auch bei Neuronalen Netzen nicht gegeben. Eine bestimmte **Modellvorstellung** ist notwendig. Der Datenwahl kommt dabei eine große Bedeutung zu, da sie mit zu der inneren Konnektivität des Netzwerkes beiträgt: **der Umfang des Datensatzes sollte genügend groß und hinsichtlich der Prognoseaufgabe repräsentativ sein, um die Struktur der Aufgabe charakterisieren zu können.**

Modellvorstellung im neuronalen Sinn bedeutet folglich die **Festlegung auf eine repräsentative Teilmenge an Variablen und deren effiziente Aufbereitung** [46]. Gerade in

---

[46] In diesem Zusammenhang spricht [REFE93, 5f] von einem **solution space**, welcher durch die Wahl bestimmter **prime engineering parameters** (Netzwerktopologie, Lernalgorithmus und Aktivierungsfunktion) aus dem universe of solutions aller möglichen Lösungsdimensionen definiert wird. Die **Wahl des Datensatzes** definiert hieraus einen **solution subspace**. Das Problem des Auffindens eines solution space ließe sich a priori durch (wenn auch aufwendiges) Experimentieren mit unterschiedlichen Parameterkombinationen annähernd lösen, während das Auffinden des solution subspace ausschließlich von der Datenwahl abhängt und hier vor Beginn der Modellentwicklung eine unendliche Kombinationsvielfalt gegeben ist. Zu der Lösung des Problems siehe die Optimierungstechniken in Gliederungspunkt B. 4.4.1..

der Aktienkursprognose ist es aufrund des komplexen Wirkungszusammenhangs jedoch nicht möglich, Anzahl und Aufbereitung der Variablen a priori in repräsentativer Form zu bestimmen. Daher ist es notwendig, in der Anfangsschaltung des Netzes viele Variablen und daraus abgeleitete Zeitreihen zuzulassen, denen ein kausaler oder indikativer Zusammenhang unterstellt wird. Gleichzeitig wird die Anwendung einer Optimierungsmethodik notwendig, welche einen Selektionsmechanismus unterstützt, der im Zuge der Modellerstellung relevante im Sinne von längerfristig stabile Zeitreihen von unrelevanten Zeitreihen filtert [47]. **Neuronale Optimierungsmethoden helfen hierbei, ausgehend von einem Hypothesenkonstrukt an Variablen und deren Aufbereitung, dieses zu analysieren und zu gewichten.**

Die hohe Anfangsdimensionierung des Netzes hat zur Folge, daß das Verhältnis zwischen Anzahl der Zeitreihen und ihrer Länge bzw. Anzahl an Trainingsbeispielen die Generalisierungsleistung des Netzes beeinträchtigt. Die Konstellation - viele Freiheitsgrade im Netz, bedingt durch die Anzahl der Zeitreihen - wenige Trainingsbeispiele, bedingt durch die knappe Zeitreihenlänge - führt zu einer **Überdimensionierung des Netzwerkes und damit zu einer tendenziellen Überanpassung an die Daten während des Trainings (Overlearning bzw. Overfitting)**. Das Netz ist in der Lage, auf Kosten einer guten Generalisierungsfähigkeit jeden einzelnen Datenpunkt der Vergangenheit zu modellieren. Eine Überanpassung ist Indikator dafür, daß das Netzwerk nicht die Struktur im Sinne des deterministischen Verhaltens der Zeitreihen abbildet, sondern das Rauschen in den Daten unterstreicht. Das Netzwerk bezieht stochastische Einflüsse in die Modellbildung mit ein, und es kommt zu einer Fehlinterpretation dieser Einflüsse im Sinne kausaler Abhängigkeiten.

Somit besteht ein **Trade-off zwischen der Approximations- und Generalisierungsfähigkeit** des Netzes: erlaubt man dem Netzwerk **zu viele Freiheitsgrade**, so **verschlechtert sich die**

---

[47] Neben diesem im folgenden propagierten **deskriptiven Ansatz** existiert der **konträre normative Ansatz**, auf Basis kleiner, einige **wenige Zeitreihen umfassende Modelle** zu arbeiten. Hier wird nicht dem Netzwerk die Auswahl des relevanten Dateninput überlassen; dieser wird vielmehr mittels statistischer - meist linearer - Methoden vorab sehr stark limitiert [DEGR91, 92f], [WUER94, 3-5], [HILL94, 179]. Nach Erachten der Autorin wird bei einem solchen Vorgehen die eigentliche Vorteilhaftigkeit Neuronaler Netze, die ja gerade in einer komplexen nichtlinearen Datenanalyse liegt, nicht ausgeschöpft. Eine Kombination aus statistischer Vorauswahl und neuronaler Datenkomprimierung ist zwar erforderlich, jedoch sollte der statistische Part nicht zuungunsten der neuronalen ausgedehnt werden. **Neuronale Modellspezifikation** stellt einen **Kompromiß** dar zwischen **einer theoretisch fundierten Beschränkung auf die festzulegenden Inputzeitreihen** einerseits und **einer empirisch induktiven Zeitreihenselektion** im Rahmen der Modellentwicklung andererseits.

Generalisierung, erlaubt man zu wenige Freiheitsgrade, leidet darunter die Approximation [HECH89, 115-119].

Neuronale Netze bieten vor diesem Hintergrund **Optimierungsmethoden, welche sicherstellen, daß zwar anfänglich viele Zeitreihen erlaubt sind, ein Overlearning hingegen vermieden wird.** Diese Methoden zielen darauf ab, die **Komplexität des Netzwerkes, gemessen an der Anzahl und Ausprägungshöhe seiner Freiheitsgrade** [48], **zu reduzieren** und suchen nach einem **ständigen Kompromiß zwischen Netzkomplexität und Fehler**. Reduzierung der Netzkomplexität bedeutet hierbei im wesentlichen eine Reduzierung der Freiheitsgrade in Form von Gewichten und Neuronen und folglich der dahinterstehenden Information. Die relevante Information verbleibt dabei im neuronalen Modellbildungsprozess. Von einem anfänglich hochdimensionierten Netzwerk soll zu einem optimierten Modell gelangt werden, welches die relevantesten Variablen und deren Wechselwirkungen untereinander und auf den Prognosegegenstand beinhaltet.

Neuronale Optimierungsmethoden besitzen folglich **eine hohe Bedeutung für die Güte und zeitliche Stabilität des Modells,** welches sich im Laufe des Lernvorgangs herauskristallisiert. Sie bestimmen die letztendliche **Zusammensetzung an Variablen und deren Abhängigkeitsverhalten als Erklärungsmuster für die Prognosegröße** [49]. Um die relevante Untermenge zu identifizieren, werden im Rahmen der Optimierungsmethoden Testgrößen für die Relevanz der Zeitreihen berechnet.

---

[48] Unter **Freiheitsgrade** sind im folgenden die **Anzahl der Verbindungsgewichte, der Input und der Hidden Neuronen** in einem Neuronalen Netz zu verstehen, welche in Summe die Komplexität des Netzwerks ausmachen.

[49] Am **Beispiel der Optimierungsmethode des Weight Pruning** soll die **Bedeutung der Optimierungsmethodik** für das zu identifizierende Modell verdeutlicht werden. Das Weight Pruning stellt als komplexitätsreduzierende Maßnahme auf Freiheitsgrade in Form von Gewichten ab. Die Variante **Statistical Significance Test (SST)** (siehe Gliederungspunkt B. 4.4.1.) bezieht in die Testgrößenberechnung nicht nur die **Höhe des Gewichts**, sondern auch **dessen Standardabweichung über die Trainingsbeispiele** hinweg mit ein. Je höher der Gewichtswert und je niedriger die Standardabweichung ist, desto relevanter ist das Gewicht. Die Einbringung dieser Volatilitätsmessung erlaubt es, der Strukturstabilität des Gewichts und damit der dahinterstehenden Information Rechnung zu tragen. Die Strukturbeständigkeit von Zeitreihen wird somit an bekannten historischen Abschnitten überprüft, um die Wahrscheinlichkeit des Auffindens eines strukturstabilen Modells zu erhöhen.

Die Testgrößenberechnung kann in unterschiedlicher Weise erfolgen: zum einen kann sie an unterschiedlichen Anknüpfungspunkten im Sinne neuronaler Freiheitsgrade ansetzen, zum anderen existieren vielfältige mathematische Berechnungsmöglichkeiten [50].

Von dem grundsätzlichen **Vorhandensein einer Optimierungsmethodik gegen Überanpassungstendenzen** und deren mathematischer Ausgestaltung ist es folglich abhängig, wie **praxisrelevant** das zu entwickelnde **neuronale Prognosemodell** sein wird.

Die neuronale Methodik läßt hoffen, daß Aufschlüsse über Art und Umfang des Erklärungsmusters des Aktienmarktes gefunden werden. Die mittels Neuronaler Netze identifizierten Prognosemodelle könnten als Hilfsmittel und als Ergebnisse aktienanalytischer Forschung dienen, welche Rückwirkungen auf die Gewinnung weiterer Erkenntnisse am Aktienmarkt haben. Diesen Erkenntnisfortschritt kann man dadurch forcieren, daß man einen ständigen Dialog zwischen dem Prognosemodell und der Realität inszeniert. Ein daraus resultierender, iterativer Erkenntnisprozeß läßt die Kluft zwischen Modell und Realität kontinuierlich kleiner werden.

4.2. Überblick und Bedeutung über die Entwicklungsmethodologie

Bis dato wird die Entwicklung finanzwirtschaftlicher Prognosemodelle auf Basis Neuronaler Netze als Vorgehensweise des **trial and error** betrachtet. Die neuronale Entwicklungsmethodik besitzt den **Ruf einer Experimentalwissenschaft [REHK92, 50-58]**, [REFE93, 5f]. Jedoch existieren Ansätze, welche die **Entwicklungsmethodik neuronaler Prognosemodelle zunehmend deterministisch gestalten**. Aktuelle Entwicklungen zielen darauf ab, diesen deterministischen Part auf Kosten des experimentellen im Sinne einer Entwicklungsmethodologie auszubauen. **Die Entwicklungsmethodologie soll dabei helfen, das Aufwand-/Nutzenverhältnis bei der Modellentwicklung zu verbessern.** Aufgrund der kombinatorischen Vielfalt ist es auszuschließen, daß alle Kombinationsmöglichkeiten an Dateninput, Architekturen, Topologien, Parameterbelegungen, Aufteilungen in Datenmengen und Arten und Reihenfolgebelegungen an Optimierungsverfahren betrachtet werden können. Eine umfassende Abdeckung dieser Parameter soll durch ein schemenhaftes, möglichst

---

[50] Zu den konkreten **Optimierungsmethoden** und ihrer mathematischen Testgrößenberechnung siehe Gliederungspunkt B. 4.4.1..

deterministisches Vorgehen gesichert werden. Erst durch eine fundierte Entwicklungsmethodologie in Kombination mit einer Ergebnisstabilität sind Neuronale Netze als Standardtechnologie in der Finanzprognose einsetzbar.

Der Ansatz einer **formalen Entwicklungsmethodologie** läßt sich in **zwei Komponenten** unterteilen:

- Ein **Abfrageschema** zur Einbringung der **Modellvorstellung** vor Beginn der eigentlichen Modellentwicklung.

- Ein **Ablaufschema** für die Modellrechnung im Rahmen des **Trainings- und Optimierungsprozesses** zur Bestimmung des Endmodells.

Abb. 22 skizziert die **Entwicklungsmethodolgie, wie sie auch in den empirischen Modellrechnungen der vorliegenden Arbeit** verwendet wird:

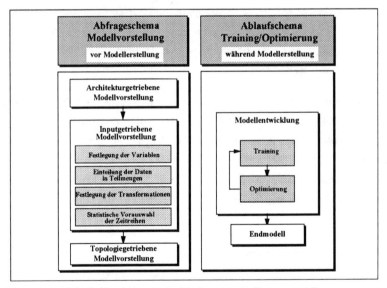

Abb. 22: Entwicklungsmethodologie neuronaler Prognosemodelle

4.3. Abfrageschema vor der Modellerstellung: Einbringung der Modellvorstellung

Das **Abfrageschema vor der Modellentwicklung** beinhaltet die Festlegung auf eine bestimmte Modellvorstellung:

- Durch die **Einstellung von Vorwissen in die Architektur**: über die Wahl der neuronalen Architektur wird das zugrundegelegte Modellierungskonzept [51] bestimmt.

- Durch die **Einstellung von Vorwissen in den Input des Netzes**: über die Wahl des Dateninput, d.h. im wesentlichen die Variablen und deren Transformationen, wird die Expertise im Zusammenhang des Erklärungsbeitrags einzelner Variablen modelliert. Zur Bestimmung des Dateninput ist zudem noch die Einteilung der Daten in unterschiedliche Teilmengen und die statistische Vorauswahl der Zeitreihen zuzuordnen.

- Durch die **Einstellung von Vorwissen in die Anfangstopologie** [52] des Netzes: über die Wahl der Anfangstopologie lassen sich Vermutungen über Zusammenhänge bzw. Austauschprozesse von Variablengruppen direkt in der Vernetzung abbilden. Die Informationsverarbeitung des Netzes findet in der entsprechenden, durch das Verbindungsgefüge vorgegebenen Weise statt. Daneben gilt es, die Parametrisierung des Netzes [53] zu bestimmen.

Sowohl die **inputgetriebene** als auch die **topologiegetriebene Art der Modellvorstellung** haben das **Ziel, vorhandenes Vorwissen um die Einflußgrößen und deren Strukturzusammenhänge in das Modell aufzunehmen.** Der Unterschied besteht jedoch darin, daß im Rahmen des inputgetriebenen Ansatzes in Form von Transformationen mathematisch beschreibbares Wissen eingestellt wird. Der Anwender benötigt dabei eine konkrete Strukturvorstellung, so daß eine mathematische Formulierung möglich ist. Im

---

[51] Zu dem Begriff **Modellierungskonzept** siehe weiter im Text.

[52] Unter **Anfangstopologie** ist die **anfängliche Anordnung und Vernetzung der Neuronen** zu verstehen. Freiheitsgrade hierbei sind im wesentlichen die Dimensionierung der Hidden Schicht, die Clusterung der Neuronen zu Neuronengruppen und deren konkrete Vernetzung.

[53] Unter der **Netzparametrisierung** ist die **Belegung der netzspezifischen/technischen Parameter** zu verstehen. Im wesentlichen sind das die Wahl des Lernalgorithmus und dessen Lernschrittweite, die Wahl der Fehlerfunktion, die Häufigkeit der Gewichtsadaption und die Art bzw. Reihenfolge der Vorlage der Trainingsbeispiele.

Rahmen des topologischen Ansatzes hingegen kann Wissen modelliert werden, welches sich nicht mittels überschaubarer mathematischer Aufbereitung darstellen läßt. Die Vernetzung zwischen Clustern, d.h. Neuronengruppen, oder Schichten deutet hier lediglich auf einen unterstellten Strukturzusammenhang hin, dessen konkrete Formulierung offen gelassen wird. Bei beiden Arten der Modellunterstellung handelt es sich um hypothetische Aussagen, die im Laufe der Modellerstellung konkretisiert werden.

4.3.1. Architekturgetriebene Modellvorstellung

Neuronale Netze lassen sich gemäß ihrer Architektur bzw. Dynamik grob in die **zwei Klassen der Feedforward und Feedback Netze** unterteilen (siehe auch Gliederungspunkt B. 1.1.). Die Architektur der **Feedforward Netze** bedingt eine **vorwärtsgerichtete Informationsverarbeitung** im Netzwerk, **Feedback Netze** sind durch **Rückkopplungen in der Informationsverarbeitung** gekennzeichnet.

Diese beiden Netzarchitekturen tragen, bedingt durch die unterschiedliche Art und Weise der Informationsverarbeitung, unterschiedlichen Modellierungskonzepten Rechnung: **Feedforward Netze** unterstützen **das Modellierungskonzept des kausalen Input-/Outputmodells, Feedback Netze das systemische Modellierungskonzept des Interaktionsmodells.**

Input-/Outputmodelle führen nach kausallogischen Gesetzen einen Input in einen Output über, wobei der Transferübergang ohne einen expliziten Einfluß der Zeit ermittelt wird. Interaktionsmodelle versuchen hingegen interaktiven Prozessen und der Dynamik der Strukturübergänge Rechnung zu tragen. Übertragen auf den Bereich der Finanzprognose bildet das Input-/Outputmodell das Kausalgefüge zwischen Variablen untereinander und in Bezug auf den Preis ab. In die Modellierung dieses Erklärungsmusters fließt die Zeit nicht als impliziter Erklärungsfaktor mit ein. Das Interaktionsmodell hingegen versucht dem Preisbildungsmechanismus am Markt durch eine zeitsensitive, auf Rückkopplungseffekten basierende Modellierungsform gerecht zu werden.

Feedback-Architekturen sind über den Rückkopplungsmechanismus in ihrer Informationsverarbeitung in der Lage, die **Dynamik von Informationsverarbeitungsprozessen** abzubilden [STOR88],[SMYT89],[GRAM89, 326],[HERT91, 176-187][54]. "Das Netzwerk wird zu einem dynamischen System, in dem die Aktivitäten der Neuronen einer zeitlichen Entwicklung unterworfen sind" [MIES91, 305]. Hierbei bedingt der zyklische Informationsfluß, daß das Verhalten des Netzes bei der aktuellen Informationsverarbeitung von Reaktionen der vorangegangenen Informationsverarbeitung beeinflußt wird [HERT91, 179f], [ELMA90, 208], [BAUE90, 376]. Die in diesem Fall nichtstationäre Netzdynamik transformiert die zeitliche Entwicklung der Eingabesignale in Ausgabesignale [MIES91, 306]. Durch eine gezielte Setzung der rekurrenten Verbindungen können diese Architekturen in die Lage versetzt werden, die reale Systemdynamik in ihrer eigenen Netzdynamik nachzuvollziehen. Einzelne Verarbeitungselemente kommunizieren hierbei über eine vernetzte Interaktion.

Unterstützen Neuronale Netze den Feedback-Ansatz, so versuchen sie Systemübergänge zu modellieren, die von dynamischen Prozessen herrühren. Sie erbringen hier die Möglichkeit einer Modelldynamik in Richtung **Marktsimulation**. Dem Gedanken von rückgekoppelten Informationsströmen wird durch eine ebenso rückgekoppelte Modellierungsform Rechnung getragen. Die Theorie des zugrundeliegenden Modells über Informationsprozesse und Austauschbeziehungen deckt sich mit der Arbeitsweise der angewandten Methodik. Neuronale Netze versuchen die dem Finanzmarktgeschehen zugrundeliegenden Vorgänge in einer Art Marktsimulation nachzuvollziehen, indem die Variablen in gleicher Weise wie im realen Marktgeschehen einfließen und verarbeitet werden. Hierbei erfolgt eine differenzierte Analyse der unterschiedlichen Wirkungsweisen von Variablen: Neuronale Netze brechen im Rahmen ihrer Optimierung die Vielzahl an Variablen nach dem Kriterium der Kursrelevanz auf eine überblickbare Anzahl herunter. Das geht konform mit den Verhaltensweisen der Börsenteilnehmer, da auch deren Verarbeitungskapazität auf bestimmte Informationen beschränkt ist. Diese Neuronale Netze als Interaktionsmodelle von Entscheidungsträgern zu interpretieren [ZIMM90, 20] bietet sich an [55].

---

[54] Es lassen sich **partiell rekurrente Netze** und **vollständig rekurrente Netze** unterscheiden. Erstere setzen sich aus gezielt gesetzten Rückkopplungen zusammen, während bei letzteren rekurrente Verbindungen zwischen allen Neuronen bestehen. Im folgenden soll in beiden Fällen von Interaktionsmodellen gesprochen werden.

[55] So könnte zusätzlich zu den Modellierungskonzepten des **Input-/Outputmodells** und des **Interaktionsmodells** der **Entscheidungsansatz als weiteres Konzept** betrachtet und mittels Neuronaler Netze modelliert werden. Die entscheidungstheoretischen Aspekte könnten durch eine

In Neuronalen Netzen bestimmt man folglich über die **Festlegung der neuronalen Architektur die Zugrundelegung des betriebswirtschaftlichen Modellierungskonzepts**. Je nach deren Festlegung wird dem Konzept des Input-/Outputmodells oder dem des Interaktionsmodells Rechnung getragen. Ausgangsüberlegung einer Modellentwicklung in der Finanzprognose auf Basis Neuronaler Netze ist die Frage, **ob der Analyse der Variablenzusammenhänge statische Übergänge im Sinne einer Input-/Outputmodellierung oder dynamische Übergänge im Sinne einer Interaktionsmodellierung zugrundegelegt werden sollen**.

4.3.2. Inputgetriebene Modellvorstellung

4.3.2.1. Festlegung der Variablen

In Abhängigkeit von der Art der Prognose und dem Prognosehorizont werden die Variablen als Input in das Neuronale Netz festgelegt. Dabei ist auf die grundsätzliche Verfügbarkeit der Variablen, ihre Periodizität und ihre Zeitreihenlänge zu achten.

Eine **deduktive Vorgehensweise** hinsichtlich der Frage nach den Einflußgrößen (Variablen mit kausalem Zusammenhang) und den Indikatoren (Variablen mit indikativem Gehalt) auf die Prognosegröße, stellen einerseits **gestützte Expertenbefragungen** und andererseits die **Suche nach existierenden Theorien und empirischen Befunden** dar.

Der Prognosehorizont beeinflußt dabei die Auswahl der Variablen bzgl. ihrer Periodizität. Grundsätzlich **determiniert die Periodizität des Prognosehorizonts** (in der Regel sekündlich bzw. minütlich für Intra-day-Prognosen, täglich, wöchentlich, monatlich, quartalsmäßig) **die Periodizität der Zeitreihen der Inputvariablen**. Inputzeitreihen müssen äquidistant vorliegen und dem Zeitraster des Prognosehorizontes entsprechen. Dabei ist es jedoch möglich, auf der Basis von Tageszeitreihen beispielsweise auch einen wöchentlichen (d.h. 5 Werktage

---

entsprechende Auswahl an Variablen und topologische Unterstützung im Rahmen der Entwicklung eines Entscheidungsmodells unterstrichen werden. Auf dem entscheidungs- bzw. verhaltensorientierten Ansatz basieren beispielsweise Börsensimulationsstudien, welche das Geschehen an der Börse explizit aus dem Verhalten einzelner Börsenteilnehmer modellieren [GERK91],[GERK92]. Hierzu gehört auch der Ansatz der Kapitalmarktsynergetik, bei welchem unter Zugrundelegung des Konzepts der Synergetik [HAKE82] aus dem Zusammenwirken einzelner Mikrogrößen auf das Verhalten von Makrogrößen geschlossen wird [LAND90],[HAFF95].

oder ein Vielfaches davon) oder monatlichen (d.h. 20 Werktage oder ein Vielfaches davon) Prognosehorizont vorauszusagen.

Die Rohdatenreihen der Variablen liegen in einer bestimmten Periodizität vor. So handelt es sich z.B. bei den meisten volkswirtschaftlichen Eckdaten um Monats- oder Quartalsdaten. Will man diese fundamentalorientierten Variablen in tagesbasierten Modellen berücksichtigen, so sind sie auf ein Tagesraster zu übertragen. Dabei ist zu achten, daß der **Anteil der interpolierten Inputzeitreihen im Verhältnis zu den bereits in der gewünschten Periodizität vorkommenden Rohdaten nicht zu groß wird**, da erstere als Folge ihrer Interpolation über mehrere Zeitpunkte d.h. Datenbeispiele hinweg keine neue Information beinhaltet. Im Rahmen von Optimierungsprozessen können diese schnell als unrelevant charakterisiert werden, da diesbezüglich nicht zu jedem Zeitpunkt d.h. von jedem Trainingsbeispiel aus ein neuer Impuls ausgeht.

Art und Schwierigkeitsgrad der Prognose und der Prognosehorizont haben auch **Einfluß auf die notwendige Mindestlänge der Zeitreihen, gemessen an der Zahl der Datenbeispiele**. Die Validität der Fehlerberechnungen auf der Trainings-, Validierungs- und Generalisierungsmenge [56] ist erst ab einer genügend großen Stichprobe der jeweiligen Trainings-, Validierungs- und Generalisierungsbeispielen gegeben. Die Trainingsmenge sollte dabei einen ausreichenden Umfang besitzen, um das Strukturwissen zu extrahieren [57], die Generalisierungsmenge, um valide Gütemessungen zu gewähren.

Tendenziell nimmt mit zunehmendem Prognosehorizont (d.h. Monats- oder Quartalshorizont) der Schwierigkeitsgrad der Prognose ab. Das Rauschen in den Daten als die stochastische Komponente wird dabei geringer. Das Modell besitzt zunehmenden Fundamentalcharakter, welchem auch die Auswahl an Inputvariablen Rechnung tragen sollte. Die Anzahl der notwendigen Datenbeispiele kann kleiner sein als bei Kurzfristprognosen.

---

[56] Zu den Bezeichnungen **Trainings-, Valdierungs- und Generalisierungsmenge** siehe Gliederungspunkt B. 4.3.2.2..

[57] Die Statistik bietet hier diverse analytische Techniken, welche die Untergrenze an notwendigen Trainingsbeispielen bestimmen wollen, so daß eine gute Generalisierungsleistung des Netzes gerade noch garantiert ist. Diese Techniken beruhen beispielsweise auf der Vapnik-Chervonenkis Dimension [VAPN71] und sind in [HERT91, 153-156] näher beschrieben.

Bei kurzfristigen Prognosehorizonten, wenn es darum geht, Schwankungen innerhalb eines Tages oder über wenige Tage hinweg zu prognostizieren, sind langfristig strukturelle Abhängigkeiten von untergeordneter Bedeutung. Modelle auf Tagesbasis beispielsweise sollten eher technischen Charakter besitzen. Sie unterliegen einem stärkeren Rauschen, bedingt auch durch den Einfluß der psychologischen Komponente, sind folglich schwieriger zu prognostizieren und sollten mit einer höheren Anzahl an Datenbeispielen als die längerfristigen Prognosen angegangen werden. Die Schwierigkeit liegt jedoch in der genauen Ermittlung des Übergangs von kurzfristig technischem zu langfristig fundamentalem Einfluß.

Eine weitere **Determinante der Zeitreihenlänge** ist die Überlegung, dem Netzwerk eine **Historie der Prognosegröße zu zeigen, welche möglichst sämtliche Marktphasen der Größe beinhaltet**. So ist es wichtig, daß das Netz Informationen über vergangene Trendentwicklungen, Umkehrphasen oder Quermarktentwicklungen bekommt. Ein beispielsweise fundamentalorientiertes Modell mit einem hohen Anteil an volkswirtschaftlichen Variablen sollte dabei mindestens einen vollständigen Konjunkturzyklus umfassen.

4.3.2.2. Einteilung der Daten in Teilmengen

Die Zeitreihen der Variablen sind in die **drei Teilmengen der Trainings-, Validierungs- und Generalisierungsmenge** zu unterteilen. Die **Validierungs- und Generalisierungsmenge** stellen **Testmengen für die Prognosegüte dar und werden im Rahmen der Fehlerrückberechnung nicht berücksichtigt**. Die Validierungsmenge wird als Testmenge während des Trainings verfolgt, die Generalisierungsmenge umfaßt die Stichprobe für den eigentlichen out-of-sample-Test nach Modellerstellung. Nach dem Validierungskonzept wird **anhand der Fehlerkonstellation auf der Trainings- und auf der Validierungsmenge ein einsetzendes Overlearning erkannt** und daraufhin eine **Optimierungsmethodik angewandt**.

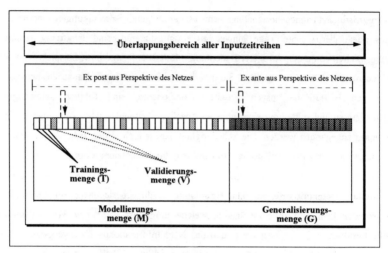

Abb. 23: **Aufteilung der Daten in die Teilmengen Trainings-, Validierungs- und Generalisierungsmenge**

Grundsätzlich existieren **mehrere Varianten** - mit unterschiedlichen Vor- und Nachteilen - zur Selektion der Validierungsmenge. Einmal kann sie **zufällig gestreut als ein bestimmter Prozentsatz aus der Modellierungsmenge selektiert** werden - mit dem Nachteil, daß sich bei jeder Neuberechnung der Zeitreihen (vor allem nach Datenaktualisierungen im Rahmen der Modellpflege und -aktualisierung) eine stets unterschiedliche Zusammensetzung der Validierungsmenge ergibt. Eine weitere Variante besteht in der **Auswahl eines Datenblocks identisch zu der Generalisierungsmenge und dieser zeitlich vorgelagert** - mit dem Nachteil, daß das Modell über Generalisierungszeitraum **und** den Validierungszeitraum en bloc hinweg keine Strukturdynamik lernen kann, und sich das Ende des Trainingsintervalls um den Validierungsbereich in die Vergangenheit verschiebt.

Die in der vorliegenden Arbeit präferierte Variante besteht in der **periodischen Selektion der Validierungsbeispiele über den Modellierungsbereich hinweg** (wie in Abb. 23 skizziert), in der Form, daß stets jeder n-te Wert eingestellt wird. Der Nachteil dieses periodischen Ansatzes entsteht in Zusammenhang mit der Aufbereitung der Transformationen für die Trainingsmenge: umfaßt eine Transformation ein Zeitfenster im Sinne einer gleitenden Funktion [58], so wird

---

[58] **Beispiele gleitender Funktionen** sind der gleitende Durchschnitt aver(x,z) oder der Relative Stärke Index rsi(x,z) der Variablen x über Zeitfenster z. Zu den Transformationen siehe auch

diese inklusive der Validierungsdaten, die innerhalb des abgesteckten Zeitfensters liegen, gebildet und dem aktuellen Trainingsbeispiel zugeordnet. Indirekt fließen folglich die Validierungsdaten über die gleitende Transformationsberechnung in die Trainingsmenge mit ein [59]. Dieser Nachteil wird in der vorliegenden Studie jedoch als der geringste erachtet, so daß die periodische Validierungskonzeption zur Anwendung kommt [60].

Das dargestellte Validierungskonzept basiert auf einer einmaligen Einteilung in die zu betrachtenden Teilmengen. Das hat zur Folge, daß, je nach Formulierung der Validierungsmenge stets auf derselben Zusammensetzung an Validierungsbeispielen ein Overlearning gemessen und nach Modellentwicklung auf einer spezifischen Generalisierungsmenge die Prognosegüte evaluiert wird. Die Stabilität des so aufgefundenen Modells gegenüber einer wechselnden Zusammensetzung an Validierungs- und Generalisierungsbeispielen wird nicht abgeschätzt.

Daneben existieren Untersuchungsergebnisse, die belegen wollen, daß die Prognosegüte des Modells in starkem Maße von der Datenaufteilung abhängt [PODD93]. Als Maßnahmen für eine valide Modellfindung über diverse Testbereiche hinweg dienen multiple Validierungskonzepte [PODD93], [NIVE93, 95-105] [61]. Die Konzepte bestehen darin, das Gesamtintervall der Trainings- und Validierungsmenge mehrmals in Trainings- und Validierungsmengen unterschiedlicher Zusammensetzung zu unterteilen [62]. Als Konsequenz dieser Aufteilung wird das Gesamtnetzwerk in mehrere Subnetze zerlegt, die simultan trainiert werden. Diese Konzepte besitzen zum einen den Vorteil, Modelle zu entwickeln, deren Strukturstabilität während der Entwicklung auf Basis unterschiedlicher Validierungsmengen gemessen wurde.

Gliederungspunkt B. 4.3.2.3 und Anhang 1, in welchem die im Rahmen der Arbeit verwendeten Transformationen erläutert werden.

[59] Gleitende Funktionen exklusive der Validierungsdaten zu bilden, bedarf eines nicht vertretbaren Aufwandes an Rechenarbeit, da die Anzahl der Zeitpunkte individuell abgezählt werden müssen, um die ökonomische Bedeutung von Zeitintervallen nicht zu verzerren.

[60] Zu den **Unsicherheiten des Validierungskonzepts bezüglich der Overlearningerkennung** siehe auch Gliederungspunkt B. 4.4.2..

[61] In der Literatur sind diese auch als **Resampling-Methoden** bekannt [NIVE93, 95-105].

[62] Das Spektrum reicht von einigen wenigen solcher Unteraufteilungen in Teilvalidierungsmengen, wie dem in [PODD93] beschriebenen **Jackknife-Ansatz** (in [MOOD93, 685] auch **v-fold cross-validation** genannt), bis hin zu der **leave-one-out cross-validation**, bei der solange jeweils ein anderes Datenbeispiel in die Validierungsmenge eingestellt wird, bis jedes einmal durchgespielt wurde.

Zum anderen ermöglichen sie im Vergleich zu einer einmaligen Datenaufteilung gerade bei wenigen Trainings- bzw. Validierungsbeispielen eine zuverlässigere Ermittlung der statistischen Maßgrößen, indem alle Datenbeispiele zur Parameterschätzung benutzt werden können [PODD93].

Diesen Vorteilen steht der Nachteil gegenüber, daß mit zunehmender Komplexität der Anwendung die Praktikabilität dieses Ansatzes abnimmt. Es gilt nicht mehr, nur ein einziges Netzwerk zu trainieren, sondern alle derart gebildeten Subnetze müssen zusammen mit dem Gesamtkonstrukt simultan trainiert und optimiert werden. Der Rechen- und damit Zeitaufwand wird erheblich erhöht, wobei der Aufwand proportional von der Anzahl der Subnetze abhängt.

Bei Modellen mit geringer Datenanzahl, wie es beispielsweise monatsbasierte Modelle darstellen, ist die Verwendung des Resampling-Ansatzes aus Gründen der zuverlässigeren Maßgrößenermittlung durchaus berechtigt. Bei tagesbasierten Modellen, bei denen die Datenzahl in der Regel diesbezüglich keinen Engpaßfaktor darstellt, sollte aus Praktikabilitätsgründen auf einen Resampling-Ansatz verzichtet werden [63].

4.3.2.3. Festlegung der Transformationen

Die Variablen fließen nicht als Rohdatenreihen in das Neuronale Netz ein, sondern werden zu Inputreihen aufbereitet. Bei den Transformationen der Variablenreihen werden **technisch** und **finanzanalytisch orientierte Aufbereitungsweisen** unterschieden. **Technisch orientierte Transformationen** haben das Ziel, **wertmäßige Eigenarten der Daten zu kontrollieren**. **Niveaumäßige Angleichungen** sollen durchgeführt, der Einfluß **statistischer Ausreißer** in den Zeitreihen soll gedämpft und **Trendverhalten** geglättet werden [ZIMM94, 21f],[REFE95b, 56-58]. **Transformationen mit finanzanalytischem Hintergrund** haben ein

---

[63] Um die Frage der Modellrobustheit gegenüber einer unterschiedlichen Validierungszusammenstellung dennoch Rechnung zu tragen, ist es möglich, die **Trainings- und Validierungsmenge zusätzlich sequentiell in Untermengen zu teilen**, wonach Fehlerkonstellationen zwischen Training und Validierung auf der Gesamteinteilung und den jeweiligen Teilmengen verfolgt werden können. Im Unterschied zu den Resampling-Techniken wird auf Basis der Gesamteinteilung ein einziges Modell trainiert, dessen Lernverhalten jedoch an der Gesamteinteilung und zusätzlich an den sequentiellen Teilmengen auf Gleichmäßigkeit in den Fehlerverläufen verfolgt und angepaßt.

inhaltliches Ziel. Sie sollen dem Netzwerk **die Strukturermittlung mittels einer effizienten Aufbereitungsweise der Rohdaten erleichtern.**

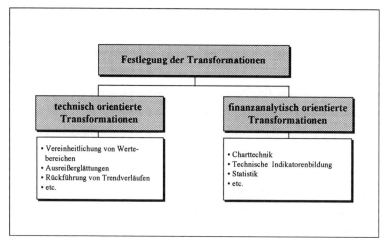

Abb. 24: Festlegung der Transformationen in ein Neuronales Netz

Zu Beginn der Vorverarbeitung muß sichergestellt sein, daß die Zuordnung des vorhandenen Datenmaterials zu den periodischen Zeitpunkten in sich schlüssig ist und für jede Prognose die Perspektive der Marktteilnehmer kennzeichnet. Grundsätzlich darf nur auf Basis von Daten gearbeitet werden, die den Marktteilnehmern an dem spezifischen Zeitpunkt auch zugänglich waren. Insbesondere für tagesbasierte Datenreihen bedeutet dies, daß zuvor eine spezifische Prognoseperspektive gewählt werden muß [64]. Lediglich die Werte der Variablen, die auch bis dato vorliegen, dürfen - vor allem auch vor dem Hintergrund des angestrebten realen Prognoseeinsatzes - dem aktuellen Datenbeispiel zugeordnet werden. Dies bedingt vor allem bei Variablen ausländischer Märkte aufgrund der länderspezifischen Zeitverschiebungen einen hohen Zuordnungsaufwand. Im Falle monatsbasierter Variablen beispielsweise ist darauf zu achten, daß die Werte der Variablen dem tatsächlichen Veröffentlichungszeitpunkt zugeordnet werden (in den Fällen, wenn sie auf Tagesbasis interpoliert werden) oder daß sie zumindest um ein entsprechendes monatliches Time-lag zeitversetzt einfließen (in den Fällen, wenn die Monatsperiodizität beibehalten wird), da sich nur am bzw. ab Publikationszeitpunkt eine

---

[64] Z.B. kann eine Eintagesprognose täglich um 15.00h auf den Folgetag 13.30h durchgeführt werden.

Signalwirkung einstellt. Gerade in Deutschland ist das problematisch, da die Veröffentlichungszeitpunkte von volkswirtschaftlichen Größen unregelmäßig sind, und Erstveröffentlichungen oft zu späteren Zeitpunkten nachkorrigiert werden. Dieses Zuordnungsraster ist dann auch im realen Prognoseeinsatz einzuhalten.

Eine **Transformation mit technisch orientiertem Hintergrund**, welche eine **Vereinheitlichung unterschiedlicher Wertebereiche** durchführt, stellt beispielsweise die **Skalierung** [65] dar. Sie dient dazu, die unterschiedlichen Wertebereiche der zugrundeliegenden Variablenreihen in einem gemeinsamen absoluten Wertebereich zu standardisieren. Das Anpassungsverhalten des Netzes wird dadurch nivelliert und Anpassungssprünge, die ihre Ursache in unterschiedlich hohen Absolutwerten der Variablen haben, verhindert. Ausreißerverhalten in den Datenreihen kann u.a. mittels Sigmoidfunktionen geglättet werden. Eine Trendglättung mit dem Ziel, saisonale oder globale Trends in den Daten zu entfernen, wird beispielsweise mittels der Verwendung von Differenzen- und Durchschnittsbildungen [66] oder der Transformation mittels eines Logarithmus durchgeführt [ZIMM94, 21-25].

Im folgenden wird ausschließlich auf die **Wahl der finanzanalytischen Transformationen** abgestellt, da diese eine hohe Bedeutung für die Güte des Prognosemodells besitzen. Ein definiertes Schema kann hierbei die Suche nach Transformationen für jede Prognoseaufgabe vereinheitlichen und sicherstellen, daß bei jeder Modellentwicklung ein einheitliches und breites Spektrum an Transformationen auf Plausibilität untersucht wird. Ein Standardset an Transformationen, die sich anwendungsübergreifend als relevant herausgestellt haben, wird sich mit zunehmender Entwicklungserfahrung herausbilden. Dieses Set an Transformationen kann beispielsweise in die Kategorien der Charttechnik, der technischen Indikatoren und der Statistik klassifiziert werden. Dieses Standardset läßt sich pauschal auf jedes neu zu erstellende Prognosemodell anwenden und erleichtert so den Suchaufwand. Weitere, für die jeweilige Prognoseaufgabe spezifischen Transformationen können ergänzt werden.

---

[65] Formal handelt es sich bei der **Skalierung** um eine **Mittelwertzentrierung auf Null** und eine **Festsetzung der Standardabweichung auf eins** [ZIMM94, 21]: $x_i^{scl}(t) = \dfrac{x_i(t) - \bar{x}_i}{\sigma_{x_i}}$.

[66] Differenzen- und Durchschnittsbildungen können jedoch auch in Abhängigkeit des Modellierungsziels primär finanzanalytisch motiviert sein, so daß eine eindeutige Zuordnung zu den technisch oder den finanzanalytisch orientierten Transformationen nur für den speziellen Fall getätigt werden kann.

Bei der **Festlegung der finanzanalytisch orientierten Transformationen** bedient man sich wiederum der **deduktiven Vorgehensweise gestützter Expertenbefragungen und der Suche nach existierenden Theorien und empirischen Belegungen**:

- Im Falle **charttechnischer Transformationen**: wie bereitet ein Chartist unter Zuhilfenahme mathematischer Beschreibungen den Kursverlauf auf? Wie läßt sich dessen Perspektive mittels Transformationen beschreiben?

- Im Falle **technischer Indikatorenbildung**: gibt es technische Indikatoren, die sich im Rahmen der technischen Analyse als signifikant erwiesen haben (und sei es nur, um das Verhalten der technisch orientierten Marktteilnehmer zu eskomptieren)?

- Im Falle der **Statistik**: welche Wirkungszusammenhänge der Variablen sind bekannt bzw. gibt es Abhängigkeiten zwischen einzelnen Kapitalmarktsegmenten oder einzelner Länder? Wie lassen sich diese Abhängigkeiten in mathematischer Form mittels Transformationen beschreiben?

Folgende **Tabelle** zeigt für **jede der Kategorien jeweils zwei Beispiele** auf [67]:

Kategorie	Aussage	Transformation
Charttechnik	• Trend der Variable x über Zeitraum z	• Gleitender Durchnitt: **aver(x,z)**
	• quantitativer Vergleich von zwei aufeinander-folgenden Trend-bewegungen unter-schiedlichen Vor-zeichens	• Höhe der aktuellen Trendbewegung plus Höhe der vorangegangenen Trendbewegung unterschiedlichen Vorzeichens: **trendS(x) + trendS(x(-abs(trendL(x))))**

---

[67] Es handelt sich dabei um **Transformationen**, wie sie von der **SENN-Eingabekomponente** unterstützt werden. Diese sind entweder über die zur Verfügung gestellte Mathematik **frei bestimmbar oder über vordefinierte Makrobeschreibungen**, wie z.B. aver, trendS, trendL usw. **anwählbar**. Zur mathematischen Erklärung der Makrobeschreibungen siehe [SENNV2.0], wo eine umfassende Darstellung gebracht wird, und Anhang 1, in welchem die im Rahmen der Arbeit verwendeten Makrobeschreibungen erläutert werden.

Technische Indikatorenbildung	• Relative Stärke Index der Variable x über Zeitraum z	• rsi(x,z)
	• "Stochastik" über Zeitraum z	• (x - min(x,z)) / (max(x,z) - min(x,z))
Statistik	• Zwei Variablen x, y korrelieren über Zeitraum z	• Korrelation: corr(x,y,z)
	• Wenn die Variablen x und y steigen, dann steigt auch die Prognosegröße, und umgekehrt	• IF-THEN - Abfrage: IF (x - x(-1) > 0) AND (y - y(-1) > 0) THEN 1 ELSE -1

Tab. 2: Beispiele finanzanalytischer Transformationen

Die Festlegung von Variablen und ihrer Transformationen stellt ein mehr oder minder ausgeprägtes Hypothesenkonzept dar. Nachfolgende statistische Vorauswahl will dieses Hypothesenkonstrukt vor dem eigentlichen Beginn der Modellentwicklung auf seine statistische Relevanz hin untersuchen.

4.3.2.4. Statistische Vorauswahl der Zeitreihen

Eine empirisch induktive Vorgehensweise bei der Festlegung von Variablen und Transformationen auf der Inputseite repräsentiert die **statistische Vorauswahl vor der Modellentwicklung**. Sie dient zum einen der **Komprimierung des Dateninput durch Eliminierung redundanter Information**. Zum anderen hat sie das Ziel, **Inputvariablen mit relevanten Leading-Eigenschaften zu identifizieren** und diese im Dateninput durch geeignete **Time-lag-Bildung** zu betonen [68].

Zur **Identifizierung von Redundanzen in den Inputzeitreihen** wird beispielsweise die **Korrelationsmatrix** aufgestellt [ZIMM94, 27f]. Der Dateninput wird hierbei auf lineare Abhängigkeiten - auch unter dem Aspekt der Multikollinearität - überprüft. Hochkorrelierte

---

[68] Die statistische Vorauswahl der Zeitreihen bzw. die dahinterstehenden Berechnungen dürfen sich aus Gründen einer fairen Modellevaluierung nicht auf die Generalisierungsmenge beziehen.

Inputzeitreihen beinhalten redundante Information, welche das Lern- und Optimierungsverhalten beeinträchtigen kann, so daß unter Umständen auf eine der beiden Zeitreihen verzichtet werden kann. So hat man den Dateninput bereits vor Rechenbeginn ohne wesentlichen Informationsverlust komprimiert [69].

Unsicherheiten dieses Verfahrens bestehen darin, den konkreten Koeffizienten zu ermitteln, ab welchem eine signifikante Korrelation vorliegt. Dessen Höhe ist abhängig von der Häufigkeitsverteilung der Korrelationen und der Überlegung, auf welche absolute Zahl man die Inputzeitreihen letztendlich komprimieren möchte. Zudem handelt es sich bei dieser statistischen Analyse um ein globale Betrachtung über die Trainings- bzw. Modellierungsmenge hinweg. Lokal können durchaus Differenzen in der Zeitreihenentwicklung auftreten, so daß die globale Korrelationsanalyse eventuell um eine zusätzliche Analyse auf Basis kurzfristiger rollierender Zeitfenster ergänzt werden sollte [70].

Zur Identifizierung von **Time-lag-Strukturen zwischen Inputzeitreihen und Targetzeitreihen** [71] werden **Korrelationsanalysen zwischen Input und (zeitverschobenem) Target** durchgeführt [ZIMM94, 26f]. Es werden hochkorrelierte Abhängigkeiten über die Zeitstufe des Prognosehorizonts hinweg identifiziert. Die hierdurch bestimmten Inputvariablen, welche einen linearen Zusammenhang zu der Targetgröße besitzen, gilt es, in der Aufbereitung stärker zu betonen. Desweiteren kann man die **Inputzeitreihen um weitere, frei bestimmbare Time-lags** verschoben in die Korrelationsanalyse eingeben, wobei hier das primäre Ziel die **Identifikation weiterer Time-lag-Strukturen zwischen Input und Target** darstellt. Die einzelnen Variablenreihen können mittels der aufgefundenen Time-lags zusätzlich transformiert, d.h. um ebendiese Time-lags verschoben werden. Sie besitzen **Frühwarneigenschaften** bezüglich der Prognosegröße. Bei dieser Vorauswahl ist jedoch zu beachten, daß es sich um eine ausschließlich lineare Untersuchung handelt, die, wenn sie zu rigide vorgenommen

---

[69] Zu der formalen Beweisführung, warum sich hochkorrelierte Inputzeitreihen negativ auf den Lern- und Optimierungsprozeß auswirken, siehe [ZIMM94, 66f].

[70] Weitere im Rahmen der **Inputkomprimierung** angewandte Verfahren sind die **Principle Component-Analyse** und die Euklidische Distanzmessung, um das Problem des **one-to-many mapping** vieler ähnlicher Inputzeitreihen auf einen differenzierten Output zu mindern [REFE93, 6f],[REFE95b, 58-65].

[71] Bei den **Targetreihen** handelt es sich um diejenigen Datenreihen, die den Output Neuronen im Rahmen der Fehlerrückberechnung als **Solloutput-Reihen** angelegt werden. Es sind folglich die Werte, die sich real eingestellt haben.

wird, das Modell auf eine enge, lineare Perspektive abstellt. Niedrige oder unkorrelierte Abhängigkeiten zwischen Input und Target besagen nicht, daß nicht doch eine nichtlineare, womöglich signifikante Wechselwirkung vorliegen könnte.

Die Festlegung der Inputzeitreihen in ein Neuronales Netz für eine bestimmte Prognoseaufgabe stellt folglich ein äußerst zeitintensives Vorgehen dar. Der Aufwand der statistischen Vorauswahl lohnt jedoch, zumal es sich um eine systematische Vorgehensweise mit einer begrenzten Anzahl an Freiheitsgraden handelt. Die oben aufgeführten Unsicherheiten gilt es jedoch zu beachten.

4.3.3. Topologiegetriebene Modellvorstellung

Modellvorstellungen, die auf **vermutete Variablenzusammenhänge und Interaktionsbeziehungen** abstellen, werden über eine **entsprechende Formulierung der Anfangstopologie** aufgenommen. Hierbei lassen sich **Cluster als Zusammenfassungen einzelner Neuronen** und **Konnektoren als Zusammenfassungen einzelner Neuronenverbindungen** unterscheiden [72]. Ein Cluster und ein Konnektor verkörpern jeweils die kleinste ansprechbare Einheit der Topologie, deren Eigenschaften individuell bestimmt werden können.

Im Unterschied zur inputgetriebenen Modellvorstellung, welche sich mathematisch mittels Transformationsangaben formulieren lassen muß und bezüglich ihrer Komplexität stark beschränkt ist [73], werden **in der Topologie Vermutungen über übergreifende Wirkungszusammenhänge, welche sich auf Variablenmengen beziehen, dargestellt**. Diese Hypothesen sind zudem Gegenstand topologischer Anpassungsprozesse im Rahmen des Lern- und Optimierungsverhaltens des Netzes und unterliegen als solche graduellen inhaltlichen Veränderungen. Das Ergebnis dieser Veränderungen läßt sich in der topologischen Ausgestaltung des Endmodells ablesen und bewerten. Strukturhypothesen hingegen, welche über Transformationsangaben in den Input eingebracht wurden, werden in ihrer Formulierung

---

[72] Die Unterteilung in **Cluster** und **Konnektor** bezieht sich auf die technische Realisierbarkeit in SENNV0.9^{TM}.

[73] So können Wechselbeziehungen lediglich einiger weniger Inputvariablen in einer Transformation beschrieben werden, wobei ein dynamisches Interaktionsverhalten ebenfalls nur sehr restriktiv formuliert werden kann.

übernommen und nicht adaptiert. Sie werden lediglich in unterschiedlicher Gewichtung für die jeweilige Prognose herangezogen und im Extremfall eliminiert, wobei die ihnen zugrundeliegenden inhaltlichen Aussagen nicht Gegenstand der Anpassung sind.

So repräsentieren **Input Cluster nach inhaltlichen Kriterien gruppierte Variablen**, die bestimmte Teilaspekte modellieren [74]. Über **Hidden Cluster** können **Beziehungen zwischen latenten d.h. nicht beobachtbaren Variablen** überprüft werden. Sie besitzen abstrakte Inhalte und werden durch eine geeignete Konnektivität zu einzelnen Input Clustern operationalisiert [75]. Austauschbeziehungen zwischen den Clustern werden durch spezifisch gesetzte Konnektoren bestimmt, so daß die Informationsverarbeitung entsprechend der Konnektorenbelegung abläuft. Ein einzelnes Ansprechen der Cluster und Konnektoren ermöglicht eine spezifische Belegung der Eigenschaften beispielsweise bezüglich der Wahl der Aktivierungsfunktion und der Einbeziehung in das Training oder in die Optimierung [76].

Logische Eigenschaften der Problemstellung können hierdurch **direkt in der Topologie berücksichtigt** und individuell behandelt werden. **Das Wissen über den zu untersuchenden Gegenstandsbereich** wird somit im Rahmen einer **topologischen Repräsentation** mit eingebracht.

---

[74] Je nach der **Logik der Clusterung** lassen sich beispielsweise **einheimische** und **ausländische Märkte** unterteilen, welche wiederum nach Kapitalmarktsegmenten gesplittet werden können. Daneben lassen sich die Variablen in ein Cluster **Technischen Analyse** und in ein Cluster **Fundamentalanalyse** einordnen, so daß die Beiträge dieser konkurrierenden Analyseansätze untersucht und miteinander verglichen werden können. Eine weitere Möglichkeit besteht in der Modellierung von Expertenmeinungen im Rahmen von **Expert Council-Strukturen**, wie sie in [ZIMM94, 33-35] beschrieben sind.

[75] Derartig modellierte Neuronale Netze lassen sich auch als **Alternative zum LISREL-Ansatz** [LInear Structured RELationship) als Verfahren der Kausalanalyse [BACK90], [FOER84, 346-367] einsetzen, mit dem Vorteil, diesen nun auch in Richtung Nichtlinearität und unter Zuhilfenahme des Optimierungsspektrums zu erweitern [ARMI94].

[76] So kann beispielsweise ein bereits trainiertes Cluster aus dem Vorgang der Fehlerrückberechnung ausgeschlossen werden, indem seine Gewichtsmatrix eingefroren wird und nur noch eine unidirektionale Signalweitergabe der entsprechenden Gewichtung erlaubt wird.

4.4. Ablaufschema während der Modellerstellung: Trainings- und Optimierungsprozesse

Die im Rahmen der Modellvorstellung in das Modell in mehr oder minder hohem Ausmaß einfließenden Hypothesen werden im Laufe der nachfolgenden Modellerstellung verifiziert oder falsifiziert. Während der Modellrechnung gilt es, die Hypothesen systematisch anhand der Datenverläufe vergangener Zeitabschnitte zu überprüfen. So gelangt man zu einem Endmodell, welches lediglich die hierbei identifizierten relevanten Variablenbeschreibungen und deren Abhängigkeiten beinhaltet. Für die Modellerstellung kann ein **Ablaufschema** herangezogen werden, welches das **Wechselspiel zwischen Trainings- und Optimierungsprozeß** und die **Reihenfolge, wie die einzelnen Optimierungstechniken zum Einsatz kommen**, vorgibt.

4.4.1. Optimierungsverfahren: Regulierungs- und Eliminierungstechniken

Die Optimierungstechniken werden im folgenden nach dem Kriterium ihrer Anknüpfungspunkte im Sinne neuronaler Parameter unterteilt. Es lassen sich zum einen **Verfahren** unterscheiden, **die auf der zu optimierenden Fehlerfunktion des Netzes ansetzen** und zum anderen existieren **Verfahren, die an den bestimmten Ebenen der neuronalen Abbildung im Sinne von Netzbestandteilen anknüpfen** [77].

---

[77] Grundsätzlich existieren neben der hier dargestellten Optimierungsmethodik weitere Ansätze. In [REFE93, 6] und [REFE95c, 33] werden **constructive techniques, analytical estimation techniques** und **pruning techniques** unterschieden. Diese Methoden werden für das Auffinden der prime engineering parameters (siehe Fußnote 1) eingesetzt. Erstere umfassen **Verfahren, die ein niedrig dimensioniertes Netz im Laufe des Trainings durch Hinzufügen von Hidden Neuronen vergrößern**, wie die Cascade Correlation [FAHL91] und der Upstart Algorithm [FREA89]. Die zweite Gruppe will **mittels algebraischer oder statistischer Analyse die Dimensionierung der Hidden Schicht a priori festlegen**, wobei hierfür die Anzahl der Trainingsbeispiele oder die Dimensionalität der Input Schicht Orientierungsfaktoren darstellen [REFE95c, 34-38]. **Beide Gruppen** stellen lediglich auf die **Dimensionierung der Hidden Schicht** ab (und damit auf die Festlegung des solution space, siehe Fußnote 46) während sie **die Frage der Datenwahl** (und damit die Festlegung des solution subspace, dito) **nicht beantworten**.

Die hier propagierten Optimierungstechniken sind der o.g. dritten Gruppe der **pruning techniques** zuzuordnen und **stellen sowohl auf den solution space** - durch Optimieren der Netztopologie - **wie auch den solution subspace** - durch Optimieren des **Dateninput** - ab. Allein die pruning techniques beziehen folglich die in dem Dateninput formulierten ökonomischen Hypothesen in den Optimierungs- bzw. Selektionsprozeß mit ein, und es kommt hier zu einer Bewertung nicht nur topologischer sondern auch ökonomischer Aspekte.

Erstere sind in den Lernvorgang direkt integriert und optimieren das Prognosemodell im Zuge des Lernens. Die Zielfunktion wird um einen Strafterm ergänzt, der den Trade-off zwischen Fehler- und Parameterminimierung ausbalanciert. Bei jedem Lernschritt wird der Gewichtswert aufgrund des Strafmechanismus vermindert. Dieser muß sich gegen den eigenen Bedeutungsverlust behaupten: ist die Gewichtsanpassung aus dem Lernverhalten im Mittel schwächer als die Gewichtsabnahme aufgrund des Strafmechanismus, wird das Gewicht in der Regel gegen Null gedrückt. Da diese Verfahren auf eine Regulierung bestimmter Netzparameter abstellen, werden sie im folgenden **Regulierungstechniken** genannt [HANS89], [WEIG91], [FINN91, 97-113], [FINN93]. **Verfahren der zweiten Kategorie** sind nicht integrierter Lernbestandteil, sondern **kommen während einer Lernunterbrechung zum Einsatz**. Sie eliminieren bestimmte neuronale Netzbestandteile und werden im folgenden als **Eliminierungstechniken** bezeichnet [MOZE89], [LECU90, 598-605], [FINN91], [HERG92], [ZIMM92], [MOOD92, 837-854], [HRYC93, 85-93].

Folgende Tabelle gibt einen **Überblick über Optimierungstechniken** [78]:

Name	An-knüpfungs-punkt	Verbale Beschreibung
Regulierungstechniken		
Weight Decay Standard	Zielfunktion	wachsende Komplexitätsbestrafung: Gewichte werden mittels eines quadratisch wachsenden Strafterms reguliert, d.h. gegen Null gedrückt. Ausrichtung auf Modellierung linearer Strukturen.
Weight Decay nach Weigend	Zielfunktion	anfänglich wachsende Komplexitätsbestrafung; abnehmende Komplexitätsbestrafung ab einem bestimmten Gewichts-betrag; Ausrichtung auf Modellierung linearer und nichtlinearer Strukturen.
Eliminierungstechniken		
Weight Pruning Standard (WPS)	Gewicht	Testwert umfaßt den Betrag des Gewichts; lediglich Gewichtentfernung
Weight Pruning Statistical Signifi-cance Test (SST)	Gewicht	Testwert umfaßt den Betrag des Gewichts und die Gewichtsverteilung gemessen durch dessen Standardabweichung über die Trainingsbeispiele; Gewichtentfernung und -reaktivierung

---

[78] Die Tabelle besitzt keinen Anspruch auf Vollständigkeit. Siehe auch die **ausführliche Beschreibung der Verfahren** in [MILL94] und [ZIMM94]. In [HERG92] erfolgt eine umfangreiche **Vergleichs-studie bzgl. der aufgeführten (und weiteren) Optimierungsverfahren**. Im Rahmen von Simula-tionsstudien werden systematische Variationen an Datensets und an Rauschanteilen in den Input- und in den Targetzeitreihen und deren Auswirkungen auf die Verfahrensgüte untersucht und miteinander verglichen. Als **Fazit** stellt sich heraus, daß kein bestimmtes Verfahren über alle Simulationen hinweg dominiert, sondern daß die **Verfahrensgüte in großem Maße anwendungsabhängig** ist.

	Gewicht	Testwert auf Basis der zweiten Ableitung der Fehlerfunktion im lokalen Minimum; lediglich Gewichteentfernung
Weight Pruning Optimal Brain Damage (OBD)		
Input Pruning (IP)	Input Neuron	Testwert des Input Neurons als Sensitivitätsgröße; bei einer negativen Kennziffer wird der Fehler nach der Entfernung des betreffenden Input Neurons um den Kennziffernbetrag vermindert.
Hidden Merging (HM)	Hidden Neuron	Testwert umfaßt den Korrelationskoeffizienten der Ausgabe jeweils zweier Hidden Neuronen.

Tab. 3: Optimierungsverfahren Neuronaler Netze

Im folgenden werden selektive Eliminierungstechniken näher erläutert. Es handelt sich dabei um diejenigen Verfahren, die auch in den empirischen Modellrechnungen in dieser Arbeit zum Einsatz kommen. Auf eine detaillierte mathematische Darlegung der weiteren in Tab. 3 aufgelisteten Verfahren wird verzichtet und auf die Literaturquellen verwiesen.

Gemeinsam ist allen Eliminierungstechniken ein bestimmtes **Grundmuster**. Aufbauend auf der in der Trainingsphase erlernten Näherungslösung der Prognoseaufgabe erfolgt für die **unterschiedlichen Ebenen der neuronalen Abbildung** (z.B. Verbindungsgewicht (**Weight Pruning**), Input Neuron (**Input Pruning**) und Hidden Neuron (**Hidden Merging**), die **Generierung von Testgrößen**. Dies geschieht zum Zeitpunkt des Trainingstop, bei dem sich das Netzwerk nicht in einem lokalen Minimum befindet. Die **Testgrößen** führen dann **über eine Bewertung der entsprechenden Ebene der Netzwerkarchitektur zu einer Entscheidung über die Eliminierung oder aber den Erhalt einer Struktur.**

Weight Pruning umfaßt die **Reduktion überzähliger Anpassungsparameter auf der Gewichtsebene des Modells.** Dabei handelt es sich um eine Fortführung der schon während des Trainings stattfindenden Prozesses der Adaption überflüssiger Verbindungsgewichte in ihrer Wertausprägung in Richtung Null. Beim **Weight Pruning Standard (WPS)** werden diejenigen Gewichte w des Netzes ausgedünnt, die eine Tendenz aufweisen, sich gegen Null zu entwickeln [HINT86].

Als **Gütekriterium** fungiert dabei lediglich der **Betrag des Gewichts**:

F.40 $WPS(w) = |w|$

mit $|w|$ =   Betrag des betrachteten Gewichts

Eine Gewichtsausdünnung nach der Standardmethode erweist sich jedoch als problematisch. Kleine Gewichte enthalten nicht notwendigerweise einen Hinweis auf die relative Bedeutungslosigkeit von Verbindungen. Das Netzwerk kann im Gegenteil einen linearen Zusammenhang identifiziert haben, welcher relevant ist. Die Dämpfung des Overlearning besitzt hier den unbeabsichtigten Nebeneffekt, daß eine Überbetonung der nichtlinearen Strukturanteile erfolgt [ZIMM94, 67].

Zum Einsatz im Rahmen der Modellentwicklung gelangt daher ein erweiterter Ansatz des Standardtests der Gewichtseliminierung, der **Statistical Significance Test (SST)** [FINN91],[ZIMM94, 70-74]. Diese Methode berücksichtigt neben dem **Betrag der Gewichte** zusätzlich die **Verteilungsfunktion der Größenveränderung jedes Gewichts über alle Trainingsbeispiele (Epoche)** hinweg. In Form eines Hypothesentests auf Null wird, ausgehend von einer festen Gewichtsmatrix geprüft, ob Gewichte während des Lernvorganges trotz der Impulse der einzelnen Trainingsbeispiele relativ konstant bleiben oder aber stark fluktuieren.

Die entsprechende Formalisierung des **Gütekriteriums SST** lautet:

F.41
$$SST(\overline{w} \neq 0) = \frac{|\overline{w}|}{\sqrt{\frac{1}{T}\sum_{t=1}^{T}(w_t - \overline{w})^2}}$$

mit $\overline{w} = \frac{1}{T}\sum_{t=1}^{T} w_t$ = Mittlere Größe eines Gewichts nach dessen Adaption über alle Trainingsbeispiele T hinweg

w_t = Größe eines einzelnen Gewichts als Ergebnis der Berechnung eines einzelnen Trainingsbeispiels t

Die **Testgröße** beschreibt die **mittlere Größe des Gewichts im Verhältnis zur Schwankungsbreite der Fluktuationen über eine Epoche hinweg**. Ist diese groß, so steht ein relativ großer Mittelwert der Gewichte im Verhältnis zu einer relativ geringen Schwankung der Gewichte. Je kleiner diese Testgröße wird, desto weniger besitzt das betreffende Gewicht an strukturellem Gehalt [ZIMM94, 71f]. Dem **Statistical Significance Test** liegt folglich die **Annahme zugrunde, daß stark schwankende Gewichte als unzuverlässig gelten und eher** versuchen, das Rauschen in den Daten abbilden, anstatt die dem Anwendungsproblem zugrundeliegende funktionale Struktur zu erfassen. Er stellt eine Art Rauschfilter dar, der diejenigen Netzbestandteile filtert, die resistent gegen das Signalrauschen sind.

Dieser Test erlaubt nicht nur den Erhalt kleiner Gewichte beim Vorliegen konstant relevanter Strukturen, sondern hat zudem den Vorteil, daß einmal eliminierte Gewichte reaktiviert werden können [ZIMM94, 73] [79].

Das Eliminieren von Eingabeneuronen im Rahmen des **Input Pruning** stellt auf **unrelevante Input Neuronen und damit Inputzeitreihen** ab. Durch die **Identifikation fehlererhöhender Eingabeneuronen** ist es nicht nur möglich, die **Komplexität des Modells weiter zu reduzieren**. Vielmehr bildet dieser Test den **Anknüpfungspunkt für eine Überprüfung des theoretisch fundierten Hypothesensystems zur Auswahl der die Prognose erklärenden Variablen**, womit der Forderung nach einer konfirmatorischen Vorgehensweise auch bei der neuronalen Modellierung Rechnung getragen werden kann.

Ausgangsbasis des Optimierungsprozesses auf der Ebene der Input Neuronen ist die (globale) Fehlerfunktion E des Netzes und daran anknüpfend die Hypothese, daß nur diejenigen erklärenden Variablen im neuronalen Prognosemodell verbleiben sollen, die einen positiven Beitrag zur Erklärung der Prognoseaufgabe liefern. Diese Annahme impliziert, daß durch das Eliminieren eines Input Neurons, welches einen negativen Erklärungsbeitrag liefert, der Fehler des Abbildungsverhaltens des Netzes sinkt. Als **Testgröße** wird dabei **für jedes Input Neuron der Wert der Zielfunktion berechnet, um den sich diese ändert, würde das Neuron deaktiviert werden** [ZIMM94, 76f] [80].

---

[79] In der in Fußnote 78 erwähnten **Vergleichsstudie zu neuronalen Optimierungsverfahren** [HERG92] hat sich gezeigt, daß sich **in Dimensionen höherer Komplexität der Statistical Significance Test** gegenüber den in Tab. 3 aufgeführten alternativen Weight Pruning-Techniken als **überlegen** dargestellt hat.

[80] In [ZIMM94, 76f] wird in diesem Zusammenhang nicht von der Deaktivierung des Input Neurons gesprochen, sondern davon, daß der Input durch seinen Mittelwert ersetzt wird. Wenn, wie im Fall der vorliegenden Modellrechnungen, die Inputzeitreihe skaliert wird, so ist deren Mittelwert Null, und beide Ausführungen beschreiben denselben mathematischen Sachverhalt.

Das Gütekriterium des **Input Pruning (IP)** als Netzwerkfehlerdifferenz, die aus der Deaktivierung eines Input Neurons resultiert, ist wie folgt zu formalisieren:

F.42 $\quad IP[E(n_i)] = E - E(n_i)$

mit $\quad E(n_i) =\quad$ Globaler Fehler bei Elimination des Input Neurons n_i

Wenn das Gütekriterium des Input Pruning ein negatives Vorzeichen aufweist, so ist der **Erklärungsbeitrag des Input Neurons zur Lösung der Prognoseaufgabe in dem Sinne negativ, daß es dazu beiträgt, den Gesamtfehler zu erhöhen, anstelle ihn zu ermäßigen.** Ein solches Input Neuron, und somit die dahinterstehende Inputzeitreihe, ist zu entfernen. Daraus folgt, daß sich die erklärenden Variablen mit Hilfe dieser Testgröße entsprechend ihres Erklärungsbeitrages in ein theoriengeleitetes Hypothesensystem einordnen lassen.

Diese Testfunktion kann sowohl auf der gesamten Trainings- und Validierungsmenge [81], als auch auf einer Segmentierung dieser beiden Mengen durchgeführt werden. Die segmentierte Testgrößenberechnung erlaubt es, die Relevanz der Inputreihen über die verschiedenen Zeiträume hinweg zu untersuchen. So können nicht nur Input Neuronen ausgedünnt werden, die einen global kleinen Erklärungsbeitrag liefern, sondern auch diejenigen, welche über mehrere Zeitintervalle hinweg eine inkonsistente Wirkungsrichtung aufweisen.

Durch das Ausdünnen von Neuronen in der Hidden Schicht (**Hidden Merging**) wird das Netz ebenso dazu veranlaßt, die Tendenz zur exakten Abbildung jeder einzelnen Input-/Output-Relation zugunsten einer Approximation der allgemeineren Abbildungsregel aufzugeben. Das Grundprinzip des **Hidden Merging** läßt sich als **Zusammenlegen von Neuronen in der Hidden Schicht kennzeichnen, die im Laufe des Trainingsprozesses ähnliche Funktionen übernommen haben.** In der Praxis wird die Größe der Zwischenschicht zu Beginn des Trainings anhand der auf Erfahrungswerten der Modellentwicklung beruhenden Faustformel

---

[81] Theoretisch kann die Methodik **Input Pruning** auch über den Generalisierungszeitraum und dessen Partitionierungen hinweg betrachtet werden. Im Rahmen des Modellbaus ist dies aus Fairneßgründen gegenüber einer de facto-Testmenge nicht erlaubt. Die Anwendbarkeit **über Generalisierungsmengen** hinweg wird jedoch **im Rahmen der Modellauswertung in Form von Verhaltensanalysen des Netzwerks** interessant (siehe dazu Gliederungspunkt B. 4.6. bezüglich der Verhaltensauswertung mittels Sensitivitätsanalysen).

bezüglich der Relation zwischen vorhandenen Trainingsbeispielen und der Neuronenzahl in den einzelnen Schichten bestimmt.

Auch diese Stufe der Optimierung räumt, analog zur Gewichtseliminierung, der Generalisierungsfähigkeit des Netzes Vorrang vor der Tendenz zum Überanpassen an die einzelnen Trainingsbeispiele ein. Gemäß eines **Korrelationstests** [ZIMM92] wird die **Redundanz innerer Neuronen bei der Abbildung des Informationsflusses** ermittelt. Um die Stärke der Wechselbeziehungen zwischen den Neuronen in der Hidden Schicht zu bestimmen, wird eine **Korrelationsmatrix für die Ausgabewerte** y_k der Neuronen der Hidden Schicht berechnet. Erkennt man, daß eine **hohe Korrelation zwischen zwei Neuronen vorliegt**, stellen diese **beiden potentielle Neuronen für das Verschmelzen zu einem einzigen Hidden Neuron dar.**

Die formale Beschreibung des **Gütekriteriums HM des Korrelationstests des Hidden Merging**, welches auf der Berechnung des **Bravais-Pearson'schen Korrelationskoeffizienten** r beruht, lautet für die Neuronen n_1 und n_2 der Hidden Schicht:

F.43
$$HM = r_{(n_1, n_2)} = \frac{\sum_{t=1}^{T}(y_1 - \bar{y}_1)(y_2 - \bar{y}_2)}{\sqrt{\sum_{t=1}^{T}(y_1 - \bar{y}_1)^2 * \sum_{t=1}^{T}(y_2 - \bar{y}_2)^2}}$$

mit $\sum_{t=1}^{T}(y_1 - \bar{y}_1)(y_2 - \bar{y}_2)$ = Kovarianz der Ausgabewerte y_1 und y_2 der Neuronen n_1 und n_2 in der Hidden Schicht über alle Trainingsbeispiele T hinweg

$\sum_{t=1}^{T}(y_1 - \bar{y}_1)^2$ = Varianz der Ausgabewerte y_1 des Neurons n_1 in der Hidden Schicht über alle Trainingsbeispiele T hinweg

$\sum_{t=1}^{T}(y_2 - \bar{y}_2)^2$ = Varianz der Ausgabewerte y_2 des Neurons n_2 in der Hidden Schicht über alle Trainingsbeispiele T hinweg

4.4.2. Ablaufschema in Form einer Reihenfolgebelegung der Eliminierungstechniken

Folgendes Schaubild kennzeichnet das **Ablaufschema, in welcher Reihenfolge die formal dargestellten Eliminierungstechniken zum Einsatz kommen**:

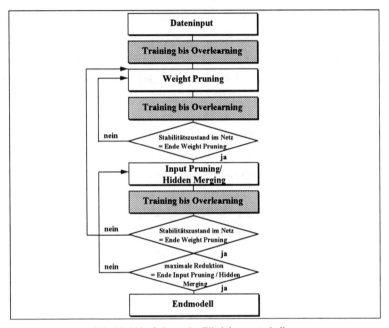

Abb. 25: Ablaufschema der Eliminierungstechniken

Das Netzwerk wird auf Basis der Trainingsdaten trainiert, wobei es seine Gewichtsstruktur an die Datenstruktur anpaßt. Während der Lernphase liefert die Konstellation der Fehlerverläufe auf der Trainings- und Validierungsmenge einen Hinweis auf den Grad der Stochastizität des Modells. Ein einsetzendes **Overlearning** kann in der Regel durch einen **Anstieg der Fehlerkurve auf der Validierungsmenge** registriert werden. Hier wird der Lernvorgang unterbrochen. Die Unsicherheit beruht zum einen darauf, daß zwischen Fehlerentwicklung auf der Validierungs- und der Generalisierungsmenge nicht immer ein Gleichklang besteht und beide Mengen entkoppelt sein können [82]. Ein Abstellen auf eine Overlearning-Konstellation auf der Validierungsmenge würde demzufolge nicht die gewünschten Übertragungseffekte auf die Generalisierungsmenge als eigentliche Prognosemenge zur Folge haben. Zum anderen läßt sich nicht immer definitiv feststellen, wann eine Überanpassung stattfindet. Ein Fehleranstieg auf der Validierungsmenge kann oftmals entweder ein zu spät indizierender Hinweis auf Overlearning sein oder auch fehlinterpretiert werden. Wird ein Overlearning zu spät registriert, hat sich der Grad zwischen Kausalität und Stochastizität im Modell bereits ungünstig entwickelt [83]. Bei einer Fehlinterpretation deutet ein Fehleranstieg nach einem Ausdünnschritt, wenn sich die veränderte Netztopologie auf die Datenstruktur wieder einstellen muß, eher auf diesen Anpassungsprozeß infolge topologischer Veränderungen als auf einen Überanpassungsprozeß in Form von stochastischer Modellierung hin.

Weight Pruning nach dem **Statistical Significance Test (SST)** beurteilt die **Relevanz eines Gewichtes** nicht nur nach seiner **absoluten Höhe**, sondern auch nach seiner **Volatilität**. So fließt die strukturelle Stabilität des Gewichts und damit der dahinterstehenden Information in die Relevanzbeurteilung mit ein. Desweiteren bietet das Verfahren die Möglichkeit, bereits eliminierte Gewichte wieder in die Modellrechnung aufzunehmen. Eine Reaktivierung kann notwendig werden, da die Testgrößen zum einen bzgl. der Gewichtsrelevanz lokale Information liefern und die gekappten Gewichte in einem späteren Lernstadium unter Umständen wieder an Bedeutung gewinnen können. Zum anderen bietet die dargestellte Häufigkeitsverteilung der Kennziffern keine konkrete Information über die genaue Anzahl an irrelevanten Gewichten, die im Rahmen des jeweiligen Ausdünnschritts zu eliminieren ist.

---

[82] Im wesentlichen kommen **zwei Ursachen** in Betracht, die zur Folge haben, daß der **Fehlerverlauf auf der Validierungs- und der Generalisierungsmenge entkoppelt** sein können. Die **Ursache technischer Art** liegt in der **periodischen Selektion der Validierungsbeispiele** begründet (siehe dazu Gliederungspunkt B. 4.3.2.2.). Je mehr gleitende Funktionen das Transformationenset beinhaltet, desto mehr Validierungsdaten fließen in die Trainingsmenge indirekt mit ein und werden trainiert. Als Folge kommt es zu einer Angleichung zwischen Trainings- und Validierungsverhalten, welches in seiner Extremform in einer Deckungsgleichheit zwischen Trainings- und Validierungsfehler endet. Die **ökonomische Ursache** für die Entkopplung können **Strukturbrüche** sein, die sich im Übergang von Trainings- zu Generalisierungszeitraum oder im Laufe des Generalisierungszeitraums eingestellt haben. Diese Strukturbrüche sind folglich in den Trainingsbeispielen in zu geringem Umfang oder gar nicht enthalten.

[83] Hier könnte als Overlearning-Indikator eine scherenartige Konstellation zwischen dem Fehlerverlauf auf der Trainings- und auf der Validierungsmenge herangezogen werden. Abbruchkriterium für das Lernen ist bereits das Auseinandergehen der beiden Kurven, wobei der Fehler auf der Validierungsmenge jedoch immer noch einen sinkenden Verlauf aufweist.

Zweck der sich anschließenden Trainingsphase ist wiederum die Anpassung der Strukturbewegung des Netzes auf die Signalbewegung der Daten. Dieses **Wechselspiel zwischen Training und Weight Pruning** wird solange fortgeführt, bis sich ein **Stabilitätszustand im Netz** abzeichnet. Dieser repräsentiert einen **Gleichgewichtszustand zwischen den eliminierten Gewichten, die in Anbetracht ihres Testgrößenwertes wieder zuzuschalten sind, und den sich im Modell befindlichen, zu eliminierenden Gewichten**. Hier kann mittels **Weight Pruning nicht weiter ausgedünnt werden**, und das Netz signalisiert eine gewisse **Netzstabilität**.

Bei dem **Input Pruning** handelt es sich hierbei um eine rigorosere Ausdünnung als Weight Pruning, da es auf einzelne Inputreihen abstellt und mit jeder Inputreihe grundsätzlich mehrere Gewichte [84] gekappt werden. Der **Beitrag jeder einzelnen Inputzeitreihe auf den Fehler** an dieser Stelle des Trainings wird mittels eines Rangordnungstests für alle Zeitreihen ausgegeben. Gezielt kann, angefangen mit der unwichtigsten Einflußgröße, diese nun herausgenommen und analog zum Weight Pruning bei anschließender Beobachtung auch wieder aufgenommen werden.

Ähnlich zu dem Weight Pruning existieren auch hier einige Unabwägbarkeiten. Input Pruning wird für jedes Input Neuron unter ceteris-paribus-Bedingungen durchgeführt. Wenn folglich ein Ausdünnschritt mehrere Input Neuronen umfaßt, bleiben deren gegenseitige Abhängigkeiten und Überlagerungseffekte auf den Fehler unberücksichtigt. Eine Erweiterung der Sensitivitätsanalyse auf Neuronengruppen wäre von Vorteil. Ein eventuell hieraus resultierendes Overpruning soll durch die Reaktivierung von Input Neuronen verhindert werden. Das Input Pruning stellt einen Spezialfall des Weight Pruning dar. Über Weight Pruning können ebenso komplette Neuronen isoliert und damit ausgedünnt werden, wobei das Kappen von Neuronen jedoch als Nebeneffekt auftritt und nicht gezielt gesteuert werden kann.

Das **Hidden Merging** beinhaltet eine **Korrelationsanalyse bezüglich der Ausgabewerte der Hidden Neuronen** und zielt folglich auf eine redundante Signalweitergabe der Hidden Schicht ab. Das Verfahren wird jedoch weniger häufig und auch erst nach einer gewissen Modellreife angewandt, da die Dimension der Hidden Schicht in der Regel um einiges kleiner als die der

---

[84] Die **Eliminierung eines Input Neurons** wird technisch in der Weise durchgeführt, daß **alle Verbindungsgewichte zwischen diesem und den Hidden Neuronen gekappt**, d.h. auf Null gesetzt werden.

Input Schicht ist. Für eine effiziente Korrelationsanalyse sollte zudem die Aktivität der Hidden Neuronen einen nachhaltigen Wert erreicht haben.

Dieser Ablauf wird wiederholt. Die Anzahl der Trainingsphasen bis Schleifenende und die Anzahl der Durchgänge durch die Daten pro Trainingsphase variieren. Ebenso variieren die Anzahl der Eliminierungsphasen bis Schleifenende und die Anzahl der in jedem Eliminierungsschritt reduzierten Gewichte oder Neuronen. Das **Abbruchkriterium für die Modellrechnung** ist dann erfüllt, wenn der **Stabilitätszustand im Rahmen des Weight Pruning** erzielt wurde und zudem die **Testgrößenbetrachtung im Rahmen des Input Pruning und Hidden Merging keine weiteren Neuroneneliminierungen zuläßt.** Die **Eliminierungsmethoden** können **isoliert** oder **in Kombination mit den Regulierungstechniken** eingesetzt werden.

Mittels **automatisierten Weight Pruning-Ansätzen** wird versucht, nicht mehr manuell und unter ständiger Beobachtung des Lernverhaltens Zeitpunkt und Ausmaß der Ausdünnschritte zu bestimmen, sondern dies mittels **vorformulierten Regeln** vorzugeben [85]. Einen Entwicklungsalgorithmus vorzugeben, welcher obendrein mehrere Optimierungsmethoden umfaßt, scheiterte bis dato an der unsicheren a priori Bestimmbarkeit des Zeitpunktes und der zahlenmäßigen Ausgestaltung der Eliminierungsschritte.

Optimierungsverfahren verbessern nun die neuronale Näherungslösung, indem sie die Überparametrisierung der neuronalen Abbildung reduzieren und somit die Generalisierungsfähigkeit der vom Netz ermittelten Erklärungsstruktur erhöhen. Dabei reduzieren die vorgestellten Eliminierungsverfahren überzählige Modellierungsparameter in der Weise, daß sie instabile Verbindungen oder überflüssige Neuronen, die nur wenig zur netzinternen Abbildung beitragen, ausschalten. Auf diese Weise machen **Optimierungsverfahren nicht nur die subsymbolischen Repräsentationsmechanismen von Neuronalen Netzen transparent.** Sie lassen sich zudem dazu heranziehen, die **betriebswirtschaftlichen Modellvorstellungen zu**

---

[85] In SENNV0.9^{TM} sind verschiedene **Varianten des automatischen Weight Pruning** implementiert. Sie unterscheiden sich in der Bestimmung des Zeitpunktes und der Anzahl der zu eliminierenden und zu reaktivierenden Gewichte. Der flexibelste Automatismus bestimmt den Zeitpunkt gemäß einer frei zu bestimmenden Anzahl an Lernepochen, über welche hinweg der Fehler gestiegen sein muß. Die in den jeweiligen Eliminierungsschritt einzubeziehenden Gewichte werden daraufhin über eine frei wählbare Aktivierungsgrenze als Trennungslinie zwischen aktiven und inaktiven Gewichten festgelegt, wobei die Aktivierungsgrenze dynamisch gestaltet werden kann. Siehe dazu auch [RIES94, 194f].

validieren. **Neuronale Netze bezeichnet man daher zu Unrecht als Black-Box-Systeme**, deren Vorgehensweise im Vergleich zur herkömmlichen Programmierung nur zu einem geringen Maße nachvollziehbar seien.

Als Folge der Optimierungmethodik ist es nicht mehr erforderlich, die Frage nach einer geeigneten Topologie, d.h. Zahl, Anordnung und Verbindungsgefüge der Neuronen, a priori zu beantworten. Vielmehr wird die Zahl der Neuronen der Input Schicht durch die Festlegung von Variablen und deren Vortransformationen lediglich als Maximalbeschreibung vorgegeben. Die Zahl der Neuronen der Output Schicht wird durch die Festlegung der gewünschten Prognoseaussagen determiniert. Die Dimension der Hidden Schicht wird bei der Netzschaltung zwar frei gewählt [86], kann jedoch ebenso wie die Dimension der Input Schicht im Laufe des Lern- bzw. Optimierungsvorgangs des Netzes reduziert und damit optimiert werden. Folglich wird die anfänglich gewählte Maximaltopologie mit in den Optimierungsprozeß des Netzwerkes einbezogen und in Richtung Modellverbesserung modifiziert.

Ökonomisch betrachtet werden als Folge der Topologieanpassung **die über die Netztopologie und den Dateninput eingebrachten Hypothesen gewichtet und bewertet**:

- Zum einen erfahren die **Hypothesen über kausale Zusammenhänge und Austauschbeziehungen zwischen Variablenmengen eine graduelle Veränderung**. Spezielle Neuronen oder Neuronencluster können beispielsweise eliminiert oder Verbindungen gekappt werden. Die Netzoptimierung kann ein gänzlich anderes Strukturkonzept hervorbringen, als dem Modell ursprünglich zugrundegelegt wurde.

- Zum anderen wird der **Datenauswahlprozeß in die Modellentwicklung integriert**, indem einzelne Inputzeitreihen ausselektiert werden. Das Hypothesenkonstrukt bzgl. des Dateninputs wird komprimiert, und eine Submenge an Variablen, welche einen hohen und stabilen Einfluß besitzen, identifiziert.

---

[86] Im Gegensatz zu der freien **Dimensionierung der Hidden Schicht** existieren Ansätze, die diese **analytisch** bestimmen wollen. Siehe dazu die allgemeinen Ausführungen in [HERT91, 142-144] und das in [MURA94] entwickelte **Network Information Criterion (NIC)**, welches die Hiddendimensionierung bei gegebener Anzahl an Trainingsbeispielen in Abhängigkeit des Generalisierungsfehlers berechnen will.

Zusammenfassend lassen sich die **funktionalen Zielsetzungen der Optimierungsmethoden** kennzeichnen als:

- **Begrenzung der Netzkomplexität** mit dem Ziel, auch eine hohe Anzahl an Inputzeitreihen adäquat modellieren zu können.

- **Methodische Unterstützung der Auswahl geeigneter Netztopologien** mit der Folge der Konkretisierung der topologiegetriebenen Modellvorstellung.

- **Integration des Datenauswahlprozesses in die Modellentwicklung** mit der Folge der Konkretisierung der inputgetriebenen Modellvorstellung.

Die Anwendung der Optimierungsverfahren verkörpert noch immer keine deterministische Suche nach dem optimierten Modell. Man kann sich durchaus fragen, ob das Problem der trial-and-error-Suche nicht einfach aus dem ursprünglichen Problembereich der Variablenwahl und Netzkonfiguration verlagert wurde in den Bereich der Netzoptimierung. Tatsächlich hat eine solche Problemverlagerung stattgefunden. Die **Problemlösung mittels der dargestellten Optimierungsmethodik** gewährt jedoch eine weitaus **formalere und systematischere Herangehensweise**, wobei sich mit zunehmendem Erfahrungswissen Synergieeffekte bezüglich der konkreten Anwendung der Verfahren einstellen.

4.5. Modellevaluierung

Neuronale Modelle lassen sich nach ihrer Fertigstellung **in dreifacher Hinsicht evaluieren**: zum einen lassen sie sich auf ihre **statistische Verifikation** hin untersuchen, zum zweiten messen Anpassungskriterien die **Anpassungsgenauigkeit der Schätzfunktion** und zum dritten geben **ökonomische Performancemessungen** Aufschluß über die potentielle Performanceerzielung unter Simulation spezifischer Einsatzstrategien. Im folgenden soll ein knapper Überblick über die Evaluierungsgrößen gegeben werden, ohne deren mathematische Beschreibung, Interpretation und Bewertung explizit darzustellen und ohne einen Anspruch auf Vollständigkeit zu besitzen [87].

---

[87] Die im Rahmen der empirischen Modellrechnungen in Teil C dieser Arbeit verwendeten Evaluierungsgrößen messen die Anpassungsgüte der Schätzfunktion und die ökonomische

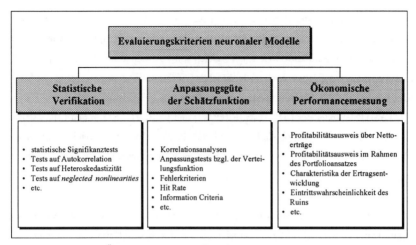

Abb. 26: Übersicht über die Evaluierungskriterien neuronaler Modelle

Im Rahmen der **statistischen Verifikation** wird das Modell auf seine statistischen Eigenschaften hin geprüft. Hierzu gehören **statistische Signifikanztests**, welche auf die Gewichte eines Neuronalen Netzes angewandt werden. Die Teststatistik, welche auf die Parameter der nichtlinearen Regression, also auf die Gewichte in Verbindung mit einer nichtlinearen Neuronenaktivierung, abstellt, ist sehr komplex [LEE93] und wurde bis dato noch nicht zur Signifikanzanalyse nichtlinearer Gewichte eingesetzt. Eine Fokussierung von Signifikanztests auf lineare Gewichte trägt jedoch nur sehr beschränkt zur Erklärbarkeit der Eigenschaften nichtlinearer neuronaler Modelle bei [88]. Die **Untersuchung der Residuen der Schätzung, d.h die Differenzen zwischen Output und Targetwerten,** dient ebenfalls der statistischen Verifikation des Modells. Sind die **Residuen nicht identisch und unabhängig verteilt, so ist das ein Indikator für die Fehlspezifikation des zugrundeliegenden Modells.** Hiezu gehören beispielsweise der Durbin-Watson Test [BAMB89], welcher die Residuen auf Autokorrelation 1. Ordnung testet, oder Tests auf Heteroskedastizität d.h. Periodenabhängigkeit der Residuen [ASSE91].

Performance und umfassen eine Untermenge der hier aufgelisteten. Sie werden in den entsprechenden Gliederungspunkten in Teil C mathematisch erläutert und interpretiert.

[88] So wird auch in [REFE94, 12] der Vorwurf erhoben, daß statistische Testmethoden bis dato nur sehr beschränkt auf neuronale Modelle angewandt wurden, was insbesondere auch auf die Schwierigkeit zurückzuführen ist, äquivalente Testmethoden für nichtlineare Modelle zu entwickeln.

Andere Teststatistiken stellen durch die Analyse der Residuen einer modellierten Zufallsvariablen darauf ab, sogenannte **neglected nonlinearities (vernachlässigte Nichtlinearitäten) in der Modellierung aufzudecken**. Ein Vergleich von Tests, die feststellen wollen, ob sich in ökonometrischem Modellen noch nicht beachtete nichtlineare Zusammenhänge verbergen, findet sich in [LEE93]. Die Anwendung solcher Tests, wie beispielsweise des Neural Network Tests [WHIT89c] oder des BDS Tests [BROC87] und [HSIE91], sind in den Fällen sinnvoll, wenn überprüft werden soll, ob ein lineares Modell für die Schätzung ausreichend ist, oder ob sich in einem nichtlinearen Modell weitere, noch nicht identifizierte nichtlineare Zusammenhänge befinden.

Die **zweite Variante der Modellevaluierung** besteht in der Messung der **Anpassungsgenauigkeit der Schätzfunktion**. Hierbei wird **die durch das Netzwerk implementierte Funktion auf ihre Anpassung getestet**. Im einfachen Fall erfolgt dies über die Berechnung des Korrelationskoeffizienten oder seines Quadrats im Sinne des Bestimmtheitsmaßes R^2, welches den durch das Modell erklärten Anteil der Varianz des Zielwertes angibt. Im komplexeren Fall werden Anpassungstests herangezogen, wie beispielsweise der Kolmogorov/Smirnov-Test [HART93] oder die Kullback-Leibler-Distanz (siehe Gliederungspunkt C. 2.3.4.2.), welche beide überprüfen, ob eine unbekannte Verteilungsfunktion einer Grundgesamtheit mit einer hypothetischen Verteilungsfunktion übereinstimmt.

Hierunter fällt auch das gesamte **Spektrum an Fehlerkriterien, welche an dem Abstandsverhalten zwischen Output und Target ansetzen**, und dieses in unterschiedlicher Weise messen. Das mittlere quadrierte (MSE) oder das mittlere absolute Fehlermaß (MAD) sind hier beispielhaft zu nennen. In den Fällen, wenn das Modell keine Funktionsapproximation, sondern eine Klassifikation durchführt, ersetzt die **Hit Rate** das Fehlerkriterium. Auch lassen sich im Rahmen sogenannter **Information Criteria Fehlermaße des Modells in Bezug zu Fehlermaßen einer naiven Schätzung setzen** [89]. So lassen sich mittels einer Verhältniszahl Informationen nicht nur über die isolierte Anpassungsgüte des Modells, sondern unter gleichzeitiger Gegenüberstellung über den Anpassungsgrad einer naiven Benchmark beziehen. Daneben existieren **Testgrößen**, die den **mittleren quadrierten Fehler (MSE) in**

---

[89] Das Information Criterion auf **Basis des Mean Standard Deviation (MSD)** (siehe auch Gliederungspunkt C. 2.3.2.2. im Rahmen der Auswertung des Interface Modells) ist gleichzusetzen mit dem **Theil'schen Ungleichgewichtskoeffizienten** [THEI66],[REFE94, 5].

Abhängigkeit vom Komplexitätsgrad des Modells ausdrücken, um Vergleiche zwischen Modellen mit nahezu identischer Performance, aber unterschiedlichen Freiheitsgraden zu liefern. Das Akaike Information Criterion [AKAI73] und das Bayesian Information Criterion [DEGR91] sind hier zu nennen.

Der dritte Ansatz zur Modellevaluierung stützt sich auf ökonomische Performancemessungen. Ökonomische Performance wird stets im Zusammenhang mit Auswertungs- bzw. Einsatzstrategien im Rahmen von Handels- oder Portfoliomanagemententscheidungen ermittelt. Hierbei werden die Prognoseinformationen des neuronalen Modells in Investmententscheidungen umgesetzt. Die nachfolgende Auflistung an ökonomischen Performancekriterien erfolgt in Anlehnung an die in [REFE94] gewählte Kategorisierung. Es sind im einzelnen das Kriterium **Profitabilitätsausweis über Nettoerträge**, der **Profitabilitätsausweis im Rahmen des Portfolioansatzes, Charakteristika der Ertragsentwicklung** und die **Eintrittswahrscheinlichkeit des Ruins**.

Zu den **Performancekriterien**, welche einen **Profitabilitätsausweis über Nettoerträge** gestatten, gehören die **Berechnungen von Profit/Loss-Größen und des Realised Potentials**. Profit/Loss verkörpert vor dem Hintergrund spezifischer Handelsstrategien einen Ertragsausweis, der in absoluter Form oder in Relation zum eingesetzten Kapital angegeben werden kann. Für seine Berechnung existieren beispielsweise in Abhängigkeit von der Handelsfrequenz, der Einbeziehung oder Nichteinbeziehung von Transaktionskosten, der Annahme eines begrenzten oder unbegrenzten Kapitaleinsatzes, der Thessaurierung oder Ausschüttung von Ertragsanteilen, etc. eine Vielzahl von Ausprägungsformen. Das Realised Potential mißt den Ertragsanteil des Modells in Relation zum maximal erreichbaren Gewinn. Beide Performancegrößen jedoch liefern zum einen keine Aussage über das hierbei eingegangene Risiko, und zum anderen handelt es sich um einen Ausweis des Nettoertrags, d.h. einen über den gesamten Handelszeitraum aggregierten globalen Ertrag, ohne über lokale Einzelerträge zu informieren [REFE94, 8].

Der **Profitabilitätsausweis im Rahmen des Portfolioansatzes** bezieht vor diesem Hintergrund **das Risiko in die Performanceermittlung mit ein**. Eine Risikodiversifizierung wird über die Auswahl aus mindestens zwei Alternativanlagen ermöglicht, und das Portfolio-Optimum ermittelt sich aus der Maximierung risikoadjustierter Erträge beispielsweise im Rahmen einer Mittelwert-Varianz-Betrachtung [AZOF94, 139-142].

Desweiteren werden **Charakteristika der Ertragsentwicklung** analysiert. Hierbei wird die **Ertragsentwicklung des Modells** über den Handelszeitraum hinweg **lokal nach bestimmten Gesichtspunkten bewertet.** Diese Evaluierung stellt die **lokale Ergänzung zu dem Profitabilitätsausweis über Nettoerträge** dar, und soll den globalen Ertragsausweis differenzierter beurteilen. Schlüsselcharakteristika, die dabei untersucht werden, sind beispielsweise Drawdown-Berechnungen, welche über die zeitliche Dauer von Verlustphasen oder das wertmäßige Verlustausmaß informieren. Auch hier gibt es unterschiedliche Berechnungsvarianten. Der maximale Einzelverlust und das Pendant auf der positiven Seite im Sinne des maximalen Einzelgewinns stellen weitere Ergänzungen dar. Hierbei informieren Verhältniszahlen, welche beispielsweise den maximalen Einzelgewinn oder Einzelverlust in Relation zu dem globalen Nettoertrag stellen, über den quantitativen Beitrag der größten positiven oder negativen Handelsposition zu dem Nettoertrag [REFE94, 9f]. Eine weitere Verhältniszahl zur Analyse des Performanceverlaufs stellt die Sharpe Ratio dar, welche den Nettoertrag vermindert um den Ertrag einer risikofreien Anlage in Relation zu der Volatilität des Ertrages stellt [SHAR66]. Die Höhe der Sharpe Ratio gibt Auskunft über das Verhältnis zwischen Mehrertrag und Risiko.

Auf Basis **wahrscheinlichkeitstheoretischer Überlegungen** existieren Ansätze, welche die **Eintrittswahrscheinlichkeit des Ruins** meßbar machen wollen [BALS92], [AZOF94, 136-139]. Dabei ist das Risiko des Ruins beispielsweise eine Funktion der Wahrscheinlichkeit des Erfolges individueller Handelspositionen, der Relation des durchschnittlichen Handelsgewinns zu dem durchschnittlichen Handelsverlust sowie des Kapitaleinsatzes [REFE94, 11].

4.6. Sensitivitätsanalysen als Ansatz einer Verhaltenskomponente

Sensitivitätsanalysen in Neuronalen Netzen stellen eine Art von **Verhaltenskomponente** dar. Sie gewähren nach Fertigstellung der Prognosemodelle **Einblicke in die Gewichtungsschemata der einzelnen Inputzeitreihen.** Der Erklärungsbeitrag von **Inputzeitreihen kann dabei global (über Datenmengen hinweg) oder lokal (für einen bestimmten Datenpunkt) abgeleitet werden.** Sie dienen der Transparentmachung des Gewichtungsschemas des Netzes und steuern einer Black-Box-Modellierung entgegen.

Zwei Arten von Sensitivitätsanalysen mit dem Ziel der Aufdeckung der Wirkungsmechanismen werden folglich unterschieden: eine **globale** und eine **lokale Variante**.

Die **globale Variante** wird durch die **Methodik des Input Pruning** abgedeckt, welche in Gliederungspunkt B. 4.4.1. formal bereits erläutert wurde. Die ursprüngliche Eliminierungstechnik Input Pruning bekommt an dieser Stelle der Netzanalyse eine andere Bedeutung, wird mathematisch jedoch analog angewandt. Eine gemäß der Gütewerte sortierte Liste verkörpert die Rangfolge der Inputfaktoren, beginnend mit dem relevantesten Input Neuron (mit der höchsten positiven Wertausprägung) bis zum unrelevantesten (mit der kleinsten positiven oder größten negativen Wertausprägung). Einflüsse der Inputzeitreihen auf die Teilmengen Training - Validierung - Generalisierung und auch auf deren Segmentierungen werden hiermit analysiert und globale Information bezüglich der Relevanz von Inputzeitreihen über diese Datenmengen hinweg geliefert [90].

Die **lokale Sensitivitätsanalyse** hingegen gewährt in Form einer Momentaufnahme einen **zeitpunktbezogenen Einblick** in das Gewichtungsschema des Netzes. Die **Sensitivitätsberechnung** berechnet die **Änderung eines bestimmten Output bei infinitesimaler Variation des aktuellen Wertes einer Inputreihe**. Es erfolgt eine Untersuchung der Stabilität der Prognose gegenüber kleinen Inputveränderungen [TAM90], [ZIMM94, 78f]. Mathematisch betrachtet verkörpert die lokale Sensitivitätsanalyse die partielle Ableitung der Fehlerfunktion für jede einzelne Inputzeitreihe für ein bestimmtes Inputbeispiel, wonach somit eine Sensitivitätsaussage getätigt werden kann, wie sensitiv sich die betrachtete Prognose zu der einzelnen Inputzeitreihe verhält. Über die lokale Sensitivitätsanalyse bekommt der Anwender folglich einen zeitpunktbezogenen Einblick in die Struktur des Prognosemodells, d.h. in welcher Weise die Einflußgrößen für eine bestimmte Prognose herangezogen bzw. gewichtet werden. Aus einer der Höhe der Sensitivitätswerte nach sortierten Liste wird ersichtlich, welche Inputzeitreihen die Prognose besonders stark beeinflußt haben und welche

---

[90] Während über die Trainingsmenge hinweg infolge der Anwendung des Input Pruning als Optimierungsverfahren grundsätzlich keine Inputfaktoren mit negativen Testwerten nach Modellfertigstellung mehr vorhanden sind, ist dies für die Validierungsmenge und Generalisierungsmenge durchaus möglich. Eine negative Testgröße signalisiert auch im Rahmen der globalen Sensitivitätsanalyse einen negativen Einfluß der Inputreihe auf die Prognosegüte. Eine solche Zeitreihe, die **über den Trainingszeitraum hinweg positive** und **über die Generalisierungsmenge hinweg negative** Testwerte besitzt, kennzeichnet einen **Strukturbruch in dem zeitlichen Übergang von Trainings- zu Generalisierungsmenge**.

nicht. Somit liefern die Rangordnung und Wirkungsrichtung der Sensitivitätswerte Hinweise für tiefergehende Untersuchungen.

Die **lokale Untersuchung** kann **für jeden beliebigen Zeitpunkt** innerhalb der drei Datenmengen **Training - Validierung - Generalisierung** durchgeführt werden. Weiterhin ist sie nach Generalisierungsende - also für Datenbeispiele für die (noch) keine Targetwerte verfügbar sind - anwendbar. Vor allem **im Real-Time-Einsatz des Prognosemodells** erleichtert die lokale Sensitivitätsanalyse durch das **Aufdecken der aktuellen Marktkräfte** Transaktionsentscheidungen.

Abb. 27 gibt skizzenhaft die graphische Aufbereitung der **lokalen Sensitivitätsanalyse**, wie sie **in SENNV0.9**^{TM} implementiert ist, wieder:

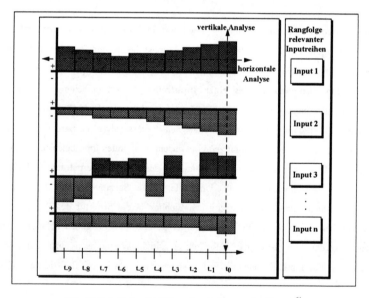

Abb. 27: **Lokale Sensitivitätsanalyse in Neuronalen Netzen** [91]

---

[91] Die **Rangfolge der Inputreihen** ist wie folgt dem Schaubild zu entnehmen: **welche Inputreihen haben wie stark (Höhe der Balken) die Prognose des Netzes in Richtung steigenden Output (Balken zeigt nach oben = positive Werte) bzw. fallenden Output (Balken zeigt nach unten = negative Werte) beeinflußt.**

Die so identifizierten relevanten Inputzeitreihen kann man weiterhin bezüglich **struktureller Gesichtspunkte** untersuchen:

- **Strukturstabilität einer Inputzeitreihe - horizontale Analyse:**
  Es lassen sich Zeitschritte analysieren, welche die Sensitivitätswerte der Inputzeitreihen für die entsprechenden zeitlich vorausgegangenen Prognosen anzeigen (Balkenreihe der Inputzeitreihe). Zieht man diese in die Betrachtung mit ein, so lassen sich Aussagen über die Strukturstabilität der jeweiligen Zeitreihe ableiten. Variieren Balkenhöhe und Lage der Balken gering, so ist der Einfluß der betreffenden Zeitreihe im Modell zumindest über den betrachteten Zeitraum hinweg nachhaltig konstant.

- **Strukturstabilität der Zusammensetzung der Menge der Inputzeitreihen - vertikale Analyse:**
  In der Rangliste der Zeitreihen ist die Zusammensetzung derjenigen Untermenge an Inputzeitreihen ablesbar, die für die vorliegende Prognose wichtig ist. Mittels Analyse der Zusammensetzung dieser Inputmenge oder deren Variablenfolge für die entsprechenden zeitlich vorausgegangenen Prognosen überprüft man das Modell auf Strukturbeständigkeit bezüglich dieser Untermenge. Variieren Zusammensetzung und Reihenfolge gering, so ist der Einfluß der betreffenden Inputmenge im Modell zumindest über den betrachteten Zeitraum hinweg nachhaltig konstant.

Gemein haben **beide Arten von Sensitivitätsanalysen**, daß sie zur Berechnung der Sensitivitätswerte eine **Linearisierung des Modells** vornehmen. Für die globale Analyse werden die Werte unter Unterstellung linearer Beziehungen zwischen Inputreihen und Fehler berechnet, und auch die lokale Analyse basiert auf der Linearisierung des Modells um den aktuell gültigen Inputvektor herum. Weiterhin stützen sich **beide Analysen auf ceteris-paribus-Bedingungen**. Im Fall des Input Pruning wird ceteris paribus die Auswirkung der Deaktivierung eines einzelnen Neurons auf den Gesamtfehler betrachtet, ohne zuvor die Auswirkung dieser Deaktivierung auf die anderen Inputreihen zu quantifizieren. Auch bei der lokalen Analyse wird nicht der Einfluß der infinitesimalen Änderung des betrachteten Input Neurons auf die anderen Inputfaktoren gemessen, die sich daraufhin ebenfalls ändern können, sondern lediglich der isolierte Effekt des einzelnen Neurons auf den Gesamtoutput. Die **Linearisierung** und die **ceteris-paribus-Betrachtung** stellen **Schwachpunkte der Verhaltensauswertung Neuronaler Netze** dar.

Wenn man nun die **globale Rangliste der Inputfaktoren gemäß Input Pruning mit den einzelnen lokalen Ranglisten der Faktoren** über denselben Zeitraum, wie er durch die globale Analyse abgesteckt ist, vergleicht, so müssen beide Analysen über identische Zeiträume hinweg **nicht notwendigerweise konsistent** sein. Dies liegt an der unterschiedlichen Berechnungsweise der Sensitivitätswerte. Im Rahmen des **Input Pruning** wird die **Auswirkung der Inputeliminierung auf den Fehler** betrachtet und es erfolgt somit eine gleichzeitige **Bewertung bzw. ein Abgleich mit der ökonomischen Realität.** Die **lokale Sensitivitätsanalyse** hingegen mißt die **Auswirkung der Inputvariation auf den Output** des Netzwerks, **unabhängig ob dieser die Wirklichkeit im Einzelfall richtig oder falsch wiedergibt** [92]. So stellen beide Verfahren ergänzende Ansätze der Verhaltensanalyse Neuronaler Netze dar.

Der **Nutzen der Sensitivitätsanalysen für den Anwender** liegt darin, daß er sein **subjektives Erfahrungswissen über Wirkungszusammenhänge in bestimmten Marktsegmenten mit einer objektiven Analyse der Empirie** abgleichen kann. Die eigentliche **Erklärung der Prognose** findet jedoch erst dadurch statt, daß der Anwender auf Basis seines Erfahrungswissens die Sensitivitätsangaben auswertet. Er bekommt Aufschluß darüber, welchen Einflußgrößen im konkreten Fall besondere Bedeutung beizumessen sind.

---

[92] Läßt man sich das Gewichtungsschema der Zeitreihen im Rahmen der lokalen Sensitivitätsanalyse anzeigen **und** betrachtet für diese Prognose den dazugehörigen Target **und** konzentriert sich ausschließlich auf korrekt erkannte Aussagen, so können Informationen über Einflußmechanismen nicht nur innerhalb des Modells, sondern eventuell auch am realen Markt gewonnen werden. Ein Vergleich zwischen dem subjektiven Modellverständnis des Entwicklers und der systematischen Datenanalyse des Neuronalen Netzes kann hierbei gezogen werden.

C. Empirischer Teil

1. Prognose von Wahrscheinlichkeitsverteilungen des Deutschen Aktienindex

1.1. Kennzeichnung des Prognosegegenstandes und graphische Darstellung der auf den Deutschen Aktienindex angewandten Verteilungsmaßzahlen

Der Deutsche Aktienindex (DAX) ist seit dem 31. Dezember 1987 ein **Trendbarometer für den deutschen Aktienmarkt**. Er wird als **Laufindex** notiert, d.h. er wird während der Frankfurter Börsensitzung minütlich anhand der fortlaufenden Notierungen der Aktien neu berechnet. Der DAX wurde mit dem Index der Börsenzeitung (BZ-Index) verknüpft, welcher seinerseits mit dem Hardy-Index verkettet wurde, so daß die **täglichen Schlußkurse seit 1959** verfügbar sind. Neben dem DAX gibt es weitere inländische Aktienindizes, welche die Marktentwicklung der zugrundeliegenden Aktienwerte durch eine aggregierte Größe wiedergeben wollen. Diese variieren hinsichtlich ihrer Zusammensetzung, Gewichtung und Berechnung.

Gründe für die Auswahl des DAX als Prognosegröße für vorliegende Modellentwicklung waren folgende [KLEE91],[JANß92]:

- Die **30 DAX-Werte** sind **Standardwerte** und **erklären ca. 75 % des gesamten Börsenumsatzes in inländischen Aktien in Frankfurt.**

- Als **kapitalisierungsgewichteter Index** reflektiert er die unterschiedlich große Bedeutung der Unternehmen für den Gesamtmarkt.

- Die Marktkapitalisierung der DAX-Werte machen **ca. 60 % der Marktkapitalisierung aller inländischen Aktienwerte** aus.

- Der DAX repräsentiert einen **Performance-Index mit tatsächlicher Wertgewichtung** und verhält sich folglich wie die Wertveränderung eines Aktienportfolios. Seine Wertermittlung beruht auf der Annahme, daß Kursveränderungen, welche nicht durch Angebot und Nachfrage bedingt sind, bei der Berechnung eliminiert werden sollen. Er spiegelt somit die Wertentwicklung eines über einen längeren Zeitraum unverändert gehaltenen Portfolios unter der Voraussetzung wider, daß die Dividenden und Bezugsrechtserlöse von Aktien in das Portfolio reinvestiert werden. Er kann folglich als Maßstab für Performanceanalysen und -vergleiche mit Fondsverwaltungen herangezogen werden.

- Der DAX dient als Basisobjekt für **Terminmarktinstrumente**. Nach Einführung der Deutschen Terminbörse werden seit 1990 DAX-Terminkontrakte und seit 1991 DAX-Optionen gehandelt. Er ist der einzige deutsche Index, auf den ein Terminkontrakt gehandelt wird [1].

- Der DAX übertrifft die anderen Aktienindizes bezüglich der **Eignung des Indexkonzepts für empirische Aktienmarktuntersuchungen** [2]. Bei seiner Konzeption stand neben der deskriptiven Funktion gleichberechtigt der operative Verwendungszweck im Vordergrund.

Vorliegende Arbeit konzentriert sich auf die **Schätzung von eine Verteilungsfunktion charakterisierenden Verteilungsmaßzahlen**. Konkret wird auf die **Prognose der Verteilungsmaßzahlen der Quartile des DAX** [3] über einen **Horizont von 60 Werktagen über 12 Kalenderwochen** hinweg [4] abgestellt. Diese **fünf Lagemaße** gestatten eine zweckmäßige Zusammenfassung der gesamten in den Daten enthaltenen Information: die Extrema **Maximum** und **Minimum** zeigen, innerhalb welcher Bandbreite sich die Daten bewegen; zwischen den Extrema und den benachbarten Quartilen liegen jeweils 25 % der mehr am Rande liegen-

---

[1] Stand 1990 war der **DAX** der weltweit einzige **Performance-Index**, auf den ein Terminkontrakt gehandelt wurde.

[2] Siehe die in [KLEE91] unter dieser Fragestellung durchgeführten **empirischen Untersuchungen** und die in [LANG93] dargestellte Argumentation.

[3] Genau genommen werden lediglich das **Upper Quartile** (entspricht dem $x_{0.75}$-Quantil), der **Median** (entspricht dem $x_{0.5}$-Quantil) und das **Lower Quartile** (entspricht dem $x_{0.25}$-Quantil) als Quartile bezeichnet [SCHL93, 34]. Aus Vereinfachungsgründen werden im folgenden jedoch auch die Extremlagemaße des **Maximum** und **Minimum** unter dem Begriff **Quartile** subsumiert. Synonym hierzu werden auch die Begriffe **Lagemaße** und **Verteilungsmaßzahlen** verwendet.

[4] In diesem Sinne ist in Abb. 29 die graphische Darstellung der Lagemaße nicht zu verwechseln mit derjenigen der **Charttheorie der Candlesticks** [NISO94]. Während bei letzterer ein Candle Chart die vier Kurswerte Open - High - Low - Close und deren Beziehungsgefüge **an einem spezifischen Tag** umfaßt, wird in Abb. 29 die **Verteilung der Lagemaße über einen 60tägigen Zeitraum** graphisch charakterisiert.

den Daten; zwischen dem **Upper und Lower Quartile** befinden sich die 50 % der Daten, die den zentralen Bereich ausmachen, und der **Median** lokalisiert dieses Zentrum noch weiter. Damit ergeben diese fünf Werte einen knappen und informativen Überblick über die Entwicklung des DAX [5].

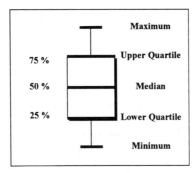

Abb. 28: Verteilungsmaßzahlen der Quartile

Im folgenden werden die **Lagemaße aus der Basisreihe des logarithmierten DAX-Schlußkurses** wie folgt **definiert** und **abgeleitet** [6]:

- **quartil60**

  Steht für ein **Quartil über das vergangene Zeitfenster von 60 Tagen** t=>t-60, wobei der Wert dem aktuellen Bezugspunkt t zugeordnet wird [7].

---

[5] In [TUKE77] wurde dieses Set an **Lagemaßen** bereits als **5-Zahlen-Zusammenfassung** zur Exploration von Datensätzen propagiert.

[6] Um als **Basisreihe** zur Berechnung der Quartile zu fungieren, **wurde die Rohdatenreihe des DAX-Schlußkurses zuvor in ein Fünf-Tagesraster gebracht** (analog zu der Aufbereitungsweise der übrigen Variablen in Gliederungspunkt C. 2.2.1.1.). Sie wurde hierzu auf fünf Werktage die Woche interpoliert, wobei Feiertage durch Wiederholung des zuletzt gegoltenen Wertes ergänzt und Wochenenden ausgelassen wurden. Anschließend wurde die Reihe logarithmiert (logarithmus naturalis).

In den in dieser Arbeit durchgeführten Modellentwicklungen werden Variablen, die als Preise einem inflationsbedingten Wachstum unterliegen, prinzipiell logarithmiert. Im Rahmen der Aufbereitung des Dateninput werden vornehmlich erste Differenzen gebildet, welche folglich bei Preisvariablen Veränderungen der logarithmierten Preise darstellen. Diese **Log-Differenzen** verkörpern zum einen die aus den Positionen resultierenden Veränderungsraten im Sinne von Returns und sind als solche interpretierbar. Zum anderen stellt die Variabilität einfacher Preisveränderungen eine ansteigende Funktion des Preisniveaus dar, und Log-Differenzen neutralisieren diesen Preisniveaueffekt [FAMA65, 45f], [MOOR62,13-15]. Im folgenden wurde der Logarithmus primär deswegen gewählt, um die aus einem inflationsbedingten Wachstum resultierende Trendkomponente aus der Datenreihe zu eliminieren.

- **quartil60(60)**

  Steht für ein **Quartil über das zukünftige Zeitfenster von 60 Tagen** t=>t+60, wobei der Wert dem aktuellen Bezugspunkt t zugeordnet wird. Es entspricht dem quartil60, welches um ein Zeitfenster von 60 Tagen in die Zukunft verschoben wurde [8].

Zur Ableitung der fünf Zeitreihen der Lagemaße wurde das 60-Tagefenster über die DAX-Reihe tageweise rollierend verschoben. Bei einer **Querschnittsbetrachtung** steht somit der **fünfkomponentige Vektor**

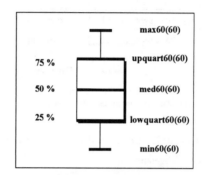

Abb. 29: Verteilungsmaßzahlen der Quartile über das folgende 60-Tagefenster hinweg in der Syntax der Arbeit

für eine **Wahrscheinlichkeitsverteilung des DAX über das zukünftige 60-Tagesintervall**. Die **Maßzahlen** werden hierbei als **Klassen-Intervallgrenzen** interpretiert, wobei die **erwartete Wahrscheinlichkeit** Q_α der Zugehörigkeit einer Klasse α konstant $Q_\alpha = 0.25$ beträgt.

Werden die **Lagemaße als Erklärungsgrößen** für die zukünftige Entwicklung der Lagemaße in dem Modell verwendet, so werden sie im Rahmen von **Vortransformationen** rückwirkend

---

[7] Bei der **Berechnung des Quartils** geht der aktuelle Wert des DAX bzw. der aktuelle Bezugspunkt mit ein, so daß ein Quartil über 60 Tage insgesamt über 61 Datenpunkte hinweg berechnet wird. Dies hat den Vorteil, daß der aktuelle DAX-Wert in keinem Fall über bzw. unter dem Extremlagemaß des ihm zugeordneten Maximums bzw. Minimums liegen wird.

[8] Der **Klammerausdruck (60) bei quartil60(60)** entspricht dabei der **Syntax der SENN-Eingabekomponente**. Im Rahmen dieser Eingabekomponente steht eine positive Zahl in einer Klammer nach einer Variablenbezeichnung für eine Verschiebung bzw. Vorgriff der Zeitreihe um die entsprechenden Zeitschritte bzw. Patternanzahl in die Zukunft, während eine negative Zahl eine Verschiebung bzw. Rückgriff in die Vergangenheit kennzeichnet. Siehe auch die Erläuterung in [SENN95] und die Spezifikationsbeschreibungen der Modelle in Anhang 2 und 3.

gemäß der Aufbereitungsweise **quartil60** als Dateninput eingestellt. Werden sie hingegen als **Prognosegrößen** verwendet, so werden sie im Rahmen der **Targetformulierung** gemäß der Aufbereitungsweise **quartil60(60)** in den Target der Modellspezifikation eingestellt.

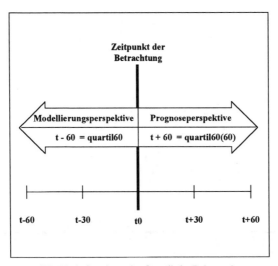

Abb. 30: Aufbereitung der Quartile im Rahmen der
Modellierungs- und der Prognoseperspektive

Die **nachfolgenden Darstellungen** beziehen sich auf die Datenaufbereitung im Rahmen der **Targetformulierung** und zeigen die **Lagemaße als zu erklärende Größen aus Perspektive der Prognosebetrachtung**. Folglich werden die Maßzahlen gemäß der Aufbereitungsweise **quartil60(60)** über das zukünftige Zeitfenster hinweg gebildet und der Zuordnungszeitpunkt liegt am linken Rand des Intervalls t=>t+60.

Folgende Abbildung zeigt den Verlauf der **DAX-Reihe in ihrer Rohform, d.h. nicht logarithmiert**. Das dargestellte Zeitfenster umfaßt das Intervall der **Modellierungs- und** der sich anschließenden **Generalisierungsmenge** [9], welche beide gekennzeichnet sind:

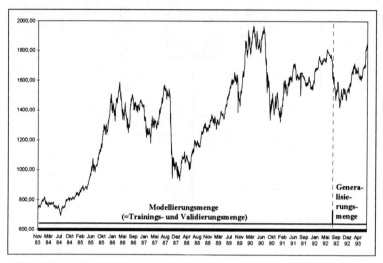

Abb. 31: Verlauf der DAX-Reihe über den Modellierungs- und Generalisierungszeitraum

---

[9] Zur Ermittlung der Modellierungs- und Generalisierungsmenge siehe die Darstellung in Gliederungspunkt C. 2.2.1.1..

Für den Zeitabschnitt der **Generalisierungsmenge** werden im folgenden die **fünf Quartile max60(60), upquart60(60), med60(60), lowquart60(60) und min60(60)** dargestellt und dem **Verlauf des logarithmierten DAX** gegenübergestellt:

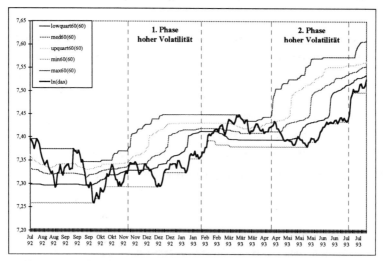

Abb. 32: Verlauf der Quartile der DAX-Reihe und des logarithmierten DAX über den Generalisierungszeitraum

Die Charakteristika der Verteilung der DAX-Reihe lassen sich mittels der Entwicklung der Einzelverläufe der Quartile und dem Entwicklungsvergleich der Quartile untereinander im Rahmen ihres Bandbreitenverhaltens und relativ zu der DAX-Reihe beschreiben.

Während eine **Seitwärtsbewegung der einzelnen Quartile** eine **Quermarktentwicklung** signalisiert, kennzeichnet eine **Vertikalbewegung** eine **Trendmarktentwicklung**. Das **Abstandsverhalten der Quartile untereinander** - graphisch in Form der Bandbreite der fünf Zeitreihen ersichtlich - gibt tendenziell Aufschluß über die **Volatilität** der DAX-Reihe: Phasen geringer Volatilität werden durch eine enge Bandbreite und Phasen hoher Volatilität durch eine weite Bandbreite gekennzeichnet.

Betrachtet man in Abb. 32 den Verlauf der Quartile über den Generalisierungszeitraum hinweg, so erkennt man, daß ein langfristig steigender Trend des DAX zu verzeichnen ist: über längere Zeitphasen hinweg gehen der Verlauf des DAX und der des Minimum konform, und der DAX schließt die über die Quartile abgesteckte Bandbreite in deren unterem Bereich ab. Auch herrschen **Phasen höherer Bandbreite** und somit höherer Volatilität vor allem in den beiden Zeiträumen von **Mitte November 1992 bis Ende Januar 1993 (1. Phase hoher Volatilität)** und **Mitte April bis Mitte Juli 1993 (2. Phase hoher Volatilität)** vor.

Desweiteren nimmt die Volatilität der Entwicklung der einzelnen Lagemaße mit zunehmender Entfernung vom Median ab. Die Extremlagemaße Maximum und Minimum verändern sich im Extremfall über das 60-Tagefenster hinweg nicht und besitzen die geringste Volatilität. Umgekehrt nimmt der Schwierigkeitsgrad der Prognose ausgehend vom Median hin zu den benachbarten Lagemaßen zu. Während es sich bei der Prognose des Median am ehesten um eine Prognose mit Trendcharakter handelt - gedanklich ließe sich die Regressionsgerade des DAX-Verlaufs in die Zukunft extrapolieren - ist der Trendcharakter bei den Extremlagemaßen des Maximum und des Minimum am wenigsten ausgeprägt.

1.2. Abgrenzung der Prognosespezifikation und Vorgehensweise: Interface-Modellierung versus Benchmark-Modellierung

Zentraler Teil der Arbeit ist es, die **Verteilung des DAX über einen Prognosehorizont von 60 Werktagen über 12 Kalenderwochen** hinweg zu prognostizieren. Es soll folglich kein Erwartungswert in Form einer zeitpunktbezogenen Aussage geschätzt, sondern eine **zeitraumbezogene Verteilungsaussage** getroffen werden.

Hierfür kämen - in Anlehnung an die Systematisierung von Verteilungsprognosen mittels Neuronaler Netze und vor dem Hintergrund der Diskussion bzgl. ihrer Vor- bzw. Nachteile in Gliederungspunkt B. 3.2. - **zwei unterschiedliche Ansatzpunkte** in Betracht:

- Zum einen kann die Verteilungsfunktion **diskret mittels Verteilungsmaßzahlen** beschrieben werden (siehe auch **Alternative 2 in Gliederungspunkt B. 3.2.**)

- Zum anderen kann die Verteilungsfunktion **stetig als gemeinsame oder bedingte Dichte** der Prognosevariable dargestellt werden (siehe auch **Alternative 4 in Gliederungspunkt B. 3.2.**).

Gegen die Schätzung der gemeinsamen oder bedingten Dichte sprechen zum Entscheidungszeitpunkt sowohl pragmatische als auch technische Gründe. Ein pragmatischer Grund liegt in der Tatsache, daß die hier verwendete Softwareumgebung SENNV0.9^{TM} über die für die Dichtefunktionsschätzung notwendigen Spezifika, wie spezielle Lernalgorithmen und Topologien (siehe auch die Ausführungen in Gliederungspunkt B. 3.2.), nicht verfügt. Die schwerwiegendere technische Argumentation gegen eine kontinuierliche Dichtefunktionsschätzung begründet sich auf Datenaspekte. Dichtefunktionsschätzungen (und hier vor allem die Schätzung der gemeinsamen Dichte) stellen hohe Anforderungen an den statistischen Stützbereich und somit an den Umfang der verwendeten Datenmenge, welche das in den vorliegenden Modellentwicklungen verwendete Datenmaterial nicht erfüllt [10].

Mit Hilfe der **Verteilungsmaßzahlen Maximum, Upper Quartile, Median, Lower Quartile und Minimum** wird die **Wahrscheinlichkeitsverteilung des DAX über einen zukünftigen Zeithorizont von 60 Werktagen** approximiert. Sie stellen geeignete Maßzahlen dar, die zukünftige Tendenz des DAX zu charakterisieren.

Dieses Prognosemodell, welches differenziertere Aussagen des zukünftigen Verlaufes des DAX in Form von Verteilungscharakterisierungen erlaubt, dient als Informationsbasis für die Ableitung diverser Einsatzstrategien. Aus diesem Grund wird es im weiteren auch als **Interface Modell** bezeichnet, da es als **Schnittstelle zwischen der technischen Entwicklung zu der ökonomischen Strategieauswertung und Einsatz** fungiert (siehe Abb. 33).

---

[10] Das vorliegende Datenmaterial wurde unter der Zielsetzung einer **ökonometrischen Analyse** zusammengestellt und umfaßt ca. 40 **Rohvariablen unterschiedlicher Kapitalmarktsegmente** über einen Zeitraum von ca. 10 Jahren hinweg (siehe auch Gliederungspunkt C. 2.2.1.1.). Eine Intraday-Modellentwicklung auf Basis ausschließlich markttechnisch orientierter Variablen würde unter Umständen den Datenanforderungen einer Dichtefunktionsschätzung entsprechen. Die Entwicklung rein technisch orientierter Intraday-Modelle ist jedoch nicht Zielsetzung der vorliegenden Untersuchung. Auch in [NEUN94b], [ORMO95] werden Dichtefunktionsschätzungen auf Wechselkurs- und Aktienmärkte ausschließlich in Form von Intraday-Analysen angewandt.

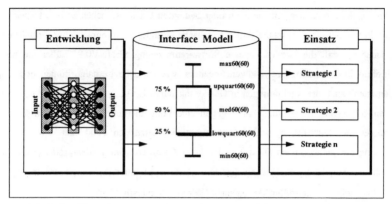

Abb. 33: Spezifische Ausgestaltung des Interface Modells als Schnittstelle zwischen der technischen Entwicklung und dem ökonomischen Einsatz

Das entwickelte Prognosemodell für die Lagemaße über einen 60tägigen Prognosehorizont verkörpert nun im Sinne eines Interface Modells einen in Gliederungspunkt B. 2.3. propagierten Lösungsansatz zu dem Dilemma zwischen Entwicklung (bzw. Prognose) und Einsatzstrategien (bzw. Handlung) im Rahmen des neuronalen Modellbaus. Das Interface Modell kann losgelöst von den Belangen späterer Auswertungs- und Einsatzstrategien entwickelt werden, und bietet nach seiner Fertigstellung ein breites Informationsspektrum für die Aufoktroyierung der ökonomischen Komponente. Auch wenn sich nach ökonomischer Performancemessung die Ergebnisse des Interface Modells als gut darstellen, ist allerdings noch nicht die Frage geklärt, ob nicht vielleicht doch die Entwicklung eines spezifischen Modells in Form einer direkten Strategienoptimierung - auch unter Berücksichtigung zeitlicher Aspekte - signifikant vorteilhafter gewesen wäre.

Aus diesem Grund werden im folgenden **zwei Modelle** entwickelt: neben dem **Interface Modell** zur **Prognose der Quartile** zusätzlich ein **Benchmark Modell** im Sinne einer **direkten Strategieoptimierung** [11]. Das Benchmark Modell wird von Beginn an auf die spezielle Einsatzstrategie hin konzipiert und erfährt somit als Monostrategienmodell einen sehr eingeschränkten Funktionsumfang. Auf diesen Modellentwicklungen aufbauend wird

---

[11] Wie in den folgenden Kapiteln noch zu sehen ist, handelt es sich um insgesamt **zwei Auswertungs-** bzw. **Einsatzstrategien**, mit denen das Interface Modell - bedingt durch die Art seiner konkreten Targetformulierung - evaluiert wird (siehe auch Gliederungspunkt C. 4.1.). Folglich werden es auch zwei Benchmark Modelle sein, die entwickelt werden, um jedes einzelne davon den Ergebnissen aus der entsprechenden Interface Auswertung gegenüberstellen zu können.

anschließend aus ökonomischer Perspektive begründet, ob einer indirekten Interface Modell-Entwicklung gegenüber einer direkten Strategieoptimierung der Vorzug zu geben ist. Hierzu wird das Interface Modell gemäß derselben Einsatzstrategie evaluiert, nach der das Benchmark Modell optimiert wurde, und ein ökonomischer Performancevergleich angestellt. Die **interessierende Fragestellung** ist folglich:

- Ob das Benchmark Modell einerseits **bessere Prognoseergebnisse** liefert?

- Ob es der **Added-Value dieser Performanceverbesserung** andererseits rechtfertigen würde, anstelle eines Interface Modells den Mehraufwand zu betreiben, diverse Einzelnetze nach Monostrategienmethode zu optimieren?

2. Entwicklung des strategienunabhängigen Interface Modells im Rahmen der Prognose von Verteilungsmaßzahlen

2.1. Diskussion der adäquaten Formulierung des Prognoseoutput: Formulierung als absolute Verteilungsmaßzahlen versus Formulierung von Differenzen zwischen Verteilungsmaßzahlen

Mit der Festlegung der Prognoseziels, die fünf Lagemaße für den DAX über einen 60tägigen Horizont abzuleiten, wurde die Targetformulierung nur sehr grob umrissen. In diesem Stadium der Modellspezifikation stellt die **Targetformulierung** jedoch die **Hauptdeterminante** dar. Je nach ihrer Ausgestaltung bekommt das Neuronale Netz während des Trainingsmodus unterschiedliche Fehlerrückmeldungen, welche wiederum die Anpassungsgüte beeinflussen.

Im folgenden werden die **alternativen Möglichkeiten zur konkreten Spezifikation des Target** und die aus der Theorie abgeleiteten Vor- und Nachteile der Formulierungsalternativen aufgezeigt. Desweiteren sollen die Ergebnisse der Testrechnungen an dieser Stelle bereits vorweggenommen werden. Diese empirischen Testrechnungen hatten das Ziel, aus den Alternativen diejenige Targetformulierung zu ermitteln, die sich als die effizienteste herauskristallisierte.

- **Alternative 1: Formulierung als Absolutgrößen**

Die **Formulierung als Absolutgrößen** (max60(60), upquart60(60), med60(60), lowquart60(60) und min60(60)) bietet den **Vorteil**, daß diese **fünf Targetgrößen unabhängig voneinander prognostiziert** werden. Als Folge davon hängt die Prognosegüte eines Target nur von einer Prognosegröße ab. Auf der anderen Seite hingegen entspricht diese Art der Targetformulierung **nicht dem Zeitreihenanalysegedanken**, da keine Differenzenformulierung über die Zeit hinweg gewählt wird. **Nachteilig** ist diese Formulierung desweiteren in den Fällen, **wenn die zugrundeliegende Prognosegröße einen Trendcharakter aufweist**, da sich hier das Ausgabeverhalten der Neuronen während des Trainingsprozesses auf die Sättigungsbereiche der nichtlinearen Aktivierungsfunktionen konzentriert [ZIMM94, 22].

- **Alternative 2: Formulierung als Differenzengrößen zu DAX-Wert heute**

  Die **Formulierung als Differenzengrößen zu DAX-Wert heute (max60(60)-ln(dax), upquart60(60)-ln(dax), etc.)** besitzt analog zu Alternative 1 den **Vorteil der Unabhängigkeit der Prognosegrößen.** Zudem **entspricht** diese Formulierung aufgrund der Differenzenbildung **dem Zeitreihenanalysegedanken.** Als **Nachteil** erweist sich die **unterschiedliche Varianz der beiden Komponenten** (Lagemaß und aktueller DAX-Wert) **eines Target.** Während die Lagemaße eine geringere Varianz aufweisen, ändert sich der zeitpunktbezogene Absolutwert des DAX täglich und bestimmt folglich im Sinne eines Konstanteneffektes die Varianz des Gesamtausdrucks.

- **Alternative 3: Formulierung als Differenzengrößen zu dem entsprechenden Lagemaß der letzten 60 Tage**

  Die **Formulierung als Differenzengrößen zu dem entsprechenden Lagemaß der letzten 60 Tage (max60(60)-max60, upquart60(60)-upquart60, etc.)** besitzt identisch zu Alternative 2 die **Vorteile der Unabhängigkeit der Prognosegrößen und der Modellierung des Zeitreihenanalyseansatzes.** Zudem verfügt die Alternative über die **ähnlichste Varianz der beiden Komponenten eines Target**, so daß der Einfluß beider Komponenten als gleichgewichtet erachtet werden kann. Der **Nachteil** beruht auf dem **hohen Glättungseffekt** der Zeitreihen.

- **Alternative 4: Formulierung als interquartile Differenzengrößen zu dem nächstgelegenen Lagemaß derselben Zeitstufe; Formulierung des Median als intraquartile Differenzengröße zu dem entsprechenden Lagemaß der letzten 60 Tage**

  Die **Formulierung als interquartile Differenzengrößen der Lagemaße zu dem nächstgelegenen Lagemaß (ln(max60(60)-upquart60(60)), ln(upquart60(60)-med60(60)), ln(med60(60)-lowquart60(60)), ln(lowquart60(60)-min60(60)) und als intraquartile Differenzengröße des Median med60(60)-med60** beinhaltet **ähnliche Varianzen der beiden Targetkomponenten**, wobei die Varianz ausgehend vom Median hin zu den Extremwerten abnimmt. Die intraquartile Differenzgröße des Median ist die einzige Targetgröße mit Vergangenheitsbezug und demzufolge für die Rückberechnung der interquartilen Differenzen in ihre Absolutdarstellung essentiell. Die Einstellung des Logarithmus (ln = logarithmus naturalis) im Rahmen der interquartilen Differenzengrößen gewährleistet, daß die wertmäßige Reihenfolge der fünf Lagemaße im Ausgabeverhalten nach Umrechnung in absolute Lagemaße beibehalten wird. Dies entspricht der **Einbringung logischer Constraints in die Targetformulierung**. **Nachteilig ist die simultane Prognose stets zweier Prognosegrößen im Rahmen eines einzelnen Target**. Die Prognosegüte eines Target hängt somit von zwei Prognosegrößen ab. Diese können sich in ihrem Fehler akkummulieren. Desweiteren **enspricht** auch diese Alternative mit Ausnahme der Prognose der intraquartilen Differenz des Median **nicht dem Zeitreihenanalyseansatz**.

- **Alternative 5: Formulierung als interquartile Differenzengrößen zu dem Median derselben Zeitstufe; Formulierung des Median als intraquartile Differenzgröße zu dem entsprechenden Lagemaß der letzten 60 Tage**

Die **Formulierung als interquartile Differenzengrößen der Lagemaße zu dem Median max60(60)-med60(60), upquart60(60)-med60(60), lowquart60(60)-med60(60), min60(60)-med60(60) und als intraquartile Differenzgröße des Median med60(60)-med60 besitzt ähnliche Varianzen der beiden Komponenten eines Target**, wobei jedoch die Varianz ausgehend vom Median hin zu den Extremwerten abnimmt. Die **Ähnlichkeit der Varianzen ist jedoch geringer als in Alternative 4**, da stets der Median als Bezugswert fungiert. Der **Nachteil** resultiert identisch zu Alternative 4 aus der **Abhängigkeit der Prognosegrößen**. Jedoch **wiegt dieser Nachteil im Vergleich zu Alternative 4 geringer**, da der **Median als Bezugswert** das theoretisch am einfachsten zu prognostizierende Lagemaß im Sinne einer Trendprognose darstellt. Auch erfolgt **keine Unterstützung des Zeitreihenanalysansatzes**. Im Unterschied zur Formulierungsalternative 4 ist hier **keine Einbringung von Constraints möglich, so daß die korrekte Reihenfolge der fünf Lagemaße nach ihrer Rückberechnung in Absolutdarstellung nicht garantiert ist**.

Die nachfolgenden Testrechnungen werden auf Basis eines Datensets durchgeführt, das in den Gliederungspunkten C. 2.2.1.1. und C. 2.2.1.2. näher beschrieben wird. Anzumerken ist, daß der dort beschriebene Dateninput Resultat eines chronologisch später stattgefundenen Analyseprozesses ist. So basieren die zeitlich vorausgegangenen Testrechnungen nicht exakt auf dieser dargestellten Datenbasis, sondern auf einer im voraus selektierten Anfangsmenge. Dies bedeutet, daß nicht alle der in der eigentlichen Modellrechnung verwendeten Rohvariablen und nicht alle der daraus abgeleiteten Vortransformationen an dieser Stelle bereits zur Anwendung kommen. Zum einen genügt es der eigentlichen Intension einer Testrechnung im Sinne einer explorativen Datenanalyse, sich einen allmählichen Zugang zu dem Anwendungsproblem zu verschaffen, mit einer Untermenge an Daten unter der Voraussetzung zu arbeiten, daß diese das Anwendungsgebiet in ausreichendem Repräsentationsumfang charakterisiert. Zum anderen soll an dieser Stelle die Frage der geeignetsten Targetformulierung beantwortet werden, welche ja gerade ihrerseits wiederum Rückwirkungen auf die konkrete Selektion an Variablen und vor allem an Vortransformationen besitzt. Die ergebnisorientierte Auswahl der Targetformulierung, erfolgt sie wie hier in Form von explorativen Testrechnungen, hängt von der zuvor bestimmten Datenwahl ab, und umgekehrt determiniert die konkrete Targetformulierung wiederum die nachfolgende Konkretisierung des Dateninput. Auf die **Problematik der interdependenten Beziehung zwischen Targetformulierung und Datenaufbereitung** soll an dieser Stelle hingewiesen werden.

Grundsätzlich signalisieren diejenigen Targetformulierungen, die die fünf Targetreihen in ihrem Verlauf im gegenseitigen Vergleich am unterschiedlichsten darstellen, in den Testrechnungen die besten Approximationseigenschaften. Formulierungen, die zwar höhenversetzte, sonst jedoch nahezu identische Verläufe der Targetzeitreihen aufweisen, finden das entsprechende Pendant in den Outputverläufen: diese sind ebenso nahezu deckungsgleich, ohne jedoch zum einen das Bandbreitenverhalten der einzelnen Targets zueinander korrekt wiederzugeben, und ohne zum anderen die Targetbewegung ausreichend gut zu approximieren. Je stärker sich die einzelnen Targetreihen somit voneinander in ihrem Verlauf abheben, desto unterschiedlicher ist die Signalinformation, die das Netzwerk im Rahmen der Fehlerrückberechnung an den einzelnen Targetneuronen erfährt.

Als **Testergebnis** ist festzuhalten, daß dem Netzwerk eine **Targetformulierung** vorgegeben werden soll, **welche die fünf Targetzeitreihen ausreichend differenziert darstellt,** so daß das Netz mit einem entsprechend differenzierten Outputverhalten antworten kann. **Ziel soll es sein, das Bandbreiten- bzw. Abstandverhalten der Targetverläufe auch im Output nachzuvollziehen, was erst nach entsprechender differenzierter Betonung in der Targetformulierung erreicht werden kann.** Diesem Sachverhalt kann lediglich mit den Alternativen 2 (Formulierung als Differenzengrößen zu DAX-Wert heute) und 4 (Formulierung als interquartile Differenzengrößen zu dem nächstgelegenen Lagemaß derselben Zeitstufe; Formulierung des Median als intraquartile Differenzengröße zu dem entsprechenden Lagemaß der letzten 60 Tage) Rechnung getragen werden.

Alternative 4 weist in den weitergehenden Testrechnungen tendenziell **die bessere Output-Targetannäherung auf.** Folgendes theoretische Argument geht zusammen mit den empirischen Signalen in die Entscheidung für Alternative 4 mit ein: bei einer Formulierung der Alternative 2 quartil60(60)-ln(dax) usw. wird die Targetgröße durch die beiden Komponenten quartil60(60) und dax determiniert. Beide Komponenten besitzen eine extrem unterschiedliche Varianz im Sinne einer Schwankungsbereitschaft: während sich die Komponente quartil60(60) im Extremfall im Rahmen von Maxima und Minima über einen Zeitabschnitt von 60 Tagen nicht verändert, so nimmt die Komponente dax grundsätzlich täglich einen neuen Wert an. Infolgedessen ändert sich die Varianz des Gesamtausdrucks ebenso täglich, wobei sie von der volatileren Komponente dax im Sinne eines Konstanteneffekts dominiert wird. Das Netzwerk bekommt folglich täglich einen wertmäßig anderen Zielwert als Lernvorgabe, der primär durch den heutigen DAX-Wert bestimmt wird, jedoch nicht die Dynamik der entscheidenden Prognosegröße in Form von Quartilen ausdrückt.

In **Alternative 4** hingegen wird auf eine **Ausgeglichenheit in der Varianz der Größenbestandteile** abgestellt. Die Varianz nimmt ausgehend vom Median hin zu den extremen Lagemaßen des Maximum und Minimum grundsätzlich ab. Dies hat zur Folge, daß in dem Ausdruck **ln(max60(60)-upquart60(60))** und **ln(lowquart60(60)-min60(60))** der jeweilige Extremwert zwar eine niedrigere Varianz als der zweite Größenbestandteil besitzt, dies sich jedoch nicht so gravierend auswirkt wie in Alternative 2.

Den folgenden Modellentwicklungen werden folglich die **Targetzeitreihen der interquartilen Differenzen zweier benachbarter Maßzahlen:**

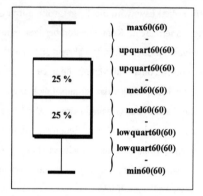

Abb. 34: Interquartile Differenzenbildung benachbarter Quartile

und die **intraquartile Differenzengröße des Median über die zukünftigen 60 Tage minus dem Median über die vergangenen 60 Tage med60(60)-med60** hinweg zugrundegelegt.

Die intraquartile Differenz des Median ist dabei als Anknüpfungspunkt für die Angliederung der prognostizierten interquartilen Differenzen notwendig, um die Differenzendarstellung in eine Absolutdarstellung der Verteilungsmaßzahlen zu überführen.

Die folgende Abbildung zeigt die Verläufe der **Targetzeitreihen der interquartilen Differenzen** über den **Generalisierungszeitraum** hinweg:

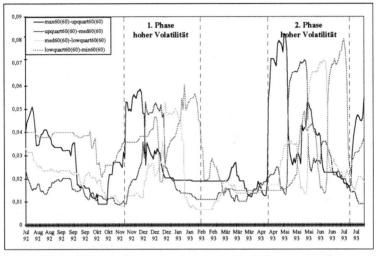

Abb. 35: Verlauf der Targetreihen der interquartilen Differenzen über den Generalisierungszeitraum

In Abb. 35 heben sich deutlich Phasen höherer Volatilität von Phasen niedriger Volatilität bezüglich der interquartilen Differenzenreihen voneinander ab. **Phasen höherer Volatilität** herrschen vor allem **in den beiden Zeiträumen von Mitte November 1992 bis Ende Januar 1993 (1. Phase hoher Volatilität) und Mitte April bis Mitte Juli 1993 (2. Phase hoher Volatilität)** vor. Diese stimmen konsequenterweise mit den entsprechenden Volatilitätsphasen der Entwicklungen der absoluten Lagemaße in Abb. 32 in Gliederungspunkt C. 1.1. - gemessen an deren Bandbreitenverhalten - überein.

Folgende Abbildung zeigt den Verlauf **der Targetzeitreihe der intraquartilen Differenz des Median** über den **Generalisierungszeitraum** hinweg:

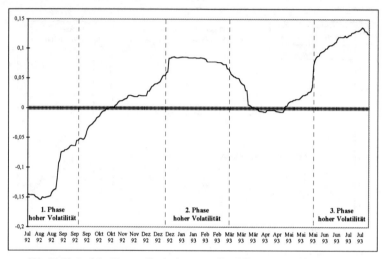

Abb. 36: Verlauf der Targetreihe der intraquartilen Differenz des Median über den Generalisierungszeitraum

Phasen höherer Volatilität der Differenz des Median - im Gegensatz zu den interquartilen Differenzen hier ausgedrückt durch hohe intraquartile Differenzenwerte im Sinne von Veränderungsraten über zwei aufeinanderfolgende 60-Tagefenster hinweg - finden sich in **Abb. 36 Ende Juli bis Mitte September 1992 (1. Phase hoher Volatilität)**, **Mitte Dezember bis Anfang März 1993 (2. Phase hoher Volatilität)** und **Ende Mai bis Juli 1993 (3. Phase hoher Volatilität)**.

Als weiteres Testergebnis kann die Aussage getroffen werden, daß sich **die Prognose von Einzelaussagen in jeweils separaten Modellen im Gegensatz zur Simultanprognose aller Aussagen in einem einzigen Modell als effizienter** darstellt. Vergleicht man die Verläufe der jeweiligen Outputreihen, welche als Einzelprognose oder im Rahmen der Simultanprognose geschaltet sind, so stellen sich die einzeln abgeleiteten Outputreihen im Vergleich untereinander als unabhängiger und differenzierter dar als bei einem Simultanmodell. Als mögliche Erklärung dieses Tatbestandes kann folgendes herangezogen werden: bei einer Simultanprognose wird gleichzeitig für alle Targetgrößen ein gemittelter Prognosefehler berechnet, der im anschließenden Fehlerrückberechnungsvorgang optimiert wird, wobei die Gewichtsadaption einen Kompromiß in der Regulierung der Einzelfehler darstellt. Geht dies einher mit Targetformulierungen, welche per se keine ausreichend differenzierten Zeitreihenverläufe bieten, so kann sich die Problematik kummulieren.

So werden im folgenden die **fünf Prognoseaussagen** nicht simultan aus einem einzigen Modell abgeleitet, sondern **basieren jeweils auf einem individuellen Modell**. Insgesamt werden somit **fünf Modelle mit jeweils einer Prognoseaussage unabhängig voneinander** entwickelt.

2.2. Abfrageschema vor der Modellentwicklung: Einbringung der Modellvorstellung

2.2.1. Inputgetriebene Modellvorstellung

Die Resultate nachfolgender Schritte - Festlegung der Variablen - Einteilung der Datenmengen - Festlegung und Berechnung der Vortransformationen - statistische Vorauswahl - sind in Anhang 2 und 3 dargestellt. Anhang 2 zeigt die Spezifikationsdatei, welche einheitlich für die Prognose der interquartilen Differenzen herangezogen wird. Anhang 3 zeigt die Spezifikationsdatei, die der Prognose der intraquartilen Differenz des Median zugrundegelegt wird. Generell besitzen die Spezifikationsdateien die Funktion einer Aufgabenbeschreibung für SENNV0.9^{TM}.

2.2.1.1. Festlegung der Variablen und Einteilung der Daten in Teilmengen

Nachfolgend werden die für die DAX-Prognose herangezogenen Variablen erläutert. Die **Auflistung der Variablen erfolgt in Variablengruppen - den Clustern - ,** worin diese **nach inhaltlichen Kriterien** sortiert sind. Analog zu dieser Gruppierung werden die Variablenreihen in das Neuronale Netz eingegeben, indem die Input Schicht des Netzes ebenfalls in entsprechende Inputcluster unterteilt wird.

Insgesamt sind **8 Cluster** mit **43 Rohvariablen** zu unterscheiden [1]:

- **Cluster 1:** Zeitvariablen [2], DAX und angelehnte Variablen, andere Aktienindizes Inland
- **Cluster 2:** Kapital- und Geldmarktzinsen Inland
- **Cluster 3:** Geldmarkt - monetäre Aggregate Inland
- **Cluster 4:** IFO-Geschäftsklimaindizes
- **Cluster 5:** Aktienindizes Ausland
- **Cluster 6:** Währungen und Gold
- **Cluster 7:** Kapital- und Geldmarktzinsen Ausland
- **Cluster 8:** Güter- und Arbeitsmarkt Inland

Mnemonic	Periodizität[3]	Beschreibung
\multicolumn{3}{Cluster 1}		
day of week	D	wird über SENN-Eingabekomponente erzeugt
month of year	D	wird über SENN-Eingabekomponente erzeugt
dax	D	Close-Wert DAX
daxcomp	D	Close-Wert DAX-Composite
msd	D	Morgan Stanley Index Deutschland
mseu	D	Morgan Stanley Index Europa
datkgv	D	Datastream Index Kurs/Gewinn-Verhältnis Deutschland
umsatz	D	Börsenumsätze an der Frankfurter Aktienbörse
Cluster 2		
d3m	D	Deutschland 3Monatszins Euromarkt
dzila	D	Deutschland 10Jahreszins

---

[1] Die Auswahl und die Zusammenstellung des Datenmaterials erfolgte mit der freundlichen Unterstützung der DB Research GmbH in Frankfurt und der Deutschen Bank AG in Düsseldorf.

[2] Zeitvariablen, wie **day of week** oder **month of year** (Erläuterung siehe Anhang 1), dienen dazu, eventuelle Periodizitäten des DAX-Verlaufs, beispielsweise innerhalb der Woche (über die Wochentage hinweg) oder innerhalb des Jahres (über die Monate hinweg), herauszufiltern. Untersuchungen für den deutschen Aktienmarkt ergaben Bewertungssaisonalitäten im Rahmen sogenannter **Wochenendeffekte** und **Januareffekte** in der Renditeentwicklung von Aktienindizes [FRAN87], [FRAN89], [SCHNI89]. Eine Übersicht über Bewertungssaisonalitäten auf nationalen und internationalen Aktienmärkten findet sich in [KLEE91].

[3] Die Abkürzungen in der Spalte **Periodizität** stehen für Tages- (D), Monats- (M) und Quartalsreihen (Q).

		Cluster 3	
infl	M		Inflationsrate
kroeff	M		Bankkredite öffentliche Hand
krnb	M		Bankkredite Nichtbanken
m3	M		Geldmenge M3
zbgeld	M		Zentralbankgeldmenge
auslakt	M		ausländische Nettokäufe Aktien
aktfoc	M		Aktienfonds Cash
aktfoa	M		Aktienfonds Assets
spefoc	M		Spezialfonds Cash
spefoa	M		Spezialfonds Assets
		Cluster 4	
gewwi	M		IFO - Gewerbliche Wirtschaft
invgut	M		IFO - Investitionsgüter
verbrgut	M		IFO - Verbrauchsgüter
bau	M		IFO - Bauindustrie
		Cluster 5	
dj	D		Dow Jones Industrial Index USA
ft	D		Financial Times Index England FT100
swmi	D		Aktienindex Schweiz Swiss Market Index
nikkei	D		Nikkei Index Japan
		Cluster 6	
dm	D		DM handelsgewichtet
usd	D		USDollar/DM
pfund	D		Pfund/DM
gold	D		Gold
		Cluster 7	
uk3m	D		England 3Monatszins Euromarkt
us3m	D		USA 3Monatszins Euromarkt
ukzila	D		England 10Jahreszins
uszila	D		USA Treasury Bonds 30 Jahre
		Cluster 8	
arbqu	M		Arbeitslosenzahl
aufbau	M		Aufträge Bauindustrie
pprod	M		Produktion produzierendes Gewerbe
bip	Q		Bruttoinlandsprodukt zu konstanten Preisen
aeausl	M		Auftragseingang Ausland saisonadjustiert
aeinl	M		Auftragseingang Inland saisonadjustiert
hbsaldo	M		Handelsbilanzsaldo

Tab. 4: Variablenliste für die neuronale Modellbildung

Die Rohvariablen liegen in tagesbasierter, monatsbasierter oder quartalsbasierter Form vor. Die monatlichen und quartalsbasierten Zeitreihen stehen im allgemeinen nicht am Monats- bzw. Quartalsultimo zur Verfügung. Die zeitliche Zuordnung erfolgt hier in der Weise zeitverzögert, wie erfahrungsgemäß die Publikation der Größe erfolgt.

Der Interpolationsmodus auf Tagesperiodizität von SENNV0.9™ erfolgt dahingehend, daß zeitliche Lücken durch Wiederholung des zuletzt gegoltenen Wertes aufgefüllt werden. Dieser wird nach der Zusammenstellung der Rohvariablen in der Weise auf diese angewandt, daß 5 Werktage erwartet und Wochenenden ausgelassen werden.

Die **Inputschicht** wird nach der inhaltlichen Gruppierung der Variablen in die dargestellten **8 Cluster** eingeteilt. Auf Basis dieser Inputclusterung können in Kombination mit einem bottom-up-Ansatz Teilmärkte modelliert werden [4]. Dabei stellen einzelne oder mehrere Cluster zusammengenommen auf verschiedene Modellierungsinhalte ab:

- **Cluster 1, 2, 3 und 4** besitzen das Ziel:
  - den **Beitrag der technischen Analyse**
  - **Austauschprozesse zwischen inländischem Bond- und Aktienmarkt**
  - Reaktionen der Bundesbank auf Inflationsrate- und Geldmengenentwicklung in Form entsprechender **zinspolitischer Maßnahmen** und deren
  - **Rückwirkungen auf das Geld- und Kapitalmarktzinsniveau**, sowie
  - Einflüsse von **Sentiment-Indikatoren** wie Geschäftsklimaindizes

  zu formulieren.

- **Cluster 5, 6 und 7** besitzen das Ziel:
  - generell den **Einfluß des Auslandes**, d.h.
  - Umschichtungsvorgänge zwischen den nationalen Aktienmärkten
  - unter Wechselkurseinflüssen
  - in Kombination mit Zinsdifferenzen im Ländervergleich

  zu bewerten.

- **Cluster 8** hat das Ziel:
  - längerfristige konjunkturelle Einflüsse von Seiten des **Gütermarktes** und
  - längerfristige **Arbeitsmarkteinflüsse im Inland**

  zu identifizieren.

---

[4] Zu dem **top-down** versus **bottom-up-Modellierungsansatz** siehe weiter in diesem Gliederungspunkt.

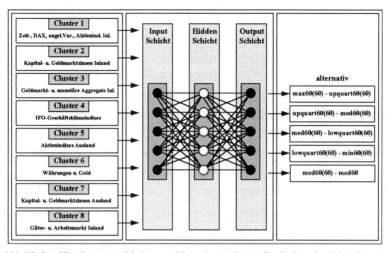

Abb. 37: Spezifikation der Architektur- und Dateninputbelegung für die Interface-Modellierung

Nach dem Kriterium der Einbeziehung der Einflußgrößen in das Modell lassen sich grundsätzlich zwei Entwicklungsansätze unterscheiden: der **top-down** und der **bottom-up-Ansatz**.

Der **top-down-Ansatz** kennzeichnet die Methodik, **von Entwicklungsbeginn an auf Basis der gesamten Inputvariablenmenge** zu arbeiten. Dieser Ansatz bietet sich an, wenn die Anzahl der Variablen sowie der daraus abgeleiteten transformierten Zeitreihen ein bezüglich Lernverhalten und zeitlicher Gesichtspunkte effizientes Training erlaubt. Durch eine restriktive Schaltung von Transformationen kann die Anzahl der Inputzeitreihen niedrig gehalten werden und dennoch das gesamte Spektrum an Rohvariablen umfassen. Hierbei gilt es jedoch abzuwägen, ob das Variablenspektrum auch tatsächlich das Manko an finanzanalytisch relevanter Vorverarbeitung kompensieren kann.

Der **bottom-up-Ansatz** hingegen erlaubt ein **sukzessives Zuschalten einzelner Cluster in die Modellbildung** je nach Modellfortschritt. Die Reihenfolge der Cluster für das DAX-Modell wurde gemäß der vorgesehenen Reihenfolge ihrer Zuschaltung in das Modell gewählt. Die Inputvariablenliste ist als Maximalbeschreibung zu betrachten, aus der zu Beginn des Trainings die als am wichtigsten erachtete Teilmenge (bestehend aus einem oder mehreren Clustern) als Datenbasis für das erste Teilmodell zusammengestellt. Hat man nun in einer ersten Untersuchung innerhalb dieser Teilmenge diejenigen Zeitreihen mit der höchsten Relevanz für ein gutes Prognoseverhalten erkannt, so werden die restlichen aus der Betrachtung ausgeschlossen, und eine zweite Teilmenge wird angegliedert. Eventuelles Erfahrungswissen, welche Transformationsarten in Kombination mit welchen Variablen sich als effizient erwiesen haben, kann in die Aufbereitung dieser zweiten Gruppe miteinfließen. So wird sukzessive ein bestimmter Ausschnitt der Gesamtdatenmenge untersucht, um unwichtige Information ausselektiert und um neue erweitert. Somit zerlegt man das komplexe Anfangsnetz in kleinere Subnetze, was die Gesamtanalyse erleichtert.

Ein Nachteil des bottom-up-Ansatzes resultiert aus dem Sachverhalt, daß Zeitreihen nicht nur per se, sondern in Wechselwirkung mit anderen Zeitreihen Bedeutung erlangen können [5]. Eventuelle Wechselwirkungen von Zeitreihen, welche unterschiedlichen Clustern zugeordnet sind und nicht demselben Teilmodell angehören, werden unter Umständen nicht identifiziert. Als Folge können vorzeitig Zeitreihen eliminiert werden, welche in Kombination mit anderen durchaus Relevanz besitzen. Aus diesem Grund sollte, wenn möglich, der top-down-Ansatz bevorzugt werden.

Die Entscheidung, welcher der beiden Entwicklungsansätze zum Einsatz kommt, hängt insbesondere von dem eigentlichen Modellierungsziel ab. Will man mittels Subnetze Teilmärkte oder auch die finanzanalytische Perspektive einzelner Experten, welche entsprechend in den Inputclustern repräsentiert werden können, unabhängig voneinander modellieren und erst in einem späteren Stadium integrieren, so stehen diese inhaltlichen Modellbauaspekte im Vordergrund. Der top-down-Ansatz ist hier von untergeordnetem Interesse. Wenn keine Modellbauaspekte einfließen, so ist das Laufzeitverhalten des Netzes ausschließliches Kriterium für die top-down oder bottom-up-Entscheidung.

In den nachfolgenden Rechnungen sind topologische Untersuchungen einzelner Inputcluster von untergeordneter Bedeutung und das Laufzeitverhalten des Systems erlaubt den **top-down-Ansatz**.

---

[5] [REFE95b, 56] unterscheidet im Zusammenhang mit **unabhängigen Variablen** zwischen **predictive** und **informative variables**: „A predictive variable is one which alone can explain a significant part of the variability in the dependent variable. An informative variable is one which has no predictive power of its own but, when combined with others, can lead to better prediction."

Das gemeinsame Zeitreihenintervall ist zu unterteilen in eine **Trainings-, Validierungs- und Generalisierungsmenge**. Ca. **90 % der Datenbeispiele werden in die Trainings- und Validierungsmenge** eingestellt [6] und **ca. 10 % in die Generalisierungsmenge**. Die Trainings- und Validierungsbeispiele werden so aufgeteilt, daß **jedes 16. Beispiel in chronologischer Reihenfolge in die Validierungsmenge** eingestellt wird [7] und die restlichen Daten die Trainingsbeispiele umfassen. So ist sichergestellt, daß die Validierungsdaten gleichmäßig über das Zeitintervall der Trainingsmenge verteilt sind [8].

Das **Trainingsintervall** umfaßt folglich **die Zeitspanne vom 02.12.83 bis zum 28.07.92** und das **Generalisierungsintervall die Zeitspanne vom 29.07.92 bis zum 28.07.93**.

Folgendes Schaubild verdeutlicht **die Einteilung der Daten in die Trainings-, Validierungs- und Generalisierungsmenge**:

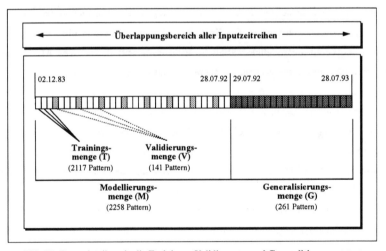

Abb. 38: Dateneinteilung in die Trainings-, Validierungs- und Generalisierungsmenge

---

[6] Dies entspricht der Zeitintervallangabe **TRAINING FROM 02.12.83 TO 28.07.92** im Header der Spezifikationsdateien in Anhang 2 und 3.

[7] Dies entspricht der Belegung **VALIDATION PERIODIC 16** im Header der Spezifikationsdateien in Anhang 2 und 3.

[8] Siehe dazu auch die Argumentation der geeigneten Wahl des Validierungszeitraums in Gliederungspunkt B. 4.3.2.2..

2.2.1.2. Festlegung der Transformationen und statistische Vorauswahl der Zeitreihen

Die Aufbereitung der Variablen bzw. ihrer Rohzeitreihen wird auf das eigentliche Prognoseziel hin ausgelegt. So trägt die Datenaufbereitung zum einen dem Prognosehorizont Rechnung. Soweit die Transformationen Rückgriffe auf zeitlich vorgelagerte Werte oder Zeitintervall-Belegungen im Sinne von gleitenden Funktionen umfassen, stellen diese auf den Prognosehorizont von 60 Werktagen ab. Zum anderen ist die Datenaufbereitung abhängig von der inhaltlichen Formulierung des Prognoseziels. Es werden Verteilungsgrößen prognostiziert, welche aggregierte Informationen über die Verteilung der Prognosegröße über einen Zeitraum hinweg darstellen. Im Unterschied zu Zeitpunktprognosen, welche auf einen bestimmten Zeitpunkt in der Zukunft abstellen und Entwicklungen, die innerhalb der dazwischenliegenden Zeitspanne liegen, vernachlässigen, wird im Rahmen von Quartilen hingegen das Bandbreitenverhalten der Größe innerhalb der Zeitspanne relevant. Quartilsprognosen über 60 Tage implizieren im Grunde genommen 60 Einzelprognosen mit einem Prognosehorizont von 1 bis 60 Tagen, welche anschließend nach ihrer Wertausprägung mit dem Ziel sortiert werden, die geschätzten Lagemaße abzuleiten. Die **Transformationen sollten nun über eine inhaltlich ähnliche Aufbereitung möglichst ähnliche stukturelle und dynamische Merkmale der Zeitreihen im Input herausstellen, wie sie im Output gefordert werden.**

Hierbei ist zu unterscheiden zwischen der **inhaltlichen Ausgestaltung der interquartilen Differenzen-Prognosen** - also den ersten vier Prognoseaussagen bzw. Targetformulierungen - und der **intraquartilen Differenzen-Prognose des Median** - der fünften Prognoseaussage. Die **interquartilen Differenzenbildungen zum benachbarten Lagemaß** werden **vertikal auf derselben zukünftigen Zeitstufe in 60 Tagen** durchgeführt, also nicht horizontal über Zeitstufen hinweg. Im Rahmen der Quartilsberechnung werden hier zwar auch Werte eines 60-Tagefensters berücksichtigt, diese jedoch derselben Zeitstufe in der Zukunft zugeordnet. Lediglich die **Differenzenbildung des Median** - Median der zukünftigen 60 Tage minus Median der vergangenen 60 Tage - **entspricht dem Zeitreihenanalysegedanken**, indem sie **über zwei Zeitstufen hinweg** - also über ein horizontales Zeitintervall von 2 mal 60 Tagen - gebildet wird. Desweiteren beinhalten die **interquartilen Differenzenbildungen zum benachbarten Lagemaß die Extremlagemaße des Maximum und Minimum** und erfordern demzufolge eine stärkere **Betonung des Bandbreitenverhaltens** in der Aufbereitung des Dateninput, während die Entwicklung der **intraquartilen Differenz des Median** mittels **trendkennzeichnenden Durchschnittsbildungen** beschrieben werden kann.

Als Konsequenz ergeben sich **zwei unterschiedliche Sets an Transformationen**, wovon das **erste für die vier Targetformulierungen der interquartilen Differenzen** und das **zweite für die fünfte Formulierung der intraquartilen Differenz des Median** gültig ist. Gemein ist beiden Sets an Transformationen, daß sie primär auf das Schwankungsverhalten der Zeitreihen abstellen, indem beispielsweise statistische Verteilungsmaße der Zeitreihen wie die Standardabweichung, die Schiefe oder die Kurtosis betont verwendet werden.

Der **Abgabezeitpunkt der Prognose** wurde auf **15.00h MEZ** festgesetzt, so daß das aktuelle Datenbeispiel auch nur Daten umfassen soll, welche bis zu diesem Zeitpunkt den Marktbeteiligten bekannt sind. Aufgrund der zu berücksichtigenden Zeitverschiebung werden die aus dem US-Markt stammenden Daten [9] mit einem Time-lag von -1 Tag dem aktuellen Datenbeispiel zugeordnet. Die ursprünglich monats- und quartalsbasierten Zeitreihen werden ihren erfahrungsgemäßen Veröffentlichungszeitpunkten zugeordnet.

Weiterhin läßt sich die **Festlegung der Transformationen** in eine **pauschale, d.h. alle Inputcluster umfassende**, und in eine **spezifische, d.h. einzelne Cluster oder Variablen umfassende, Datenaufbereitung** unterteilen.

---

[9] Das sind der US-Aktienindex Dow Jones Industrial und der US-Langfristzins Treasury Bonds 30 Years.

Folgende Tabellen zeigen für die **interquartile Differenzenschätzung** (Tab. 5) und für die **intraquartile Schätzung des Median** (Tab. 6) jeweils separat die Transformationen für die **pauschale Datenaufbereitung**:

Bezeichnung in Spezifikationsdatei	verbale Darstellung	Bedeutung
scale	Skalierung	alle Zeitreihen werden in einen einheitlichen absoluten Wertebereich skaliert
Aufbereitung der ursprünglich tagesbasierten Variablen		
x - aver(x,60)	Differenz Wert heute zu Durchschnitt der letzten 60 Tage	Trendverhalten
max(x,60) - min(x,60)	Differenz Maximum zu Minimum der letzten 60 Tage	Bandbreitenverhalten
max(x,60) - aver(x,60)	Differenz Maximum zu Durchschnitt der letzten 60 Tage	dito
min(x,60) - aver(x,60)	Differenz Minimum zu Durchschnitt der letzten 60 Tage	dito
rsi(x,60)	Relative Stärke Index der letzten 60 Tage	Dynamik
skew(x,60)	Schiefe der letzten 60 Tage	Verteilung
kurtosis(x,60)	Kurtosis der letzten 60 Tage	dito
sqrt(var(x,60))	Standardabweichung der letzten 60 Tage	Volatilität
sqrt(var(x,30)) - sqrt(var(x(-30),30))	Differenz Standardabweichung der letzten 30 Tage zu dem vorausgegangenen 30-Tagefenster	dito
sqrt(smooth((x - x(-1)) * (x - x(-1)),2/61))	Wurzel des exponentiellen Durchschnitts des Produkts der 1-Tagesdifferenzen der letzten 60 Tage	dito
(sqrt(smooth((x - x(-1)) * (x - x(-1)),2/31))) - (sqrt(smooth((x - x(-1)) * (x - x(-1)),2/61)))	Wurzel des exponentiellen Durchschnitts des Produkts der 1-Tagesdifferenzen der letzten 30 Tage zu Wurzel des exponentiellen Durchschnitts des Produkts der 1-Tagesdifferenzen der letzten 60 Tage	dito
Aufbereitung der ursprünglich monatsbasierten bzw. quartalsbasierten Variablen		
aver(x,60) - aver(x,120)	Durchschnitt der letzten 60 Tage minus Durchschnitt der letzten 120 Tage	Trendverhalten
sqrt(var(x,60)) - sqrt(var(x,120))	Standardabweichung der letzten 60 Tage minus Standardabweichung der letzten 120 Tage	Volatilität

Tab. 5: Pauschale Transformationen für die interquartile Differenzenschätzung

Bezeichnung in Spezifikationsdatei	verbale Darstellung	Bedeutung
scale	Skalierung	alle Zeitreihen werden in einen einheitlichen absoluten Wertebereich skaliert
Aufbereitung der ursprünglich tagesbasierten Variablen		
x	Wert heute	
x - aver(x,60)	Differenz Wert heute zu Durchschnitt der letzten 60 Tage	Trendverhalten
max(x,60) - x	Differenz Maximum der letzten 60 Tage zu Wert heute	Bandbreitenverhalten
min(x,60) - x	Differenz Minimum der letzten 60 Tage zu Wert heute	dito
(x - aver(x,60)) / sqrt(var(x,60))	Wert heute minus dem Durchschnitt der letzten 60 Tage dividiert durch die Standardabweichung der letzten 60 Tage	Glättungseffekt
rsi(x,60)	Relative Stärke Index der letzten 60 Tage	Dynamik
skew(x,60)	Schiefe der letzten 60 Tage	Verteilung
kurtosis(x,60)	Kurtosis der letzten 60 Tage	dito
sqrt(var(x,60))	Standardabweichung der letzten 60 Tage	Volatilität
Aufbereitung der ursprünglich monatsbasierten bzw. quartalsbasierten Variablen		
x - aver(x,60)	Wert heute minus Durchschnitt der letzten 60 Tage	Trendverhalten

Tab. 6: **Pauschale Transformationen für die intraquartile Schätzung des Median**

Unter die **spezifische Datenaufbereitung** fallen:

- Die DAX-Reihe und alle weiteren Variablen, die als **Preise** inflationären Einflüssen unterliegen, werden **logarithmiert** (logarithmus naturalis = ln).

- Transformationen, welche auf die **DAX-Variable** angewandt werden, lassen sich in die Gruppen **Charttechnik - technische Indikatoren - Statistik - targetorientierte Transformationen** - unterteilen [10]. Die Gruppe Charttechnik beinhaltet Formulierungen, welche den Zeitreihenverlauf mathematisch dergestalt charakterisieren wollen, wie sie ein Chartist graphisch betrachtet. Die Klasse technische Indikatoren umfaßt bekannte Ausdrücke der Indikatorenbildung, während Transformationen, die primär statistische Eigenschaften der Reihe wie deren Schwankungs- oder Streuungseigenschaften messen, der Gruppe der Statistik zugeordnet werden. Targetorientierte

---

[10] Unter dieser Kategorisierung werden die einzelnen Transformationen in den Spezifikationsdateien in Anhang 2 und 3 aufgelistet.

Transformationen setzen sich ausschließlich aus den fünf Lagemaßen zusammen, wie sie auch in der Targetformulierung verwendet werden und sind folglich am engsten an den Prognoseoutput angelehnt.

- Transformationen, welche einen Entwicklungsvergleich zweier Variablen durchführen, werden auf die DAX-Variable und andere Aktienindizes, auf das Kurz- und Langfristzinsniveau innerhalb eines Landes, jeweils auf das Kurzfrist- oder das Langfristzinsniveau über Länder hinweg und auf Währungen angewandt [11].

Folgende Tabellen zeigen für die **interquartile Differenzenschätzung** (Tab. 7) und für die **intraquartile Schätzung des Median** (Tab. 8) jeweils separat die Transformationen für die **spezifische Datenaufbereitung**:

Bezeichnung in Spezifikationsdatei	verbale Darstellung	Bedeutung
aver(x,60) - aver(y,60)	Durchschnitt von x minus Durchschnitt von y der letzten 60 Tage	Vergleichsoperation
x - y - aver(x,60) + aver(y,60)	Differenz Wert heute zu Durchschnitt der letzten 60 Tage von x minus Differenz Wert heute zu Durchschnitt der letzten 60 Tage von y	dito
sqrt(var(x,60)) - sqrt(var(y,60))	Standardabweichung von x minus Standardabweichung von y der letzten 60 Tage	dito
(max(x,60) - min(x,60)) - (max(y,60) - min(y,60))	Differenz Maximum zu Minimum von x minus Differenz Maximum zu Minimum von y der letzten 60 Tage	dito

Tab. 7: Spezifische Transformationen für die interquartile Differenzenschätzung

Bezeichnung in Spezifikationsdatei	verbale Darstellung	Bedeutung
x - y	x minus y	Vergleichsoperation
x - y - aver(x,60) + aver(y,60)	Differenz Wert heute zu Durchschnitt der letzten 60 Tage von x minus Differenz Wert heute zu Durchschnitt der letzten 60 Tage von y	dito

Tab. 8: Spezifische Transformationen für die intraquartile Schätzung des Median

---

[11] Siehe auch die Aufführung dieser Vergleichstransformationen in den Spezifikationsdateien in Anhang 2 und 3.

Daneben gibt es **Transformationen, die auf Time-lag-Informationen** abstellen. **Time-lag-Angaben** sollen die betreffende **Zeitreihe um dieses Time-lag** zeitversetzt aufbereiten. Im Dateninput handelt es sich hierbei um Time-lags mit negativem Vorzeichen, das bedeutet, daß die um diese Lags weiter in der Vergangenheit liegenden Wertausprägungen den aktuellen Datenbeispielen zugeordnet werden. In den Dateninput sollte keine Zukunftsinformation eingestellt werden, da sonst das Modell über eine unrealistische Informationsbasis verfügt.

Es gibt grundsätzlich **drei Kategorien von Time-lag-Transformationen**, welche unterschiedlich begründet sind: **zeitzonenbedingte, aufgabenbedingte und statistisch bedingte.**

Die erste Kategorie besitzt das Ziel, **zeitzonenbedingte Unterschiede in der Verfügbarkeit der Information** in eine einheitlich realistische Perspektive zu bringen. Die Zwecksetzung der **zweiten Kategorie** resultiert **aus der Prognoseaufgabe per se.** Hier steht die **Fragestellung der Entwicklung der Lagemaße** zum einen **im Vergleich zur zugrundeliegenden DAX-Reihe** und zum anderen **im gegenseitigen Vergleich** im Vordergrund. In Abhängigkeit des Verlaufs der Basiszeitreihe reagieren die einzelnen Quartile mit zeitlich unterschiedlicher Reaktionsanpassung. Folgende Abbildung eines **schematisch vereinfachten Verlaufs der DAX-Reihe** und der **zugehörigen Bewegung der Quartile** verdeutlicht dies:

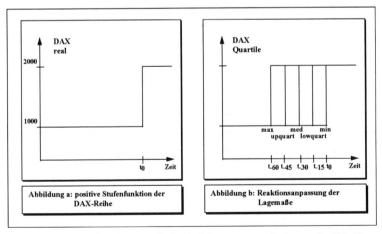

Abb. 39: Zeitliche Verzögerungen in der Reaktionsanpassung der Lagemaße (Abb. b) an Veränderungen der Basisreihe (Abb. a)

In Abb. 39 (Abbildung a) besitzt der DAX den hypothetischen Verlauf einer positiven Stufenfunktion. Vor Zeitpunkt t_0 besitzt er stets denselben Wert 1000, bei t_0 springt er von 1000 auf 2000, nach t_0 behält er den Wert 2000 bei. Berechnet man nun auf Basis dieser DAX-Entwicklung die Quartile über das zukünftige Zeitfenster t=>t+60, so ist in dem Schaubild rechts der Verlauf der Quartile quartil60(60) dargestellt: max60(60) reagiert als erstes Quartil zum Zeitpunkt t_{-60}, anschließend upquart60(60) zum Zeitpunkt t_{-45}, med60(60) zum Zeitpunkt t_{-30}, lowquart60(60) zum Zeitpunkt t_{-15} und min60(60) zum Zeitpunkt t_0. Analoges gilt für eine negative Stufenfunktion, einen negativen Trend kennzeichnend, jedoch mit einer umgekehrten Reihenfolge in der Anpassungsverzögerung der Quartile.

Obwohl es sich hierbei um einen hypothetischen DAX-Verlauf handelt, so sind doch die an ihm verdeutlichten Grundmuster - wenn auch nicht exakt in der dargestellten Lag-Frequenz von t_{-60} bis t_0 - auf reale Entwicklungen übertragbar. Betrachtet man vor diesem Hintergrund die Targetverläufe der interquartilen Differenzen in Abb. 35 in Gliederungspunkt C. 2.1., so sieht man in den **beiden Phasen hoher Volatilität** November 1992 bis Februar 1993 und April bis Juni 1993 eine identische **Verzögerung in der Reaktionsanpassung der Differenzen: die Zeitreihen springen in der Reihenfolge max60(60)-upquart60(60), upquart60(60)-med60(60), med60(60)-lowquart60(60)** und **lowquart60(60)-min60(60)**.

Als Folge wurden pauschal Time-lag-Strukturen von Lag$_{-60}$, Lag$_{-45}$, Lag$_{-30}$, Lag$_{-15}$ auf den targetverwandten Zeitreihen des Clusters 1 der interquartilen Differenzenprognosen angewandt [12].

Die **dritte Kategorie von Time-lag-Strukturen** wird im Zusammenhang mit der **statistischen Vorselektion der Inputdaten** bedeutend. Die **statistische Vorauswahl der Inputzeitreihen** hat das Ziel, **Variablen mit relevanten Leading-Eigenschaften bezüglich des Prognosegegenstandes zu identifizieren** und diese im Dateninput durch **Einbringung einer geeigneten Time-lag-Struktur** zu betonen [13].

---

[12] In der Spezifikationsdatei für die interquartilen Differenzen in Anhang 2 werden diese **Time-lags** durch das **Schlüsselwort LAG** hinter den entsprechenden Transformationen mit aufgenommen und programmtechnisch umgesetzt.

[13] Die statistische Vorauswahl der Zeitreihen bzw. die dahinterstehenden Berechnungen dürfen sich aus Gründen einer fairen Modellevaluierung nicht auf die Generalisierungsmenge beziehen.

Zur Identifizierung von **Time-lag-Strukturen zwischen Inputzeitreihen und Targetzeitreihen** werden Korrelationsanalysen zwischen Input und (zeitverschobenem) Target durchgeführt. Es werden zum einen **hochkorrelierte Abhängigkeiten über die Zeitstufe des Prognosehorizonts** hinweg identifiziert. Zum anderen wird **jede Inputzeitreihe zusätzlich um 1 bis 60 Tage bzw. Lag$_1$ bis Lag$_{60}$** zeitlich verschoben und die dabei abgeleiteten **60 Zeitreihen zusätzlich zu der nicht gelagten Inputzeitreihe den Targetzeitreihen gegenübergestellt**. Das **Time-lag mit dem jeweils höchsten Korrelationskoeffizienten** über den Trainingszeitraum hinweg wird - zusätzlich zu der nicht gelagten Inputzeitreihe - als **Lag-Transformation** gewählt. Diese **Lagstrukturbelegung** erfolgt in den vorliegenden Modellrechnungen **bis zu einem Korrelationskoeffizienten von |0.25| zwischen Input und Target**[14].

2.2.2. Architektur- und topologiegetriebene Modellvorstellung

Im Rahmen der Auswahl der **neuronalen Architektur** wird für die Modellentwicklung die Feedforward-Architektur eines **Multilayer Perceptrons** und damit das Konzept eines Input-/Outputmodells festgelegt. Die Netzarchitektur besteht aus **einer Input, einer Hidden und einer Output Schicht**, wobei jedes Neuron der vorgelagerten Schicht mit jedem der nachgelagerten Schicht verbunden ist. Zwischen den Neuronen innerhalb der Schichten bestehen keine Verbindungen. Die Dimension der Input Schicht beziehen die Modelle aus der Zeitreihenbelegung im Inputteil der Spezifikationsdatei, die der Output Schicht aus der entsprechenden Belegung des Targetteils. Für die Hidden Schicht wurden anfänglich **5 Hidden Neuronen** gewählt. Die **Neuronen der Input und Output Schicht** arbeiten jeweils mittels der **Identität als Aktivierungsfunktion**, während in den Neuronen der Hidden Schicht die Informationen im Rahmen einer nichtlinearen Komprimierung bzw. Schwellenwertlogik über **Hyperbolic Tangent [tanh (u)]-Aktivierungsfunktionen** transformiert werden.

Um alle fünf Modellentwicklungen unter identischen Rahmenbedingungen durchzuführen, werden neben der Vereinheitlichung des Dateninput auch die Parameterbelegungen im Rahmen

---

[14] In den Spezifikationsdateien in Anhang 2 und 3 werden diese **Time-lags** durch das **Schlüsselwort LAG** hinter den jeweiligen Transformationen eingeleitet und programmtechnisch umgesetzt.

des Training gleichermaßen modellübergreifend bestimmt. Die global zum Einsatz kommende **Fehlerfunktion** ist die **des mittleren absoluten Fehlers**, als Lernalgorithmus wird die **Backpropagationmethode des VarioEta** gewählt, wobei ein **Pattern-by-Pattern-Learning** zum Einsatz kommt, welches **in der Form abgeschwächt ist, daß die Gewichtsadaption lediglich alle 15 Trainingspattern stattfindet.** Die **Vorlage der Trainingspattern** für das Training erfolgt **zufallsgesteuert**, solange bis jedes vorhandene Beispiel einmal gezogen wurde.

Im Rahmen der **Optimierung** kommen ausschließlich die Eliminierungstechniken **Weight Pruning SST, Input Pruning und Hidden Merging** zum Einatz. Der Prozeßablauf zwischen Training und Optimierung erfolgt wie in dem in der Theorie dargestellten Ablaufschema (siehe Abb. 25 in Gliederungspunkt B. 4.4.2.).

2.3. Modellevaluierung anhand der Komplexitätsreduktion und des Fehlerkriteriums

2.3.1. Übersicht über die Komplexitätsreduktion

Im Rahmen der Interface-Modellierung wurden für die interquartilen Differenzen und für die intraquartile Differenz des Median insgesamt fünf Prognosemodelle entwickelt, deren **Anfangs- und Endparametrisierung** in Form von **Inputzeitreihen, Hidden Neuronen und Gewichten** [15] im folgenden tabellenartig dargestellt wird.

Alle **fünf Modelle** weisen eine **hohe Ähnlichkeit in ihrer Endparametrisierung** auf: sie beinhalten **ca. 30 - 40 % der ursprünglichen Anzahl an transformierten Inputzeitreihen** und ca. **15 - 25 % der ursprünglichen Anzahl an Gewichten.**

---

[15] Es handelt sich dabei um die **Zahl der Verbindungsgewichte zwischen der Input Schicht und der Hidden Schicht,** also um diejenigen Konnektoren, die im Rahmen der Eliminierungstechnik des Weight Pruning Gegenstand von komplexitätsreduzierenden Optimierungsschritten sind.

	max60(60) - upquart60(60)		upquart60(60) - med60(60)		med60(60) - lowquart60(60)		lowquart60(60) - min60(60)		med60(60) - med60	
	vorher	nachher	vorher	nachher	vorher	nachher	vorher	nachher	vorher	nachher
Inputzeitreihen	394	202	394	152	394	169	394	114	229	134
Hidden Neuronen	5	4	5	5	5	4	5	4	5	4
Gewichte	1970	509	1970	373	1970	374	1970	239	1145	525

Tab. 9: Anfangs- und Endparametrisierung des Interface Modells

Somit läßt sich für alle **fünf Modelle** einheitlich feststellen, daß deren **Endspezifikation** einen weiterhin **relativ hohen Komplexitätsgrad** umfaßt. Ein weiteres Reduzieren von Neuronen und Gewichten ist jedoch ohne eine Verschlechterung des Fehlerniveaus auf der Validierungsmenge nicht durchführbar, und der Approximationsgüte wird gegenüber der Netzkomplexität der Vorrang gegeben.

2.3.2. Auswertungssystematik und Überblick über die Fehlerkriterien

2.3.2.1. Die Auswertungssystematik vor dem Hintergrund der beiden Datensets der Differenzen- und der Absolutformulierung

Grundsätzlich werden im folgenden die entwickelten Modelle **auf Basis zweier unterschiedlicher Datensets evaluiert**. Der Unterschied in den beiden Datensets resultiert aus dem Sachverhalt, daß die **betreffenden Target- bzw. Outputwerte einen unterschiedlichen Fortschrittsgrad in der Rückberechnung der Transformationen aufweisen.**

Die **Modellevaluierung** wird **im Rahmen des ersten Datensets auf Basis der interquartilen und intraquartilen Differenzen** durchgeführt, in der Art und Weise also, wie auch die Targetformulierung ursprünglich im Rahmen des Modellbaus lautete. Lediglich die pauschal angewandte Skalierung und der constraint-bedingte Logarithmus der interquartilen Differenzen werden zuvor zurückgeführt. Da die **interquartile und intraquartile Differenzbildung** auf

Basis des logarithmierten DAX beruhen, stellen konsequenterweise auch die daraus hervorgehenden **Differenzenwerte logarithmierte Werte dar.**

Für jede Targetformulierung existiert nach Modellentwicklung jeweils eine Zeitreihe als Targetreihe und eine Zeitreihe als Outputreihe. Im Rahmen der Auswertung bzgl. des ersten Datensets wird die Approximationsgüte der Modelle folglich für diejenige Targetaufbereitung, gemäß derer die Modelle trainiert und optimiert wurden, untersucht.

Aus den dargestellten Target- und Outputreihen heraus lassen sich, angefangen mit dem Median als Bezugspunkt, durch Rückführung aller Transformationen und durch sukzessive Verkettung der Differenzen benachbarter Quartile die **Absolutbeschreibungen der Target- und Outputwerte der fünf Verteilungsmaßzahlen** ermitteln. Inhaltlich handelt es sich bei den **Absolutbeschreibungen** um **Quartile**, welche **auf Basis der Rohdatenreihe des DAX - also ohne Logarithmierung** - gebildet wurden [16]. Diese Zeitreihen stellen das **zweite Datenset für die Modellevaluierung** dar.

Der **Vorteil der Auswertung auf Basis der Differenzenformulierung** ist es, daß die mittels den Fehlerkriterien gemessene Output-Targetannäherung fünf voneinander inhaltlich unabhängige Kurvenverläufe umfaßt: **der Approximationsgrad des Output an den Target wird für jedes einzelne Lagemaß durch einen isolierten Kurvenvergleich gemessen und ist unabhängig von der Approximationsgüte anderer Lagemaße.** Der Nachteil liegt in der **Schwierigkeit einer gedanklichen Übertragung der Auswertungsergebnisse auf die Lagemaße in Absolutbeschreibung**, da die Differenzenbildung ursprünglich ein Hilfskonstrukt für eine effizientere Anpassung im Rahmen des Trainings darstellte.

Eine auf Basis von **rückermittelten Absolutwerten** stattfindende Auswertung hingegen ist **weniger abstrakt und inhaltlich leichter zu interpretieren.** Ihr Nachteil liegt jedoch darin begründet, daß **die Berechnung der Prognosewerte für ein absolutes Lagemaß aufgrund der Verkettung interquartiler Differenzen nicht mehr unabhängig von anderen Lagemaßen erfolgt.** Ein anfänglicher Fehler in der Prognose der intraquartilen Differenz des Median als Bezugspunkt für weitere Verkettungen kann sich in der Ermittlung der anderen

---

[16] Die Werte der **Differenzenbeschreibungen** werden folglich auf Basis logarithmierter DAX-Werte gebildet, die **Absolutbeschreibungen** hingegen auf nicht logarithmierte DAX-Werte zurückgerechnet.

Lagemaße fortsetzen. Anstelle einer Fehlerakkumulierung ist es jedoch auch umgekehrt möglich, daß sich infolge der Differenzenverkettung eine Kompensierung des Prognosefehlers einstellt, und sich die Ergebnisse der Absolutbetrachtung im Vergleich zur Differenzenbetrachtung besser darstellen.

2.3.2.2. Fehlerkriterien und die Besonderheiten in ihrer Anwendung auf die beiden Datensets der Differenzen- und der Absolutformulierung

Die zur Anwendung kommenden **Fehlerkriterien** dienen der **Meßbarmachung der Output-Targetannäherung** und sind **den Evaluierungskriterien bezüglich der Anpassungsgüte der Schätzfunktion** zuzuordnen (siehe Gliederungspunkt B. 4.5.). Die Fehlermaße werden **auf beide Datensets der Differenzen- als auch der Absolutformulierung** angewandt.

Die verwendeten **Fehlermaße**, welche auf den **Fehler der Output-Targetannäherung** abstellen und somit den Grad der Funktionsapproximation bewerten, werden im folgenden aufgeführt. Sei Δt der Prognosehorizont und T die Anzahl der Vorhersagen. Ferner bezeichne $r_{t+\Delta t}$ den zu prognostizierenden jeweiligen Targetwert und $\hat{r}_{t+\Delta t}$ die zum Zeitpunkt t erstellte Vorhersage für den Zeitpunkt $t + \Delta t$. Bei r_t handelt es sich um eine naive Schätzung, die es im weiteren zu spezifizieren gilt.

- Mean Standard Deviation (MSD)

F.44 $\qquad \left[\frac{1}{T} \sum_{t=1}^{T} \left(r_{t+\Delta t} - \hat{r}_{t+\Delta t} \right)^2 \right]^{1/2}$

Hierbei handelt es sich um die Standardabweichung der Prognosefehler. Es wird unterstellt, daß der erwartete mittlere Fehler gleich 0 ist. Die Skalierung ist dieselbe wie die der zugrundeliegenden Variablen.

- Mean Standard Deviation - Corresponding Information Ratio (MSD CIR)

F.45 $\qquad \left[\sum_{t=1}^{T} \left(r_{t+\Delta t} - \hat{r}_{t+\Delta t} \right)^2 \right] / \left[\sum_{t=1}^{T} \left(r_{t+\Delta t} - r_t \right)^2 \right]$

Dieser Quotient von Standardabweichungen setzt den Prognosefehler ins Verhältnis zum Fehler der naiven Annahme. Er ist folglich als ein Benchmark-Kriterium zur naiven Prognose zu interpretieren. Der jeweilige Zähler mißt den Prognosefehler, der jeweilige Nenner den Fehler der naiven Annahme einer konstanten Entwicklung. Im Nenner steht r_t für die naive Annahme einer Trendfortsetzung [17]. Ist die Verhältniszahl > 1 (< 1), so ist der Fehler der neuronalen Prognose größer (kleiner) als der der naiven Prognose, bei einem Wert = 1 ist der Fehler bei beiden Prognosearten wertmäßig identisch. Grundsätzlich gilt MSD CIR $\geq$ 0, wobei ein Wert von 0 eine perfekte Vorhersage bedeutet.

- Mean Absolute Deviation (MAD)

    F.46 $\quad \frac{1}{T}\sum_{t=1}^{T}\|r_{t+\Delta t} - \hat{r}_{t+\Delta t}\|$

    Dieses Maß ist ähnlich wie MSD zu interpretieren, verhält sich jedoch robuster gegenüber Ausreißern.

- Mean Absolute Deviation - Corresponding Information Ratio (MAD CIR)

    F.47 $\quad \left[\sum_{t=1}^{T}\|r_{t+\Delta t} - \hat{r}_{t+\Delta t}\|\right] / \left[\sum_{t=1}^{T}\|r_{t+\Delta t} - r_t\|\right]$

    Grundsätzlich sind MSD CIR und MAD CIR vergleichbar. Die größere Robustheit von MAD impliziert jedoch, daß die Werte von MAD CIR näher an 1 liegen als die von MSD CIR.

- Bias

    F.48 $\quad \frac{1}{T}\sum_{t=1}^{T}(r_{t+\Delta t} - \hat{r}_{t+\Delta t})$

    Der Bias mißt, inwieweit der mittlere Prognosefehler von 0 verschieden, d.h. systematisch verzerrt ist. Somit indiziert er, inwieweit es sich bei MSD tatsächlich um eine Standardabweichung handelt.

---

[17] Um welche konkrete Belegung von r_t es sich bei den Auswertungen im einzelnen handelt, wird im Laufe des Gliederungspunkts dargestellt.

Die zu den **Fehlerkriterien** zugehörige **allgemeine Legende** lautet:

$r_{t+\Delta t}$ = **Targetgröße**

$\hat{r}_{t+\Delta t}$ = **Outputgröße**

r_t = **Vergleichsmaßstab einer naiven Annahme**

Im folgenden wird diese Legende konkretisiert, indem zunächst **nach dem Kriterium Differenzen- oder Absolutformulierung der Lagemaße** und anschließend hierunter nach **dem Kriterium interquartile Differenzen oder intraquartile Differenz des Median** (im Falle der Differenzenformulierung) **und nach den absoluten Größen des Maximum, Upper Quartile, Lower Quartile, Minimum oder Median** (im Falle der Absolutformulierung) unterteilt wird.

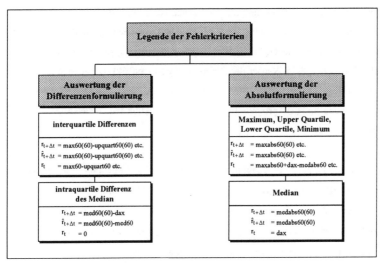

Abb. 40: Legende der Fehlerkriterien im Rahmen der Auswertung der Differenzen- und der Absolutformulierung

Im **Falle der Differenzenformulierung** sind für $r_{t+\Delta t}$ bei den **interquartilen Differenzen** die jeweils tatsächlich eingetretenen Werte für max60(60)-upquart60(60), upquart60(60)-med60(60), med60(60)-lowquart60(60) und lowquart60(60)-min60(60) einzusetzen. Für $\hat{r}_{t+\Delta t}$ sind die jeweils prognostizierten Werte in analoger Weise einzusetzen. Bei r_t handelt es sich im

Sinne einer naiven Trendfortsetzung um den jeweilig gültigen Wert der betrachteten interquartilen Differenzen für das vorangegangene Zeitintervall t=>t-60.

Für $r_{t+\Delta t}$ sind im **Falle der Differenzenformulierung** bei der **intraquartilen Differenz des Median** die jeweils tatsächlich eingetretenen Werte für med60(60)-dax einzusetzen. Für die prognostizierten Werte $\hat{r}_{t+\Delta t}$ gelten die auf Basis der ursprünglichen Targetformulierung prognostizierten Outputwerte med60(60)-med60. Folglich wird der Auswertung erstmals ein anderer als der in dem Modellbau verwendeten Target zugrundegelegt. Eine Begründung hierfür wird im folgenden im Zusammenhang mit der Absolutformulierung abgegeben.

Für r_t wird im Rahmen der **Differenzenformulierung bei der intraquartilen Differenz des Median** Null eingesetzt. Es wird somit die naive Annahme zugrundegelegt, daß der Median über die nachfolgenden 60 Tage denselben Wert besitzt wie der aktuelle DAX-Wert. Die Differenz zwischen med60(60) und dax ist folglich Null. Die Alternative wäre gewesen, der naiven Annahme nicht die Veränderung der beiden Komponenten med60(60) und dax der Targetgröße zugrundezulegen, sondern die Veränderung der Targetgröße med60(60)-dax an sich. Hier entspräche r_t im Nenner der Differenz med60-dax(-60). Um jedoch im Vergleich zu der Absolutformulierung des Median im Rahmen des naiven Benchmarkes eine Vereinheitlichung in der prognosetechnischen Perspektive zu erzielen [18], wurde erste Alternative gewählt.

Für $r_{t+\Delta t}$ werden im Falle der **Absolutformulierung bei den Lagemaßen des Maximum, des Upper Quartile, des Lower Quartile und des Minimum** die jeweils tatsächlich eingetretenen Werte für maxabs60(60), upquartabs60(60), lowquartabs60(60) und minabs60(60) eingesetzt. Für $\hat{r}_{t+\Delta t}$ sind die jeweils aus den Differenzenformulierungen zurückberechneten, prognostizierten Werte in analoger Weise einzusetzen.

Für r_t kommen mehrere Alternativen in Betracht.

---

[18] Siehe weiter unten die Darstellung der Legende der Absolutbeschreibung und die dortigen Erläuterungen.

Exkurs: Diskussion der alternativen Belegung von r_t bei den Lagemaßen des Maximum, des Upper Quartile, des Lower Quartile und des Minimum.

Analog zur Absolutbeschreibung des Median den aktuellen DAX-Wert als naiven Schätzer zu verwenden, bietet sich nicht an, da die in Bezug zu setzenden Extremlagemaße Maximum und Minimum mit hoher Wahrscheinlichkeit über bzw. unter diesem lägen.

Gegen die weitere Variante, für r_t das entsprechende Lagemaß quartilabs60 über das vorangegangene Zeitintervall t=>t-60 einzusetzen, spricht das Argument, daß dem Entscheider, der heute seine Entscheidung trifft, eine zeitgerechtere Informationsbasis vorliegt, als es das betrachtete Lagemaß der letzten 60 Tage verkörpert. Angenommen, über das Zeitintervall t=>t-60 hinweg würde ein kontinuierlich ansteigender Trend vorliegen, so entspräche der aktuelle DAX-Wert dem Maximum dieses Zeitraums. Eine naive Annahme im oberen Sinne, das Maximum der nachfolgenden entspräche demjenigen der vorangegangenen 60 Tage, würde vor diesem Hintergrundwissen stark von der Realität abstrahieren [19].

Eine weitere zu diskutierende Alternative läßt sich aus Vereinheitlichungsaspekten im Rahmen der relativen Größenbeziehungen her ableiten. Bildet man für den Median die Größenbeziehungen $r_{t+\Delta t}$ minus r_t im Sinne von $r_{t+\Delta t} - r_t$ des Nennerausdrucks der CIR-Berechnungen zum einen im Rahmen der Differenzen- und zum anderen im Rahmen der Absolutauswertung, so sind beide Ausdrücke identisch: mittels mathematischer Umformung geht die eine Größe $r_{t+\Delta t} - r_t$ der Differenzenbetrachtung aus derjenigen der Absolutbetrachtung hervor. Denn **med60(60)-dax-0** bei der Differenzenformulierung entspricht **med60(60)-dax** bei der Absolutformulierung. Wenn auch die relativen Größenbeziehungen der anderen Lagemaße unter diesem Vereinheitlichungsgesichtspunkt herzustellen wären, so müßte notwendigerweise für r_t der Ausdruck **maxabs60+upquartabs60(60)-upquartabs60** bestimmt werden. Störend hierbei ist die Komponente **upquartabs60(60)**, welche Zukunftsinformationen enthält. Der naive Vergleichsmaßstab würde hier den Charakter einer bedingten Prognose annehmen. Aus diesem Grund wurde diese Alternative ebenfalls verworfen.

Der Ausdruck **maxabs60+dax-medabs60** erweist sich in Bezug auf die Zielsetzung der Auswertung am vorteilhaftesten, da er die Nachteile der Alternative **maxabs60** mittels der zusätzlichen Information des aktuellen DAX-Wertes und des Median in dem entsprechenden Zeitraum kompensiert. Sondereffekte, beispielsweise aus Trendverläufen resultierend, fließen so in die Bewertung mit ein.

Folglich werden für r_t die entsprechenden Werte für quartabs60+dax-medabs60 eingestellt.

---

[19] Dies gilt nicht für die analogen Differenzenformulierungen, da hier relative Aussagen zu nächstgelegenen Lagemaßen getroffen werden. Demzufolge können hier entprechende naive Annahmen bzgl. Trendfortsetzungen der Lagemaße über Zeiträume hinweg getroffen werden.

Im Falle der **Absolutformulierung des Median** werden für $r_{t+\Delta t}$ die jeweils tatsächlich eingetretenen Werte für medabs60(60) eingesetzt. Für $\hat{r}_{t+\Delta t}$ sind die jeweils aus den Differenzenformulierungen zurückberechneten, prognostizierten Werte in analoger Weise einzusetzen. Entsprechend der Begründung für die Absolutformulierung der vorangegangenen Lagemaße wird für r_t der jeweils aktuelle DAX-Wert dax eingestellt. Dieser symbolisiert den zeitgerechtesten Informationsstand im Rahmen einer Entscheidung.

Die **Bewertung anhand der Fehlerkriterien** wird sowohl über die **gesamte Generalisierungsmenge**, als auch über **sequentielle Teilabschnitte in Form einer 1/4- und einer 1/12-Einteilung** durchgeführt. Da die Generalisierungsmenge ein Jahr umfaßt, handelt es sich bei der 1/4-Einteilung um Quartalsabschnitte und bei der 1/12-Einteilung um Monatsabschnitte. Die Bewertung über den gesamten Prognosezeitraum stellt dabei eine Globalbetrachtung dar, während die Bewertung über die Zeitfenster hinweg der Dynamisierung dient und Aussagen über die Veränderung der Fehlerwerte über die Zeit hinweg erlaubt.

Im folgenden werden die **Ergebnisse sowohl auf Basis der interquartilen und intraquartilen Differenzen, als auch auf Basis der absoluten Lagemaße** aufgezeigt. Die **Ergebnisse** werden zum einen **in graphischer Form** dargestellt, wobei die Abbildungen zusätzlich verbal kommentiert werden, und zum anderen dienen **Fehlermaße der quantitativen Bewertung**.

2.3.3. Evaluierung auf Basis der verwendeten Prognoseformulierung als Differenzengrößen - interquartile und intraquartile Differenzen

Nachfolgende Abbildungen zeigen die Ergebnisse der **Output-Targetannäherung** für die einzelnen Prognosen in graphischer Form.

Die **Abb. 41** zeigt die Approximationsgüte für das Lagemaß **max60(60)-upquart60(60)**. Eine **hohe Übereinstimmung der Output- und der Targetreihe** verkörpert dabei eine **hohe Approximationsgüte, ein großes Abstandsverhalten beider Reihen** eine geringe Approximationsgüte. In ihrem Verlauf zeigt sich, daß die erste Phase hoher Volatilität vom Output zeitgleich mitgetragen wird, die Werte extremer Volatilität jedoch unterschätzt werden. Die zweite Volatilitätsphase wird hingegen nicht registriert.

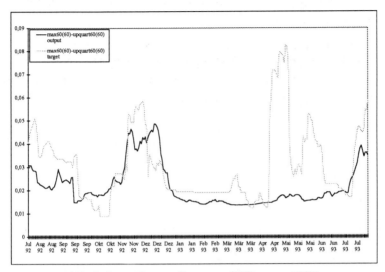

Abb. 41: Output-Targetannäherung max60(60) - upquart60(60)

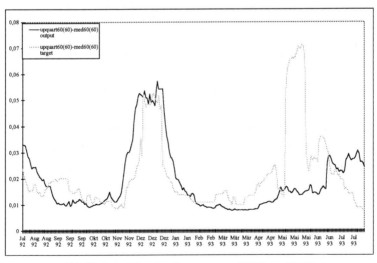

Abb. 42: Output-Targetannäherung upquart60(60) - med60(60)

Die **Abb. 42** für die **Output-Targetannäherung des Lagemaßes upquart60(60)-med60(60)** demonstriert einen ähnlichen Sachverhalt wie max60(60)-upquart60(60), wobei jedoch das Anpassungsverhalten in der ersten Phase hoher Volatilität insbesondere bei den Extrembeobachtungen weitaus besser gelingt.

In **Abb. 43 des Lagemaßes med60(60)-lowquart60(60)** wird erstmals umgekehrt die zweite Phase hoher Volatilität in ihrem Ansatz mitgetragen, wenn auch mit einer zeitlichen Verzögerung. Die erste Volatilitätsphase hingegen wird nicht erkannt.

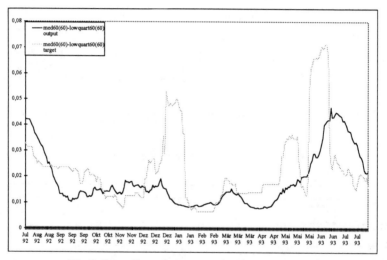

Abb. 43: Output-Targetannäherung med60(60) - lowquart60(60)

Die **Output-Targetannäherung des Lagemaßes lowquart60(60)-min60(60)** in **Abb. 44** gelingt für beide Phasen hoher Volatilität in gleicher Weise. Extremschwankungen werden jedoch auch hier unterschätzt, und die zweite Volatilitätsphase wird zeitlich verzögert wahrgenommen.

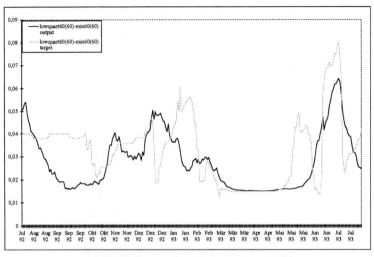

Abb. 44: Output-Targetannäherung lowquart60(60) - min60(60)

Zusammenfassend ist für die **interquartilen Differenzenprognosen max60(60)-upquart60(60)** und **upquart60(60)-med60(60)** einheitlich festzustellen, daß die **Output-Targetapproximation für die erste Hälfte des Generalisierungszeitraums** wesentlich **besser** gelingt **als für die zweite Hälfte**. Dieses Resultat geht konform mit der Logik der Modellbildung, da das Modell Trainingsdaten bis einschließlich Ende des Trainingszeitraums sichtete, an welchen sich der Generalisierungszeitraum anschließt. Am Anfang des Generalisierungzeitraums entsprechen, wenn keine gravierenden Strukurbrüche vorliegen, die Verhältnisse am ehesten denjenigen des Trainingsintervallsende. Die Strukturbeständigkeit des Modells nimmt in der Regel über den zeitlichen Verlauf der Generalisierungsmenge hinweg ab.

Diese **Entwicklung abnehmender Anpassungsgüte läßt sich jedoch bei** den interquartilen Differenzen **med60(60)-lowquart60(60)** und **lowquart60(60)-min60(60) nicht feststellen**. Hier entwickelt sich die Approximationsgüte über den Generalisierungszeitraum hinweg gleichförmig.

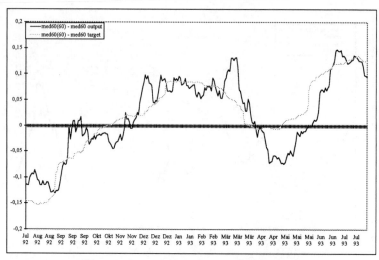

Abb. 45: Output-Targetannäherung med60(60) - med60

Auch bei der **Output-Targetannäherung des Median** in **Abb. 45** ist **keine Abnahme der Approximationsgüte über den Generalisierungsbereich hinweg** festzustellen. Der Annäherungsgrad ist im wesentlichen im gesamten Zeitintervall identisch; Abweichungen gibt es lediglich lokal Anfang / Mitte März 1993 und Mitte April bis Anfang Mai 1993.

Nachfolgende **Abb. 46** faßt die **Kurvenverläufe der Outputwerte der interquartilen Differenzen zusammen.** Die **Simultanbetrachtung** soll den Grad der Differenzierung der Einzelverläufe untereinander veranschaulichen.

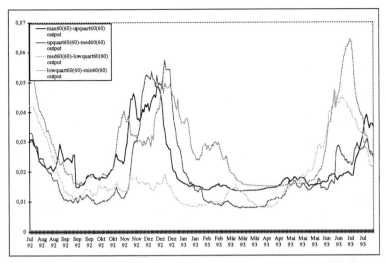

Abb. 46: Outputverläufe der interquartilen Differenzen des Interface Modells

Vergleicht man die Abbildung mit der entsprechenden Graphik der **Kurvenverläufe für die Targetwerte** (Abb. 35 in Gliederungspunkt C. 2.1.), so fallen **übereinstimmende Phasen höherer Volatilität im November 1992 bis Januar 1993 und Juni 1993** auf. Somit wird die 1. Phase höherer Volatilität des realen Kursverlaufs zeitraumäquivalent prognostiziert, während die 2. Phase höherer Volatilität mit einem signifikanten Time-lag nachgebildet wird. Signifikant ist weiterhin, daß sich für die **erste Volatilitätsphase die Reihenfolge der Reaktionsverzögerungen der prognostizierten Differenzen konsistent verhält zu der Targetentwicklung** - eventuell mit Ausnahme des med60(60)-lowquart60(60) - wenn auch nicht so eindeutig voneinander abgesetzt. Diese **Reihenfolge ist jedoch in der zweiten Phase hoher Volatilität eher ins Gegenteil verkehrt.**

Nachfolgende Auswertungen sind **quantitativer Art** und dienen einer fundierteren Bewertung anhand der dargestellten Fehlermaße.

Folgende Tabelle zeigt die **Ergebnisse der Differenzenauswertung** anhand der **Fehlerkriterien über den gesamten Generalisierungszeitraum vom 29.07.92 bis 28.07.93**:

	MSD	MSD CIR	MAD	MAD CIR	Bias
max60(60) - upquart60(60)	0.0177	0.41	0.0115	0.54	0.0087
upquart60(60) - med60(60)	0.0153	0.39	0.0096	0.56	0.0021
med60(60) - lowquart60(60)	0.0148	0.39	0.0105	0.59	0.0046
lowquart60(60) - min60(60)	0.0136	0.31	0.0108	0.52	0.0048
med60(60) - med60	0.0379	0.63	0.0292	0.78	0.0027

Tab. 10: Ergebnisse der inter- und intraquartilen Differenzen des Interface Modells anhand der Fehlerkriterien über den Generalisierungszeitraum

Die Anpassungsgüte stellt sich - gemessen an dem MSD und MAD - über die einzelnen **Modelle der interquartilen Differenzen** hinweg mit einem **MSD-Niveau von 0.014 bis 0.018** und einem **MAD-Niveau von 0.010 bis 0.012** als annähernd gleich gut dar. Im Gegensatz dazu hebt sich die **intraquartile Differenz des Median** mit einem **MSD von 0.038** und einem **MAD von 0.029** deutlich ab. Der Bias aller fünf Modelle mit einem Niveau von 0.002 bis 0.009 indiziert ein unsystematisches Verhalten des Prognosefehlers.

Im folgenden wird vertiefend auf die **Corresponding Information Ratios** eingegangen, da diese die **Approximationsgüte im Vergleich zu einer naiven Schätzung** bewerten.

Abb. 47 faßt graphisch die in Tab. 10 dargestellten Werte für das **MSD CIR und MAD CIR der inter- und intraquartilen Differenzen** zusammen und liefert so einen vergleichenden Überblick:

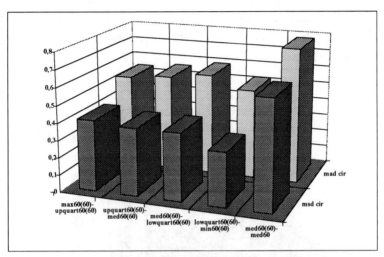

Abb. 47: MSD CIR und MAD CIR der inter- und intraquartilen Differenzen
des Interface Modells im Vergleich

Die Zahlen **MSD CIR** und **MAD CIR** für alle Prognoseaussagen demonstrieren mit einem **Niveau von ca. 0.3 bis 0.8** eine deutliche **Überlegenheit der neuronalen Modelle im Vergleich zu naiven Annahmen**. Am überlegensten - einhergehend mit den kleinsten CIR - ist die Prognose lowquart60(60)-min60(60), gefolgt von upquart60(60)-med60(60), med60(60)-lowquart60(60) und max60(60)-upquart60(60), welche sich nur geringfügig im Niveau unterscheiden, und zuletzt der intraquartilen Differenz des Median med60(60)-med60. Wertmäßig sind die **Verhältniszahlen von MAD CIR höher als von MSD CIR**, was auf die höhere Robustheit der MSD-Werte zurückzuführen ist.

Im Rahmen der **Quartalsbetrachtung** werden analog zu der Betrachtung über den gesamten Generalisierungszeitraum hinweg die Zahlenwerte für die Kriterien der **MSD, MSD CIR,**

MAD, MAD CIR und **Bias** berechnet. Diese sind in den entsprechenden Tabellen im Rahmen der **Quartalsbetrachtung** in **Anhang 4** zu finden [20].

Im folgenden sollen im Rahmen der **Quartalsbetrachtung** ausschließlich die **CIR-Werte** einer detaillierteren Diskussion unterzogen werden. **Abb. 48** dient dem graphischen Vergleich der Entwicklung der **CIR-Werte** der interquartilen Differenzen und intraquartilen Differenz des Median **über die vier Quartale hinweg**:

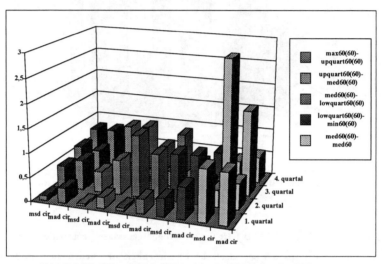

Abb. 48: MSD CIR und MAD CIR der inter- und intraquartilen Differenzen des Interface Modells über Quartale hinweg im Vergleich

Bei Betrachtung der vier Zeitfenster fällt auf, daß für die **interquartilen Differenzen** **med60(60)-lowquart60(60)** und **lowquart60(60)-min60(60)** im 2. Quartal CIR-Werte > 1 existieren, welche eine **Überlegenheit der naiven Prognose** kennzeichnen. Die rechnerische Betrachtung für max60(60)-upquart60(60) und für upquart60(60)-med60(60) bestätigt die in Abb. 41 und Abb. 42 optisch registrierte Performanceverschlechterung über die Zeit hinweg.

---

[20] In den **Tabellen in Anhang 4 und in den folgenden** sind diejenigen **CIR-Werte, die den naiven Benchmark nicht erreichen, stets dunkel unterlegt.**

Die Betrachtung der vier Zeitfenster für die **intraquartile Differenz des Median med60(60)-med60** zeigt im **1.** als auch im **3. Quartal CIR-Werte > 1**. Die rechnerische Betrachtung bestätigt hier eine ungleichgewichtige Entwicklung über die Quartale hinweg mit extremen CIR-Werten v.a. im 3. Quartal. Die graphische Betrachtung der Abb. 45 charakterisierte zuvor bei der intraquartilen Differenz des Median jedoch eine durchgängig stabile Approximationsgüte mit den lokalen Ausnahmen Anfang / Mitte März 1993 und Mitte April bis Anfang Mai 1993 - d.h. lediglich im 3. Quartal und nicht im 1. Quartal der Generalisierungsmenge. Eine Erklärung hierzu wird im Rahmen der Analyse der monatlichen Zeitfenster des Median, bei denen dieser Sachverhalt noch offensichtlicher wird, abgegeben.

Im Rahmen der **Monatsbetrachtung** werden ausschließlich die Zahlenwerte für die Kriterien der **MSD, MAD und MSD CIR und MAD CIR** berechnet. Auf die Darstellung des Bias wird verzichtet. Diese sind in den entsprechenden Tabellen im Rahmen der **Monatsbetrachtung in Anhang 5** zu finden. Im folgenden sollen im Rahmen der **Monatsbetrachtung** ausschließlich die **CIR-Werte der intraquartilen Differenz des Median** einer detaillierteren Diskussion unterzogen werden. Anhand dieser Werte **sollen exemplarisch prototypische Verhaltensmuster** erläutert werden, welche **von der intraquartilen Differenz des Median auf die CIR-Berechnungen der interquartilen Differenzen übertragbar** sind.

Abb. 49 dient dem graphischen Vergleich der Entwicklung der **CIR-Werte der intraquartilen Differenz des Median über die 12 Monatsabschnitte hinweg**:

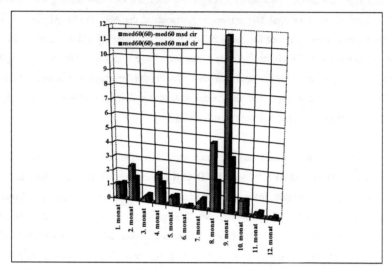

Abb. 49: MSD CIR und MAD CIR von med60(60) - med60 über Monatsabschnitte hinweg

Bedingt durch die Verkleinerung der Stichprobe von 65 Pattern bei der Quartalseinteilung auf 22 Pattern bei der Monatseinteilung hat konsequenterweise auch **die Schwankungsbreite der Ausprägungswerte der Fehlerkriterien zugenommen.** Auch hier wiederum verhält sich der MAD CIR im Durchschnitt robuster gegenüber Ausreißern als der MSD CIR.

Es fällt auf, daß es anaolg zu der Quartalsbetrachtung bei bestimmten Monaten zu **CIR-Werten > 1** kommt. Die intraquartile Differenz des **Median** weist hier **in den Monatsabschnitten 1., 2., 4., 8. und 9. CIR-Werte > 1** auf, wobei **Extremwerte** v.a. **im 8. und 9. Monatsabschnitt** erscheinen.

Als **Begründung für das Auftreten lokal hoher Extremwerte der CIR-Berechnungen** läßt sich folgendes heranziehen: der Median besitzt **extreme CIR-Werte im 8. Monat bzw. Zeitintervall vom 02.03.93 bis 31.03.93 und im 9. Monat bzw. Zeitintervall vom 01.04.93 bis 30.04.93**. In der analogen Abbildung des Realverlaufs von med60(60)-med60 (siehe auch Abb. 36 in Gliederungspunkt C. 2.1.) korrespondieren diese Zeitintervalle mit Phasen niedrigerer Volatilität, d.h. mit kleinen Werten der Targetreihe, welche nahe der Nullinie verlaufen. Der an dieser Stelle auftretende **Horizontalverlauf der Originalzeitreihe** hat zur Folge, daß **der Nenner der CIR** $r_{t+\Delta t} - r_t$ [21], welcher ja die absolute Marktbewegung beschreibt, **minimal klein,** und **somit der Gesamtausdruck extrem groß** wird.

Wenn man sich nun verdeutlicht, daß Horizontalverläufe der Targetzeitreihe der intraquartilen Differenz des Median um die Nullinie gleichzusetzen sind mit niedrig volatilen Marktphasen, läßt sich aus der Auswertung folgender Schluß ziehen: in **Zeiten hoher Volatilität,** welche mit einem erhöhten Marktrisiko einhergehen, **übertreffen die Prognosen des Neuronalen Netzes die naiven Annahmen, während in Zeiten niedriger Volatilität** bzw. niedrigem Marktrisiko **die naiven Prognosen dominieren.**

Abbildungen, die diesen Sachverhalt verdeutlichen, indem die **Entwicklungen des Zählers der CIR-Berechnungen als Darstellung des Prognoseverlaufs** und des dazugehörigen **Nenners** $r_{t+\Delta t} - r_t$ bzw. med60(60)-dax **als Darstellung des Realverlaufs der intraquartilen Differenz des Median** auf täglicher Basis gegenübergestellt werden, finden sich in Anhang 6. Diese Abbildungen zeigen den **täglich abgetragenen Verlauf der Zähler und Nenner der CIR-Quotienten.** Ursache für Extremwerte der CIR-Quotienten im **8. Monat** bzw. Zeitintervall vom 02.03.93 bis 31.03.93 und **im 9. Monat** bzw. Zeitintervall vom 01.04.93 bis 30.04.93 sind - analog zu der vorausgegangenen Erklärung des Zustandekommens lokaler Extremwerte - **Nenner mit kleinen Zahlenwerten** in den CIR-Quotienten, welche in **niedrig volatilen Marktphasen** auftreten.

---

[21] Zur Besonderheit der **Berechnung des Nenners der CIR-Werte für die intraquartile Differenz des Median** siehe Gliederungspunkt C. 2.3.2.2.. Bei dem Nenner $r_{t+\Delta t} - r_t$ ist zu beachten, daß es sich genau genommen nicht um die Originalzeitreihe med60(60)-med60 der Abb. 36 handelt, sondern um deren Variation **med60(60)-dax** (siehe Gliederungspunkt C. 2.3.2.2.). Die dargestellte Erörterung anhand der Originalreihe kann jedoch auch auf diese übertragen werden, da die zeitlichen Phasen hoher und niedriger Volatilität bei beiden Reihen identisch sind (siehe auch die Entwicklung der beiden Nenner (med60(60)-dax)^2 und |med60(60)-dax| der CIR-Berechnungen in Anhang 6).

2.3.4. Evaluierung auf Basis der rücktransformierten Prognoseformulierung als Absolutgrößen

2.3.4.1. Evaluierung gemäß Fehlermaße

Nachfolgende Abbildungen zeigen die Ergebnisse der **Output-Targetannäherung** für die einzelnen Prognosen in graphischer Form.

Abb. 50 zeigt die Approximationsgüte für das absolute Lagemaß **maxabs60(60)** im **Verhältnis zu den Targetverläufen der restlichen Quartilen.** In ihrem Verlauf zeigt sich, daß die erste Phase hoher Volatilität von Mitte November 1992 bis Ende Januar 1993 vom Output zeitgleich mitgetragen wird, das prognostizierte Maximum das tatsächliche innerhalb dieser Zeitspanne jedoch wertmäßig teilweise signifikant übertrifft. Die zweite Volatilitätsphase von Mitte April bis Mitte Juli 1993 wird zwar in ihrem Trend durch den Verlauf des Output mit getragen, jedoch wird das reale Maximum sehr stark unterschätzt.

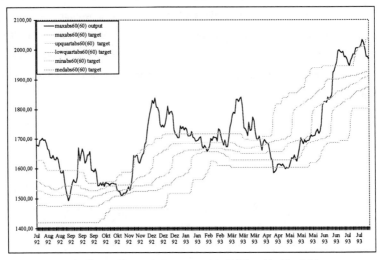

Abb. 50: Output-Targetannäherung maxabs60(60) und im Vergleich zu den Targetverläufen der restlichen Quartilen

Abb. 51 für die Output-Targetannäherung des absoluten Lagemaßes upquartabs60(60) demonstriert einen ähnlichen Sachverhalt wie maxabs60(60), indem das Anpassungsverhalten in der ersten Volatilitätsphase trotz lokalen Übertreibungen besser gelingt als in der zweiten.

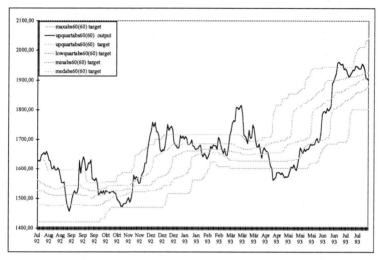

Abb. 51: Output-Targetannäherung upquartabs60(60) und im Vergleich zu den Targetverläufen der restlichen Quartilen

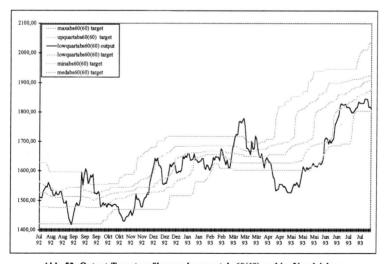

Abb. 52: Output-Targetannäherung lowquartabs60(60) und im Vergleich zu den Targetverläufen der restlichen Quartilen

Für das **absolute Lagemaß lowquartabs60(60)** in **Abb. 52** beginnt sich sich dieses Verhältnis einer besseren Anpassung in der ersten und einer schlechteren Anpassung in der zweiten Volatilitätsphase ins Gegenteil zu verkehren. Die reale Entwicklung wird über die gesamte Zeitspanne der ersten Volatilitätsphase permanent überschätzt, während in der zweiten Phase eine über längere Zeitabschnitte zunehmend besser werdende Approximation festzustellen ist.

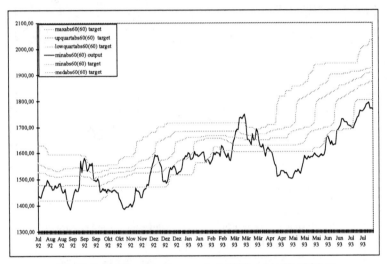

Abb. 53: **Output-Targetannäherung minabs60(60) und im Vergleich zu den Targetverläufen der restlichen Quartilen**

Abb. 53 zeigt für die **Output-Targetannäherung des absoluten Lagemaßes minabs60(60)** die höchste Approximationsgüte im Vergleich zu den restlichen Lagemaßen. Beide Phasen hoher Volatilität werden annähernd genau approximiert, wobei die erste Phase wertmäßig über-, die zweite hingegen wertmäßig unterschätzt wird.

Abb. 54 der Approximation des **absoluten Lagemaßes des Median medabs60(60)** zeigt analog zu dem absoluten Maximum und Upper Quartile eine bessere Output-Targetannäherung in der ersten im Vergleich zur zweiten Volatilitätsphase.

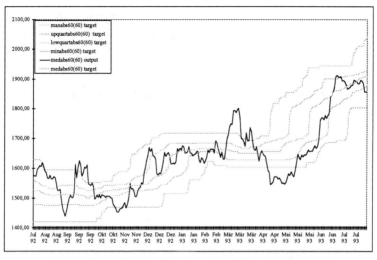

Abb. 54: Output-Targetannäherung medabs60(60) und im Vergleich
zu den Targetverläufen der restlichen Quartilen

Aus den **graphischen Verläufen der Output-Targetannäherungen für die fünf absoluten Lagemaße** ist ersichtlich, daß der **Median den Grundverlauf für die Outputreihen der restlichen Lagemaße vorgibt**. Dies folgt aus der rechentechnischen Begründung, daß ausgehend vom Median medabs60(60) als Referenzlagemaß die benachbarten Lagemaße upquartabs60(60) und lowquartabs60(60) angegliedert werden, welche anschließend ihrerseits als Anknüpfungspunkte für die Ermittlung der Extremlagemaße dienen. So setzt sich die Grundstruktur des Median über die benachbarten Lagemaße hinweg fort.

Eine **zusammenfassende Betrachtung der Outputverläufe der absoluten Lagemaße** (siehe Abb. 56) dient der **Analyse, inwieweit die fünf Kurvenverläufe voneinander differieren**. Weisen die Kurven nicht nur eine Differenz in der Höhenversetzung bei sonst deckungsgleichem Verlauf auf - wie das hier der Fall ist -, so ist dies ein Indikator dafür, daß auf die Grundbewegung des Median unterschiedliche interquartile Abstände zum nächstgelegenen Lagemaß angegliedert worden sind.

Nachfolgende **Abbildungen** liefern eine **Gegenüberstellung der Target-** (**Abb. 55**) und der **Outputverläufe** (**Abb. 56**) der absoluten **Lagemaße** jeweils im Vergleich zur **Rohvariablen DAX**:

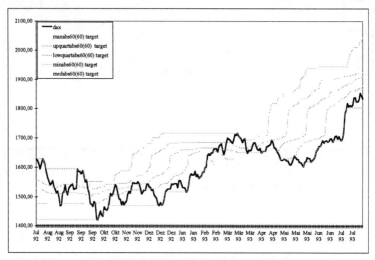

Abb. 55: **Targetverläufe der absoluten Lagemaße des Interface Modells im Vergleich zur Rohvariablen DAX**

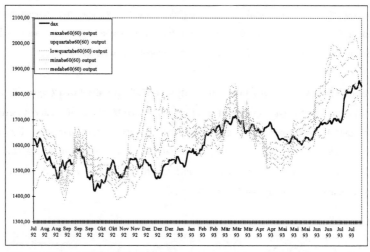

Abb. 56: **Outputverläufe der absoluten Lagemaße des Interface Modells im Vergleich zur Rohvariablen DAX**

Bei einem Vergleich der Abb. 55 und Abb. 56 fällt auf, daß **die Phasen hoher und niedriger Bandbreitenvolatilität** - dargestellt durch breite und schmale Bandbreiten der Zeitreihen - **bei Output- und Targetverläufen** zeitlich ungefähr übereinstimmen. So ist eine gemeinsame **hohe Bandbreitenvolatilität im November / Dezember 1992 und Juni / Juli 1993** festzustellen.

Wie Abb. 55 der Targetverläufe zeigt, herrscht in **der Generalisierungsphase ein aufwärtsgerichteter Trend** vor. Das Minimum über die zukünftigen 60 Tage hinweg reagiert mit der höchsten Anpassungsverzögerung auf die Entwicklung der Rohdatenreihe des DAX, so daß dieses Lagemaß das fünfvektorige Band aller Lagemaße vorwiegend am unteren Ende abschließt. Die Outputverläufe in Abbildung 56 vollziehen diese Bewegung größtenteils nach, mit einigen auffälligen Abweichungen beispielsweise im November 1992 und Mitte März und April 1993, wo das Bandbreitenverhalten der prognostizierten Lagemaße nicht mit dem durch den DAX-Verlauf abgesteckten Gültigkeitsbereich übereinstimmt [22]. Im Dezember 1992, Januar 1993 und April 1993 herrscht sogar die Extremsituation vor, daß sich der reale DAX-Wert außerhalb des Prognosebereichs sämtlicher Lagemaße bewegt.

---

[22] Siehe hierzu auch die Einteilung der Realisationen der zukünftigen absoluten Lagemaße in Klassenintervalle und die Berechnung von zugehörigen Wahrscheinlichkeitsverteilungen im Rahmen des **relativen Entropiemaßes** in Gliederungspunkt C. 2.3.4.2..

Folgende Tabelle zeigt die **Ergebnisse der Absolutauswertungen** anhand der **Fehlerkriterien über den gesamten Generalisierungszeitraum vom 29.07.92 bis 28.07.93**:

	MSD	MSD CIR	MAD	MAD CIR	Bias
maxabs60(60)	96.88	0.62	68.64	0.68	23.86
upquart abs60(60)	77.56	0.54	59.39	0.71	8.41
lowquart abs60(60)	57.54	0.70	47.07	0.81	-2.71
minabs60(60)	58.41	0.91	46.74	0.91	-9.99
medabs60(60)	62.18	0.60	48.63	0.77	4.73

Tab. 11: Ergebnisse der Absolutgrößen des Interface Modells anhand der Fehlerkriterien über den Generalisierungszeitraum

Die Anpassungsgüte stellt sich - gemessen an dem MSD und MAD - über die einzelnen **Modelle der Absolutgrößen des Upper Quartile, Lower Quartile, Minimum und Median** hinweg mit einem **MSD-Niveau von 58 bis 78** und einem **MAD-Niveau von 47 bis 59** als annähernd gleich gut dar. Im Gegensatz dazu hebt sich die **Absolutgröße des Maximum** mit einem **MSD von 97** und einem **MAD von 69** deutlich ab. Der **Bias** aller fünf Modelle mit einem **Niveau von -10 bis 24** indiziert ein unsystematisches Verhalten des Prognosefehlers, wobei auch hier der Extremwert von 24 der Absolutgröße des Maximum zuzuordnen ist.

Im folgenden wird analog zu der Differenzenbetrachtung vertiefend auf die **Corresponding Information Ratios** eingegangen, da diese die **Approximationsgüte im Vergleich zu einer naiven Schätzung** bewerten.

Abb. 57 faßt graphisch die in Tab. 11 dargestellten Werte für das **MSD CIR** und **MAD CIR** der **Absolutgrößen** zusammen und liefert so einen vergleichenden Überblick:

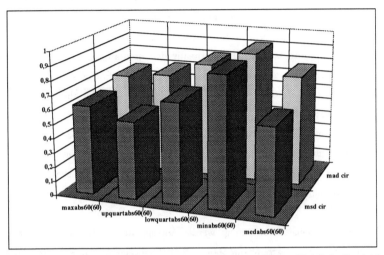

Abb. 57: MSD CIR und MAD CIR der absoluten Lagemaße des Interface Modells im Vergleich

Die Zahlen **MSD CIR** und **MAD CIR** für alle Prognoseaussagen mit einem **Niveau von ca. 0.5 bis 0.9** demonstrieren **identisch zu der Differenzenbetrachtung eine Überlegenheit der neuronalen Modelle im Vergleich zu naiven Annahmen**. Am überlegensten - einhergehend mit den kleinsten CIR - ist die Prognose des upquartabs60(60) und des maxabs60(60), gefolgt von medabs60(60), lowquartabs60(60) und minabs60(60). Wertmäßig sind die Verhältniszahlen von MAD CIR wiederum höher als diejenigen von MSD CIR.

Vergleicht man die MSD- und MAD-Werte der Absolutgröße des Maximum mit den entsprechenden CIR-Berechnungen, so zeigt sich, daß beide Betrachtungen konträre Aussagen liefern. Während die Fehlerabweichungen MSD und MAD die im Vergleich zu den anderen Lagemaßen ungünstigste Approximation indizieren, wird dies durch die Relationenbildung zur naiven Schätzung im Rahmen der CIR-Berechnungen relativiert. In dem Fall des Maximum ist demzufolge zu schließen, daß der naive Schätzer extrem unpräzise Schätzwerte liefert.

Im Vergleich zur Differenzenbetrachtung befinden sich die **CIR-Werte der absoluten Lagemaße** grundsätzlich auf höherem Niveau, d.h. **die Output-Targetannäherung ist im**

Differenzenfall besser gelungen. Auch hat sich im Unterschied zu der Differenzenbetrachtung mit einer Bewertungsreihenfolge bezüglich der Approximationsgüte von Minimum - Upper Quartil - Lower Quartil - Maximum - Median diese nun verändert zu Upper Quartil - Maximum - Median - Lower Quartil - Minimum.

Eine Sonderstellung besitzen die **CIR-Werte für den Median**: diese sind **bei der Differenzen- und Absolutbetrachtung nahezu identisch** (siehe die CIR-Werte für die Differenzenbetrachtung in Tab. 10 im Vergleich zu den CIR-Werten für die Absolutbetrachtung in den Tab. 11). Dies resultiert zum einen aus der rechentechnischen Ableitung des Absolutlagemaßes aus der intraquartilen Differenz des Median und zum anderen aus der identischen Belegung des Nennerausdrucks im Rahmen der CIR-Berechnungen; kleinere Abweichungen ergeben sich aus der Tatsache, daß der Differenzenwert auf dem logarithmierten DAX-Wert, der Absolutwert hingegen auf dem nicht logarithmierten DAX-Wert beruht [23].

Im Rahmen der Quartalsbetrachtung **werden analog zu der Betrachtung über den gesamten Generalisierungszeitraum hinweg die Zahlenwerte für die Kriterien der** MSD, MSD CIR, MAD, MAD CIR und Bias **berechnet. Diese sind in den entsprechenden** Tabellen im Rahmen der Quartalsbetrachtung in Anhang 7 **zu finden.**

Im folgenden sollen im Rahmen der **Quartalsbetrachtung** ausschließlich die **CIR-Werte** einer detaillierteren Diskussion unterzogen werden.

---

[23] So handelt es sich bei dem allgemeinen **Nennerausdruck** $r_{t+\Delta t} - r_t$ **des Median** sowohl als Differenzengröße als auch als Absolutgröße um die konkrete Belegung **medabs60(60)-dax** (siehe auch Gliederungspunkt C. 2.3.2.2.). Beide Belegungen sind identisch - mit dem einzigen Unterschied, daß es sich bei ersterem um logarithmierte und bei letzterem um nicht logarithmierte Werte handelt.

Nachfolgende **Abb. 58** dient dem graphischen Vergleich der Entwicklung der **CIR-Werte der Absolutgrößen über die vier Quartale hinweg**:

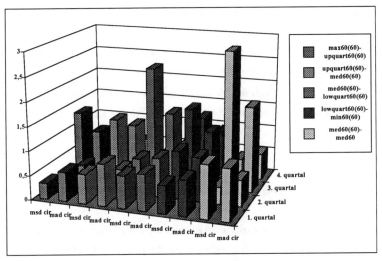

Abb. 58: MSD CIR und MAD CIR der absoluten Lagemaße des Interface Modells über Quartale hinweg im Vergleich

Die Betrachtung der vier Zeitfenster zeigt **im 3. Quartal für sämtliche absolute Lagemaße CIR-Werte > 1**, welche eine Überlegenheit der naiven Prognose kennzeichnen. Für das absolute Lagemaß **minabs60(60)** kommt desweiteren im **4. Quartal** und für **medabs60(60) im 1. Quartal CIR-Werte > 1** hinzu.

Im Vergleich zu den CIR-Werten der Differenzenauswertung im Rahmen der Quartalsbetrachtung befinden sich die vorliegenden **Werte der Absolutbetrachtung für die Lagemaße des Maximum, Upper Quartile, Lower Quartile und Minimum auf leicht höherem Niveau**. Ebenfalls konnte keine permanente Performanceverschlechterung über die Zeit d.h. Quartale hinweg registriert werden.

Im Rahmen der Monatsbetrachtung **werden ausschließlich die Zahlenwerte für die Kriterien der MSD, MAD und MSD CIR und MAD CIR berechnet. Auf die Darstellung des Bias wird verzichtet. Diese sind in den entsprechenden** Tabellen im Rahmen der Monatsbetrachtung in Anhang 8 **zu finden.**

Da sich die **CIR-Werte für den Median in der Differenzen- und in der Absolutberechnung gleichen**, kann der im Rahmen der **Monatsbetrachtung der Differenzengrößen** dargestellte Sachverhalt (siehe Gliederungspunkt C. 2.3.3.) **analog auf die Monatsbetrachtung der absoluten Beziehungen übertragen werden**. So weisen **identisch zu der Differenzenbetrachtung die CIR-Werte für den Median im 1., 2., 4., 8. und 9. Monat diesselben Werte > 1 aus**. Die Erklärung für das Ausreißerverhalten der CIR-Werte der absoluten Lagemaße ist analog zu der Differenzenauswertung in den kleinen Nennerwerten zu finden, welche Horizontalverläufe des Median indizieren. Auch hier lassen sich die anhand des Median festgestellten **Ergebnisse auf die restlichen absoluten Lagemaße übertragen**, da diese auf demselben Nennerausdruck der CIR-Quotienten medabs60(60)-dax basieren [24].

2.3.4.2. Evaluierung gemäß relativem Entropiemaß

Neben der Modellauswertung im Rahmen von Fehlerkriterien, welche den Grad der Output-Targetapproximation messen, existiert die Möglichkeit, die Prognosen absoluter Lagemaße mittels relativem Entropiemaß zu bewerten. Bei der Evaluierung mittels **relativer Entropie** ist im Gegensatz zum klassischen Fehlerkriterium nicht der Approximationsgrad zwischen einzelnen Kursverläufen Meßgegenstand, sondern der **Annäherungsgrad zwischen tatsächlicher und geschätzter Wahrscheinlichkeitsverteilung**. Basis hierfür bilden die mittels den absoluten Lagemaßen abgesteckten erwarteten und prognostizierten Klassenintervalle. Als Resultat der prognostizierten absoluten Lagemaße lassen sich Klassenintervalle α aufstellen, deren Grenzen durch die absoluten Lagemaße determiniert sind.

Die Aufgabenstellung der **Quartilsprognose gibt dabei die erwartete Wahrscheinlichkeit** $Q_\alpha(Y_h)$ **mit der sich die zukünftige Realisation des Prozesses** Y_h **in einem der Klassenintervalle** α **aufhalten wird mit** $Q_\alpha(X_h) = 0.25$ vor. Es können insgesamt **vier Klassenintervalle** α_{1-4} aufgestellt werden mit

F.49 $\qquad \sum_x Q_{\alpha x}(Y_h) = 1.$

---

[24] Durch Umformung erhält man aus dem Nennerausdruck quartabs60(60)-[quartabs60+dax-medabs60] der absoluten Lagemaße des Maximum, Upper Quartile, Lower Quartile und Minimum den Nennerausdruck medabs60(60)-dax des Median (siehe auch Gliederungspunkt. 2.3.2.2.).

Abb. 59 verdeutlicht die **Klassenintervall-Struktur** und deren gegebene **Auftrittswahrscheinlichkeiten für die erwartete Wahrscheinlichkeitsverteilung** $Q_\alpha(Y_h)$:

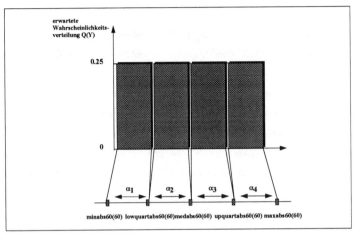

Abb. 59: Klassenintervall-Struktur und Zugehörigkeitswahrscheinlichkeiten für die erwartete Wahrscheinlichkeitsverteilung $Q_\alpha(Y_h)$ der Quartilsprognose

Die **Klassenintervall-Struktur** und deren **Auftrittswahrscheinlichkeiten für die prognostizierte Wahrscheinlichkeitsverteilung** $P_\alpha(Y_h)$ hingegen können sich wie in **Abb. 60** darstellen:

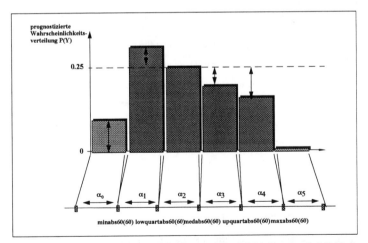

Abb. 60: Beispiel einer Klassenintervall-Struktur und Zugehörigkeitswahrscheinlichkeiten für die prognostizierte Wahrscheinlichkeitsverteilung $P_\alpha(Y_h)$ der Quartilsprognose

Um einen **Vergleich zwischen der prognostizierten und der erwarteten Wahrscheinlichkeitsverteilung** durchzuführen, wird im folgenden auf das **Referenzmaß der relativen Entropie** bzw. **die Kullback-Leibler Distanz** [KULB68], [GRAY90] zurückgegriffen:

F.50 $$H_{P\|Q} = \sum_{\alpha} P_\alpha \log\left(\frac{P_\alpha}{Q_\alpha}\right)$$

$H_{P\|Q}$ ist die **relative Entropie der Wahrscheinlichkeitsverteilung** P_α **bezüglich der Referenzwahrscheinlichkeit** Q_α **über alle Klassen** α. Sie liefert eine **quantitative Maßgröße für das Abstandsverhalten der prognostizierten zur erwarteten Wahrscheinlichkeit.** Wenn $P_\alpha = Q_\alpha$, dann ist $H_{P\|Q} = 0$, ansonsten $H_{P\|Q} > 0$. Je höher folglich $H_{P\|Q}$ ist, desto größer ist die Distanz zwischen prognostizierter und erwarteter Wahrscheinlichkeit [HAYK94, 218f u. 447].

Bezüglich der relativen Entropie $H_{P\|Q}$ sind zwei Sonderfälle zu beachten:

- Die prognostizierte Realisation des Prozesses Y_h hält sich mit einer Wahrscheinlichkeit von $P_\alpha = 0$ im prognostizierten Klassenintervall α auf. Da die Funktion der relativen Entropie für diesen Fall nicht definiert ist, wird eine minimale Wahrscheinlichkeit $P_\alpha = 10^{-4}$ angenommen ($Q_\alpha = 0.25$).

- Die prognostizierte Realisation des Prozesses Yh hält sich mit einer Wahrscheinlichkeit von Pα > 0 im prognostizierten Klassenintervall α0 mit [0,Min] bzw. α5 mit [Max,+∞] auf [25]. Da die Funktion der relativen Entropie für diesen Fall nicht definiert ist, werden die prognostizierten Klassenintervalle α0 und α1 zu einem einzigen Klassenintervall zusammengefaßt, um dem Intervall α1 der erwarteten Wahrscheinlichkeitsverteilung gegenübergestellt werden zu können. Entsprechend werden die prognostizierten Klassenintervalle α4 und α5 als zusammengefaßtes Klassenintervall dem Intervall α4 der erwarteten Wahrscheinlichkeitsverteilung gegenübergestellt [26].

---

[25] Dieser Sonderfall ist graphisch in Abb. 60 abgebildet. Die prognostizierten Klassenintervalle α_0 und α_5 stellen diese Fehlklassifikationen dar.

[26] Als Alternative hätte man für die betreffenden **Klassen** α_1 **und** α_6 analog zum ersten Sonderfall eine minimale Wahrscheinlichkeit $Q_\alpha = 10^{-4}$ annehmen können. Ökonomische Überlegungen jedoch sprechen für die gewählte **Variante der Klassenaggregation**, da eine Fehlprognose mit einem Prognosewert unterhalb des realen Minimum oder oberhalb des realen Maximum sich in den in der

Folgende Abbildung zeigt den **Verlauf der Differenzen zwischen der Kullback-Leibler Distanz der naiven minus der neuronalen Prognose**[27] über den **Generalisierungszeitraum** hinweg und dient der Herausarbeitung des Abstandsverhaltens zwischen beiden Prognosearten:

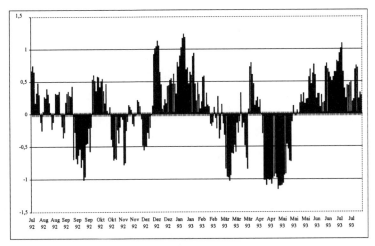

Abb. 61: Differenzen der Kullback-Leibler Distanz der naiven minus der neuronalen Prognose für die absoluten Lagemaße über die Generalisierungsmenge

Positive Differenzen kennzeichnen eine **Überlegenheit der neuronalen zur naiven Prognose**. Diese Überlegenheit ist am deutlichsten in den Zeiträumen **Mitte Dezember 1992 bis Mitte Februar 1993** und **Mitte Mai bis Juli 1993** festzustellen. Vergleicht man diese Zeiträume mit der Abb. 55 in Gliederungspunkt C. 2.3.4.1. bzgl. der Targetverläufe der Absolutgrößen, so läßt sich feststellen, daß sich diese dort mit **Phasen hoher Volatilität** decken. Als Fazit ist auch aus der Auswertung gemäß relativer Entropiemaße - identisch zu der Evaluierung mittels Fehlermaße - abzuleiten, daß die **neuronale Prognose die naive Trendfort-**

---

[27] Um eine **Kontinuität in der Modellauswertung** sicherzustellen, werden den naiven Annahmen hier dieselben Größen, wie sie für die Variablen r_t im Rahmen der CIR-Berechnungen verwendet werden, zugrundegelegt. Das bedeutet, für r_t der Absolutformulierungen Maximum, Upper Quartile, Lower Quartile und Minimum werden die Berechnungen quartabs60+dax-medabs60 eingestellt und für r_t der Absolutformulierung des Median die Berechung dax (siehe auch Gliederungspunkt C. 2.3.2.2.).

vorliegenden Arbeit verwendeten Handelsstrategien, die auf diese Wahrscheinlichkeitsverteilung angewandt werden (siehe Gliederungspunkt C. 4.1.1.), nicht ertragsmindernd auswirken.

3. Entwicklung von Benchmark Modellen in Form einer ausgewählten Strategieoptimierung

3.1. Indirekte Strategieoptimierung mittels Formulierung im Prognoseoutput versus direkte Strategieoptimierung mittels Formulierung in der Zielfunktion

Ziel bei der Entwicklung der Benchmark Modelle ist es - anders als bei dem strategienunabhängigen Interface Modell - die Modellrechnung gezielt auf Handelsstrategien abzustellen, um somit **strategienspezifische Handelsmodelle** zu generieren. Die Wahl der Handelsstrategien orientiert sich dabei an dem Konzept des Interface Modells.

Wie bereits dargestellt, liefert das Interface Modell Anknüpfungspunkte für unterschiedliche Auswertungs- bzw. Einsatzstrategien, zum einen in Form von inter- und intraquartilen Differenzengrößen und zum anderen in Form von rückgeführten absoluten Quartilsgrößen. Im folgenden werden **zwei Strategien** ausgewählt, wovon **die erste an den prognostizierten Erwartungswerten für interquartile Differenzen, die zweite an den prognostizierten Erwartungswerten für absolute Quartile ansetzt.**

Im Unterschied zu dem Interface Modell, welches lediglich gemäß dieser Strategienwahl **ausgewertet** wird, werden nun die Benchmark Modelle gemäß den gewählten Strategien **optimiert**. Entsprechend erfolgt eine **Strategieoptimierung im Rahmen des ersten Benchmark Modells, anknüpfend an interquartile Differenzen, und eine Strategieoptimierung im Rahmen des zweiten, anknüpfend an absolute Quartile.**

Es existieren grundsätzlich **zwei Varianten**, eine **Strategieoptimierung in einem Neuronalen Netz** zu formulieren:

- **Indirekt**, über entsprechende Formulierung auf Seiten der Prognose im Sinne einer **gezielten Targetbelegung**.

- **Direkt**, über entsprechende Formulierung auf Seiten des modellinhärenten Lernalgorithmus im Sinne einer **gezielten Zielfunktionenbelegung**.

Diese verkörpern die sich gegenüberliegenden Extremausprägungen, innerhalb derer auch Mischformen möglich sind. Bei der **indirekten Formulierung in der Targetbelegung** entsprechen die **formulierten Targetgrößen Handelssignalen** beispielsweise in den möglichen Ausprägungsformen long, short oder neutral mit der Folge, eine Kauf-, eine Verkauf- oder keine Position einzugehen. Das Modell erfährt im Laufe der Modellerstellung folglich eine Anpassung an die in diesem Sinne formulierten Targetwerte. Die **Formulierung des Prognoseoutput in Form von Handelssignalen**, die sich gegenseitig ausschließen, impliziert dabei die **Zugrundelegung des Klassifikationsansatzes**. Es erfolgt eine Klassifizierung der einzelnen Trainingsbeispiele in die definierten Handelspositionen. Bei der **direkten Formulierung mittels der Zielfunktion** wird das Modell nicht von Seiten der Targetausprägung her an die gewünschte Handelsstrategie angepaßt, sondern der gesamte rechentechnische **Ablauf der Fehlerminimierung** wird auf die Strategieoptimierung fokussiert.

Problematisch bei der **indirekten Strategieformulierung** im Prognoseoutput ist es, daß es in Kombination mit funktionsapproximierenden Zielfunktionen [39] zu dem in Gliederungspunkt B. 2.2. diskutierten Zielkonflikt zwischen Funktionsapproximation und Signalerkennung kommen kann. So ist auch hier ein abnehmender Fehlerwert ein ungeeigneter Indikator für eine Performanceverbesserung im Rahmen eines Handelsmodells.

Bei der **direkten Strategienformulierung mittels der Zielfunktion** integriert eine geeignete mathematische Definition der Zielfunktion die Strategieoptimierung implizit in den Lernvorgang. Die dargestellte Diskrepanz zwischen Funktions- und Signalerkennung kann dabei vermieden und eine Synchronisation zwischen Fehler- und Signalkriterium sichergestellt werden.

Exkurs: Beispiel einer Formulierung einer Aufgabe indirekt im Prognoseoutput versus ihrer Formulierung direkt in der Zielfunktion

Eine Handelsstrategie, bei der der DAX täglich in Abhängigkeit davon, ob der prognostizierte DAX-Wert in 60 Tagen über oder unterhalb des aktuellen liegt, ge- oder verkauft wird, wird im Rahmen der indirekten Prognoseformulierung wie folgt realisiert.

---

[39] In der Systematisierung möglicher Fehlerfunktionen neuronaler Klassifikationsnetze in Gliederungspunkt B. 3.3. werden diese als **approximationstheoretische Funktionen** aufgelistet.

Die konkrete Targetformulierung lautet:

„Wenn der DAX-Wert in 60 Tagen über dem aktuellen DAX-Wert liegt dann kaufe ansonsten verkaufe"

In die Syntax der neuronalen Entwicklungsumgebung SENNV0.9^{TM} gebracht sieht die Targetbeschreibung wie folgt aus:

TARGET = IF dax(60) > dax THEN 1 ELSE -1

Angenommen, zwei sukzessiv trainierte Epochen setzen sich jeweils aus zwei Datenbeispielen mit den folgenden Wertausprägungen zusammen:

		Targetwert	Outputwert	Absoluter Fehler	Signal erkannt
Epoche 1	Pattern 1	1.0	0.1	0.9	ja
	Pattern 2	-1.0	-0.1	0.9	ja
MAD				0.9	
Hit Rate					1.0
Epoche 2	Pattern 1	1.0	0.9	0.1	ja
	Pattern 2	-1.0	0.1	1.1	nein
MAD				0.6	
Hit Rate					0.5

Tab. 12: Beispiel eines Zielkonflikts zwischen Funktionsapproximation und Signalerkennung

Die Aufgabenformulierung sieht es nicht vor, eine Differenz dax(60)-dax quantitativ und exakt zu schätzen und hieraus Handelssignale für ein Kaufen (bei positiven Differenzen) und Verkaufen (bei negativen Differenzen) abzuleiten, sondern direkt diese Handelssignale (1 steht für ein Kaufsignal und -1 für ein Verkaufssignal) abzugeben. Outputwerte nahe bei Null kennzeichnen dabei Netzaussagen unter hoher Unsicherheit. Je besser sich die Outputwerte an die Targetwerte angenähert haben, desto eher sind die Handelsempfehlungen als sicher einzustufen. Die funktionsapproximierende Fehlerfunktion des MAD optimiert nun unter diesen Gesichtspunkten das Outputverhalten des Netzes, indem das Ziel die wertmäßige Annäherung des Output an den Target darstellt. Dabei kann es im

Falle unsicherer Netzentscheidungen nahe Null zu einem Dilemma zwischen den Optimierungszielen der **Fehlerminimierung** (gemessen über **MAD**) und der korrekten **Signalerkennung** (gemessen über **Hit Rate**) kommen. Das Zahlenbeispiel zeigt, daß sogar für einen einfachen Zweiklassenfall, bei dem sich die Targetwerte gegenseitig ausschließen, ein abnehmender Fehler (hier nimmt der MAD von Epoche 1 auf Epoche 2 um 0.3 ab) - und das bedeutet eine Verbesserung in der Funktionsapproximation - nicht notwendigerweise mit einer steigenden oder konstant bleibenden Hit Rate (hier nimmt die Hit Rate um 0.5 ab) - und das bedeutet eine Verbesserung oder Stagnation in der Signalerkennung - einhergeht [40].

Diesselbe Handelsstrategie wird im Rahmen der direkten Formulierung in der Zielfunktion wie folgt realisiert: anstelle der im vorangegangenen dargestellten Targetformulierung ist eine Formulierung als Returnanteil zu wählen, und zusätzlich ist die gewinnoptimierende Fehlerfunktion **ProfMax** zu aktivieren [41], welche diese Returnanteile im Sinne einer Gewinnmaximierung optimiert. Hierzu wird die mathematische Formulierung des Realised Potential als Zielfunktion in den Optimierungsprozeß aufgenommen. Demzufolge wird sowohl auf das Kriterium der Signalerkennung, als auch auf das Kriterium der Höhe der dahinterstehenden Returnerträge abgestellt.

In die Syntax der neuronalen Entwicklungsumgebung SENNV0.9^{TM} gebracht sieht die entsprechende Targetbeschreibung wie folgt aus:

$$\text{TARGET} = \tanh(\text{scale}(\text{dax}(60) - \text{dax}))\ [42]$$

Die ausgewiesenen Fehlerwerte des ProfMax-Fehlers gehen einher mit dem Ertragsausweis, so daß Diskontinuitäten zwischen Fehlerwert und Hit Rate bzw. Ertrag, wie sie sich bei der indirekten

---

[40] Dabei ist es unerheblich, ob es sich bei den Targetwerten um die binären Ausprägungen +1 und -1 (mit dem Schwellwert 0 als Trennlinie zwischen Steigt- und Fällt-Signal) oder +1 und 0 (mit dem Schwellwert 0.5 als Trennlinie) handelt: das dargestellte Dilemma gilt in beiden Fällen. Auch bleibt diese Aussage für das mittlere quadrierte Fehlermaß (MSE) ebenso gültig.

In [KERL94,470-472] wird das Dilemma wie folgt aufgezeigt: „Die Fehlerfunktion (d.h. das MSE-Fehlermaß, *Anmerkung d. Verf.*) gestattet es, einen Abstieg auf der Fehleroberfläche zugunsten eines völlig falschen Netzwerkoutputs zu Lasten zweier gerade noch richtigen Netzwerkoutputs durchzuführen. Dies kann allerdings bei einem Klassifikationsproblem nicht erstrebenswert sein".

[41] Zu beachten ist, daß im Falle der **ProfMax-Funktion** die Targetformulierung stets als Returnanteil charakterisiert werden muß. Geeignet sind beispielsweise Differenzenbildungen (wie im vorliegenden Fall) oder Ausdrücke in Form von relativen Differenzen. Weiterhin ist die Verwendung einer Hyperbolic Tangent-Transformation in der Targetformulierung, und damit einhergehend die Verwendung von Hyperbolic Tangent [tanh (u)]-Aktivierungsfunktionen in den Neuronen der Output Schicht zwingend notwendig, um eine stetige Differenzierbarkeit der Fehlerfunktion ProfMax zu garantieren. Zu der ProfMax-Funktion siehe auch die Ausführungen in Gliederungspunkt B. 2.2..

[42] Zu dem Makrocode **tanh** der SENN-Eingabekomponente siehe Erläuterung in Anhang 1.

Strategieformulierung in Kombination mit approximationstheoretischen Fehlerfunktionen einstellen können, vermieden werden.

Problematisch bei der Variante der **direkten Strategieoptimierung** über die Zielfunktion ist die **Kombinationsvielfalt, da für jede Strategie eine spezifische Zielfunktion mathematisch formuliert und programmtechnisch umgesetzt werden muß** [43]. Das Einbringen neuer Strategieoptimierungsfunktionen ist jedoch aufgrund einer bis dato fehlenden Programmierschnittstelle in SENNV0.9^{TM} nicht möglich. Weiterhin sind für die beiden im folgenden diskutierten Handelsstrategien der Benchmark Modelle die Returnanteile nicht ähnlich einfach formulierbar, da sie von dem Eintreten bestimmter Bedingungen abhängig gemacht werden [44]. Aus diesen Gründen wird im folgenden im Rahmen der Realisierung der beiden Benchmark Modelle der Variante der **indirekten Strategieformulierung im Prognoseoutput** der Vorzug gegeben.

3.2. Entwicklung des Benchmark Modells mittels indirekter Strategieformulierung auf Basis von Differenzengrößen - Abfrageschema vor der Modellentwicklung

Das Benchmark Modell mittels **indirekter Strategieformulierung auf Basis von Differenzengrößen** wird unter Zugrundelegung der **Spezifikationsdatei für die interquartilen Differenzen der Interface-Modellierung** gemäß **Anhang 2** entwickelt. Begründung hierfür ist, daß die Targetformulierung in Form von interquartilen Differenzen im Rahmen des Interface Modells die zu dieser Strategieformulierung engste Anlehnung besitzt, und die Aufbereitung des Datainput mit diesen Targetgrößen korrespondiert (siehe auch Gliederungspunkt C. 2.2.1.2.).

Da hier interquartile Differenzen als Bezugswerte für die Handelsstrategie fungieren sollen, bietet sich an, eine **Handelsstrategie** zu formulieren, welche an der **Entwicklung des inter-**

---

[43] Siehe hierzu auch die Diskussion um das **Zuordnungsdilemma zwischen den Auswertungs- und Einsatzmöglichkeiten und den Entwicklungskonzepten** in Gliederungspunkt B. 2.2..

[44] Zu den konkreten Bedingungen bzw. Berechnungsweisen der **Returnanteile** siehe Gliederungspunkte C. 4.1.2. und C. 4.1.3..

quartilen Unterschiedsbetrags zwischen **Upper und Lower Quartile** ansetzt, der wiederum als ein Volatilitätsmaß interpretierbar ist. Die zugrundeliegende Basisüberlegung lautet, **wenn die Volatilität, gemessen an dem Unterschiedsbetrag zwischen Upper und Lower Quartile, steigt, so läßt sich ein Kaufsignal ableiten und umgekehrt.** Betrachtungszeitraum ist, um die Vergleichbarkeit zum Interface Modell herzustellen, auch hier 60 Werktage. Vergleichszeitraum, zu dem eine Zu- oder Abnahme der Volatilität gemessen wird, ist das entsprechende vorausgegangene Zeitfenster [45]. Die für das **Benchmark Modell auf Basis interquartiler Differenzen** konkrete **Targetformulierung** lautet folglich, verbal ausgedrückt:

„Wenn der prognostizierte Spread zwischen Upper und Lower Quartile der zukünftigen 60 Tage über dem entsprechendem realen Spread des vorausgegangenen 60-Tagefensters liegt, dann kaufe, ansonsten verkaufe."

und in die Syntax von SENNV0.9^{TM} gebracht [46] :

$TARGET_1$ = IF (upquart60(60) - lowquart60(60)) > (upquart60 - lowquart60)

---

[45] Die **Güte dieser Strategie** im Sinne der **Praxisrelevanz der Signalableitung** wurde zuvor evaluiert, indem das **Realised Potential** und der **Profit/Loss für ein stets korrekt agierendes Modell** über den vergangenen Modellierungszeitraum und die beiden Generalisierungszeiträume 1 (29.07.92-28.07.93) und 2 (29.07.93-28.07.94) (zu der Einführung eines Generalisierungszeitraums 2 im Rahmen der ökonomischen Auswertung siehe auch Gliederungspunkt C. 4.1.1.) berechnet wurde. Liefert dieses Gütekriterium annehmbare Werte, so geht man davon aus, daß auch über die sich anschließenden Generalisierungszeiträume die Strategierelevanz erfüllt sein wird. Ebenso wurde an dieser Stelle der Modellentwicklung die Performance einer auf dieser Strategie aufsetzenden naiven Prognose berechnet, um den Unterschied zwischen möglicher und naiver Performance zu ermitteln. Für diese Testrechnung mußte notwendigerweise die Frage des Handelsobjekts, die hier erst später in Gliederungspunkt C. 4.1.2. dargestellt wird, bereits geklärt worden sein, um die konkreten Returnanteile benannt haben zu können. Im Falle des Benchmark Modells auf Basis interquartiler Differenzen handelt es sich bei dem Handelsobjekt um den Spread zwischen Upper und Lower Quartile des vorausgegangenen 60-Tagefensters, welcher ge- oder verkauft wird. Die Ergebnisse dieser Testrechnung werden unter $RP_{möglich}$ und $Profit/Loss_{möglich}$ bzw. RP_{naiv} und $Profit/Loss_{naiv}$ detailliert in Gliederungspunkt C. 4.1.2. in Tab. 24 erläutert.

[46] Da es sich hierbei um eine Klassifikation in zwei Klassen handelt, hätte anstelle von zwei auch nur ein Target Neuron genügt, um diese Separierung vorzunehmen. Da im Rahmen des zweiten Strategiemodells auf Basis von Absolutgrößen drei Klassen mittels dreier Target Neuronen modelliert werden, wurde für den vorliegenden Zweiklassenfall aus Vereinheitlichungsgründen ebenfalls zwei Target Neuronen verwendet.

Ein weiterer Grund liegt in der Überlegung, daß die Ausprägungswerte für die beiden Klassen nicht gleichverteilt sein könnten. Wäre die **Zahl der Klassenzugehörigkeiten** für die einzelnen Klassen signifikant unterschiedlich, müßte dies in der Zielfunktion in entsprechender Weise berücksichtigt werden, was eine Schaltung der Fälle in separate Klassen zur Voraussetzung hätte (siehe auch Gliederungspunkt C. 3.3., wo dieser Sachverhalt für die Entwicklung des Benchmark Modells auf Basis von Absolutgrößen zutrifft). Bei der vorliegenden Klassifikation trifft dies für den Zeitraum der Trainingsmenge, bestehend aus insgesamt 2258 Pattern, nicht zu, in welcher 1182 Fälle der Klasse 1 (diese repräsentieren Kaufsignale) und 1076 Fälle der Klasse 2 (diese repräsentieren Verkaufsignale) zuzuordnen sind.

THEN 1 ELSE -1

TARGET$_2$ = IF (upquart60(60) - lowquart60(60)) < = (upquart60 - lowquart60)
THEN 1 ELSE -1

Die **Spezifikationsbeschreibung in Anhang 2** wird folglich dahingehend **abgeändert,** daß

- Der ursprüngliche Targetteil durch oben genannte **Strategieformulierung** ersetzt wird.
- **Postprocessing-Signale,** die die **Trefferrate** ausdrücken, mit aufgenommen werden [47], so daß der Targetteil wie folgt aussieht:

TARGET CLUSTER 0

```
BEGIN   dax
        TARGET = IF (upquart60(60) - lowquart60(60)) > (upquart60 - lowquart60) THEN 1 ELSE -1
        ASSIGN TO class1
        TARGET = IF (upquart60(60) - lowquart60(60)) <= (upquart60 - lowquart60) THEN 1 ELSE -1
        ASSIGN TO class2
END
```

SIGNAL

```
BEGIN   Hit Rate
        o1 = OUTPUT class1(0)
        o2 = OUTPUT class2(0)
        t1 = TARGET class1(0)
        t2 = TARGET class2(0)

        SIGNAL = ((t1 + 1) / 2) * (IF (o1 > o2) THEN 1 ELSE 0)
               + ((t2 + 1) / 2) * (IF (o2 > o1) THEN 1 ELSE 0)
END
```

---

[47] Die **Hit Rate** kann **nach Formulierung in der Postprocessing-Komponente** von SENNV0.9™ - hier eingeleitet durch das Schlüsselwort **SIGNAL** - **während des Training** identisch zu den Fehlerwerten **über die Dateneinteilungen hinweg verfolgt** werden. Aufgrund des in Gliederungpunkt C. 3.1. dargestellten Dilemmas zwischen Funktionsapproximation und Signalerkennung im Rahmen der indirekten Strategieformulierung bietet es sich bei den Benchmark Modellen an, zusätzlich oder anstelle des Fehlers die Entwicklung der **Hit Rate als Indikator für die Overlearning-Erkennung** heranzuziehen. Siehe auch Ablaufschemata der Modelle in Gliederungspunkt B. 4.4.2..

- Die **Lag-Strukturen** der Spezifikationsdatei in Anhang 2, die sich ja auf die ursprünglichen Targetreihen des Interface Modells beziehen, durch diejenigen, die sich aus einer **Neuberechnung in Bezug zu der neuen Targetbildung** ergeben, ersetzt werden durch:

Inputreihe	Lag-Struktur	Korrelation[48]	korrelierte Targetreihe
rsi(ln(dax),30) - rsi(ln(dax),60)	-16	-0.30	Target 1
rsi(ln(dax),30) - rsi(ln(dax(-30)),30)	-16	-0.29	Target 1
sqrt(var(ln(dax),30)) - sqrt(var(ln(dax(-30)),30))	-16	-0.29	Target 1
sqrt(var(ln(daxcomp),60)) - sqrt(var(ln(dax),60))	-6	0.26	Target 1
aver(krnb(,60) - aver(krnb,120)	-10	-0.31	Target 1
sqrt(var(verbrgut,60)) - sqrt(var(verbrgut,120))	-60	-0.31	Target 1

Tab. 13: Lag-Strukturen des Benchmark Modells auf Basis von Differenzengrößen

3.3. Entwicklung des Benchmark Modells mittels indirekter Strategieformulierung auf Basis von Absolutgrößen - Abfrageschema vor der Modellentwicklung

Das Benchmark Modell **mittels indirekter Strategieformulierung auf Basis von Absolutgrößen** wird identisch zu demjenigen auf Differenzenbasis unter Zugrundelegung der **Spezifikationsdatei** für die interquartilen Differenzen der Interface-Modellierung gemäß **Anhang 2** entwickelt.

Da hier absolute Lagemaße als Bezugswerte für die Handelsstrategie fungieren, bietet sich an, eine Handelsstrategie zu formulieren, die an diesen Lagemaßen ansetzt, welche wiederum als Verteilungseckwerte interpretierbar sind. Die zugrundeliegende Aufgabe lautet nun, **den aktuellen DAX-Wert in die durch die beiden prognostizierten absoluten Lagemaße des Upper und des Lower Quartile aufgestellten drei Klassenintervalle einzuordnen**. Ein **aktueller DAX-Wert auf oder oberhalb des Niveaus des Upper Quartile** wird als **Verkaufsignal**, ein **aktueller DAX-Wert zwischen Upper und Lower Quartile** als

---

[48] Da eine Symmetrie in der Targetformulierung vorherrscht, in dem Sinne, daß sich die Targetaussagen gegenseitig ausschließen und immer nur ein Target Neuron pro Inputbeispiel gültig sein kann, existiert konsequenterweise auch eine Symmetrie in der Korrelation zu den beiden Targetreihen: ist eine Inputzeitreihe zu Targetreihe 1 positiv korreliert, so ist sie zu Targetreihe 2 mit demselben Koeffizienten negativ korreliert.

neutrales Signal und ein aktueller DAX-Wert auf oder unterhalb des Niveaus des Lower Quartile als **Kaufsignal** interpretiert [49]. Betrachtungszeitraum für die Quartile ist, um die Vergleichbarkeit zum Interface Modell herzustellen, auch hier 60 Werktage [50].

Die für das Benchmark Modell auf Basis absoluter Quartile konkrete **Targetformulierung** lautet folglich, verbal ausgedrückt:

„**Wenn das prognostizierte Upper Quartile unter dem aktuellen DAX-Wert liegt oder diesem entspricht, so verkaufe,**

wenn das prognostizierte Upper Quartile größer und das prognostizierte Lower Quartile kleiner als der aktuelle DAX-Wert ist, so sei neutral,

und wenn das prognostizierte Lower Quartile über dem aktuellen DAX-Wert liegt oder diesem entspricht, so kaufe."

und in die Syntax von SENNV0.9^{TM} gebracht [51]:

$TARGET_1$ = IF upquart60(60) < = ln(dax) THEN 1 ELSE -1
$TARGET_2$ = IF upquart60(60) > ln(dax) AND lowquart60(60) < ln(dax) THEN 1 ELSE -1
$TARGET_3$ = IF lowquart60(60) > = ln(dax) THEN 1 ELSE -1

---

[49] Analog zu der Strategieformulierung auf Differenzenbasis wurde die **Güte dieser Strategie** zuvor mittels Berechnung des **Realised Potential** und des **Profit/Loss für ein stets korrekt agierendes Modell** über die Zeiträume der Dateneinteilung hinweg belegt. Im Falle des Benchmark Modells auf Basis absoluter Quartile handelt es sich bei dem Handelsobjekt um den DAX selbst, welcher ge- oder verkauft wird. Der Ertragsanteil umfaßt die Differenz des DAX-Wertes in 30 Tagen minus dem aktuellen Wert (siehe auch hierzu die Diskussion über die Wahl des Handelsobjekts in Gliederungspunkt C. 4.1.3.). Die Ergebnisse dieser Testrechnung werden unter $RP_{möglich}$ und Profit/Loss$_{möglich}$ bzw. RP $_{naiv}$ und Profit/Loss$_{naiv}$ detailliert in Tab. 28 in Gliederungspunkt B. 4.1.3. erläutert.

[50] Zu der **Ausnahme der Berechnung der Returnanteile** für das Realised Potential und den Profit/Loss **über einen 30-Tageshorizont** im Rahmen der Strategieformulierung auf Absolutbasis siehe Gliederungspunkt C. 4.1.3..

[51] Im Unterschied zu dem Zweiklassenfall des Benchmark Modells auf Basis von Differenzenwerten existieren hier **keine gleichgewichtige Klassenzugehörigkeiten**: von den insgesamt 2266 Pattern der Modellierungsmenge, sind 509 der Klasse 1 (diese repräsentieren Verkaufsignale), 714 der Klasse 2 (diese repräsentieren neutrale Signale) und 1043 der Klasse 3 (diese repräsentieren Kaufsignale) zuzurechnen.

Um dieses Ungleichgewicht in der Klassenzugehörigkeit der Trainingsfälle zu eliminieren, gehen die einzelnen Targetzeitreihen in unterschiedlicher Gewichtung in die Zielfunktion und somit in den Optimierungsprozeß ein: in Abhängigkeit ihrer Ausprägungshäufigkeit wird Klasse 1 bzw. Target Neuron 1 mit dem Faktor 2.0, Klasse 2 bzw. Target Neuron 2 mit Faktor 1.5 und Klasse 3 bzw. Target Neuron 3 mit Faktor 1.0 gewichtet.

Im Unterschied zur Strategieformulierung auf Differenzenbasis wird hier ein Indifferenzenfall eingeführt, in dem Sinne, daß wenn der aktuelle DAX-Wert innerhalb des prognostizierten Intervalls zwischen Upper und Lower Quartile liegt, kein Handelssignal abgegeben wird.

Die **Spezifikationsbeschreibung in Anhang 2** wird folglich dahingehend **abgeändert**, daß

- Der ursprüngliche Targetteil durch oben genannte **Strategieformulierung** ersetzt wird.
- **Postprocessing-Signale**, die die **Hit Rate** ausdrücken, mit aufgenommen werden, so daß der Targetteil wie folgt aussieht:

TARGET CLUSTER 0

```
BEGIN   dax
        TARGET = IF upquart60(60) <= ln(dax) THEN 1 ELSE -1
        ASSIGN TO class1
        TARGET = IF upquart60(60) > ln(dax) AND lowquart60(60) < ln(dax) THEN 1 ELSE -1
        ASSIGN TO class2
        TARGET = IF lowquart60(60) >= ln(dax) THEN 1 ELSE -1
        ASSIGN TO class3
END
```

SIGNAL

```
BEGIN   Hit Rate
        o1 = OUTPUT class1(0)
        o2 = OUTPUT class2(0)
        o3 = OUTPUT class3(0)
        t1 = TARGET class1(0)
        t2 = TARGET class2(0)
        t3 = TARGET class3(0)

              SIGNAL = ((t1 + 1) / 2) * (IF (o1 > o2) AND (o1 > o3) THEN 1 ELSE 0)
                     + ((t2 + 1) / 2) * (IF (o2 > o1) AND (o2 > o3) THEN 1 ELSE 0)
                     + ((t3 + 1) / 2) * (IF (o3 > o1) AND (o3 > o2) THEN 1 ELSE 0)
END
```

- Die **Lag-Strukturen** der Spezifikationsdatei in Anhang 2, die sich auf die ursprünglichen Targetreihen des Interface Modells beziehen, durch diejenigen, die sich aus einer **Neuberechnung in Bezug zu der neuen Targetbildung** ergeben, ersetzt werden durch:

Inputreihe	Lag-Struktur	Korrelation	korrelierte Targetreihe
ln(dax)	-60	-0.26	Target 3
max(umsatz,60) - min(umsatz,60)	-50	-0.28	Target 3
		0.27	Target 1
max(umsatz,60) - aver(umsatz,60)	-48	-0.27	Target 3
	-60	0.26	Target 1
min(umsatz,60) - aver(umsatz,60)	-60	0.27	Target 3
skew(umsatz,60)	-35	0.28	Target 1
kurtosis(umsatz,60)	-35	0.28	Target 1
sqrt(var(umsatz,60))	-50	-0.28	Target 3
(sqrt(smooth((umsatz - umsatz(-1)) * (umsatz - umsatz(-1)),2/31))) - (sqrt(smooth((umsatz - umsatz(-1)) * (umsatz - umsatz(-1)),2/61)))	-9	0.26	Target 3
sqrt(var(umsatz,60)) - sqrt(var(ln(dax),60))	-50	-0.28	Target 3
(max(umsatz,60) - min(umsatz,60)) - (max(ln(dax),60) - min(ln(dax),60))	-50	-0.28	Target 3
		0.27	Target 1
max(d3m,60) - min(d3m,60)	-25	0.28	Target 3
	-30	-0.30	Target 1
max(d3m,60) - aver(d3m,60)	-35	-0.28	Target 1
min(d3m,60) - aver(d3m,60)	-16	-0.29	Target 3
	-25	0.28	Target 1
sqrt(var(d3m,60))	-20	0.28	Target 3
	-35	-0.28	Target 1
sqrt(var(d3m,60)) - sqrt(var(dzila,60))	-20	0.27	Target 3
(max(d3m,60) - min(d3m,60)) - (max(dzila,60) - min(dzila,60))	-21	0.28	Target 3
	-30	-0.27	Target 1
aver(ln(swmi),60) - aver(ln(dax),60)	-45	0.28	Target 3
min(ln(nikkei),60) - aver(ln(nikkei),60)	-7	0.32	Target 3
sqrt(smooth((uk3m - uk3m(-1)) * (uk3m - uk3m(-1)),2/61))	-60	0.29	Target 3
(max(uk3m,60) - min(uk3m,60)) - (max(ukzila,60) - min(ukzila,60))	-10	0.27	Target 3
max(us3m,60) - min(us3m,60)	-43	-0.27	Target 1
min(us3m,60) - aver(us3m,60)	-45	0.28	Target 1
	-60	-0.27	Target 3
sqrt(var(us3m,60))	-43	-0.28	Target 1
	-60	0.27	Target 3

Tab. 14: Lag-Strukturen des Benchmark Modells auf Basis von Absolutgrößen

3.4. Gemeinsame Aspekte des Benchmark Modells auf Basis von Differenzengrößen und des Benchmark Modells auf Basis von Absolutgrößen und deren Implikationen für die Abfrage- und Ablaufschemata

Die Gemeinsamkeit der beiden Strategiemodelle liegt darin, daß sie als **Klassifikationsaufgaben** formuliert werden. Weiterhin liegt die Besonderheit darin, daß **stets nur eine Klasse gültig** ist, während die anderen alternativen Zuordnungsmöglichkeiten nicht greifen. Entsprechend dieser Spezifikation setzt sich der Targetvektor für ein beliebiges Pattern aus zwei (Strategiemodell auf Basis von Differenzengrößen) bzw. drei (Strategiemodell auf Basis von Absolutgrößen) Komponenten mit den Wertausprägungen +1 und -1 zusammen, wobei +1 die gültige Klasse kennzeichnet und nur einmal innerhalb eines Pattern auftritt (im Sinne einer 1 : M - Zuordnung: ein Targetwert ist +1, alle anderen -1).

Vor diesem Hintergrund lassen sich die so **prognostizierten Klassenzugehörigkeiten** als **Bayes a posteriori Wahrscheinlichkeiten** interpretieren [BAUM88], [WAN90], [RUCK90], [RICH91]. Beide **Modellentwicklungen** entsprechen dem **Ansatz der Prognose von Klassenzugehörigkeiten (Alternative 3)** in der Systematisierung von Verteilungsarten in **Gliederungspunkt B. 3.2.**.

In Gliederungspunkt B. 3.3. wurden desweiteren im Rahmen einer Systematisierung neuronaler Klassifikatoren zwei Ansätze vorgestellt, welche die Schätzung von Bayes a posteriori Wahrscheinlichkeiten zum Gegenstand haben - die **posterior probability** und die **boundary forming classifiers**. Die im Zusammenhang mit den Benchmark Modellen **zum Einsatz kommenden Klassifikatoren** gehören den **posterior probability classifiers** an. Diese wiederum können sich gemäß Gliederungspunkt B. 3.3. auf zwei unterschiedliche Arten von Fehlerfunktionen - approximations- und informationstheoretische - stützen.

Pragmatische Gründe engen jedoch das Auswahlspektrum an Fehlerfunktionen für die Benchmark-Modellierung dahingegend ein, da in SENNV0.9^{TM} ausschließlich die beiden approximationstheoretischen Fehlerfunktionen der MAD und MSE und die informationstheoretische Funktion der Kullback-Leibler Distanz unterstützt wird. Den folgenden Modellentwicklungen wird somit - auch **aus Gründen der Vereinheitlichung der Modellvoraussetzungen von Interface- und Benchmark-Modellierung** - die **MAD-Fehler-**

funktion zugrundegelegt. Gegen die Verwendung des Kullback-Leibler Informationskriteriums im Rahmen der Fehlerfunktion spricht das Argument, daß diese Funktion Outputwerte ausschließlich im positiven Wertebereich voraussetzt [52].

Outputwerte im positiven Wertebereich werden grundsätzlich bei Klassifikationsaufgaben erforderlich, um die Werte als Wahrscheinlichkeiten interpretieren zu können. Die Fokussierung der Outputwerte auf den positiven Wertebereich geschieht mittels logistischer Aktivierungsfunktionen [log (u)] in der Output Schicht und die Umwandlung in Wahrscheinlichkeiten mittels einer Normierung dahingehend, daß deren Summe eins ergibt [53] [ELJA90, 187], [RICH91, 473f]. Eine starke Abweichung der nicht normierten, summierten Ausgabewerte von eins kann ein Hinweis auf eine schlechte Approximation der tatsächlichen a posteriori Wahrscheinlichkeiten sein.

Exkurs: Diskussion der Vor- und Nachteile einer Outputfokussierung auf einen positiven Wertebereich

Positive Outputwerte bedingen die Schaltung von logistischen Aktivierungsfunktionen [log (u)] in den Neuronen der Output Schicht (und konsequenterweise auch in der Hidden Schicht). Logistische Aktivierungsfunktionen, welche die Outputaussagen in einen Wertebereich zwischen [0,1] kanalisieren, besitzen jedoch gegenüber der Hyberbolic Tangent-Nichtlinearität einen wesentlichen Nachteil: aufgrund von Outputwerten nahe Null ergibt sich im Rahmen der Berechnung des Gradienten der Zielfunktion im linken (bzw. negativen) Sättigungsbereich einen Lernimpuls von nahe oder gleich Null. Im rechten (bzw. positiven) Sättigungsbereich hingegen ergibt sich ein starker

---

[52] Dies würde für die Targetformulierung bedeuten, daß die Binärausprägungen der Targetneuronen nicht mehr 1 und -1, sondern 1 und 0 annehmen. Zu den Folgen dieser Festlegung auf einen positiven Wertebereich siehe weiter im Text.

[53] Dies kann in SENNV0.9™ mittels der **Normierung SumOf** mit

$$\hat{y}_k = \frac{y_k}{\sum_{k=1}^{K} y_k}$$

in der Output Schicht durchgeführt werden.

Hierbei bezeichnet y_k die Ausgabe des k-ten Output Neurons, und durch $\hat{y}_k$ erhält man eine Schätzung für die a posteriori Wahrscheinlichkeit für das Eintreten der jeweiligen durch das Output Neuron indizierten Klasse. In der Literatur wird diese Normierung auch als **Partitioning-To-One** bezeichnet [MOOD89]. Die Normierung der Outputwerte auf eins ist jedoch nicht zwingend notwendig, da der Optimierungsprozeß losgelöst von dieser Normierung arbeitet [LIPP95, 92].

Lernimpuls. Diese Asymmetrie im Lernverhalten stellt sich bei der Hyperbolic Tangent [tanh (u)]-Aktivierungsfunktion nicht ein [54] [ZIMM94, 50].

Ein weiterer Aspekt liegt darin begründet, daß ein positiver Wertebereich der Outputwerte konsequenterweise mit einer Normierung der Inputzeitreihen auf positive Werte einherzugehen hat. In der Aufbereitung des Dateninput für das Interface Modell wurde jedoch die Transformation **scale** verwendet mit einer Mittelwertzentrierung auf 0. Diese müßte auf eine Mittelwertzentrierung auf 0.5 umgestellt werden, was jedoch gegen eine möglichst getreue Übernahme der Testumgebung von Interface- zu Strategiemodellierung steht.

In den nachfolgenden Berechnungen der Benchmark Modelle wird auf die Verwendung von positiven Wertebereichen in den Output Neuronen verzichtet, so daß keine informationstheoretische Fehlerfunktion und keine Outputnormierung auf eins zum Einsatz kommt.

Die Benchmark Modelle basieren folglich - identisch zur Interface-Modellentwicklung - auf der neuronalen Architektur des **Multilayer Perceptrons**, verwenden einheitlich die **MAD-Fehlerfunktion, Hyperbolic Tangent [tanh (u)]-Aktivierungsfunktionen in den fünf Neuronen der Hidden Schicht** und **Identitätsfunktionen in der Input und Output Schicht**. Obwohl sich die Outputwerte aufgrund der fehlenden Normierung nicht zu eins addieren lassen, werden sie in den nachfolgenden Berechnungen dennoch als Wahrscheinlichkeiten interpretiert. Derjenige Output mit der höchsten Wertausprägung (wobei die Vorzeichen beachtet werden und negative Werte kleiner als positive sind) kennzeichnet folglich die zu dem jeweiligen Pattern zugehörige identifizierte Klasse. Dieses Vorgehen wird von einigen Autoren legalisiert, da es sich zum einen bei dem Normierungsschritt um eine dem eigentlichen Optimierungsprozeß nachgelagerte Weiterverarbeitung handelt und zum anderen die Bedeutung der Metrik der Outputwerte ohne oder mit Normierung dieselbe ist [WAN90, 304], [RICH91, 473f].

Das bei der Entwicklung der Benchmark Modelle zum Einsatz kommende **Ablaufschema bezüglich der Trainings- und Optimierungsprozesse gleicht demjenigen der Interface-**

---

[54] Dieser **theoretisch/mathematische Nachteil** konnte von der Autorin **in Testrechnungen bezogen auf die vorliegenden Modellentwicklungen empirisch belegt** werden. Ein Modell auf Basis der Kullback-Leibler-Fehlerfunktion, daraus bedingten logistischen Nichtlinearitäten und der SumOf-Normierung in der Output Schicht und ein Modell auf Basis der MAD-Fehlerfunktion, SumOf-Normierung und infolge dieser Normierung notwendigen logistischen Nichtlinearitäten in der Output Schicht erbrachten seitens des Fehlers und auch seitens der Hit Rate schlechtere Ergebnisse als das (im weiteren verwendeten) Modell auf Basis der MAD-Funktion und Hyperbolic Tangent-Nichtlinearitäten.

Modellbildung. Der Prozeßablauf zwischen Training und Optimierung erfolgt analog zu dem in der Theorie dargestellten Ablaufschema (siehe Abb. 25 in Gliederungspunkt B. 4.4.2.).

Auch hier ist die die global zum Einsatz kommende **Fehlerfunktion** die des **mittleren absoluten Fehlers**, als **Lernalgorithmus** wird die **Backpropagationmethode des VarioEta** gewählt, wobei ein **Pattern-by-Pattern-Learning** zum Einsatz kommt, welches **in der Form abgeschwächt ist, daß die Gewichtsadaption lediglich alle 15 Trainingspattern stattfindet.** Die **Vorlage der Trainingspattern** für das Training erfolgt **zufallsgesteuert**, solange bis jedes vorhandene Beispiel einmal gezogen wurde. Ebenfalls kommen im Rahmen der **Optimierung** ausschließlich die Eliminierungstechniken **Weight Pruning SST, Input Pruning und Hidden Merging** zum Einsatz.

Wesentlicher Unterschied in der Entwicklung der Benchmark Modelle im Vergleich zu der Interface-Modellierung liegt in der Wahl des **Indikators**, der im Zuge des Training **Overlearningtendenzen** anzeigt: während beim Interface Modell das **Fehlerniveau** die Lernunterbrechung und die nachfolgenden Optimierungsschritte einleitet, wird während des Modellbaus der Benchmark Modelle hierfür die Entwicklung der **Hit Rate im Sinne einer Klassifikationsrate** herangezogen. Grund hierfür liegt in der in Gliederungspunkt B. 2.2. beschriebenen möglichen Diskrepanz zwischen Funktionsapproximation und Signalerkennung bei der Verwendung funktionsapproximierender Fehlerfunktionen [55].

Als Folge davon bezieht sich die Modellevaluierung im nachfolgenden Kapitel - im Gegensatz zum Interface Modell - anstelle auf Fehlerkriterien auf Klassifikations- bzw. Trefferraten, da auch die Trefferrate die primäre Orientierungsgröße während des Modellbaus der Benchmark Modelle darstellte.

---

[55] Während des Training der Benchmark Modelle wurde simultan die Entwicklung des Fehlers **und** der Hit Rate auf der Validierungsmenge betrachtet, um den Grad der Diskontinuität der Entwicklung zu ermitteln. Es konnte festgestellt werden, daß Fehler und Klassifikationsrate vorwiegend miteinander harmonierten, jedoch in den letzten Trainingszyklen vor dem Stop-Learning-Zeitpunkt prinzipiell ein Auseinanderdivergieren beider Werte beobachtet wurde: während sich der Fehler auf der Validierungsmenge immer noch verbesserte, verschlechterte sich bereits die Klassifikationsgüte. In diesen Fällen gab die Klassifikationsrate den Zeitpunkt für einen nachfolgenden Optimierungsschritt vor.

3.5. Modellevaluierung anhand der Komplexitätsreduktion und der Klassifikationsrate

3.5.1. Übersicht über die Komplexitätsreduktion

Die Anfangs- und Endparametrisierung der Benchmark Modelle sowohl auf Differenzen- als auch auf Absolutbasis werden im folgenden anhand der **Inputzeitreihen, Hidden Neuronen und Gewichte** [56] tabellenartig dargestellt.

	Benchmark Modell auf Basis von Differenzenwerten		Benchmark Modell auf Basis von Absolutwerten	
	vorher	nachher	vorher	nachher
Inputzeitreihen	360	165	384	65
Hidden Neuronen	5	5	5	5
Gewichte	1800	765	1920	183

Tab. 15: Anfangs- und Endparametrisierung der Benchmark Modelle

Das Benchmark Modell **auf Absolutbasis** konnte im Vergleich zu demjenigen auf Differenzenbasis stärker im Komplexitätsgrad reduziert werden, dahingehend, daß **ca. 20 % der anfänglichen Inputzeitreihen** und lediglich **ca. 10 % der Anfangsgewichte** im Modell verblieben. Bei dem **Modell auf Differenzenbasis** hingegen waren es **ca. 50 % der Inputzeitreihen und ca. 40 % der Gewichte**. Hidden Merging konnte bei beiden Modellen nicht angewandt werden.

---

[56] Es handelt sich dabei um die Zahl der Verbindungsgewichte zwischen der Input und der Hidden Schicht, also um diejenigen Konnektoren, die im Rahmen der Eliminierungstechik des Weight Pruning Gegenstand von komplexitätsreduzierenden Optimierungsmaßnahmen sind.

3.5.2. Klassifikationsraten von Interface Modell versus Benchmark Modell auf Basis von Differenzengrößen

Das Gütekriterium der **Hit Rate** bzw. **Klassifikationsrate** wird im folgenden zum einen auf den Zweiklassenfall der Strategieoptimierung auf Basis von Differenzenwerten angewandt [57]. Zum anderen wird sie - um einen Vergleich zwischen Interface- und Strategiemodellierung zu ermöglichen - auch auf das entsprechend auf Differenzengrößen basierende Interface Modell [58] angewandt. Folgende Tabelle zeigt die **Hit Rate** des Interface und des Benchmark Modells über den **gesamten Generalisierungszeitraum vom 19.07.92 bis 28.07.93**:

	Interface Modell HR	Benchmark Modell HR
G gesamt: 19.07.92 - 28.07.93	0.84	0.91

Tab. 16: Hit Rate des Interface und des Benchmark Modells über den Generalisierungszeitraum

Folgende Tabelle zeigt die **Hit Rate** des **Interface und des Benchmark Modells** über die aufeinanderfolgenden **Quartale** des Generalisierungszeitraums hinweg:

	Interface Modell HR	Benchmark Modell HR
1. Quartal: 29.07.92 - 27.10.92 (65 Pattern)	0.98	0.95
2. Quartal: 28.10.92 - 26.01.93 (65 Pattern)	0.75	0.75
3. Quartal: 27.01.93 - 27.04.93 (65 Pattern)	0.81	0.98
4. Quartal: 28.04.93 - 28.07.93 (66 Pattern)	0.81	0.95

Tab. 17: Hit Rate des Interface und des Benchmark Modells über die Quartale des Generalisierungszeitraums hinweg

---

[57] Berechnet man innerhalb der beiden Klassen für jede Klasse separat die Trefferrate, so ist diese konsequenterweise jeweils identisch zum Zweiklassenfall.

[58] Hierzu werden die beiden interquartilen Differenzen upquart60(60)-med60(60) und med60(60)-lowquart60(60) addiert, um den Interquartilsabstand zwischen Upper und Lower Quartile zu ermitteln. Siehe auch die Erläuterungen in Gliederungspunkt C. 4.1.2..

Sowohl das Interface, als auch das Benchmark Modell **übertreffen über den gesamten Generalisierungszeitraum und über dessen Quartale hinweg signifikant die 50 % Grenze einer Zufallslösung**. Das Benchmark Modell übertrifft das Interface Modell mit 91 % zu 84 % **Hit Rate** im Rahmen der Globalauswertung. Für die **Quartalsauswertung** ist ebenfalls eine **Überlegenheit des Benchmark Modells** festzustellen.

Die entsprechende Tabelle der **Hit Rate** des Interface Modells und des Benchmark Modells auf Differenzenbasis im Rahmen ihrer **sukzessiven Monatsauswertung** ist in **Anhang 9** zu finden.

3.5.3. Klassifikationsraten von Interface Modell versus Benchmark Modell auf Basis von Absolutgrößen

Das Gütekriterium **der Hit Rate** wird im nachfolgenden sowohl auf den die Strategieoptimierung auf Absolutbasis kennzeichnenden **Dreiklassenfall gesamt**, als auch **innerhalb der drei Klassen für jede Klasse separat** berechnet [59]. Zum anderen wird sie - um einen Vergleich zwischen Interface- und Strategiemodellierung zu ermöglichen - auch auf das entsprechend auf Absolutgrößen zurückberechnete Interface Modell [60] angewandt.

Folgende Tabelle zeigt die **Hit Rate** des **Interface und des Benchmark Modells** über den gesamten **Generalisierungszeitraum vom 29.07.92 bis 28.07.93**:

	Interface Modell				Benchmark Modell			
	HR gesamt	HR short	HR neutral	HR long	HR gesamt	HR short	HR neutral	HR long
G gesamt: 29.07.92 - 28.07.93	0.66	0.69	0.64	0.68	0.61	0.86	0.69	0.67

Tab. 18: Hit Rate des Interface und des Benchmark Modells über den Generalisierungszeitraum

---

[59] Im **Dreiklassenfall** (HR gesamt) wird eine Gleichverteilung der Ausprägungswerte innerhalb jeder Klasse unterstellt, so daß sich der **Zufallswert für die Hit Rate auf 0.33** beläuft. Im **Zweiklassenfall** (HR short, HR neutral, HR long) für jede Klasse separat hingegen liegt die **zufällige Entwicklung bei 0.50**.

[60] Hierzu werden die beiden absoluten Lagemaße upquartabs60(60) und lowquartabs60(60) als Eckwerte für die Einordnung des aktuellen DAX-Wertes verwendet. Siehe auch die Erläuterungen in Gliederungspunkt C. 4.1.3..

Die Trefferraten der Auswertungen auf Basis absoluter Größen zeigen für den gesamten Generalisierungszeitraum Werte, welche über den Random-Walk-Betrachtungen liegen. So liegt das **Interface Modell** mit einer **Trefferquote von 66 %** über die gesamten drei Klassen hinweg und das **Benchmark Modell** mit **61 % über dem Random-Walk von 33 %**. Dasselbe gilt auch für die Trefferratenberechnung innerhalb einer Klasse, welche als **HR short, HR neutral oder HR long** bezeichnet sind, wobei hier im Rahmen des Zweiklassenfalls zufällig 50 % erzielt werden würden. Im Gegensatz zur Differenzenauswertung weist hier das **Interface Modell im Vergleich zum Benchmark Modell in der Gesamtbetrachtung über die drei Klassen hinweg leicht bessere Trefferraten** auf. Folgende Tabelle zeigt die **Hit Rate** des **Interface und des Benchmark Modells** über die aufeinanderfolgenden **Quartale** des Generalisierungszeitraums hinweg:

	Interface Modell				Benchmark Modell			
	HR gesamt	HR short	HR neutral	HR long	HR gesamt	HR short	HR neutral	HR long
1. Quartal: 29.07.92 - 27.10.92 (65 Pattern)	0.43	0.43	0.44	0.52	0.60	0.75	0.61	0.83
2. Quartal: 28.10.92 - 26.01.93 (65 Pattern)	0.70	0.89	0.81	0.76	0.80	1.00	0.80	0.80
3. Quartal: 27.01.93 - 27.04.93 (65 Pattern)	0.60	0.44	0.49	0.69	0.18	0.70	0.47	0.18
4. Quartal: 28.04.93 - 28.07.93 (66 Pattern)	0.75	0.84	0.68	0.59	0.88	1.00	0.88	0.88

Tab. 19: Hit Rate des Interface und des Benchmark Modells über die Quartale des Generalisierungszeitraums hinweg

Für die **Quartalsbetrachtung** läßt sich dieses Ergebnis nicht mehr eindeutig ableiten. Die **HR gesamt des Benchmark Modells der Quartale 1, 2, und 4** weisen im Interface-Vergleich **höhere Werte** aus, jedoch **unterliegt sie mit 18 % im 3. Quartal signifikant dem Random-Walk Niveau von 33 %**. Dies gilt auch für einige Trefferratenberechnungen innerhalb einer Klasse [61]. Die entsprechende Tabelle der **Hit Rate** des Interface Modells und des Benchmark Modells auf Absolutbasis im Rahmen ihrer **sukzessiven Monatsauswertung** ist in **Anhang 10** zu finden.

---

[61] In der vorliegenden **Hit Rate-Tabelle** und in den folgenden sind diejenigen **Werte, die den Random-Walk-Benchmark nicht erreichen, stets dunkel unterlegt**.

4. Ökonomische Modellbewertung des Interface und der Benchmark Modelle anhand selektiver Auswertungs- bzw. Einsatzstrategien

4.1. Auswertungs- bzw. Einsatzstrategien des Interface und der Benchmark Modelle

4.1.1. Überblick über die Auswertungs- bzw. Einsatzstrategien

Die vorausgegangenen Auswertungen der Interface und Benchmark-Modellierung hatten die Anpassungsgüte der Schätzfunktion zum Evaluierungsgegenstand. Nachfolgende Auswertung hingegen ist **ökonomisch motiviert** und dient der **ökonomischen Performancemessung nach Anwendung bestimmter Handelsstrategien** (siehe auch die Systematisierung von Evaluierungskriterien neuronaler Modelle in Gliederungspunkt B. 4.5.).

Die im folgenden dargestellten **ökonomischen Auswertungs- bzw. Einsatzstrategien** lassen sich entsprechend ihrer Datenbasis in **zwei Gruppen** unterteilen. Die erste Gruppe basiert dabei auf **interquartilen Differenzengrößen** und die zweite Gruppe auf **Absolutgrößen**.

Im Falle des Interface Modells, welches in seiner Prognoseformulierung auf inter- bzw. intraquartile Differenzen abgestellt ist, bedeutet dies, daß **ökonomische Auswertungsstrategien zum einen auf diesen originären Prognosewerten und zum anderen auf Absolutbetrachtungen, aus diesen rückermittelt, ansetzen.** Dies geht **konform mit der Auswertungssystematik bezüglich Fehlerkriterien in Gliederungspunkt C. 2.3.2.1.**, wo ebenfalls zwischen Differenzen- und Absolutbetrachtungen unterschieden wird. Somit wird das Interface Modell **auch ökonomisch gemäß beider Auswertungsgruppen - einmal ansetzend an den Differenzenwerten und einmal ansetzend an den Absolutwerten - evaluiert.**

Im Falle der Benchmark Modelle hat diese Strukturierung zur Folge, daß konsequenterweise das **Benchmark Modell, welches den Prognoseoutput auf Basis der interquartilen Differenzen formuliert hatte, ausschließlich mittels der entsprechenden Auswertungsgruppe analysiert** wird. Analog dazu wird das **Benchmark Modell auf Basis der Absolutgrößen ausschließlich mittels der diesen Absolutgrößen entsprechenden Auswertungs-

gruppe bewertet. Zudem wurde ja zuvor der Prognoseoutput der beiden Benchmark Modelle so gewählt, daß dieser die jeweilige ökonomische Strategie verkörperte und demzufolge diese Strategie über die Prognoseformulierung indirekt optimiert wurde (siehe auch Gliederungspunkt C. 3.1.).

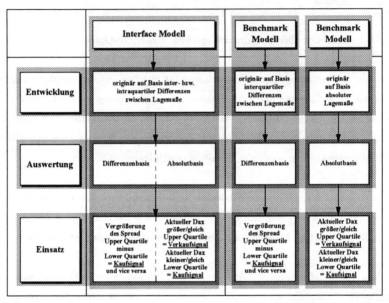

Abb. 62: Entwicklungs- und Auswertungssystematik von Interface und Benchmark Modellen

Im folgenden werden die verwendeten Auswertungs- bzw. Einsatzstrategien, unterteilt in die **Auswertungsgruppe der Differenzengrößen** und in die **Auswertungsgruppe der Absolutgrößen**, erläutert. Diese werden nun erstmals - neben dem bekannten **Generalisierungszeitraum 1** vom 29.07.92 bis 28.07.93 - auf einen weiteren **Generalisierungszeitraum 2** vom 29.07.93 bis 28.07.94 angewandt, der sich dem ersten zeitlich anschließt und ebenfalls ein Jahr umfaßt.

4.1.2. Auswertungs- bzw. Einsatzstrategien für die Auswertungsgruppe der Differenzengrößen

Das **Benchmark Modell auf Basis interquartiler Differenzen** stellt auf die Entwicklung des **Interquartilsabstandes zwischen Upper und Lower Quartile ab** und seine konkrete Targetformulierung lautet (siehe Gliederungspunkt C. 3.2.):

$$TARGET_1 = IF \text{ (upquart60(60) - lowquart60(60))} > \text{(upquart60 - lowquart60)}$$
$$THEN\ 1\ ELSE\ -1$$
$$TARGET_2 = IF \text{ (upquart60(60) - lowquart60(60))} <= \text{(upquart60 - lowquart60)}$$
$$THEN\ 1\ ELSE\ -1$$

Um bei dem Interface Modell zu identischen Anknüpfungseckwerten für die Handelsstrategie zu gelangen, werden die beiden (jeweils prognostizierten) interquartilen Differenzwerte **upquart60(60)-med60(60)** und **med60(60)-lowquart60(60)** addiert, um somit den **Interquartilsabstand zwischen Upper und Lower Quartile upquart60(60)-lowquart60(60)** auszumachen. Entsprechend werden die beiden (jeweils realen) interquartilen Differenzwerte **upquart60-med60** und **med60-lowquart60** behandelt, um den Term **upquart60-lowquart60** zu bestimmen.

$Target_1$ und $Target_2$ sind konkurrierende Aussagen, das heißt, daß stets nur eine der beiden Bedingungen erfüllt sein kann. Ist die **Bedingung des $Target_1$ erfüllt**, so ist dies gleichzusetzen mit einem **Kaufsignal** und umgekehrt, ist die **Bedingung des $Target_2$ erfüllt**, so wird ein **Verkaufsignal** abgegeben.

Sowohl für das Interface Modell als auch das entsprechende Benchmark Modell läßt sich nun durch Aggregation der beiden Targetreihen eine **Soll-Signalreihe für die reale Entwicklung,** bestehend aus 1 (steht repräsentativ für eine Long-Position) oder aus -1 (steht repräsentativ für eine Short-Position) ableiten. Die entsprechende **Ist-Signalreihe für die prognostizierte Entwicklung** läßt sich über die Prognoseaussagen ebenso generieren. Bei den Prognoseaussagen handelte es sich ursprünglich um Werte innerhalb des homogenen Wertebereiches [-1, 1]. Eine **Transformation in eine Binärcodierung** im Rahmen der

Auswertung erfolgt dadurch, daß der **höchsten der beiden alternativen Wertausprägungen eines Beispiels der Zuschlag gegeben wird** [62].

Auf Basis dieser Signalzeitreihen lassen sich **ökonomische Auswertungsstrategien** simulieren. Im folgenden werden die hierbei zugrundegelegten **ökonomischen Performancekennziffern** aufgeführt. Die im Rahmen der Fehlerkriterien erläuterte Legende der verwendeten Größen in Gliederungspunkt C. 2.3.2.2. gilt hier nicht mehr. Grund hierfür ist, daß die für die Modellentwicklung verwendeten Target- bzw. Outputgrößen - das sind inter- und intraquartile Differenzen - nicht 1:1 als Anknüpfungspunkte für die Strategienkomponente übernommen werden, sondern lediglich hieraus abgeleitete Teilaspekte in Form von Signalableitungen als Basis dienen. Sei im folgenden Δt der Prognosehorizont und T die Anzahl der Vorhersagen. Es bezeichne $r_{t+\Delta t} - r_t$ nun den aus der jeweilig gewählten Handelsstrategie zu verdienenden realen Ertragsanteil und $\hat{r}_{t+\Delta t} - r_t$ den prognostizierten Ertragsanteil [63].

- **Realised Potential (RP)**

F.51 $$\left[\sum_{t=1}^{T} \text{sign}\left((r_{t+\Delta t} - r_t) * (\hat{r}_{t+\Delta t} - r_t) \right) * \| r_{t+\Delta t} - r_t \| \right] / \left[\sum_{t=1}^{T} \| r_{t+\Delta t} - r_t \| \right]$$

Das **Realised Potential bewertet die hinter den Veränderungsraten stehenden wertmäßigen Gewinn- oder Verlustanteile**, indem es diese aufaddiert oder subtrahiert und zu dem maximal erreichbaren Gewinn in Relation bringt. Es gibt an, wieviel des theoretisch möglichen Gewinns der Handelsstrategie das Modell ausgeschöpft hätte, wenn entsprechend den Vorhersagen gekauft oder verkauft worden wäre. Der Wert von RP liegt grundsätzlich zwischen 1 und -1 [64], wobei der Wert 1 ein

---

[62] Siehe auch die Interpretation dieser Prognoseaussagen als **Bayes a posteriori Wahrscheinlichkeiten** in Gliederungspunkt B. 3.3..

[63] Im Falle der **Auswertung auf Differenzenbasis** handelt es sich bei dem realen bzw. geschätzten Ertragsanteil konkret um die reale bzw. geschätzte **Differenz des zukünftigen Spread zwischen Upper und Lower Quartile minus des vergangenen Spread**, d.h. (upquart60(60)-lowquart60(60))-(upquart60-lowquart60) (siehe weiter in diesem Gliederungspunkt). Im Falle der **Auswertung auf Absolutbasis** verkörpert der reale bzw. geschätzte Ertragsanteil die reale bzw. geschätzte **Differenz des DAX-Wertes in 30 Tagen minus aktuellem DAX-Wert**, d.h. dax(30)-dax (siehe auch Gliederungspunkt C. 4.1.3.).

[64] Zu der Ausnahme im Rahmen der Auswertung auf Absolutbasis infolge der Dreiwertigkeit des Handelssignals siehe Gliederungspunkt C. 4.1.3..

stets korrekt agierendes Modell und der Wert -1 ein stets inkorrekt agierendes Modell kennzeichnet. Ein Wert nahe 0 bedeutet, daß sich die Vorhersage unwesentlich von einer Zufallsprognose unterscheidet.

- **Profit/Loss**

F.52 $$\sum_{t=1}^{T} \text{sign}\bigl((r_{t+\Delta t} - r_t) * (\hat{r}_{t+\Delta t} - r_t)\bigr) * \|r_{t+\Delta t} - r_t\|$$

Die **Profit/Loss**-Betrachtung stellt eine **Handelsstrategie** dar, gemäß derer **nach den Ist-Signalen Positionen gefahren werden und diese über den Prognosehorizont hinweg gehalten werden.** Der sich daraus ergebende **Gewinn oder Verlust wird zu dem eingesetzten Kapital in Relation** gestellt.

Folglich sind beim Realised Potential und bei der Profit/Loss-Berechnung die Gewinn- und Verlustanteile bzw. das ihnen zugrundeliegende Handelsobjekt näher zu spezifizieren. Bei dieser Diskussion ist sicherzustellen, daß die gewählte Strategie in Kombination mit dem zugrundeliegenden Handelsobjekt ökonomisch in allen Marktsituationen greift. Ein Aufsetzen einer falschen Strategie auf eine korrekte Prognose, die dann das Gesamtergebnis verzerrt, sollte dabei vermieden werden.

Im folgenden werden mehrere Strategiealternativen durchgespielt, und sowohl deren rechnerische Maximalperformance im Sinne der möglichen Performancerzielung, als auch deren naive Performanceerzielung für beide Generalisierungszeiträume 1 und 2 diskutiert.

Exkurs: Spezifikation des der Strategie auf interquartiler Differenzenbasis zugrundeliegenden Handelsobjekts

Im folgenden sollen **drei Alternativen an Handelsobjekten** diskutiert werden, **welche der Strategie auf Differenzenbasis zugrundegelegt werden können**. Die Gemeinsamkeit der Strategien besteht darin, daß sie auf **steigende bzw. fallende Volatilität - im Sinne einer Vergrößerung oder Verkleinerung des Spreads Upper zu Lower Quartile zwischen dem zukünftigen prognostizierten 60-Tagefenster und dem vergangenen** - abstellen. Die aus dem Prognosemodell abgeleitete Signalreihe wird einheitlich den diskutierten Strategiealternativen zugrundegelegt. Bei der ersten Strategie handelt es sich um eine **Optionspreisstrategie**, Handelsobjekt der zweiten Alternative ist der **DAX-Volatilitätsindex** und im Rahmen der dritten Alternative wird der aktuelle **Spread Upper minus Lower Quartile** selbst ge- bzw. verkauft.

- **Strategie 1: Optionspreisstrategie**

Bei der betrachteten Optionspreisstrategie handelt es sich um den **Kauf bzw. Verkauf einer Straddle-Option**. Straddles sind **Kombinationen von Kauf- und Verkaufsoptionen** auf dasselbe Basisobjekt, mit gleichem Ausübungspreis und gleichem Fälligkeitstermin. Ansatzpunkt einer Straddle-Strategie ist die Volatilität des Marktes. Bei einem Long-Straddle wird auf einen sehr volatilen Markt gesetzt, ohne eine Aussage über die Richtung der Kursbewegung machen zu müssen, und es wird die gleiche Anzahl an (at-the-money) Kauf- wie an Verkaufsoptionen gekauft, welche in Laufzeit, Basiswert und Basispreis übereinstimmen. Bewegt sich der Markt nicht, so wird der Maximalverlust auf die Optionspreisprämien begrenzt. Das Gewinnpotential ist unbegrenzt. Umgekehrt ist der Maximalgewinn bei einem Short-Straddle auf die Summe der Optionspreise beschränkt, und das Verlustpotential ist unbegrenzt [JANß92, 99].

Der Preis für den Kauf (Call) bzw. Verkauf (Put) des Straddle leitet sich aus dem Preis für eine entsprechende Kaufoption ab, welcher - da symmetrische Preisrelationen zwischen Kauf- und Verkaufsoptionen unterstellt wird - verdoppelt wird. Der Preis der Kaufoption errechnet sich aus der als Black/Scholes-Formel bekannten Bewertungsgleichung für Kaufoptionen. Laufzeit des Straddle ist 60 Tage, um eine Deckungsgleichheit von Prognose- und Strategiezeitraum zu erzielen. Der Preis für den Kauf (bei einem Ist-Signal von 1) bzw. Verkauf (bei einem Ist-Signal von -1) des Straddle mindert den Ertragsanteil oder erhöht den Verlustanteil, welcher nach Laufzeitende bei Ausübung der Option aus der Entwicklung des DAX als Underlying resultiert.

Die **Black/Scholes-Formel** [65] und deren Parameterbelegung für die vorliegende Call-Berechnung lautet [COX85, 205], [BERN95]:

F.53 $$C = S \cdot N\left(\frac{ln(S/X) + (r + \sigma^2/2) \cdot t}{\sigma \cdot \sqrt{t}}\right) - X \cdot e^{-r \cdot t} \cdot N\left(\frac{ln(S/X) + (r - \sigma^2/2) \cdot t}{\sigma \cdot \sqrt{t}}\right)$$

Variable	Beschreibung	Belegung
X	Ausübungskurs	dax heute
S	aktueller Wert des DAX	dax heute
C	jetziger Wert des Call	
N(...)	Verteilungsfunktion der Standardnormalverteilung	
t	Zeit bis zur Fälligkeit der Option	60 Tage
σ	Volatilität des DAX	Standardabweichung der 1-Tages-Returns über die letzten 60 Tage hinweg multipliziert mit $\sqrt{250}$
r	jetzige risikofreie stetige Rendite	0
$e^{-r \cdot t}$	Exponentialfunktion des Terms $(r \cdot t)$	bei der gewählten Rendite von 0 entspricht der Diskontierungsfaktor ≈ 1

Tab. 20: **Parameterbelegung der Black/Scholes-Formel für eine Call Option**

Formal dargestellt werden die einzelnen **Gewinn- oder Verlustanteile** wie folgt berechnet:

ist-signal * [(abs(dax(60) - dax)) - 2*C]

---

[65] Der **Ansatz von Black/Scholes** geht über diese Funktion hinaus und ist theoretisch für alle Derivate einsetzbar [COX85, 196-212]. Die vorliegende Funktion ist das spezifische Ergebnis für den Fall eines europäischen Call und den speziell für die Black/Scholes-Formel unterstellten Annahmen [BERN95, 31f u. 41f]. Die Prämissen gehen beispielsweise von standardnormalverteilten DAX-Werten mit einer stationären Varianz aus, von sich im Gleichgewicht befindlichen Kapitalmärkten unter vollständiger Information und von der Existenz eines konstanten Zinssatzes für risikolose Kapitalanlagen, zu dem beliebig viel Geld aufgenommen oder angelegt werden kann.

Für die **beiden Generalisierungszeiträume** [66] stellen sich die Performancegrößen **Realised Potential** und **Profit/Loss** jeweils *möglich* und *naiv* [67] wie folgt dar:

	Generalisierungszeitraum 1: 29.07.92 - 28.07.93 (261 Pattern)		Generalisierungszeitraum 2: 29.07.93 - 28.07.94 (261 Pattern)	
	RP	Profit/Loss	RP	Profit/Loss
möglich	0.79	0.66	-0.09	-0.0480
naiv	0.61	0.51	-0.01	-0.0062

Tab. 21: Die Performancegrößen *möglich* und *naiv* der Optionspreisstrategie über die Generalisierungszeiträume 1 und 2 hinweg

Auffällig bei den Performancewerten in Tab. 21 ist die Diskrepanz von $RP_{möglich}$ und $Profit/Loss_{möglich}$ im 1. und 2. Generalisierungszeitraum: während in Generalisierungszeitraum 1 diese mit einem $RP_{möglich}$ von 0.79 und einem $Profit/Loss_{möglich}$ von 0.66 eine brauchbare Strategie indizieren, so ist dieses Fazit für den Generalisierungszeitraum 2 mit einem $RP_{möglich}$ von -0.09 und einem $Profit/Loss_{möglich}$ von -0.0480 [68] nicht mehr abzuleiten. Derselbe Sachverhalt spiegelt sich in den Berechnungen für die naive Aussage wider. Die gewählte **Optionspreisstrategie** stellt folglich **nicht über alle auszuwertenden Zeitperioden eine gewinnbringende Handlungsregel dar** [69].

---

[66] Auf die Betrachtung des Trainingszeitraums wird hier verzichtet, da im Rahmen der Alternative 2 der DAX-Volatilitätsindex-Strategie Auswertungen über den Trainingszeitraum hinweg zwecks Datenmangel nicht möglich sind, und somit ein Vergleich hinfällig wird.

[67] Zur Erklärung der **Performancegrößen** *möglich* und *naiv* siehe weiter im Text. Das RP und Profit/Loss sowohl für den möglichen als auch den naiven Fall werden gemäß den dort beschriebenen Besonderheiten berechnet. Den RP- und Profit/Loss-Werten liegen bei allen drei diskutierten Strategien dieselben Berechnungsarten zugrunde.

[68] In der vorliegenden **Tabelle und in den folgenden** sind diejenigen **Werte, die eine negative ökonomische Performancezahl** (RP oder Profit/Loss) d.h. einen **Verlust erzielen, stets dunkel unterlegt**.

[69] Die Begründung hierfür liegt in dem unter dem Begriff **Mean Correction** bekannten Tatbestand. Während die Volatilitätsmessung und damit die Signalableitung auf Basis einer Zeit**raum**betrachtung stattfindet, wird die Höhe der Gewinn- bzw. Verlustanteile mittels einer Zwei-Zeit**punkt**betrachtung errechnet. Kommt es innerhalb dieser Zwei-Zeitpunktbetrachtung im Sinne der Optionslaufzeit zu einer sprunghaften Entwicklung des DAX mit der Folge einer Niveauverschiebung, so treten Verzerrungseffekte in der Gewinn-/Verlustermittlung ein. Die Option ist bei einer Laufzeit von 60 Tagen folglich nicht deltaneutral, d.h. sie ist unabhängig von der Volatilität und abhängig vom Niveau des DAX, mit der Schlußfolgerung, daß hier **im eigentlichen Sinne keine Volatilität gehandelt werden kann**. Eine zunehmende Deltaneutralität und damit Abhängigkeit von der Volatilität stellt sich mit einer Verlängerung der Optionslaufzeit ein, wobei jedoch erst bei einer Laufzeit von ca. 10 Jahren die ausschließliche Abhängigkeit von der Volatilität und Unabhängigkeit vom Niveau erreicht wird. Die Deckungsgleichheit zwischen Prognose- und Strategiehorizont wäre im vorliegenden Fall dann jedoch nicht mehr gegeben.

Eine weitere Alternative wäre gewesen, DAX-Optionen, die an der Deutschen Terminbörse (DTB) notiert werden, zu handeln. Gegen diesen Auswertungsansatz spricht jedoch die aufgrund der Marktenge mangelnde Liquidität der DTB-Optionen und die rechnerische Umsetzung, da hier Optionen at-the-money betrachtet werden müssen.

- **Strategie 2: DAX-Volatilitätsindex-Strategie**

    Die zweite Strategiealternative handelt den **DAX-Volatilitätsindex (VDAX)** [DEUB95]. Der VDAX drückt die **vom Terminmarkt erwartete Volatilität des DAX über die zukünftigen 45 Tage** [70] in **einer Prozentzahl** aus. Er mißt die impliziten Volatilitäten, die sich aus den Preisen verschiedener Serien von DAX-Optionen ergibt. Diese werden unter Zugrundelegung der Black/Scholes-Formel im Sinne von Subindizes ermittelt [71], welche durch Interpolation in dem VDAX zusammengefaßt werden [72]. Dieser wird ständig fortgeschrieben.

    Formal dargestellt werden die einzelnen **Gewinn- oder Verlustanteile** wie folgt berechnet:

    $$\text{ist-signal} * [\text{vdax}(60) - \text{vdax}]$$

---

[70] Die Deckungsgleichheit zwischen dem 60-Tages-Prognosehorizont und dem 45-Tages-Strategiehorizont kann hier noch als erfüllt erachtet werden.

[71] Man geht davon aus, daß mittels des Bewertungsmodells der **faire Preis einer Option** ermittelt werden kann. Dieser beinhaltet - Kapitalmarkteffizienz und -gleichgewicht vorausgesetzt - zum Zeitpunkt t die Einschätzung des Marktes bezüglich der Volatilität der jeweiligen Aktie bis zum Verfallszeitpunkt der Option. So ist der Schätzwert für die Volatilität für t+1 allein aus den zum Zeitpunkt t am Markt beobachtbaren Daten bestimmbar.

[72] Zur konkreten **Berechnung des VDAX** siehe [REDE94].

Für die **beiden Generalisierungszeiträume** [73] stellen sich die Performancegrößen **Realised Potential und Profit/Loss** jeweils *möglich* und *naiv* [74] wie folgt dar:

	Generalisierungszeitraum 1: 29.07.92 - 28.07.93 (261 Pattern)		Generalisierungszeitraum 2: 29.07.93 - 28.07.94 (261 Pattern)	
	RP	Profit/Loss	RP	Profit/Loss
möglich	0.70	0.1140	-0.06	-0.0089
naiv	0.27	0.0438	0.15	0.0213

Tab. 22: Die Performancegrößen *möglich* und *naiv* der DAX-Volatilitätsindex-Strategie über die Generalisierungszeiträume 1 und 2 hinweg

Identisch zu der Optionspreisstrategie besteht auch hier bei den Performancewerten in Tab. 22 eine Diskrepanz von $RP_{möglich}$ und $Profit/Loss_{möglich}$ im 1. und 2. Generalisierungszeitraum: während in Generalisierungszeitraum 1 diese mit einem $RP_{möglich}$ von 0.70 und einem $Profit/Loss_{möglich}$ von 0.1140 eine brauchbare Strategie indizieren, so ist dieses Fazit für den Generalisierungszeitraum 2 mit einem $RP_{möglich}$ von -0.06 und einem $Profit/Loss_{möglich}$ von -0.0089 nicht mehr abzuleiten. Die gewählte **DAX-Volatilitätsindex-Strategie** stellt folglich identisch zu der Optionspreisstrategie **nicht über alle auszuwertenden Zeitperioden eine gewinnbringende Handlungsregel** dar [75].

- **Strategie 3: Spread-Strategie**

Im Rahmen der Alternative 3 wird der **aktuelle Spread Upper minus Lower Quartile über das Zeitfenster t=>t-60** gemäß Signalableitung selbst ge- bzw. verkauft. Diese Position wird anschließend nach 60 Tagen zu dem sich bis dato eingestellten Spreadniveau des zukünftigen Upper minus Lower Quartile glattgestellt.

Es handelt sich dabei um eine Strategie, die in der Praxis nicht direkt umsetzbar ist, und somit um einen theoretischen Gewinnausweis. Jedoch kann versucht werden, diese Strategie durch die Abbildung des Spreads mittels strukturierter Finanzprodukte zu operationalisieren.

---

[73] Die Berechnung der ökonomischen Performance über den Trainingszeitraum hinweg ist nicht möglich, da die Deutsche Börse AG Werte des VDAX rückwirkend erst ab 02.01.92 zur Verfügung stellt [DEUB95].

[74] Zur Erklärung der **Performancegrößen *möglich* und *naiv*** siehe weiter im Text.

[75] Die Begründung lautet analog zu derjenigen im Rahmen der Optionspreisstrategie.

Formal dargestellt werden die einzelnen **Gewinn- oder Verlustanteile** wie folgt berechnet:

$$\text{ist-signal} * [(\text{upquart60}(60) - \text{lowquart60}(60)) - (\text{upquart60} - \text{lowquart60})]$$

Die aus dieser Strategie resultierenden Performancewerte sind der Tab. 24 weiter im Text zu entnehmen. Hier zeigt sich, daß sich die in Strategiealternative 1 und 2 eingetretene Diskrepanz zwischen Generalisierungszeitraum 1 und 2 nicht einstellt, sondern eine **Gütekontinuität der Strategie** existiert. Aus diesem Grund wird **für die nachfolgende Auswertung der Modelle auf Differenzenbasis der aktuelle Spread selbst als Handelsobjekt** zugrundegelegt.

Bei der vorliegenden Auswertung handelt es sich folglich um eine wissenschaftliche Bewertung der Prognose und nicht um deren markttechnische Umsetzung. Es ist nicht immer möglich, zwischen den Komponenten **Prognose**, deren **wissenschaftlicher Bewertung** und **markttechnischer Umsetzung** zu einer Symbiose zu gelangen. In diesem Fall ist die wissenschaftliche Bewertung mit theoretischem Gewinnausweis einer markttechnischen Umsetzung vorzuziehen, da letztere entweder die Prognose verzerrt oder nur mit unvertretbarem rechnerischem Aufwand oder Beschaffungsaufwand anwendbar gemacht werden kann.

Der nachfolgenden **Auswertung auf Differenzenbasis** wird der **aktuelle Spread zwischen Upper und Lower Quartile selbst als Handelsobjekt** zugrundegelegt.

Sowohl die Ist- als auch die Soll-Signalreihe für das **Realised Potential** sind zweiwertiger Natur. Das auf Basis der Prognosewerte ermittelte Realised Potential **akkumuliert die infolge der Ist-Signale erwirtschafteten Ertrags- oder Verlustanteile über 60 Werktage hinweg und setzt diese in Bezug zu dem aus der Soll-Signalreihe resultierenden Maximalgewinn**.

$RP_{möglich}$ indiziert als eine Benchmark-Handelsstrategie das sich **aus einer stets korrekten Signalerkennung (die Ist- entspricht der Soll-Signalreihe) ergebende Realised Potential**. Es stellt somit den aus der gewählten Volatilitätsstrategie maximal erzielbaren relativen Handelsgewinn dar.

RP_{naiv} kennzeichnet die Auswertung unter der **Annahme einer naiven Trendumkehr**: wenn die Volatilität im Sinne des realen Spread zwischen Upper und Lower Quartile von dem Zeitfenster t-60=>t-120 zu dem Zeitfenster t=>t-60 zunimmt, so wird für die aktuelle Situation ein

Verkaufssignal im Sinne eines Trendumkehrsignals abgeleitet. Ein Kaufsignal wird bei Eintreten der exakt umgekehrten Konstellation abgeleitet.

Der Berechnung von **Profit/Loss** liegt ebenfalls die zweiwertige Ist-Signalzeitreihe zugrunde, und die Betrachtungsperspektive bezieht sich auch hier auf 60 Werktage. Der **absolute Gewinn bzw. Verlust setzt sich durch Addition der einzelnen Gewinn- bzw. Verlustbeträge zusammen, die sich einstellen, wenn Positionen entsprechend der Ist-Signalreihe eingegangen und diese nach jeweils 60 Werktagen wieder aufgelöst werden.** Dieser absolute Gewinn bzw. Verlust wird anschließend **mit dem durchschnittlich eingesetzten Kapital in Bezug** gestellt. Hierbei wird unterstellt, daß pro Short- oder Long-Position ein Spread gehandelt wird, so daß parallel maximal 60 offene Positionen existieren. Die offenen Positionen gehen nicht saldiert in die Rechnung ein, d.h. offene Short- und Long-Positionen werden addiert. Die **nicht saldierten offenen Positionen werden täglich ermittelt** und **mit dem jeweils aktuellen Wert des Spread der letzten 60 Tage als dem Kapitaleinsatz multipliziert.** Ein bei der Berechnung dieser Positionen eingesetztes rollierendes 60-Tagefenster weist dem aktuellen Handelstag stets die aus früheren Transaktionen resulierende Kapitalbindung zu [76].

Der aus der Berechnung von **Profit/Loss** resultierende Wert läßt sich als **prozentualer Ertrag pro durchschnittlich gebundener Mark über 60 Werktage hinweg** interpretieren.

Analog zu dem Realised Potential wird auch hier ein Korrekt-Vergleichsmaßstab abgeleitet. **Profit/Loss**$_{möglich}$ repräsentiert wiederum das **Idealmodell auf Basis der Volatilitätsstrategie**. Er **basiert auf der zweiwertigen Ist-Bewegung, welche die Wirklichkeit stets korrekt abbildet (die Ist-Signalreihe entspricht der Soll-Signalreihe)** und verdeutlicht somit das aus der zugrundegelegten Strategie maximal erreichbare Gewinnpotential.

Da sich der Vergleichsmaßstab Profit/Loss$_{möglich}$ wiederum auf das jeweils durchschnittlich eingesetzte Kapital bezieht - und dieser Kapitaleinsatz unterschiedlich ist - können alle denkbaren Größenbeziehungen der Ergebnisse zwischen der Handelsstrategie auf Prognose-

---

[76] Hieraus folgt, daß im folgenden im Rahmen der akkumulierten Darstellung der Profit/Loss-Entwicklung diese nicht notwendigerweise am letzten Tag des Generalisierungzeitraums enden muß, sondern länger in die Zukunft hinein auslaufen kann (siehe auch die zugehörigen Abbildungen des akkumulierten Profit/Loss in Gliederungspunkt C. 4.2.1. und C. 4.2.2.).

basis und Profit/Loss$_{möglich}$ realisiert werden. So ist es im Extremfall auch möglich, daß der relative Gewinn, resultierend aus der Handelsstrategie auf Prognosebasis, den relativen Gewinn aus Profit/Loss$_{möglich}$ übertrifft.

Die Berechnung der Werte des **Profit/Loss**$_{naiv}$ erfolgt auf Basis der **naiven Ist-Signalreihe**, wie sie auch für das Realised Potential abgeleitet wurde.

Nachfolgende Tabelle faßt die oben dargestellte **Belegung der Ist-Signale und der Ertragsanteile für die Auswertungen auf Differenzenbasis** zusammen:

	möglich	naiv	forecast
ist-signal	soll-signal$_{2wertig}$	- soll-signal(-60)$_{2wertig}$	ist-signal$_{2wertig}$
ertragsanteil	(upquart60(60) - lowquart60(60)) - (upquart60 - lowquart60)	(upquart60(60) - lowquart60(60)) - (upquart60 - lowquart60)	(upquart60(60) - lowquart60(60)) - (upquart60 - lowquart60)

Tab. 23: **Belegung der Ist-Signale und der Ertragsanteile für die Auswertungen auf Differenzenbasis**

Im Rahmen der Quartalsausweisung der Profit/Loss-Werte wird so vorgegangen, daß bei Beginn eines jeden Quartals mit der Akkumulierung der Positionsanteile neu begonnen wird. Das hat zur Folge, daß innerhalb der jeweils ersten 60 Handelstage 1 bis 60 offene Positionen zu verzeichnen sind, danach wird stets die Positionenzahl des vorausgegangenen 60-Tagefensters akkumuliert. In identischer Weise wird das jeweilige Ende eines Quartals behandelt, indem offene Positionen über das sich anschließende 60-Tagefenster auslaufen. So werden die Ränder der Quartalsberechnung identisch zu denjenigen des Gesamtzeitraums berechnet. Für den unsaldierten Profit/Loss beläuft sich dabei - mit Ausnahme der 60 Tage am Anfang und am Ende eines Zeitfensters - die tägliche Anzahl offener Positionen stets auf 60, unabhängig davon, ob man den gesamten Generalisierungszeitraum oder die Quartalsberechnung betrachtet.

Folgende Tabellen zeigen die **auf Basis der Differenzengrößen realisierten Performancewerte** der Spread-Strategie für das Realised Potential und den Profit/Loss jeweils *möglich* und *naiv*. Dabei werden sowohl die über **Trainings- und die beiden Generalisierungsmengen global** berechneten Werte (Tab. 24), als auch die über **Quartals-**

abschnitte des Generalisierungszeitraums 1 (Tab. 25) und des Generalisierungszeitraums 2 (Tab. 26) ermittelten Werte dargestellt. Auf die **Auswertungen auf Monatsbasis** wird im Rahmen der ökonomischen Modellbewertung **verzichtet**.

	Trainingszeitraum: 02.12.83 - 28.07.92 (2258 Pattern)		Generalisierungszeitraum 1: 29.07.92 - 28.07.93 (261 Pattern)		Generalisierungszeitraum 2: 29.07.93 - 28.07.94 (261 Pattern)	
	RP	Profit/Loss	RP	Profit/Loss	RP	Profit/Loss
möglich	1.00	0.70	1.00	0.72	1.00	0.46
naiv	0.46	0.33	0.85	0.62	0.82	0.38

Tab. 24: Realised Potential und Profit/Loss der Spread-Strategie jeweils *möglich* und *naiv* über die Trainingsmenge, Generalisierungsmenge 1 und Generalisierungsmenge 2 hinweg auf Basis von Differenzengrößen

	1. Quartal: 29.07.92 - 27.10.92 (65 Pattern)		2. Quartal: 28.10.92 - 26.01.93 (65 Pattern)		3. Quartal: 27.01.93 - 27.04.93 (65 Pattern)		4. Quartal: 28.04.93 - 28.07.93 (66 Pattern)	
	RP	Profit/Loss	RP	Profit/Loss	RP	Profit/Loss	RP	Profit/Loss
möglich	1.00	0.80	1.00	0.63	1.00	0.66	1.00	0.75
naiv	0.92	0.74	0.60	0.38	0.76	0.51	0.96	0.72

Tab. 25: Realised Potential und Profit/Loss der Spread-Strategie jeweils *möglich* und *naiv* der Quartalsabschnitte der Generalisierungsmenge 1 auf Basis von Differenzengrößen

	1. Quartal: 29.07.93 - 27.10.93 (65 Pattern)		2. Quartal: 28.10.93 - 26.01.94 (65 Pattern)		3. Quartal: 27.01.94 - 27.04.94 (65 Pattern)		4. Quartal: 28.04.94 - 28.07.94 (66 Pattern)	
	RP	Profit/Loss	RP	Profit/Loss	RP	Profit/Loss	RP	Profit/Loss
möglich	1.00	0.47	1.00	0.41	1.00	0.64	1.00	0.36
naiv	0.93	0.44	0.61	0.25	0.82	0.52	0.92	0.34

Tab. 26: Realised Potential und Profit/Loss der Spread-Strategie jeweils *möglich* und *naiv* der Quartalsabschnitte der Generalisierungsmenge 2 auf Basis von Differenzengrößen

4.1.3. Auswertungs- bzw. Einsatzstrategien für die Auswertungsgruppe der Absolutgrößen

Das **Benchmark Modell auf Basis von Absolutgrößen** stellt auf die Einordnung des aktuellen DAX-Wertes in die mittels den absoluten Lagemaßen des **Upper Quartile** und des **Lower Quartile** abgesteckten **Gültigkeitsbereiche** ab und seine konkrete Targetformulierung lautet (siehe Gliederungspunkt C. 3.3.):

$$TARGET_1 = \text{IF upquart60(60)} <= \ln(dax) \text{ THEN 1 ELSE -1}$$
$$TARGET_2 = \text{IF upquart60(60)} > \ln(dax) \text{ AND lowquart60(60)} < \ln(dax) \text{ THEN 1 ELSE -1}$$
$$TARGET_3 = \text{IF lowquart60(60)} >= \ln(dax) \text{ THEN 1 ELSE -1}$$

Um bei dem Interface Modell zu identischen Anknüpfungseckwerten für die Handelsstrategie zu gelangen, werden die beiden (jeweils als Differenzengrößen prognostizierten und rücktransformierten) absoluten Lagemaße **upquartabs60(60)** und **lowquartabs60(60)** als Ausgangsreihen verwendet. Durch Einordnung des aktuellen DAX-Wertes in die durch die prognostizierten Lagemaße abgesteckten Klassenintervalle sind nun die entsprechenden binären Signalzeitreihen für die Prognose ableitbar. Es erfolgt hierbei eine Zuordnung des aktuellen DAX-Wertes alternativ in das Klassenintervall oberhalb des prognostizierten Upper Quartile oder in das Intervall zwischen prognostiziertem Upper Quartile und Lower Quartile oder in das Intervall unterhalb des prognostizierten Lower Quartile. Es handelt sich folglich auch hier wieder um alternative Zuordungsmöglichkeiten, welche jedoch im Gegensatz zu der Auswertungsgruppe der Differenzengrößen keinen Zwei-, sondern einen **Dreiklassenfall** charakterisieren.

Wiederum kann durch Aggregation der drei Targetzeitreihen eine homogene **Soll-Signalreihe** mit den Ausprägungswerten -1 (steht repräsentativ für eine Short-Position), 0 (steht repräsentativ für eine neutrale Position) oder 1 (steht repräsentativ für eine Long-Position) gebildet werden. Die entsprechende **Ist-Signalreihe** läßt sich über die Prognoseaussagen ebenso generieren. Analog zu der Gruppe der Differenzengrößen handelte es sich bei den Prognoseaussagen ursprünglich um Werte innerhalb des homogenen Wertebereiches [-1, 1]. Eine **Transformation in eine dreiwertige Codierung** im Rahmen der Auswertung erfolgt auch hier dadurch, daß **der höchsten der drei alternativen Wertausprägungen eines Beispiels der Zuschlag gegeben wird.**

Die **dreiwertige Ist-Signalzeitreihe** dient als **Basisreihe den weiteren Auswertungen** im Sinne von **Realised Potential- und Profit/Loss-Berechnungen**.

Die Diskussion um die **Zugrundelegung des Handelsobjekts** gestaltet sich hier einfacher als bei der Differenzenbetrachtung: es wird **der aktuelle DAX-Wert ge- bzw. verkauft**. Als **Betrachtungshorizont** wird nun auch erstmals vom ursprünglichen Prognosehorizont abgewichen: da die abgegebenen Zeitraumprognosen über ein 60-Tagefenster hinweg ihren **Erwartungsmittelpunkt am 30. Tag** besitzen, wird unterstellt, daß **Positionen über 30 Werktage hinweg gehalten** werden.

Formal dargestellt werden die einzelnen **Gewinn- oder Verlustanteile** wie folgt berechnet:

$$\text{ist-signal} * [\text{dax}(30) - \text{dax}]$$

Nachteile dieser Strategie können zum einen aus der Wahl der dreiwertigen Signalausprägung bzw. der Berücksichtigung einer Indifferenzenzone, und zum anderen aus der Fixierung der Erfolgsanteile an eine Zeitpunktbetrachtung resultieren. Diese Nachteile im Sinne von Verzerrungseffekten bei der Performanceberechnung werden im weiteren verdeutlicht.

Die Besonderheit bei der Berechnung des **Realised Potential** liegt darin, daß die **Ist-Signalreihe** zwar in ihrer **dreiwertigen Ausprägungsform** zugrundegelegt wird, die **Soll-Signalreihe** hingegen **zweiwertig mit den Ausprägungswerten -1 und 1** unterstellt wird. Zudem wird die Soll-Signalreihe nun unabhängig von den ursprünglich betrachteten Lagemaßen generiert, das heißt, ein Short-Signal stellt sich dann ein, wenn der DAX-Wert am Ende des Betrachtungshorizonts unterhalb des aktuellen Niveaus liegt und vice versa.

Als **Konsequenz für die Werte des Realised Potential auf Basis der dreiwertigen Ist-Signalreihe und der zweiwertigen Soll-Signalreihe** läßt sich festhalten, daß sich **grundsätzlich keine Werte von 1** einstellen, was gleichzusetzen wäre mit einer stets korrekten Prognose. Grund hierfür liegt in der Tatsache, daß bei prognostizierten neutralen Signalen keine Position gefahren wird mit der Folge, daß in der Ist-Bewegung keine Gewinn-

oder Verlustanteile aufsummiert werden, wohingegen in der Soll-Bewegung diese Berücksichtigung finden [77].

Der Vergleichsmaßstab $RP_{möglich}$ gibt **dasjenige Realised Potential** an, das erreichbar wäre, **wenn die prognostizierten Short-, neutralen und Long-Signale mit den tatsächlich eingetroffenen korrekt übereinstimmen würden**. Die Soll-Signalreihe ist auch hier wieder zweiwertig und mißt die tatsächlichen Steigt- bzw. Fällt-Bewegungen. Hier kann jedoch der Fall auftreten, daß das Realised Potential auf Basis der Prognosewerte das $RP_{möglich}$ wertmäßig übersteigt, da bei ersterem in der Ist-Bewegung unter Umständen auch diejenigen Gewinn- oder Verlustanteile aufsummiert werden, die bei letzterem infolge von - korrekt erkannten - neutralen Signalen in der Ist-Bewegung nicht berücksichtigt werden.

RP_{naiv} kennzeichnet die Auswertung unter der **Annahme einer naiven Trendfortsetzung**: wenn der DAX-Wert zum Zeitpunkt t_{60} über dem Upper Quartile des Zeitfensters t=>t-60 liegt oder diesem gleichkommt, so wird für die aktuelle Situation ein Short-Signal abgeleitet. Ein Long-Signal wird abgeleitet, wenn der DAX-Wert zum Zeitpunkt t_{60} unterhalb des Lower Quartiles des Zeitfensters t=>t-60 liegt oder diesem gleichkommt. Konstellationen zwischen Upper und Lower Quartile umfassen die Indifferenzenmenge, und es wird keine Position eingegangen.

Der Berechnung von **Profit/Loss** liegt ebenfalls die **dreiwertige Ist-Signalzeitreihe** zugrunde, und die **Betrachtungsperspektive** bezieht sich auch hier auf **30 Werktage**. Der **absolute Gewinn bzw. Verlust** setzt sich durch **Addition der einzelnen Gewinn- bzw. Verlustbeträge** zusammen, die sich einstellen, **wenn Positionen entsprechend der Ist-Signalreihe eingegangen und diese nach jeweils 30 Werktagen wieder aufgelöst werden**. Dieser **absolute Gewinn bzw. Verlust** wird anschließend **mit dem durchschnittlich eingesetzten Kapital in Bezug** gestellt. Hierbei wird unterstellt, daß pro Short- oder Long-Position täglich entweder ein DAX gehandelt oder bei einem Signal von 0 keine Position gefahren wird, so daß parallel maximal 30 DAX-Positionen offen sind. Die Profit/Loss-Berechnung erfolgt nicht

---

[77] Die **Alternative**, eine - ebenso wie die Soll-Signalreihe - **dreiwertige Ist-Signalreihe der Berechnung des Realised Potential** zugrundezulegen, erscheint nach Meinung der Autorin mit einem größeren Nachteil verbunden zu sein: hier könnte sich der **Wert des Realised Potential unter Umständen auf > 1** belaufen, wenn - zusätzlich zu den korrekt erkannten Short- und Long-Signalen - weitere Short- und Long-Signale auf der Ist-Seite Gewinnanteile aufsummieren, die auf der Soll-Seite aufgrund von neutralen Signalen keine Berücksichtigung finden.

saldiert, d.h. die offenen Short- und Long-Positionen gehen nicht aufgerechnet ein, sondern werden addiert. Diese nicht saldierten offenen Positionen werden täglich ermittelt und mit dem jeweils aktuellen Wert des DAX als dem Kapitaleinsatz multipliziert.

Der aus der Berechnung von **Profit/Loss** resultierende Wert läßt sich als **prozentualer Ertrag pro durchschnittlich gebundener Mark über 30 Werktage hinweg** interpretieren.

Analog zu dem Realised Potential wird auch hier ein Vergleichsmaßstab **Profit/Loss$_{möglich}$** abgeleitet: dieser basiert auf einer **dreiwertigen Ist-Bewegung**, welche **die Wirklichkeit stets korrekt abbildet (die Ist-Signalreihe entspricht der Soll-Signalreihe)** - und verdeutlicht somit das aus der ursprünglich gewählten Strategie maximal erreichbare Gewinnpotential.

Da sich der Vergleichsmaßstab Profit/Loss$_{möglich}$ wiederum zum einen auf eine dreiwertige Signalreihe stützt und zum anderen auf das jeweils durchschnittlich eingesetzte Kapital bezieht - und dieser Kapitaleinsatz unterschiedlich ist - können alle denkbaren Größenbeziehungen der Ergebnisse zwischen der Handelsstrategie auf Prognosebasis und dem Profit/Loss$_{möglich}$ realisiert werden. So ist es im Extremfall auch möglich, daß der relative Gewinn, resultierend aus der Handelsstrategie auf Prognosebasis, den relativen Gewinn aus Profit/Loss$_{möglich}$ übertrifft.

Die Berechnung der Werte des **Profit/Loss$_{naiv}$** erfolgt auf Basis der **naiven, dreiwertigen Ist-Signalreihe vor 60 Werktagen**, wie sie auch für das Realised Potential abgeleitet wurde.

Nachfolgende Tabelle faßt die oben dargestellte Belegung der **Ist-Signale** und der **Ertragsanteile für die Auswertungen auf Absolutbasis** zusammen:

	möglich	naiv	forecast
ist-signal	soll-signal$_{3wertig}$	soll-signal(-60)$_{3wertig}$	ist-signal$_{3wertig}$
ertragsanteil	dax(30) - dax	dax(30) - dax	dax(30) - dax

Tab. 27: Belegung der Ist-Signale und der Ertragsanteile für die Auswertungen auf Absolutbasis

Im Rahmen der Quartalsausweisung der Profit/Loss-Werte wird so vorgegangen, daß bei Beginn eines jeden Quartals mit der Akkumulierung der DAX-Anteile neu begonnen wird. Das hat zur Folge, daß innerhalb den jeweils ersten 30 Handelstagen 1 bis 30 offene Positionen zu verzeichnen sind, danach wird stets die Positionenzahl des vorausgegangenen 30-Tagefensters akkumuliert. In identischer Weise wird das jeweilige Ende eines Quartals behandelt, indem offene Positionen über das sich anschließende 30-Tagefenster auslaufen. So werden die Ränder der Quartalsberechnung identisch zu denjenigen des Gesamtzeitraums berechnet. Als Folge der Berücksichtigung von neutralen Signalen kann nun - im Unterschied zu der Differenzenauswertung - bei dem unsaldierten Profit/Loss die tägliche Anzahl offener Positionen stets 0 bis zu 30 betragen, unabhängig davon, ob man den gesamten Generalisierungszeitraum oder die Quartalsberechnung betrachtet.

Folgende Tabellen zeigen die **auf Basis der Absolutgrößen realisierten Performancewerte für das Realised Potential und den Profit/Loss jeweils möglich und naiv**. Dabei werden sowohl die über **Trainings- und die beiden Generalisierungsmengen global** berechneten Werte (Tab. 28), als auch die über **Quartalsabschnitte des Generalisierungszeitraums 1** (Tab. 29) und des **Generalisierungszeitraums 2** (Tab. 30) ermittelten Werte dargestellt.

	Trainings-zeitraum: 22.11.83 - 28.07.92 (2266 Pattern)		Generalisierungs-zeitraum 1: 29.07.92 - 28.07.93 (261 Pattern)		Generalisierungs-zeitraum 2: 29.07.93 - 28.07.94 (261 Pattern)	
	RP	Profit/Loss	RP	Profit/Loss	RP	Profit/Loss
möglich	0.82	0.0696	0.86	0.0520	0.79	0.0552
naiv	0.02	0.0017	-0.07	-0.0043	-0.0030	-0.0001

Tab. 28: Realised Potential und Profit/Loss jeweils *möglich* und *naiv* über die Trainingsmenge, Generalisierungsmenge 1 und Generalisierungsmenge 2 hinweg auf Basis von Absolutgrößen

	1. Quartal: 29.07.92 - 07.10.92 (65 Pattern)		2. Quartal: 28.10.92 - 26.01.93 (65 Pattern)		3. Quartal: 27.01.93 - 27.04.93 (65 Pattern)		4. Quartal: 28.04.93 - 28.07.93 (66 Pattern)	
	RP	Profit/Loss	RP	Profit/Loss	RP	Profit/Loss	RP	Profit/Loss
möglich	0.64	0.0369	0.96	0.0497	0.64	0.0347	0.98	0.0706
naiv	0.12	0.0053	0.31	0.0210	-0.91	-0.0100	-0.26	-0.0410

Tab. 29: Realised Potential und Profit/Loss jeweils *möglich* und *naiv* der Quartalsabschnitte der Generalisierungsmenge 1 auf Basis von Absolutgrößen

	1. Quartal: 29.07.93 - 27.10.93 (65 Pattern)		2. Quartal: 28.10.93 - 26.01.94 (65 Pattern)		3. Quartal: 27.01.94 - 27.04.94 (65 Pattern)		4. Quartal: 28.04.94 - 28.07.94 (66 Pattern)	
	RP	Profit/ Loss	RP	Profit/ Loss	RP	Profit/ Loss	RP	Profit/ Loss
möglich	0.86	0.0454	0.86	0.0603	0.55	0.0374	0.83	0.0746
naiv	0.96	0.0406	-0.05	-0.0036	-0.16	-0.0076	-0.51	-0.0549

Tab. 30: Realised Potential und Profit/Loss jeweils *möglich* und *naiv* der Quartalsabschnitte der Generalisierungsmenge 2 auf Basis von Absolutgrößen

4.2. Auswertung des Interface Modells und Gegenüberstellung zu dem entsprechenden Benchmark Modell

Nachfolgende **Auswertungen** sind zum einen dahingehend untergliedert, ob sie auf **Basis von Differenzengrößen** (Gliederungspunkt C. 4.2.1.) oder **Absolutgrößen** (Gliederungspunkt C. 4.2.2.) zum Einsatz kommen. Innerhalb dieser Gliederungspunkte werden die **Performancekennziffern Realised Potential** und **Profit/Loss** sowohl **für das Interface Modell und das Benchmark Modell** als auch **für den möglichen und naiven Fall** unterschieden. Diese Kennziffern wiederum werden sowohl **über den gesamten Generalisierungszeitraum**, als auch **über dessen Quartalseinteilungen** hinweg berechnet und graphisch abgebildet. Neben dem bekannten **Generalisierungszeitraum 1** vom 29.07.92 bis 28.07.93 wird hierbei ein weiterer **Generalisierungszeitraum 2** vom 29.07.93 bis 28.07.94 evaluiert, der sich dem ersten zeitlich anschließt und ebenfalls ein Jahr umfaßt.

4.2.1. Das Interface Modell auf Basis von Differenzengrößen versus dem Benchmark-Pendant

Folgende Tabelle zeigt das **Realised Potential** und den **Profit/Loss** des Interface und des Benchmark Modells über den **gesamten Generalisierungszeitraum 1 von 29.07.92 bis 28.07.93**:

	Interface Modell	Benchmark Modell	möglich	naiv
RP 60 Tage	0.92	0.93	1.00	0.85
Profit/Loss 60 Tage	0.67	0.68	0.72	0.62

Tab. 31: Realised Potential und Profit/Loss des Interface und Benchmark Modells über den Generalisierungszeitraum 1 - auf Basis von Differenzengrößen

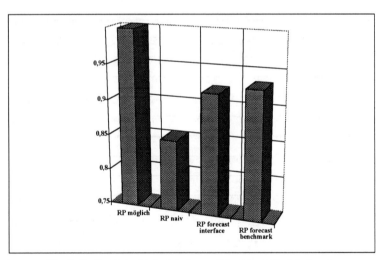

Abb. 63: Realised Potential des Interface und Benchmark Modells über den Generalisierungszeitraum 1 - auf Basis von Differenzengrößen

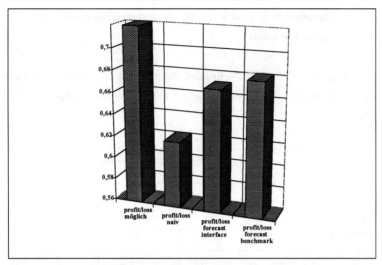

Abb. 64: Profit/Loss des Interface und Benchmark Modells über den Generalisierungszeitraum 1 - auf Basis von Differenzengrößen

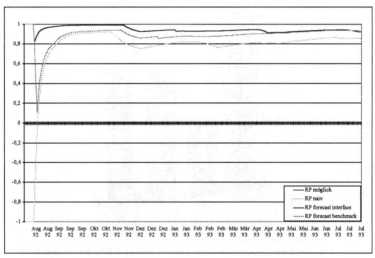

Abb. 65: akkumuliertes Realised Potential des Interface und Benchmark Modells über den Generalisierungszeitraum 1 - auf Basis von Differenzengrößen

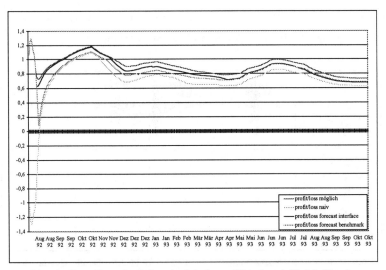

Abb. 66: akkumulierter Profit/Loss des Interface und Benchmark Modells über den Generalisierungszeitraum 1 - auf Basis von Differenzengrößen

Abb. 63 bis Abb. 66 zeigen für das **Interface und** das **Benchmark Modell**, daß sich deren **RP- und Profit/Loss-Werte innerhalb der Bandbreite** befinden, die **durch die RP und Profit/Loss möglich als Obergrenze und naiv als wünschenswerte Untergrenze abgesteckt** wird. Dabei müssen konsequenterweise die Größenverhältnisse der Auswertungsausprägungen der einzelnen Modelle untereinander jeweils für das Kriterium RP und für Profit/Loss identisch sein. Die **Verlaufsdiagramme für das akkumulierte RP und den akkumulierten Profit/Loss** weisen mit Ausnahme der naiven Betrachtung **stets positive Werte** auf.

Das **Benchmark Modell** tendiert mit einem **RP von 93 %** und einem **Profit/Loss von 68 %** etwas besser als das **Interface Modell** mit einem **RP von 92 %** und einem **Profit/Loss von 67 %**.

Signifikant ist die Performance der naiven Annahme, welche mit einem RP von 85 % und einem Profit/Loss von 62 % eine sehr hohe Benchmark darstellt. Die ihr zugrundeliegende Entscheidungsregel ist folglich an sich bereits ein guter Indikator.

Folgende Tabelle zeigt das **Realised Potential** des Interface und des Benchmark Modells über die aufeinanderfolgenden **Quartale des Generalisierungszeitraums 1** hinweg:

	Interface Modell RP 60 Tage	Benchmark Modell RP 60 Tage	möglich RP 60 Tage	naiv RP 60 Tage
1. Quartal: 29.07.92 - 27.10.92 (65 Pattern)	0.99	0.93	1.00	0.92
2. Quartal: 28.10.92 - 26.01.93 (65 Pattern)	0.80	0.75	1.00	0.60
3. Quartal: 27.01.93 - 27.04.93 (65 Pattern)	0.87	0.99	1.00	0.76
4. Quartal: 28.04.93 - 28.07.93 (66 Pattern)	0.93	0.99	1.00	0.96

Tab. 32: Realised Potential des Interface und Benchmark Modells über die Quartale des Generalisierungszeitraums 1 hinweg - auf Basis von Differenzengrößen

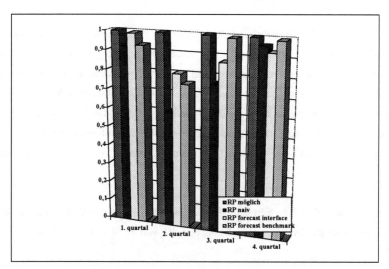

Abb. 67: Realised Potential des Interface und Benchmark Modells über die Quartale des Generalisierungszeitraums 1 hinweg - auf Basis von Differenzengrößen

Folgende Tabelle zeigt den **Profit/Loss** des Interface und des Benchmark Modells über die aufeinanderfolgenden **Quartale des Generalisierungszeitraums 1** hinweg:

	Interface Modell Profit/Loss 60 Tage	Benchmark Modell Profit/Loss 60 Tage	möglich Profit/Loss 60 Tage	naiv Profit/Loss 60 Tage
1. Quartal: 29.07.92 - 27.10.92 (65 Pattern)	0.79	0.75	0.80	0.74
2. Quartal: 28.10.92 - 26.01.93 (65 Pattern)	0.51	0.47	0.63	0.38
3. Quartal: 27.01.93 - 27.04.93 (65 Pattern)	0.59	0.66	0.66	0.51
4. Quartal: 28.04.93 - 28.07.93 (66 Pattern)	0.70	0.75	0.75	0.72

Tab. 33: Profit/Loss des Interface und Benchmark Modells über die Quartale des Generalisierungszeitraums 1 hinweg - auf Basis von Differenzengrößen

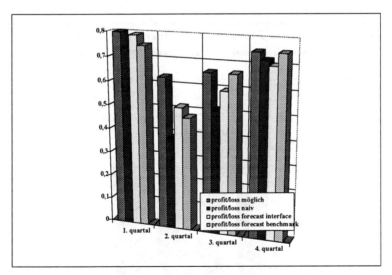

Abb. 68: Profit/Loss des Interface und Benchmark Modells über die Quartale des Generalisierungszeitraums 1 hinweg - auf Basis von Differenzengrößen

Auch bei der Betrachtung über die **Quartalsabschnitte** hinweg stellen die Performancewerte für **RP** und **Profit/Loss möglich und naiv** die obere und untere Begrenzung für die neuronalen Prognosemodelle dar. **Ausnahme bildet die Performance des Interface Modells im 4. Quartal**, in welchem die naive Prognose sowohl für das RP als auch für den Profit/Loss leicht bessere Resultate bringt. Während in den **ersten beiden Quartalen die Interface-Auswertung die Benchmark-Auswertung sowohl für das RP als auch für den Profit/Loss übertrifft**, so kehrt sich dieses **Verhältnis für die beiden letzten Quartale ins Gegenteil**.

Folgende Tabelle zeigt das **Realised Potential** und den **Profit/Loss** des **Interface** und des Benchmark Modells über den gesamten **Generalisierungszeitraum 2 vom 29.07.93 bis 28.07.94**:

	Interface Modell	Benchmark Modell	möglich	naiv
RP 60 Tage	0.64	0.67	1.00	0.82
Profit/Loss 60 Tage	0.29	0.31	0.46	0.38

Tab. 34: Realised Potential und Profit/Loss des Interface und Benchmark Modells über den Generalisierungszeitraum 2 - auf Basis von Differenzengrößen

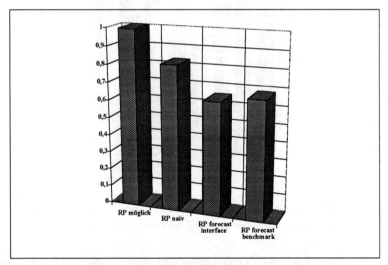

Abb. 69: Realised Potential des Interface und Benchmark Modells über den Generalisierungszeitraum 2 - auf Basis von Differenzengrößen

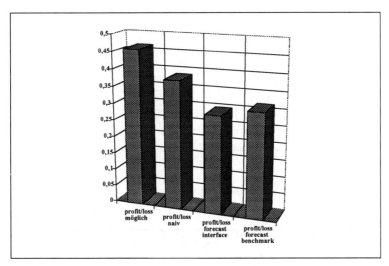

Abb. 70: Profit/Loss des Interface und Benchmark Modells über den Generalisierungszeitraum 2 - auf Basis von Differenzengrößen

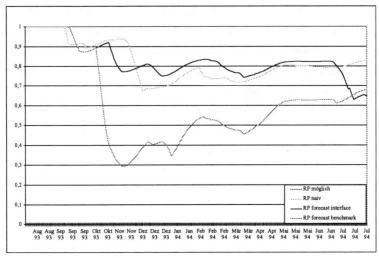

Abb. 71: akkumuliertes Realised Potential des Interface und Benchmark Modells über den Generalisierungszeitraum 2 - auf Basis von Differenzengrößen

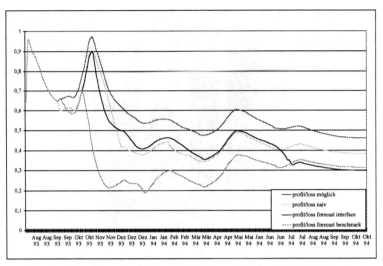

Abb. 72: akkumulierter Profit/Loss des Interface und Benchmark Modells über den Generalisierungszeitraum 2 - auf Basis von Differenzengrößen

Abb. 69 und Abb. 70 zeigen für das Interface und das Benchmark Modell, daß sich deren **RP- und Profit/Loss-Werte im Unterschied zur Generalisierungsmenge 1 nicht mehr innerhalb der Bandbreite** befinden, **die durch die RP und Profit/Loss möglich als Obergrenze und naiv als wünschenswerte Untergrenze abgesteckt wird**. Vielmehr besitzt die **naive Betrachtung für das RP** und konsequenterweise - da auch hier die Größenverhältnisse der Auswertungsausprägungen der einzelnen Modelle untereinander jeweils für das Kriterium RP und für Profit/Loss identisch sein müssen - auch **für den Profit/Loss höhere Werte als die beiden neuronalen Modelle**. Das Benchmark Modell tendiert mit einem **RP von 67 %** und einem **Profit/Loss von 31 %** etwas besser als das **Interface Modell** mit einem **RP von 64 %** und einem **Profit/Loss von 29 %**.

Aber auch hier ist wieder signifikant, daß die naive Annahme mit einem RP von 82 % und einem Profit/Loss von 38 % eine sehr hohe Benchmark darstellt (zumal sich das Profit/-Loss$_{möglich}$ auf 46 % beziffert). Die Verlaufsdiagramme für das akkumulierte RP und den akkumulierten Profit/Loss relativieren diesen Gesamteindruck jedoch. Im Falle des **akkumulierten RP** ist in **Abb. 71** ersichtlich, daß die **Performance des Interface Modells diejenige der naiven Schätzung über den längeren Zeitabschnitt hinweg übertrifft**. Erst ab Juli 1994 übersteigt das RP der naiven Prognose wertmäßig dasjenige des Interface Modells. Für den akkumulierten Profit/Loss ist eine ähnliche Strukturentwicklung erkennbar, wenn auch der Zeitpunkt der Performanceumkehr nicht ganz deckungsgleich ist. Die akkumulierten Betrachtungen von RP und Profit/Loss in den Verlaufsdiagrammen weisen stets positive Werte auf.

Folgende Tabelle zeigt das **Realised Potential des** Interface und des **Benchmark Modells** über die aufeinanderfolgenden **Quartale des Generalisierungszeitraums 2** hinweg:

	Interface Modell RP 60 Tage	Benchmark Modell RP 60 Tage	möglich RP 60 Tage	naiv RP 60 Tage
1. Quartal: 29.07.93 - 27.10.93 (65 Pattern)	0.89	0.38	1.00	0.93
2. Quartal: 28.10.93 - 26.01.94 (65 Pattern)	0.74	0.65	1.00	0.61
3. Quartal: 27.01.94 - 27.04.94 (65 Pattern)	0.79	0.76	1.00	0.82
4. Quartal: 28.04.94 - 28.07.94 (66 Pattern)	0.11	0.91	1.00	0.92

Tab. 35: Realised Potential des Interface und Benchmark Modells über die Quartale des Generalisierungszeitraums 2 hinweg - auf Basis von Differenzengrößen

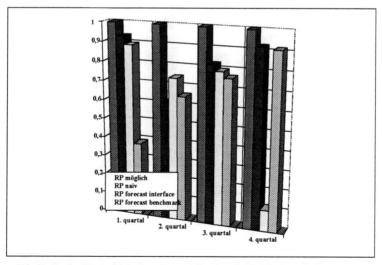

Abb. 73: Realised Potential des Interface und Benchmark Modells über die Quartale des Generalisierungszeitraums 2 hinweg - auf Basis von Differenzengrößen

Folgende Tabelle zeigt den **Profit/Loss** des Interface und des **Benchmark Modells** über die aufeinanderfolgenden **Quartale des Generalisierungszeitraums 2** hinweg:

	Interface Modell Profit/Loss 60 Tage	Benchmark Modell Profit/Loss 60 Tage	möglich Profit/Loss 60 Tage	naiv Profit/Loss 60 Tage
1. Quartal: 29.07.93 - 27.10.93 (65 Pattern)	0.43	0.18	0.47	0.44
2. Quartal: 28.10.93 - 26.01.94 (65 Pattern)	0.31	0.27	0.41	0.25
3. Quartal: 27.01.94 - 27.04.94 (65 Pattern)	0.51	0.49	0.64	0.52
4. Quartal: 28.04.94 - 28.07.94 (66 Pattern)	0.04	0.33	0.36	0.34

Tab. 36: Profit/Loss des Interface und Benchmark Modells über die Quartale des Generalisierungszeitraums 2 hinweg - auf Basis von Differenzengrößen

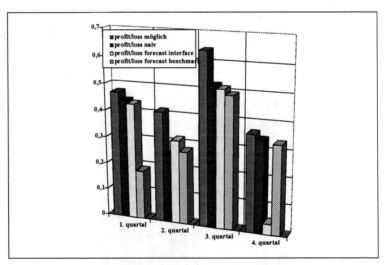

Abb. 74: Profit/Loss des Interface und Benchmark Modells über die Quartale des Generalisierungszeitraums 2 hinweg - auf Basis von Differenzengrößen

Auch bei der **Betrachtung über die Quartalsabschnitte des Generalisierungszeitraums 2 hinweg** stellen die Performancewerte für RP und Profit/Loss möglich und naiv nicht die obere und untere Begrenzung für die neuronalen Prognosemodelle dar: die **naive Schätzung** verfügt über eine **bessere RP- und Profit/Loss-Bewertung**. Ausnahme bildet die Performance des Interface und Benchmark Modells im 2. Quartal, in welchem die naive Prognose sowohl für das RP als auch für den Profit/Loss schlechtere Resultate bringt.

Die **Interface-Auswertung übertrifft** sowohl **für das RP als auch für den Profit/Loss in den ersten drei Quartalen die Benchmark-Auswertung**. Im 4. Quartal jedoch dominieren die Werte der Benchmark-Modellierung signifikant, und das Interface Modell erwirtschaftet nur noch schwach positive Zahlen.

4.2.2. Das Interface Modell auf Basis von Absolutgrößen versus dem Benchmark-Pendant

Folgende Tabelle zeigt das **Realised Potential** des Interface und des **Benchmark Modells** über den gesamten **Generalisierungszeitraum 1 vom 29.07.92 bis 28.07.93**:

	Interface Modell RP 30 Tage	Benchmark Modell RP 30 Tage	möglich RP 30 Tage	naiv RP 30 Tage
G1 gesamt: 29.07.92 - 28.07.93	0.58	0.64	0.86	-0.07

Tab. 37: Realised Potential des Interface und Benchmark Modells über den Generalisierungszeitraum 1 hinweg - auf Basis von Absolutgrößen

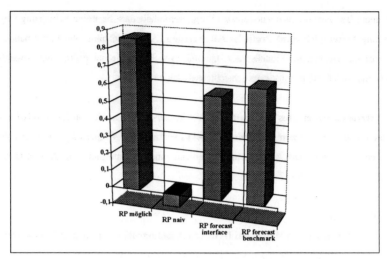

Abb. 75: Realised Potential des Interface und Benchmark Modells über den Generalisierungszeitraum 1 hinweg - auf Basis von Absolutgrößen

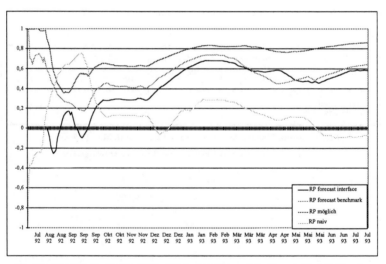

Abb. 76: akkumuliertes Realised Potential des Interface und Benchmark Modells über den Generalisierungszeitraum 1 hinweg - auf Basis von Absolutgrößen

Identisch zu der Differenzenauswertung liegen die **Performancewerte des RP für die neuronalen Prognosemodelle zwischen der naiven und der möglichen Werterzielung**. Allerdings liefert die naive Betrachtung ein negatives RP, und stellt somit eine leicht zu schlagenden Benchmark dar. Auch bei der Betrachtung der nachfolgenden Auswertungen stellt sich das naive Modell - anders als bei der naiven Annahme der Differenzenauswertung - als grundsätzlich negativ dar. Das **RP des Benchmark Modells übertrifft mit 64 %** dasjenge **des Interface Modells mit 58 %**.

Im Verlaufsdiagramm des RP in Abb. 76 ist ersichtlich, daß die im Rahmen der Differenzenauswertung gültige Bandbreitenabsteckung mit dem $RP_{möglich}$ als Ober- und RP_{naiv} als Untergrenze hier nicht mehr notwendigerweise gilt. So kann - wie aus dem Diagramm ersichtlich - die naive die mögliche Performance übertreffen. Auch muß $RP_{möglich}$ hier nicht den Wert 1 annehmen; theoretisch kann sogar eine negative Wertausprägung möglich werden [78].

Die Werte für die mögliche und naive Annahme stellen folglich nur ungefähre Orientierungsgrößen dar, um die neuronale Performance in eine Metrik einzuordnen und somit besser beurteilen zu können. Das **Verlaufsdiagramm** zeigt neben der naiven Schätzung auch **für das Interface Modell in den anfänglichen 1 bis 2 Monaten des Generalisierungszeitraums negative kummulierte RP-Werte**. Das Benchmark Modell hingegen ist durch **im Zeitablauf stets positive RP-Werte** gekennzeichnet. Im Zeitraum September 1992 übertrifft kurzzeitig die naive sogar die mögliche Performance.

Folgende Tabelle zeigt den **Profit/Loss** des **Interface** und des **Benchmark Modells** über den gesamten **Generalisierungszeitraum 1 vom 29.07.92 bis 28.07.93**:

	Interface Modell		Benchmark Modell		möglich	naiv
	Profit/Loss 30 Tage	offene Positionen	Profit/Loss 30 Tage	offene Positionen	Profit/Loss 30 Tage	Profit/Loss 30 Tage
G1 gesamt: 29.07.92 - 28.07.93	0.0358	22	0.0328	26	0.0520	-0.0043

Tab. 38: Profit/Loss des Interface und Benchmark Modells über den Generalisierungszeitraum 1 hinweg - auf Basis von Absolutgrößen

---

[78] Die Ursachen dieser Verzerrungseffekte liegen zum einen in der Dreiwertigkeit der Signalbestimmung, bei der auch Indifferenzsignale ohne Positionseintritt vorkommen, und zum anderen in der Definition der Ertragsanteile über eine Zwei-Zeitpunktbetrachtung hinweg.

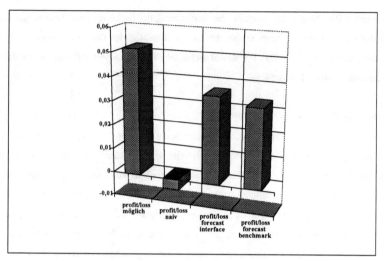

Abb. 77: Profit/Loss des Interface und Benchmark Modells über den Generalisierungszeitraum 1 hinweg - auf Basis von Absolutgrößen

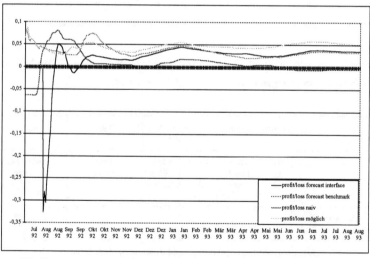

Abb. 78: akkumulierter Profit/Loss des Interface und Benchmark Modells über den Generalisierungszeitraum 1 hinweg - auf Basis von Absolutgrößen

Beim Profit/Loss stellen sich die Auswertungen ähnlich wie beim RP dar: das **Profit/Loss der neuronalen Modelle ist positiv** und befindet sich zwischen negativer naiver und möglicher

Auswertung. Allerdings hat sich das **Verhältnis zwischen Interface und Benchmark Modell umgekehrt**, und das Interface Modell erzielt mit einem **Profit/Loss von 0.**0358 einen leicht **besseren Ertrag als der Benchmark-Vergleich mit 0.0328** [79]. Dazu benötigt das Interface Modell im Schnitt 22 offene nicht saldierte Positionen, das Benchmark Modell 26 offene Positionen. Somit besäße das Interface Modell auch einen kleineren Anteil an Transaktionskosten, würde man diese berücksichtigen.

Die für das RP dargestellten Verzerrungseffekte gelten ebenso für das Performancemaß Profit/Loss, was das Verlaufsdiagramm in Abb. 78 widerspiegelt. Das **Interface Modell** erwirtschaftet mit einem **akkumulierten Profit/Loss** von **unter -0.3 in den ersten zwei Monaten einen hohen Verlust.** Das Strategiemodell hingegen liegt **im Zeitablauf stets im positiven Wertebereich des Profit/Loss.** Auch erzielt die naive Prognose identisch zur Berechnung des RP anfänglich kurzzeitig bessere Werte als die mögliche Performance, bricht dann jedoch schnell ein.

Folgende Tabelle zeigt das **Realised Potential** des **Interface** und des **Benchmark Modells** über die aufeinanderfolgenden **Quartale des Generalisierungszeitraums 1** hinweg:

	Interface Modell RP 30 Tage	Benchmark Modell RP 30 Tage	möglich RP 30 Tage	naiv RP 30 Tage
1. Quartal: 29.07.92 - 27.10.92 (65 Pattern)	0.28	0.43	0.64	0.12
2. Quartal: 28.10.92 - 26.01.93 (65 Pattern)	0.94	0.93	0.96	0.31
3. Quartal: 27.01.93 - 27.04.93 (65 Pattern)	0.41	-0.25	0.64	-0.91
4. Quartal: 28.04.93 - 28.07.93 (66 Pattern)	0.58	0.89	0.98	-0.26

Tab. 39: Realised Potential des Interface und Benchmark Modells über die Quartale des Generalisierungszeitraums 1 hinweg - auf Basis von Absolutgrößen

---

[79] Diese Werte stellen den **prozentualen Ertrag über 30 Werktage pro eingegangener Position** dar. Annualisiert hat das Interface Modell folglich 31 % Rendite und das Benchmark Modell 29 % Rendite erzielt.

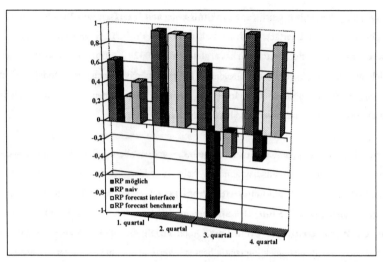

Abb. 79: Realised Potential des Interface und Benchmark Modells über die Quartale des Generalisierungszeitraums 1 hinweg - auf Basis von Absolutgrößen

Folgende Tabelle zeigt den **Profit/Loss** des Interface und des **Benchmark Modells** über die aufeinanderfolgenden **Quartale des Generalisierungszeitraums 1** hinweg:

	Interface Modell		Benchmark Modell		möglich	naiv
	Profit/ Loss 30 Tage	offene Positionen	Profit/ Loss 30 Tage	offene Positionen	Profit/Loss 30 Tage	Profit/Loss 30 Tage
1. Quartal: 29.07.92 - 27.10.92 (65 Pattern)	0.0164	20	0.0345	14	0.0369	0.0053
2. Quartal: 28.10.92 - 26.01.93 (65 Pattern)	0.0490	24	0.0389	30	0.0497	0.0210
3. Quartal: 27.01.93 - 27.04.93 (65 Pattern)	0.0149	22	-0.0064	30	0.0347	-0.0100
4. Quartal: 28.04.93 - 28.07.93 (66 Pattern)	0.0575	21	0.0661	28	0.0706	-0.0410

Tab. 40: Profit/Loss des Interface und Benchmark Modells über die Quartale des Generalisierungszeitraums 1 hinweg - auf Basis von Absolutgrößen

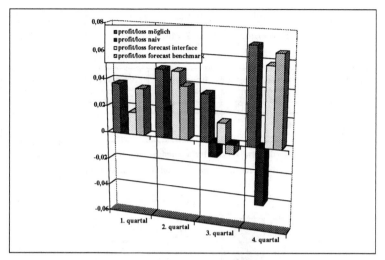

Abb. 80: Profit/Loss des Interface und Benchmark Modells über die Quartale des Generalisierungszeitraums 1 hinweg - auf Basis von Absolutgrößen

Bei den Quartalsbetrachtungen stellen sich die Rangfolgen - nicht jedoch wieder die Größenverhältnisse - von RP und Profit/Loss für die einzelnen Modelle pro Quartal als identisch dar: die **Rangfolge der RP-Werte spiegelt die Rangfolge der Profit/Loss-Werte** für die einzelnen Modelle innerhalb eines Quartals **wider**. Auffallend ist die Performanceentwicklung des naiven Modells mit positiven Werten in den ersten beiden Quartalen, die dann von negativen Werten in den beiden darauffolgenden abgelöst werden.

Die **leichte Überlegenheit des Benchmark Modells gegenüber der Interface-Darstellung für das RP** läßt sich **für die einzelnen Quartalsabschnitte nicht mehr pauschalisieren**. Signifikant ist das **negative RP des Benchmark Modells im 3. Quartal**. Im Unterschied zu der Differenzenauswertung, bei der die neuronalen Modelle sei es in der Gesamt- als auch in der Quartalsbetrachtung stets positive RP und Profit/Loss-Werte lieferten, erwirtschaftet hier **erstmals eine neuronale Prognose im Rahmen der Quartalsberechnung Verluste**.

Auch läßt sich bei der **Profit/Loss-Betrachtung** analog zu der Betrachtung über die gesamte Generalisierungsmenge hinweg **keine über die Quartale durchgängige Überlegenheit des Interface gegenüber dem Benchmark Modell** feststellen. Analog zum RP verzeichnet das **3. Quartal einen negativen Profit/Loss des Benchmark Modells**.

Folgende Tabelle zeigt das **Realised Potential** des **Interface** und des **Benchmark Modells** über den gesamten **Generalisierungszeitraum 2 vom 29.07.93 bis 28.07.94**:

	Interface Modell RP 30 Tage	Benchmark Modell RP 30 Tage	möglich RP 30 Tage	naiv RP 30 Tage
G2 gesamt: 29.07.93 - 28.07.94	0.26	0.36	0.79	-0.0030

Tab. 41: Realised Potential des Interface und Benchmark Modells über den Generalisierungszeitraum 2 hinweg - auf Basis von Absolutgrößen

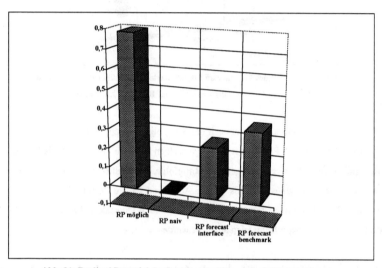

Abb. 81: Realised Potential des Interface und Benchmark Modells über den Generalisierungszeitraum 2 hinweg - auf Basis von Absolutgrößen

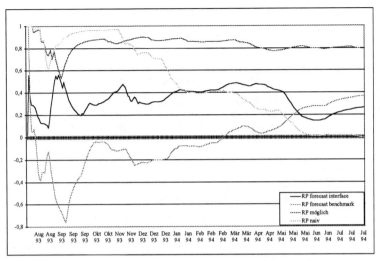

Abb. 82: akkumuliertes Realised Potential des Interface und Benchmark Modells über den Generalisierungszeitraum 2 hinweg - auf Basis von Absolutgrößen

Die Performancewerte des RP für die neuronalen Prognosemodelle liegen zwischen der naiven und der möglichen Werterzielung. Allerdings liefert die naive Betrachtung auch hier wieder analog zum Generalisierungszeitraum 1 ein negatives RP, und stellt somit eine leicht zu schlagende Benchmark dar. **Das RP des Benchmark Modells übertrifft mit 36 % dasjenige des Interface Modells mit 26 %.** Im **Vergleich zum Generalisierungszeitraum 1 erreichen die neuen Werte etwa die Hälfte des damaligen Niveaus.** In beiden Generalisierungszeiträumen übertrifft das Benchmark das Interface Modell in der RP-Ermittlung.

Im Verlaufsdiagramm des RP in Abb. 82 ist ersichtlich, daß die Bandbreitenabsteckung mit dem $RP_{möglich}$ als Ober- und RP_{naiv} als Untergrenze im Zeitablauf ebenfalls nicht mehr gilt. Das **Verlaufsdiagramm** zeigt für das Benchmark Modell **über mehr als die erste Hälfte des Generalisierungszeitraums 2 hinweg negative kummulierte RP-Werte.** Das **Interface Modell** hingegen ist durch **im Zeitablauf stets positive RP-Werte** gekennzeichnet. Im Zeitraum September / Oktober 1993 übertrifft kurzzeitig die naive sogar die mögliche Performance. Das dargestellte **Verhältnis zwischen Interface und Benchmark Modell im Zeitablauf** verhält sich **reziprok zu dem entsprechenden Verhältnis der ersten Generalisierungsmenge**, wo das Interface Modell anfänglich negative Werte erwirtschaftete, das Benchmark Modell hingegen stets positive Werte auswies.

Folgende Tabelle zeigt den **Profit/Loss** des **Interface** und des **Benchmark Modells** über den gesamten **Generalisierungszeitraum 2 vom 29.07.93 bis 28.07.94**:

	Interface Modell		Benchmark Modell		möglich	naiv
	Profit/Loss 30 Tage	offene Positionen	Profit/Loss 30 Tage	offene Positionen	Profit/Loss 30 Tage	Profit/Loss 30 Tage
G2 gesamt: 29.07.93 - 28.07.94	0.0174	21	0.0217	23	0.0552	-0.0001

Tab. 42: Profit/Loss des Interface und Benchmark Modells über den Generalisierungszeitraum 2 hinweg - auf Basis von Absolutgrößen

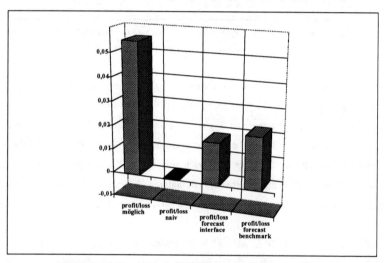

Abb. 83: Profit/Loss des Interface und Benchmark Modells über den Generalisierungszeitraum 2 hinweg - auf Basis von Absolutgrößen

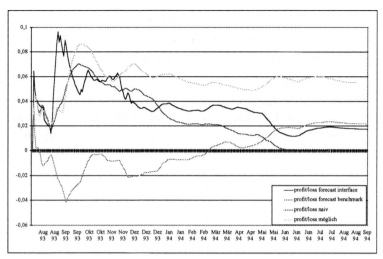

Abb. 84: akkumulierter Profit/Loss des Interface und Benchmark Modells über den Generalisierungszeitraum 2 hinweg - auf Basis von Absolutgrößen

Beim Profit/Loss stellen sich die Auswertungen ähnlich wie beim RP dar: der **Profit/Loss der neuronalen Modelle ist positiv** und befindet sich zwischen negativer naiver und möglicher Auswertung. Auch ist das **Verhältnis zwischen Interface und Benchmark Modell gleichgeblieben im Vergleich zu der RP-Bewertung**: das **Benchmark Modell** liegt mit einem **Profit/Loss von 0.0217 besser als der Interface-Vergleich mit 0.0174** [80]. Dazu benötigt das Interface Modell im Schnitt 21 offene nicht saldierte Positionen, das Benchmark Modell 23 offene Positionen.

Im **Vergleich zur Generalisierungsmenge 1** hat sich das **Verhältnis zwischen Interface und Benchmark umgekehrt**: während über den ersten Generalisierungsbereich hinweg das Interface Modell einen etwas höheren Profit/Loss erwirtschaftet, dominiert das Benchmark Modell über den zweiten Generalisierungsbereich hinweg.

Das Verlaufsdiagramm in **Abb. 84** zeigt für das **Benchmark Modell über mehr als die erste Hälfte des Generalisierungszeitraums 2 hinweg negative kummulierte Profit/Loss-Werte.**

---

[80] Diese Werte stellen den **prozentualen Ertrag über 30 Werktage pro eingegangener Position** dar. Annualisiert hat das Interface Modell folglich 15 % Rendite und das Benchmark Modell 19 % Rendite erzielt.

Das **Interface Modell** hingegen ist durch **im Zeitablauf stets positive Profit/Loss-Werte** gekennzeichnet. Im Zeitraum September 1993 übertrifft das Interface Modell mit einem Profit/Loss von über 0.09 sogar das Niveau des Profit/Loss$_{möglich}$.

Als Folge werden die Werte in Tab. 42 dahingehend relativiert, daß zwar am Ende des Generalisierungszeitraums 2 das Benchmark Modell die Interface-Betrachtung bezüglich des Profit/Loss übertrifft, die Performanceerwirtschaftung jedoch in der zweiten Hälfte des Betrachtungszeitraums stattfindet. In der ersten Generalisierungshälfte dominiert eindeutig das Interface Modell mit hohen Gewinnwerten und das Benchmark Modell erwirtschaftet Verluste.

Eine dynamische Performanceanalyse über das betrachtete Zeitfenster hinweg verkörpert somit stets eine sinnvolle Ergänzung zu der statischen Wertermittlung am Ende einer Auswertungsperiode.

Folgende Tabelle zeigt das **Realised Potential** des **Interface** und des **Benchmark Modells** über die aufeinanderfolgenden **Quartale des Generalisierungszeitraums 2** hinweg:

	Interface Modell RP 30 Tage	Benchmark Modell RP 30 Tage	möglich RP 30 Tage	naiv RP 30 Tage
1. Quartal: 29.07.93 - 27.10.93 **(65 Pattern)**	0.36	-0.08	0.86	0.96
2. Quartal: 28.10.93 - 26.01.94 **(65 Pattern)**	0.44	-0.07	0.86	-0.05
3. Quartal: 27.01.94 - 27.04.94 **(65 Pattern)**	0.45	0.48	0.55	-0.16
4. Quartal: 28.04.94 - 28.07.94 **(66 Pattern)**	-0.06	0.96	0.83	-0.51

Tab. 43: Realised Potential des Interface und Benchmark Modells über die Quartale des Generalisierungszeitraums 2 hinweg - auf Basis von Absolutgrößen

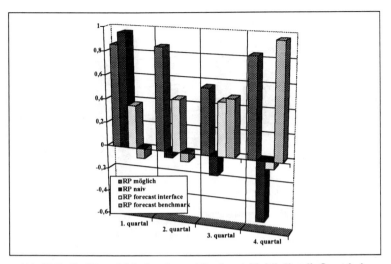

Abb. 85: Realised Potential des Interface und Benchmark Modells über die Quartale des Generalisierungszeitraums 2 hinweg - auf Basis von Absolutgrößen

Folgende Tabelle zeigt den **Profit/Loss** des Interface und des **Benchmark Modells** über die aufeinanderfolgenden **Quartale des Generalisierungszeitraums 2** hinweg:

	Interface Modell		Benchmark Modell		möglich	naiv
	Profit/ Loss 30 Tage	offene Positionen	Profit/ Loss 30 Tage	offene Positionen	Profit/Loss 30 Tage	Profit/Loss 30 Tage
1. Quartal: 29.07.93 - 27.10.93 (65 Pattern)	0.0344	13	-0.0051	22	0.0454	0.0406
2. Quartal: 28.10.93 - 26.01.94 (65 Pattern)	0.0291	23	-0.0085	13	0.0603	-0.0036
3. Quartal: 27.01.94 - 27.04.94 (65 Pattern)	0.0250	19	0.0170	29	0.0374	-0.0076
4. Quartal: 28.04.94 - 28.07.94 (66 Pattern)	-0.0039	28	0.0592	28	0.0746	-0.0549

Tab. 44: Profit/Loss des Interface und Benchmark Modells über die Quartale des Generalisierungszeitraums 2 hinweg - auf Basis von Absolutgrößen

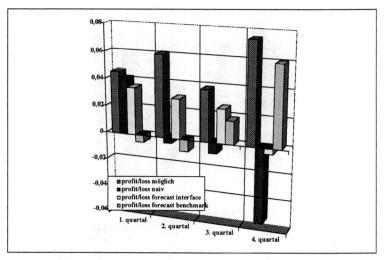

Abb. 86: Profit/Loss des Interface und Benchmark Modells über die Quartale des Generalisierungszeitraums 2 hinweg - auf Basis von Absolutgrößen

Bei den Quartalsbetrachtungen stellen sich die RP und Profit/Loss für die einzelnen Modelle pro Quartal nicht mehr identisch dar. Während das **Interface Modell in den ersten beiden Quartalen ein höheres RP** und **in den letzten beiden Quartalen ein niedrigeres RP ausweist als das Benchmark Modell**, so verfügt es **in den ersten drei Quartalen** über **einen höheren Profit/Loss**. Signifikant dabei ist, daß das Benchmark Modell in den ersten beiden Quartalen sowohl bei RP als auch bei Profit/Loss negative Performanceziffern besitzt und erst ab dem dritten Quartal in die Gewinnzone eintritt, während das Interface Modell eine reziproke Entwicklung aufweist, indem es über die ersten drei Quartale positiv agiert und erst im vierten Quartal in den Verlustbereich kommt.

Somit läßt sich die Überlegenheit des Benchmark Modells gegenüber der Interface-Darstellung sowohl für das RP als auch den Profit/Loss, welche aus der Gesamtbetrachtung in Tab. 41 und Tab. 42 abgeleitet wurde, für die einzelnen Quartalsabschnitte nicht mehr pauschalisieren. Im Gegenteil, **das sich über die ersten drei Zeitabschnitte positiv entwickelnde Interface Modell ist dem Benchmark Modell in dieser dynamisierenden Betrachtung überlegen.**

Auffallend ist ebenfalls die Performanceentwicklung des naiven Modells mit einem extrem hohem RP-Wert größer als und einem Profit/Loss annähernd so hoch wie die mögliche

Entwicklung in dem ersten Quartal, die dann von negativen Performancewerten in den drei darauffolgenden Quartalen abgelöst werden. Auch hier bilden die möglichen und die naiven Werte nicht mehr die Ober- und Untergrenze der Performanceentwicklung für die beiden neuronalen Modelle.

Im Vergleich zum Generalisierungsbereich 1 erweist sich auch hier **im Generalisierungsbereich 2** das **Interface Modell** nicht durchgängig dem Benchmark Modell bezüglich den Wertausprägungen als überlegen, verhält sich jedoch **robuster gegenüber Einbrüchen in Negativbereiche und erzielt einen konstanteren Gewinnausweis.** Analog zum Generalisierungsbereich 1 erwirtschaften bei der Quartalsbetrachtung auch hier erstmalig neuronale Prognosemodelle Verluste.

4.3. Zusammenfassung der ökonomischen Auswertungsergebnisse

An dieser Stelle sollen die in den vorangegangenen Gliederungspunkten im einzelnen dargestellten **Ergebnisse der ökonomischen Auswertung in einer komprimierten, übersichtlichen Form** zusammengefaßt werden. Auf Grundlage der komprimierten Ergebnisdarstellung wird die Frage beantwortet, welche Art der Modellentwicklung - die strategienunabhängige Interface-Modellierung oder die strategienspezifische Benchmark-Modellierung - für ausgewählte Strategien eine bessere ökonomische Performance erwirtschaftet.

Es wird hierbei unterschieden zwischen den **Auswertungsergebnissen auf Differenzen- und auf Absolutbasis.** Hierzu werden vereinzelte Prognoseaussagen des Interface Modells in bestimmter Weise zu einer Strategienaussage verkettet, so daß eine Handelsstrategie auf Basis interquartiler Differenzen und eine weitere auf Basis absoluter Lagemaße abgeleitet werden kann. Analog dazu wurde ein einzelnes Benchmark Modell gemäß der Handelsstrategie auf Differenzenbasis und ein zweites gemäß der Handelsstrategie auf Absolutbasis entwickelt. Eine weitere Unterscheidung erfolgt im Rahmen der auszuwertenden Generalisierungszeiträume. Es werden zwei sukzessive Generalisierungszeiträume unterschieden, wobei Generalisierungszeitraum 1 diejenige Zeitspanne darstellt, die zu Beginn der Modellentwicklungen den letzten verfügbaren Datenblock umfaßt hatte, und Generalisierungszeitraum 2 nach Fertigstellung der Modelle die aktuell hinzugekommene Datenmenge repräsentiert. Vor dem Hintergrund dieser

Strukturierung erfolgt der Analysevergleich zwischen Interface- und Benchmark-Modellierung, wobei parallel dazu eine Einordnung in den mittels einer perfekten und einer naiven Voraussicht abgesteckten Gültigkeitsbereich der Prognose vorgenommen wird. Bei den betrachteten Performancekennziffern handelt es sich um das RP und den Profit/Loss, welche ebenso in ihrem Verhältnis untereinander verglichen werden.

Bei der **Modellierung auf Basis von Differenzengrößen** erweist sich das Benchmark Modell gegenüber dem Interface Modell über die Gesamtbetrachtung des **Generalisierungszeitraums 1 vom 29.07.92 bis zum 28.07.93** hinweg sowohl bezüglich des RP als auch bezüglich des Profit/Loss als leicht überlegen. Dies relativiert sich jedoch, wenn man anstelle der Gesamtbeurteilung die Entwicklungsverläufe dynamisch über den Generalisierungsbereich hinweg, sei es in Form der Werteakkumulierung oder sei es in Form der Quartalsrasterung, betrachtet. **Die Verlaufsentwicklung für das RP und für den Profit/Loss indiziert**, daß beide Performancegrößen innerhalb den ersten 2/3 des Generalisierungsintervalls (bei der Werteakkumulierung) bzw. innerhalb den ersten beiden Quartalen (bei der Quartalsbetrachtung) **dem Interface Modell eine höhere Bewertung zumessen**, und erst im Anschluß daran das Benchmark Modell leicht aufholt. Grundsätzlich kann eine Einordnung der Prognosewerte sowohl im Rahmen der Gesamtanalyse als auch im Rahmen der dynamischen Betrachtung für beide Modellierungsarten in den mittels einer perfekten und einer naiven Voraussicht abgesteckten Gültigkeitsbereich der Prognose vorgenommen werden.

Analoges gilt für den **Generalisierungszeitraum 2 vom 29.07.93 bis zum 28.07.94**. Auch hier demonstriert die Globalbetrachtung eine leichte Überlegenheit des Benchmark Modells, welche die Verlaufsbetrachtung relativiert. Sowohl **das RP als auch der Profit/Loss des Interface Modells liegt im Vergleich zu dem Benchmark Modell** in den ersten 3/4 des Generalisierungsintervalls (bei der Werteakkumulierung) bzw. innerhalb den ersten drei Quartalen (bei der Quartalsbetrachtung) **auf höherem Niveau**. Im Vergleich zum naiven Benchmark sind beide Modelle im Rahmen der Globalbetrachtung unterlegen, was sich jedoch bei der akkumulierten Betrachtung ebenfalls wieder relativiert, da hier das RP und der Profit/Loss des Interface Modells über weite Teile hinweg die naive Performance dominiert.

Als **Fazit** ist festzuhalten, daß das **Interface Modell auf Basis von Differenzenwerten in der dynamischen Betrachtung über die beiden Generalisierungszeiträume hinweg eine höhere Performance erzielt als das entsprechende Benchmark Modell.**

Nachfolgende Abbildung zeigt **quantitativ die Quartalsauswertungen des Interface Modells auf Differenzenbasis für das RP und den Profit/Loss über die Generalisierungszeiträume 1 und 2** hinweg:

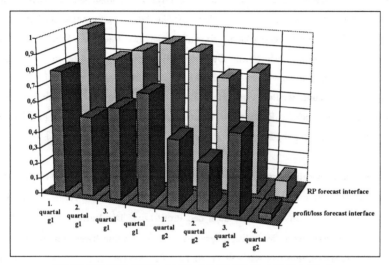

Abb. 87: RP und Profit/Loss des Interface Modells über die Quartale der
Generalisierungszeiträume 1 und 2 hinweg - auf Basis von Differenzengrößen

Bei der **Modellierung auf Basis von Absolutgrößen** erweist sich das Benchmark Modell gegenüber dem Interface Modell über die Gesamtbetrachtung des **Generalisierungszeitraums 1 vom 29.07.92 bis zum 28.07.93** hinweg bezüglich des RP als leicht überlegen, bezüglich des Profit/Loss jedoch als marginal unterlegen. Betrachtet man die Entwicklungsverläufe dynamisch über den Generalisierungsbereich hinweg, so muß man im vorliegenden Fall zwischen der Werteakkumulierung und der Quartalsrasterung differenzieren, da beide Arten der Entwicklungsbetrachtung keine konformen Ergebnisse liefern. Die Verlaufsentwicklung für das RP und für den Profit/Loss indiziert im Rahmen der Werteakkumulierung innerhalb der ersten zwei Monate des Generalisierungsintervalls vorwiegend negative Werte für das Interface Modell, wohingegen das Benchmark Modell stets positive Werte erbringt.

Nach ungefähr der Hälfte des Generalisierungsbereichs jedoch erreichen die akkumulierten Werte der Interface- ungefähr das Niveau der Benchmark-Modellierung. Die **Quartalsbetrachtungen** hingegen weisen für das **Interface Modell über alle Quartale hinweg positive Kennziffern aus**. Die negative Entwicklung des Interface Modells in den ersten beiden Monaten der akkumulierten Betrachtung wird folglich im 3. Monat bzw. am Ende des 1. Quartals kompensiert. Die **Quartalswerte demonstrieren eine Überlegenheit des Benchmark Modells sowohl für das RP als auch den Profit/Loss lediglich in dem 1. und 4. Quartal, während es im 3. Quartal sogar negative Performancewerte erwirtschaftet**. Orientiert man sich primär an der Entwicklung der Quartalsauswertung und erst sekundär an der akkumulierten Verlaufsentwicklung, so müßte man dem Interface Modell eine bessere Performanceentwicklung zusprechen. Der naive Benchmark beinhaltet in der Gesamtbetrachtung und in den beiden letzten Quartalen der Verlaufsbetrachtung negative Werte. So erfolgt die Einordnung der Prognosewerte beider Modellierungsarten sowohl im Rahmen der Gesamtanalyse als auch im Rahmen der Quartalsanalyse in den mittels einer perfekten und einer naiven Voraussicht abgesteckten Gültigkeitsbereich.

Innerhalb des **Generalisierungszeitraums 2 vom 29.07.93 bis zum 28.07.94** demonstriert die Globalbetrachtung eine Überlegenheit des Benchmark Modells im Vergleich zum Interface Modell, sowohl für das RP als auch den Profit/Loss. Die Verlaufsbetrachtung zeigt nun - gegenteilig zu dem Generalisierungszeitraum 1 - eine **durchweg positive akkumulierte Werteentwicklung von RP und Profit/Loss für das Interface Modell**, wohingegen das Benchmark Modell bis zu ungefähr der ersten Generalisierungshälfte negative Werte besitzt. Dies spiegelt sich nun auch in den Quartalsbetrachtungen beider Modelle wider: **in den ersten beiden Quartalen (den ersten drei) ist das Interface dem Benchmark Modell bezüglich des RP (des Profit/Loss) überlegen**. Das Benchmark Modell besitzt negative Performancewerte in den ersten beiden Quartalen, das Interface Modell lediglich im 4. Quartal. Im Vergleich zum naiven Benchmark sind beide Modelle im Rahmen der Globalbetrachtung überlegen, was sich jedoch bei der Quartalsauswertung - im Gegensatz zu Generalisierungszeitraum 1 - für die einzelnen Quartale nicht mehr pauschalisieren läßt.

Als **Fazit** ist festzuhalten, daß das **Interface Modell auf Basis von Absolutwerten in der dynamischen Betrachtung über die beiden Generalisierungszeiträume hinweg unter**

Stabilitätsgesichtspunkten eine bessere Performance erzielt als das entsprechende Benchmark Modell.

Nachfolgende Abbildung zeigt **quantitativ die Quartalsauswertungen des Interface Modells auf Absolutbasis für das RP und den Profit/Loss über die Generalisierungszeiträume 1 und 2** hinweg:

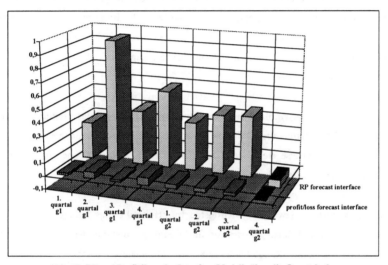

Abb. 88: RP und Profit/Loss des Interface Modells über die Quartale der Generalisierungszeiträume 1 und 2 hinweg - auf Basis von Absolutgrößen

Zusammenfassend hat sich die Interface-Modellierung gegenüber der Benchmark-Modellierung als ökonomisch vorteilhafter erwiesen. Im Fall der Auswertung auf Differenzenbasis stellt sich das Interface Modell primär bezüglich der Höhe der Performancekennziffern in der Quartalsbetrachtung, im Fall der Auswertung auf Absolutbasis primär bezüglich der Strukturstabilität über die Quartalsbetrachtung hinweg als überlegen dar.

4.4. Analyse der verbliebenen Variablen- und deren Verknüpfungsstruktur des anhand der ökonomischen Bewertung identifizierten Endmodells

4.4.1. Globale Sensitivitätsanalyse über die Trainings- und Generalisierungsmenge

Da es sich sich bei dem Interface Modell als Endmodell genau genommen um die Entwicklung von fünf separaten Netzwerken handelt, wovon jedes eine Prognose einer bestimmten interquartilen oder intraquartilen Differenz abgibt, ist es notwendig, die **globale Sensitivitätsanalyse auf diese fünf Modelle anzuwenden** (zu der mathematischen Darstellung der globalen Sensitivitätsanalyse siehe Gliederungspunkt B. 4.6. im Zusammenhang mit Gliederungspunkt B. 4.4.1.).

Im folgenden wird dies **exemplarisch** für die **intraquartile Differenz des Median** dargestellt; auf die Analyse der interquartilen Differenzen wird aus Komplexitätsgründen verzichtet [81]. Die globale Sensitivitätsanalyse stellt per se auf die einzelnen Input Neuronen und damit die dahinterstehenden Inputzeitreihen ab.

In **Tab. 45** werden die **jeweils 20 wichtigsten Inputzeitreihen** der intraquartilen Differenz des Median **med60(60)-med** getrennt für **die Trainings- und für die Generalisierungsmenge 1 in absteigender Rangfolge ihrer Sensitivitätswerte** aufgelistet [82]. Eine alternative Darstellung in Form höherer Aggregationsstufen wäre die Auflistung gemäß der Relevanz der Rohvariablen, aus denen die Inputzeitreihen transformiert sind, oder gemäß den Input Clustern und ihrer entsprechenden ökonomischen Bedeutung, zu denen die Rohvariablen zugehörig sind.

---

[81] Da zum einen die vier Modelle der interquartilen Differenzen und zum anderen das Modell der intraquartilen Differenz des Median jeweils auf einer spezifischen Spezifikationsdatei (siehe Anhang 2 und 3) basieren, wäre eine **separate Untersuchung der vier interquartilen Differenzenprognosen und der fünften Medianprognose** angebracht. Die **Einflußmechanismen der vier interquartilen Modelle** ließen sich dabei auf einer **höheren Aggregationsebene** dergestalt darstellen, daß beispielsweise die Inputzeitreihen gemäß der **Häufigkeit ihrer Nennung über alle vier Modelle hinweg** aufgelistet werden. Weitere Aggregationsalternativen sind denkbar, um einen komprimierteren Überblick über das Variablengefüge der interquartilen Differenzenprognose zu bekommen.

[82] Die **dunkel unterlegten Inputzeitreihen** kennzeichnen dabei Reihen, die **sowohl unter den 20 relevantesten der Trainings- als auch der Generalisierungsmenge 1** zu finden sind.

Rang	Training	Generalisierung 1
1	rsi(us3m,60)	max(umsatz,60) - umsatz
2	rsi(swmi,60)	swmi - dax
3	rsi(dj,60) L-1	pprodproz
4	bau - aver(bau,60)	rsi(us3m,60)
5	max(umsatz,60) - umsatz	sqrt(var(d3m,60)) L -50
6	min(us3m,60) - us3m	us3m - uszila(-1)
7	sqrt(var(d3m,60)) L -50	rsi(d3m,60)
8	sqrt(var(nikkei,60))	bip - aver(bip,60) L-12
9	max(dax,60) - dax	invgut - aver(invgut,60)
10	msd - dax	aeinl - aver(aeinl,60)
11	min(dj,60) - dj L-1	max(dax,60) - dax
12	daxcomp - dax L-60	sqrt(var(d3m,60))
13	swmi - aver(swmi,60)	sqrt(var(umsatz,60))
14	min(nikkei,60) - nikkei	arbqu - aver(arbqu,60)
15	ft - aver(ft,60)	msd - dax
16	sqrt(var(umsatz,60))	min(us3m,60) - us3m
17	rsi(d3m,60)	min(dj,60) - dj L-1
18	dax L-60	swmi - aver(swmi,60)
19	daxcomp - dax - aver(daxcomp,60) + aver(dax,60)	gewwi - aver(gewwi,60)
20	ukzila - aver(ukzila,60) L-60	sqrt(var(datkgv,60))

Tab. 45: **Rangliste der gemäß der globalen Sensitivitätsanalyse relevantesten Inputzeitreihen für die intraquartile Differenz des Median über die Trainingsmenge und Generalisierungsmenge 1**

Neun der insgesamt 20 relevantesten **Inputreihen** finden sich **sowohl auf der Generalisierungs-, als auch auf der Trainingsmenge**. Es sind dies Zeitreihen, die aus dem **Input Cluster 1** (Zeitvariablen, DAX und angelehnte Variablen, andere Aktienindizes Inland), **Input Cluster 2** (Kapital- und Geldmarktzinsen Inland), **Input Cluster 5** (Aktienindizes Ausland) und **Input Cluster 7** (Kapital- und Geldmarktzinsen Ausland) stammen. Auffallend ist die **Häufigkeit der Nennung** auf beiden Datenmengen vornehmlich des **DAX** selbst, **Umsatzgrößen, angelehnter Variablen, der ausländischen Aktienindizes und des kurzfristigen ausländischen Zinsniveaus.**

4.4.2. Lokale Sensitivitätsanalyse zur Aufdeckung zeitpunktbezogener Gewichtungsschemata

Die **lokale Sensitivitätsanalyse** ist analog zur globalen auf die fünf Modelle der interquartilen und intraquartilen Differenzenbildung anzuwenden. Im folgenden wird wiederum aus Komplexitätsgründen ausschließlich **die intraquartile Differenz des Median med60(60)-med60** herangezogen, um exemplarisch die lokale Untersuchung aufzuzeigen (zu der mathematischen Darstellung der lokalen Sensitivitätsanalyse siehe Gliederungspunkt B. 4.6.).

In **Tab. 46** werden die jeweils **10 relevantesten Zeitreihen** für zeitlich aufeinanderfolgende Prognosen aufgelistet [83]. Die Darstellung beschränkt sich dabei auf einen **Ausschnitt der Generalisierungsmenge 1** in Form des **letzten Monats**, d.h. die **letzten 19 Pattern vom 02.07.93 bis 28.07.93.**. In diesem Zeitabschnitt ist die Output-Targetannäherung gemäß der Monatsauswertung für den Median am besten gelungen [84].

Auch hier könnte man analog zu der Auswertung gemäß der globalen Sensitivitätsanalyse eine komprimiertere Darstellungsform auf Basis der Aggregationsstufe von Rohvariablen oder Input Clustern wählen.

A	max(dax,60) - dax
B	rsi(swmi,60)
C	rsi(dj,60) L-1
D	rsi(us3m,60)
E	bau - aver(bau,60)
F	max(umsatz,60) - umsatz
G	ft - aver(ft,60)
H	sqrt(var(nikkei,60))
I	swmi - aver(swmi,60)
J	daxcomp - dax L-60
K	sqrt(var(d3m,60)) L-50
L	min(us3m,60) - us3m

---

[83] Die **dunkel unterlegten Zeitreihen** kennzeichnen solche, die auch im Rahmen der **globalen Sensitivitätsanalyse unter den relevantesten 20 der Generalisierungsmenge 1** zu finden sind.

[84] Dies korrespondiert mit einem **MAD-Niveau des Median von 0.0096** und einem **MSD-Niveau von 0.0128** über diesen Monat hinweg (siehe auch Anhang 5).

Datum	Rang1	Rang2	Rang3	Rang4	Rang5	Rang6	Rang7	Rang8	Rang9	Rang10
02.07.93	A	B	C	D	E	F	G	H	I	J
05.07.93	A	B	C	D	E	F	G	H	I	J
06.07.93	A	B	C	D	E	F	G	H	I	J
07.07.93	A	B	C	D	E	F	G	I	H	K
08.07.93	A	B	C	D	E	K	G	I	F	H
09.07.93	A	B	C	D	E	G	F	H	I	K
12.07.93	A	B	C	D	E	G	F	H	I	K
13.07.93	A	B	C	D	E	G	F	H	I	K
14.07.93	A	B	C	D	E	G	F	H	I	K
15.07.93	A	B	C	D	E	G	F	H	I	L
16.07.93	A	B	C	D	E	G	F	H	I	K
19.07.93	A	B	C	D	E	G	F	H	I	K
20.07.93	A	B	C	D	E	K	G	I	F	H
21.07.93	A	B	C	D	E	K	G	F	I	H
22.07.93	A	B	C	D	E	K	G	F	I	H
23.07.93	A	B	C	D	E	K	G	I	F	H
26.07.93	A	B	C	D	K	E	G	I	F	H
27.07.93	A	B	C	D	E	K	G	I	F	H
28.07.93	A	B	C	D	E	K	I	G	F	H

Tab. 46: Rangliste der gemäß der lokalen Sensitivitätsanalyse relevantesten Inputzeitreihen für die intraquartile Differenz des Median für einen spezifischen Ausschnitt der Generalisierungsmenge 1

Über den betrachteten Auswertungszeitraum hinweg erfolgt keine wesentliche Veränderung, weder bzgl. der Reihenfolge, noch bzgl. der Zusammensetzung der Inputzeitreihen. Die **Reihenfolge der Zeitreihen über die 19 Pattern** hinweg **beginnt sich jeweils erst** - mit einer Ausnahme - **ab der 6. Rangstelle zu ändern, von Rangstelle 1 bis 5 ist sie konstant**. Es sind über dieses Zeitfenster hinweg **12 unterschiedliche Inputzeitreihen**, welche das Quantum der **relevantesten 10** ausmachen. Als Folge läßt sich festhalten, daß das **lokale Wirkungsgefüge der Einflußgrößen** im Modell keinen häufigen und im Ausmaß hohen Veränderungssprüngen unterliegt, sondern **langsam über die Zeit hinweg variiert**.

Bei dem Vergleich zwischen den über den Generalisierungsbereich 1 hinweg relevantesten globalen und den den letzten Monatsausschnitt davon umfassenden relevantesten lokalen Einflußgrößen fällt auf, daß **sechs der 20 relevantesten globalen unter den 10 der relevantesten lokalen** zu finden sind. Die gemeinsame Überschneidungsmenge beider Analysearten ist somit relativ hoch. In Anlehnung an die globale Sensitivitätsanalyse dominieren auch hier Zeitreihen aus dem **Input Cluster 1** (Zeitvariablen, DAX und angelehnte Variablen, andere Aktienindizes Inland), **Input Cluster 5** (Aktienindizes Ausland) und **Input Cluster 7** (Kapital- und Geldmarktzinsen Ausland). Auffallend ist wiederum die **Häufigkeit der Nennung** auf beiden Datenmengen vornehmlich **der ausländischen Aktienindizes** und des **DAX** selbst.

D. Resümee

Ziel der vorliegenden Arbeit ist es, ein gemäß dem Prozeßprinzip entwickeltes Modell mit Schnittstellencharakter zwischen Entwicklung und Auswertung bzw. Einsatz (**Interface Modell**) einer Benchmark-Modellierung im Sinne einer direkten Strategieoptimierung gegenüberzustellen (**Benchmark Modell**). Die zugrundeliegende Anwendung stellt hierbei eine tagesbasierte DAX-Prognose mit 60 Werktagen Prognosehorizont dar. Der **Interface-Ansatz** präsentiert sich in der vorliegenden Aufgabenstellung sowohl **bezüglich ökonomischen Performancekriterien** (gemessen anhand des Realised Potential und des Profit/Loss global über einen Generalisierungsbereich von zwei mal einem Jahr hinweg) als auch **bezüglich strukturellen Gesichtspunkten** (gemessen anhand quartalsmäßigen Partitionierungen des Generalisierungsbereichs und anhand akkumulierten Verlaufsdarstellungen) **gegenüber dem Benchmark-Ansatz als nicht unterlegen**.

Die **Vorteile einer Interface-Modellierung gegenüber einer Strategieoptimierung** sind die folgenden:

- Es wird eine **prozeßorientierte Gesamtoptimierung** in dem Sinne unterstützt, daß die einzelnen Prozeßkomponenten Entwicklung - Auswertung - Einsatz nicht a priori aufeinander abgestimmt werden müssen, und dennoch ein **effizienter Übergang zwischen der technischen Entwicklungsseite und der ökonomischen Auswertung bzw. Einsatz** gewährleistet ist.

- Es wird ein hohes Maß an **Flexibilität gegenüber Einsatzstrategien** garantiert, so daß das **Interface Modell** als **Multistrategienmodell** zum Einsatz gelangen kann. Damit verknüpft sind Entwicklungskosten- und Zeitvorteile.

Diejenige Determinante, die in der vorliegenden Arbeit für den Schnittstellencharakter des Interface Modells verantwortlich ist, ist die **Art der Prognosespezifikation** im Sinne einer **Verteilungsaussage**. Im Gegensatz zu den bis dato in der neuronalen Finanzprognose verbreiteten Erwartungswertprognosen, welche lediglich über einen lokalen Erwartungsmittelwert in der Zukunft informieren, liefern Verteilungsschätzungen eine umfangreichere Informationsbasis, sowohl lokaler Art, als auch über Zeitfensterbetrachtungen hinweg. Im Rahmen der Arbeit wurden unterschiedliche Arten von Verteilungsaussagen vor dem Hintergrund der neuronalen Methodik systematisiert, angefangen mit der eine bestimmte Verteilungsform unterstellenden Mittelwert-/Varianz-Betrachtung bis hin zu nichtparametrischen, kontinuierlichen Dichtefunktionsschätzungen. Die Wahl der Prognose von **Verteilungsmaßzahlen in Form von Quantilsschätzungen** in der vorliegenden Arbeit wurde durch die zum gegebenen Zeitpunkt mögliche **technische Realisierbarkeit** beeinflußt. Diese zeichnet sich jedoch durch eine im Zeitverlauf ständige Erweiterung aus, was sich in der Entwicklung von beispielsweise zur kontinuierlichen Dichtefunktionsschätzung geeigneten Architekturen und Fehlerfunktionen manifestiert [ORMO93], [NEUN94], [NEUN94b].

Gehen diese neurotechnischen Erweiterungen verstärkt mit der Integration finanzanalytischen Wissens einher, so wie dies in der jüngsten Vergangenheit im Rahmen des neuromanagementorientierten Ansatzes der Finanzprognose der Fall ist, so resultieren daraus **empirische Studien**, die nicht nur dem **technisch/mathematischen Anspruch** Rechnung tragen, sondern auch ein **aktuelles finanzwirtschaftlich/anwendungsorientiertes Know-how** und somit ein Maß an **Praxisrelevanz** demonstrieren. Im Rahmen der Verteilungsschätzung etwa können somit aktuelle Problemstellungen der Volatilitätsprognose in dem Bereich der derivaten Finanzinstrumente aufgegriffen und differenziert betrachtet werden [HUTC94], [BARU95]. Neuronale Netze in ihrer Spezifizierung als verteilungsfreie Modelle können hierbei das existierende Methodenrepertoire um annahmenfreiere Verfahren erweitern.

Anhang

Anhang 1: Vortransformationen auf Basis von Makrobeschreibungen in SENNV0.9^{TM}

Makro-Code	Beschreibung
abs(x)	Absolutbetrag des Parameterwertes: $$\mathrm{abs}(x)_t = |x_t|$$
aver(x, n)	Gleitendes Mittel von n Werten der angegebenen Reihe x: $$\mathrm{aver}(x,n)_t = \sum_{i=0}^{n-1} \frac{x_{t-i}}{n}$$
kurtosis(x, n)	Abweichung der letzten n Werte von der Normalverteilung
ln(x)	natürlicher Logarithmus des Parameterwertes
max(x, n)	Maximum der letzten n Werte aus der Reihe x
min(x, n)	Minimum der letzten n Werte aus der Reihe x
rsi(x, n)	Relative Stärke Index nach Wilder der letzten n Werte aus Reihe x: $$\mathrm{rsi}(x,n)_t = \frac{\sum_{i=0}^{n-1} f(x_{t-i} - x_{t-i-1})}{\sum_{i=0}^{n-1} |x_{t-i} - x_{t-i-1}|}$$ mit $f(x) = (0, x \leq 0 \text{ und } x, x > 0)$
scale(x)	Skalierung des Parameterwertes mit Mittelwert und Varianz der Reihe: $$\mathrm{scale}(x)_t = \frac{(x_t - \overline{x})}{\sigma}$$

skew(x, n)	Schiefe der letzten n Werte aus der Reihe: $$\text{skew}(x,n)_t = \frac{\sum_{i=0}^{n-1}\left(x_{t-i} - \left(\sum_{j=0}^{n-1} x_{t-j}\right)/n\right)^3 / n}{\left(\sqrt{\sum_{i=0}^{n-1}\left(x_{t-i} - \left(\sum_{j=0}^{n-1}/n\right)\right)^2 / n}\right)^3}$$
smooth(x, α)	exponentielle Glättung der Reihe x mit Parameter $\alpha = \frac{2}{n+1}$: $$\text{smooth}(x,\alpha)_t = a_t$$ $$a_t = (1-\alpha)a_{t-1} + \alpha x_t$$
sqrt(x)	Quadratwurzel des Parameters
tanh(x)	Tangens Hyperbolicus der Reihe x
trendL(x)	Anzahl der Zeitschritte, für die der Trend steigend/fallend in der Reihe x bis zum aktuellen Zeitpunkt bereits anhält. Der Wert ist positiv (negativ), falls der Trend steigend (fallend) ist.
trendS(x)	Werténderung seit Beginn des aktuellen Trends $$\text{trendS}(x)_t = x_t - x_{t-\text{trendL}(x)_t}$$
var(x, n)	gleitende Varianz aus den letzten n Werten der Reihe $$\text{var}(x,n)_t = \left(\sum_{i=0}^{n-1}\left(x_{t-i} - \left(\sum_{j=0}^{n-1} x_{t-j}\right)/n\right)^2\right)/n$$
Zeitfunktionen	
dayofweek()	Wochentag des Zeitstempels als Ganzzahl von Montag (1) bis Sonntag (7)
month()	Monat des Zeitstempels als Ganzzahl von Januar (1) bis Dezember (12)

Anhang 2: **Spezifikationsdatei für das Interface Modell auf Basis interquartiler Differenzen**

```
APPLICATION DAX_interquartile_differenzen

MODE DAY WEEK 5

FROM MIN TO MAX

TRAINING FROM 02.12.83 TO 28.07.92

VALIDATION PERIODIC 16


INPUT   CLUSTER 1

        ZEITVARIABLEN

BEGIN   day of week
        INPUT           = scale(dayOfWeek())
END

BEGIN   month of year
        INPUT           = scale(month())
END

        DAX UND ANGELEHNTE VARIABLEN, ANDERE AKTIENINDIZES INLAND

BEGIN   dax

        CHARTTECHNIK

        INPUT = scale(ln(dax))
        LAG 0 -30
        //L -30 corr zu scale(ln(upquart60(60) - med60(60))): 0.27

        differenzen
        INPUT = scale(ln(dax) - ln(dax(-60)))
        LAG 0 -15 -30 -45 -60

        kruemmung;wendepunkte
        INPUT = scale(aver(ln(dax),20) - 2 * aver(ln(dax(-20)),20) + aver(ln(dax(-40)),20))
        INPUT = scale(aver(ln(dax),15) - 3 * aver(ln(dax(-15)),15) + 3 * aver(ln(dax(-30)),15) - aver(ln(dax(-45)),15))

        trend
        INPUT = scale(trendL(aver(ln(dax),60)))
        LAG 0 -60
        //L -60 corr zu scale(ln(max60(60) - upquart60(60))): 0.30
        //L -60 corr zu scale(ln(med60(60) - lowquart60(60))): 0.27
        INPUT = scale(trendS(aver(ln(dax),60)))

        maximum - minimum
        INPUT = scale(max(ln(dax),60) - ln(dax))
        LAG 0 -15 -30 -45 -60
        INPUT = scale(min(ln(dax),60) - ln(dax))
        LAG 0 -15 -30 -45 -60
        INPUT = scale(max(ln(dax),60) - min(ln(dax),60))
        LAG 0 -15 -30 -45 -60
        INPUT = scale(max(ln(dax),60) - aver(ln(dax),60))
        LAG 0 -15 -30 -45 -60
        INPUT = scale(min(ln(dax),60) - aver(ln(dax),60))
        LAG 0 -15 -30 -45 -60
```

TECHNISCHE INDIKATOREN

volatilitaet
INPUT = scale(sqrt(var(ln(dax) - ln(dax(-1)),60)))
INPUT = scale(sqrt(smooth((ln(dax) - ln(dax(-1))) * (ln(dax) - ln(dax(-1))),2 / 61)))
INPUT = scale((sqrt(smooth((ln(dax) - ln(dax(-1))) * (ln(dax) - ln(dax(-1))),2 / 31))) -
(sqrt(smooth((ln(dax) - ln(dax(-1))) * (ln(dax) - ln(dax(-1))),2 / 61))))

relative staerke index
INPUT = scale(rsi(ln(dax),60))
INPUT = scale(rsi(ln(dax),30) - rsi(ln(dax),60))
INPUT = scale(rsi(ln(dax),30) - rsi(ln(dax(-30)),30))

durchschnitte
INPUT = scale(ln(dax) - aver(ln(dax),60))

STATISTIK

INPUT = scale(sqrt(var(ln(dax),60)))
INPUT = scale(sqrt(var(ln(dax),30)) - sqrt(var(ln(dax),60)))
INPUT = scale(sqrt(var(ln(dax),30)) - sqrt(var(ln(dax(-30)),30)))

schiefe
INPUT = scale(skew(ln(dax),60))
INPUT = scale(skew(ln(dax),30) - skew(ln(dax),60))
INPUT = scale(skew(ln(dax),30) - skew(ln(dax(-30)),30))

kurtosis
INPUT = scale(kurtosis(ln(dax),60))
INPUT = scale(kurtosis(ln(dax),30) - kurtosis(ln(dax),60))
INPUT = scale(kurtosis(ln(dax),30) - kurtosis(ln(dax(-30)),30))

TARGETORIENTIERTE TRANSFORMATIONEN

INPUT = scale(max60 - upquart60)
LAG 0 -15 -30 -45 -60
INPUT = scale(upquart60 - med60)
LAG 0 -15 -30 -45 -60
INPUT = scale(med60 - lowquart60)
LAG 0 -15 -30 -45 -60
INPUT = scale(lowquart60 - min60)
LAG 0 -15 -30 -45 -60

INPUT = scale((max60 - upquart60) - (max60(-30) - upquart60(-30)))
INPUT = scale((upquart60 - med60) - (upquart60(-30) - med60(-30)))
INPUT = scale((med60 - lowquart60) - (med60(-30) - lowquart60(-30)))
INPUT = scale((lowquart60 - min60) - (lowquart60(-30) - min60(-30)))

INPUT = scale(sqrt(var((max60 - upquart60),60)))
LAG 0 -15 -30 -45 -60
INPUT = scale(sqrt(var((upquart60 - med60),60)))
LAG 0 -15 -30 -45 -60
INPUT = scale(sqrt(var((med60 - lowquart60),60)))
LAG 0 -15 -30 -45 -60
INPUT = scale(sqrt(var((lowquart60 - min60),60)))
LAG 0 -15 -30 -45 -60

END

BEGIN dax composite

vergleiche zu dax
INPUT = scale(aver(ln(daxcomp),60) - aver(ln(dax),60))
LAG 0 -60
//L -60 corr zu scale(ln(lowquart60(60) - min60(60))): -0.30
INPUT = scale(ln(daxcomp) - ln(dax) - aver(ln(daxcomp),60) + aver(ln(dax),60))
INPUT = scale(sqrt(var(ln(daxcomp),60)) - sqrt(var(ln(dax),60)))
INPUT = scale((max(ln(daxcomp),60) - min(ln(daxcomp),60)) - (max(ln(dax),60) - min(ln(dax),60)))
END

BEGIN MS D

vergleiche zu dax
INPUT = scale(aver(ln(msd),60) - aver(ln(dax),60))
INPUT = scale(ln(msd) - ln(dax) - aver(ln(msd),60) + aver(ln(dax),60))
INPUT = scale(sqrt(var(ln(msd),60)) - sqrt(var(ln(dax),60)))
INPUT = scale((max(ln(msd),60) - min(ln(msd),60)) - (max(ln(dax),60) - min(ln(dax),60)))
END

BEGIN MS Europa

vergleiche zu msd
INPUT = scale(aver(ln(mseu),60) - aver(ln(msd),60))
INPUT = scale(ln(mseu) - ln(msd) - aver(ln(mseu),60) + aver(ln(msd),60))
INPUT = scale(sqrt(var(ln(mseu),60)) - sqrt(var(ln(msd),60)))
INPUT = scale((max(ln(mseu),60) - min(ln(mseu),60)) - (max(ln(msd),60) - min(ln(msd),60)))
END

BEGIN Datastream Gesamt D Index KGV

INPUT = scale(ln(datkgv) - aver(ln(datkgv),60))
INPUT = scale(max(ln(datkgv),60) - min(ln(datkgv),60))
INPUT = scale(max(ln(datkgv),60) - aver(ln(datkgv),60))
INPUT = scale(min(ln(datkgv),60) - aver(ln(datkgv),60))
INPUT = scale(rsi(ln(datkgv),60))
INPUT = scale(skew(ln(datkgv),60))
INPUT = scale(kurtosis(ln(datkgv),60))
INPUT = scale(sqrt(var(ln(datkgv),60)))
INPUT = scale(sqrt(var(ln(datkgv),30)) - sqrt(var(ln(datkgv(-30)),30)))
INPUT = scale(sqrt(smooth((ln(datkgv) - ln(datkgv(-1))) * (ln(datkgv) - ln(datkgv(-1))),2 / 61)))
INPUT = scale((sqrt(smooth((ln(datkgv) - ln(datkgv(-1))) * (ln(datkgv) - ln(datkgv(-1))),2 / 31))) - (sqrt(smooth((ln(datkgv) - ln(datkgv(-1))) * (ln(datkgv) - ln(datkgv(-1))),2 / 61))))

vergleiche zu dax
INPUT = scale(aver(ln(datkgv),60) - aver(ln(dax),60))
INPUT = scale(ln(datkgv) - ln(dax) - aver(ln(datkgv),60) + aver(ln(dax),60))
INPUT = scale(sqrt(var(ln(datkgv),60)) - sqrt(var(ln(dax),60)))
INPUT = scale((max(ln(datkgv),60) - min(ln(datkgv),60)) - (max(ln(dax),60) - min(ln(dax),60)))
END

BEGIN boersenumsatz aktien ffm

INPUT = scale(umsatz - aver(umsatz,60))
INPUT = scale(max(umsatz,60) - min(umsatz,60))
INPUT = scale(max(umsatz,60) - aver(umsatz,60))
INPUT = scale(min(umsatz,60) - aver(umsatz,60))
INPUT = scale(rsi(umsatz,60))
INPUT = scale(skew(umsatz,60))
INPUT = scale(kurtosis(umsatz,60))
INPUT = scale(sqrt(var(umsatz,60)))
INPUT = scale(sqrt(var(umsatz,30)) - sqrt(var(umsatz(-30),30)))
INPUT = scale(sqrt(smooth((umsatz - umsatz(-1)) * (umsatz - umsatz(-1)),2 / 61)))
INPUT = scale((sqrt(smooth((umsatz - umsatz(-1)) * (umsatz - umsatz(-1)),2 / 31))) - (sqrt(smooth((umsatz - umsatz(-1)) * (umsatz - umsatz(-1)),2 / 61))))

vergleiche zu dax
INPUT = scale(aver(umsatz,60) - aver(ln(dax),60))
INPUT = scale(umsatz - ln(dax) - aver(umsatz,60) + aver(ln(dax),60))
INPUT = scale(sqrt(var(umsatz,60)) - sqrt(var(ln(dax),60)))
INPUT = scale((max(umsatz,60) - min(umsatz,60)) - (max(ln(dax),60) - min(ln(dax),60)))
END

INPUT CLUSTER 2

KAPITAL- UND GELDMARKTZINSEN INLAND

BEGIN D 3M.Euro

INPUT = scale(d3m - aver(d3m,60))
INPUT = scale(max(d3m,60) - min(d3m,60))
INPUT = scale(max(d3m,60) - aver(d3m,60))
INPUT = scale(min(d3m,60) - aver(d3m,60))
INPUT = scale(rsi(d3m,60))
INPUT = scale(skew(d3m,60))
INPUT = scale(kurtosis(d3m,60))
INPUT = scale(sqrt(var(d3m,60)))
INPUT = scale(sqrt(var(d3m,30)) - sqrt(var(d3m(-30),30)))
INPUT = scale(sqrt(smooth((d3m - d3m(-1)) * (d3m - d3m(-1)),2 / 61)))
INPUT = scale((sqrt(smooth((d3m - d3m(-1)) * (d3m - d3m(-1)),2 / 31))) - (sqrt(smooth((d3m - d3m(- 1)) * (d3m - d3m(-1)),2 / 61))))

vergleiche zu dzila
INPUT = scale(aver(d3m,60) - aver(dzila,60))
INPUT = scale(d3m - dzila - aver(d3m,60) + aver(dzila,60))
INPUT = scale(sqrt(var(d3m,60)) - sqrt(var(dzila,60)))
INPUT = scale((max(d3m,60) - min(d3m,60)) - (max(dzila,60) - min(dzila,60)))
END

BEGIN D zins lang

INPUT = scale(dzila - aver(dzila,60))
INPUT = scale(max(dzila,60) - min(dzila,60))
LAG 0 -30 -60
//L -30 corr zu scale(ln(upquart60(60) - med60(60))): 0.28
//L -60 corr zu scale(ln(lowquart60(60) - min60(60))): 0.27
//L -60 corr zu scale(ln(lowquart60(60) - min60(60))): 0.28
INPUT = scale(max(dzila,60) - aver(dzila,60))
INPUT = scale(min(dzila,60) - aver(dzila,60))
LAG 0 -25
//L -25 corr zu scale(ln(upquart60(60) - med60(60))): -0.29
INPUT = scale(rsi(dzila,60))
INPUT = scale(skew(dzila,60))
INPUT = scale(kurtosis(dzila,60))
INPUT = scale(sqrt(var(dzila,60)))
LAG 0 -30 -60
//L -30 corr zu scale(ln(upquart60(60) - med60(60))): 0.28
//L -60 corr zu scale(ln(lowquart60(60) - min60(60))): 0.27
INPUT = scale(sqrt(var(dzila,30)) - sqrt(var(dzila(-30),30)))
INPUT = scale(sqrt(smooth((dzila - dzila(-1)) * (dzila - dzila(-1)),2 / 61)))
LAG 0 -20 -60
//L -20 corr zu scale(ln(upquart60(60) - med60(60))): 0.31
//L -60 corr zu scale(ln(lowquart60(60) - min60(60))): 0.26
INPUT = scale((sqrt(smooth((dzila - dzila(-1)) * (dzila - dzila(-1)),2 / 31))) - (sqrt(smooth((dzila - dzila(-1)) * (dzila - dzila(-1)),2 / 61))))
END

INPUT CLUSTER 3

GELDMARKT - MONETAERE AGGREGATE INLAND

BEGIN inflationsrate

        INPUT = scale(aver(infl,60) - aver(infl,120))
        INPUT = scale(sqrt(var(infl,60)) - sqrt(var(infl,120)))
END

BEGIN bankkredite oeff. hand

        INPUT = scale(aver(kroeff,60) - aver(kroeff,120))
        INPUT = scale(sqrt(var(kroeff,60)) - sqrt(var(kroeff,120)))
END

BEGIN bankkredite nichtbanken

        INPUT = scale(aver(krnb,60) - aver(krnb,120))
        LAG 0 -30
        //L -30 corr zu scale(ln(lowquart60(60) - min60(60))): -0.29
        INPUT = scale(sqrt(var(krnb,60)) - sqrt(var(krnb,120)))
END

BEGIN M3/%veraend. 12mon adj.

        INPUT = scale(aver(m3proz,60) - aver(m3proz,120))
        INPUT = scale(sqrt(var(m3proz,60)) - sqrt(var(m3proz,120)))
        INPUT = scale(m3proz)
END

BEGIN zbgeldmenge/%veraend. 12mon adj.

        INPUT = scale(aver(zbgeldproz,60) - aver(zbgeldproz,120))
        INPUT = scale(sqrt(var(zbgeldproz,60)) - sqrt(var(zbgeldproz,120)))
        INPUT = scale(zbgeldproz)
END

BEGIN ausl. nettokaeufe aktien

        INPUT = scale(aver(auslakt,60) - aver(auslakt,120))
        INPUT = scale(sqrt(var(auslakt,60)) - sqrt(var(auslakt,120)))
END

BEGIN aktienfonds cash/assets

        INPUT = scale(aver(aktfoc / aktfoa,60))
        LAG 0 -60
        //L -60 corr zu scale(ln(max60(60) - upquart60(60))): -0.31
        //L -60 corr zu scale(ln(med60(60) - lowquart60(60))): -0.29
END

BEGIN spezialfonds cash/assets

        INPUT = scale(aver(spefoc / spefoa,60))
        LAG 0 -40
        //L -40 corr zu scale(ln(max60(60) - upquart60(60))): -0.26
END

INPUT CLUSTER 4

IFO-GESCHAEFTSKLIMAINDIZES

BEGIN IFO - gewerbliche wirtschaft

        INPUT = scale(aver(gewwi,60) - aver(gewwi,120))
        LAG 0 -30

```
            //L -60 corr zu scale(ln(max60(60) - upquart60(60))): 0.26
            INPUT = scale(sqrt(var(gewwi,60)) - sqrt(var(gewwi,120)))
            LAG 0 -15 -20 -50
            //L -15 corr zu scale(ln(max60(60) - upquart60(60))): 0.26
            //L -20 corr zu scale(ln(upquart60(60) - med60(60))): 0.31
            //L -50 corr zu scale(ln(lowquart60(60) - min60(60))): 0.31
END

BEGIN   IFO - investitionsgueter

            INPUT = scale(aver(invgut,60) - aver(invgut,120))
            INPUT = scale(sqrt(var(invgut,60)) - sqrt(var(invgut,120)))
            LAG 0 -20 -25
            //L -20 corr zu scale(ln(max60(60) - upquart60(60))): 0.28
            //L -25 corr zu scale(ln(upquart60(60) - med60(60))): 0.32
END

BEGIN   IFO - verbrauchsgueter

            INPUT = scale(aver(verbrgut,60) - aver(verbrgut,120))
            INPUT = scale(sqrt(var(verbrgut,60)) - sqrt(var(verbrgut,120)))
            LAG 0 -15 -20
            //L -15 corr zu scale(ln(max60(60) - upquart60(60))): 0.32
            //L -20 corr zu scale(ln(upquart60(60) - med60(60))): 0.34
END

BEGIN   IFO - bau

            INPUT = scale(aver(bau,60) - aver(bau,120))
            LAG 0 -60
            //L -60 corr zu scale(ln(max60(60) - upquart60(60))): 0.26
            //L -60 corr zu scale(ln(upquart60(60) - med60(60))): 0.28
            //L -60 corr zu scale(ln(med60(60) - lowquart60(60))): 0.31
            //L -60 corr zu scale(ln(lowquart60(60) - min60(60))): 0.27
            INPUT = scale(sqrt(var(bau,60)) - sqrt(var(bau,120)))
END
```

INPUT CLUSTER 5

   AKTIENINDIZES AUSLAND

BEGIN   djones industrial

```
            INPUT = scale(ln(dj) - aver(ln(dj),60))
            LAG -1
            INPUT = scale(max(ln(dj),60) - min(ln(dj),60))
            LAG -1
            INPUT = scale(max(ln(dj),60) - aver(ln(dj),60))
            LAG -1
            INPUT = scale(min(ln(dj),60) - aver(ln(dj),60))
            LAG -1
            INPUT = scale(rsi(ln(dj),60))
            LAG -1 -42
            //L -42 corr zu scale(ln(max60(60) - upquart60(60))): 0.29
            INPUT = scale(skew(ln(dj),60))
            LAG -1
            INPUT = scale(kurtosis(ln(dj),60))
            LAG -1
            INPUT = scale(sqrt(var(ln(dj),60)))
            LAG -1
            INPUT = scale(sqrt(var(ln(dj),30)) - sqrt(var(ln(dj(-30)),30)))
            LAG -1
            INPUT = scale(sqrt(smooth((ln(dj) - ln(dj(-1))) * (ln(dj) - ln(dj(-1))),2 / 61)))
            LAG -1
            INPUT = scale((sqrt(smooth((ln(dj) - ln(dj(-1))) * (ln(dj) - ln(dj(-1))),2 / 31))) - (sqrt(smooth((ln(dj) -
            ln(dj(-1))) * (ln(dj) - ln(dj(-1))),2 / 61))))
            LAG -1
```

```
            vergleiche zu dax
            INPUT = scale(aver(ln(dj(-1)),60) - aver(ln(dax),60))
            LAG 0 -60
            //L -60 corr zu scale(ln(max60(60) - upquart60(60))): -0.31
            INPUT = scale(ln(dj(-1)) - ln(dax) - aver(ln(dj(-1)),60) + aver(ln(dax),60))
            INPUT = scale(sqrt(var(ln(dj(-1)),60)) - sqrt(var(ln(dax),60)))
            INPUT = scale((max(ln(dj(-1)),60) - min(ln(dj(-1)),60)) - (max(ln(dax),60) - min(ln(dax),60)))
END

BEGIN   FT100

            INPUT = scale(ln(ft) - aver(ln(ft),60))
            INPUT = scale(max(ln(ft),60) - min(ln(ft),60))
            INPUT = scale(max(ln(ft),60) - aver(ln(ft),60))
            INPUT = scale(min(ln(ft),60) - aver(ln(ft),60))
            INPUT = scale(rsi(ln(ft),60))
            INPUT = scale(skew(ln(ft),60))
            INPUT = scale(kurtosis(ln(ft),60))
            INPUT = scale(sqrt(var(ln(ft),60)))
            INPUT = scale(sqrt(var(ln(ft),30)) - sqrt(var(ln(ft(-30)),30)))
            INPUT = scale(sqrt(smooth((ln(ft) - ln(ft(-1))) * (ln(ft) - ln(ft(-1))),2 / 61)))
            INPUT = scale((sqrt(smooth((ln(ft) - ln(ft(-1))) * (ln(ft) - ln(ft(-1))),2 / 31))) -
            (sqrt(smooth((ln(ft) - ln(ft(-1))) * (ln(ft) - ln(ft(-1))),2 / 61))))

            vergleiche zu dax
            INPUT = scale(aver(ln(ft),60) - aver(ln(dax),60))
            INPUT = scale(ln(ft) - ln(dax) - aver(ln(ft),60) + aver(ln(dax),60))
            INPUT = scale(sqrt(var(ln(ft),60)) - sqrt(var(ln(dax),60)))
            INPUT = scale((max(ln(ft),60) - min(ln(ft),60)) - (max(ln(dax),60) - min(ln(dax),60)))
END

BEGIN   swiss MI

            INPUT = scale(ln(swmi) - aver(ln(swmi),60))
            INPUT = scale(max(ln(swmi),60) - min(ln(swmi),60))
            INPUT = scale(max(ln(swmi),60) - aver(ln(swmi),60))
            LAG 0 -15
            //L -15 corr zu scale(ln(lowquart60(60) - min60(60))): 0.29
            INPUT = scale(min(ln(swmi),60) - aver(ln(swmi),60))
            LAG 0 -15
            //L -15 corr zu scale(ln(upquart60(60) - med60(60))): -0.26
            INPUT = scale(rsi(ln(swmi),60))
            INPUT = scale(skew(ln(swmi),60))
            INPUT = scale(kurtosis(ln(swmi),60))
            INPUT = scale(sqrt(var(ln(swmi),60)))
            INPUT = scale(sqrt(var(ln(swmi),30)) - sqrt(var(ln(swmi(-30)),30)))
            INPUT = scale(sqrt(smooth((ln(swmi) - ln(swmi(-1))) * (ln(swmi) - ln(swmi(-1))),2 / 61)))
            INPUT = scale((sqrt(smooth((ln(swmi) - ln(swmi(-1))) * (ln(swmi) - ln(swmi(-1))),2 / 31))) -
            (sqrt(smooth((ln(swmi) - ln(swmi(-1))) * (ln(swmi) - ln(swmi(-1))),2 / 61))))

            vergleiche zu dax
            INPUT = scale(aver(ln(swmi),60) - aver(ln(dax),60))
            INPUT = scale(ln(swmi) - ln(dax) - aver(ln(swmi),60) + aver(ln(dax),60))
            INPUT = scale(sqrt(var(ln(swmi),60)) - sqrt(var(ln(dax),60)))
            INPUT = scale((max(ln(swmi),60) - min(ln(swmi),60)) - (max(ln(dax),60) - min(ln(dax),60)))
END

BEGIN   nikkei

            INPUT = scale(ln(nikkei) - aver(ln(nikkei),60))
            INPUT = scale(max(ln(nikkei),60) - min(ln(nikkei),60))
            INPUT = scale(max(ln(nikkei),60) - aver(ln(nikkei),60))
            INPUT = scale(min(ln(nikkei),60) - aver(ln(nikkei),60))
            INPUT = scale(rsi(ln(nikkei),60))
            INPUT = scale(skew(ln(nikkei),60))
            INPUT = scale(kurtosis(ln(nikkei),60))
```

```
        INPUT = scale(sqrt(var(ln(nikkei),60)))
        INPUT = scale(sqrt(var(ln(nikkei),30)) - sqrt(var(ln(nikkei(-30)),30)))
        INPUT = scale(sqrt(smooth((ln(nikkei) - ln(nikkei(-1))) * (ln(nikkei) - ln(nikkei(-1))),2 / 61)))
        INPUT = scale((sqrt(smooth((ln(nikkei) - ln(nikkei(-1))) * (ln(nikkei) - ln(nikkei(-1))),2 / 31))) -
        (sqrt(smooth((ln(nikkei) - ln(nikkei(-1))) * (ln(nikkei) - ln(nikkei(-1))),2 / 61))))

        vergleiche zu dax
        INPUT = scale(aver(ln(nikkei),60) - aver(ln(dax),60))
        INPUT = scale(ln(nikkei) - ln(dax) - aver(ln(nikkei),60) + aver(ln(dax),60))
        INPUT = scale(sqrt(var(ln(nikkei),60)) - sqrt(var(ln(dax),60)))
        INPUT = scale((max(ln(nikkei),60) - min(ln(nikkei),60)) - (max(ln(dax),60) - min(ln(dax),60)))
END
```

INPUT CLUSTER 6

    WAEHRUNGEN UND GOLD

BEGIN DM handelsgewichtet

```
        INPUT = scale(dm - aver(dm,60))
        INPUT = scale(max(dm,60) - min(dm,60))
        INPUT = scale(max(dm,60) - aver(dm,60))
        INPUT = scale(min(dm,60) - aver(dm,60))
        INPUT = scale(rsi(dm,60))
        INPUT = scale(skew(dm,60))
        INPUT = scale(kurtosis(dm,60))
        INPUT = scale(sqrt(var(dm,60)))
        INPUT = scale(sqrt(var(dm,30)) - sqrt(var(dm(-30),30)))
        INPUT = scale(sqrt(smooth((dm - dm(-1)) * (dm - dm(-1)),2 / 61)))
        INPUT = scale((sqrt(smooth((dm - dm(-1)) * (dm - dm(-1)),2 / 31))) - (sqrt(smooth((dm - dm(-1)) *
        (dm - dm(-1)),2 / 61))))
END
```

BEGIN USDollar

```
        vergleiche zu dm
        INPUT = scale(aver(usd,60) - aver(dm,60))
        INPUT = scale(usd - dm - aver(usd,60) + aver(dm,60))
        INPUT = scale(sqrt(var(usd,60)) - sqrt(var(dm,60)))
        INPUT = scale((max(usd,60) - min(usd,60)) - (max(dm,60) - min(dm,60)))

END
```

BEGIN GBPPfund

```
        vergleiche zu dm
        INPUT = scale(aver(pfund,60) - aver(dm,60))
        INPUT = scale(pfund - dm - aver(pfund,60) + aver(dm,60))
        INPUT = scale(sqrt(var(pfund,60)) - sqrt(var(dm,60)))
        LAG 0 -40
        //L -40 corr zu scale(ln(med60(60) - lowquart60(60))): 0.26
        INPUT = scale((max(pfund,60) - min(pfund,60)) - (max(dm,60) - min(dm,60)))
END
```

BEGIN gold

```
        vergleiche zu dm
        INPUT = scale(aver(gold,60) - aver(dm,60))
        INPUT = scale(gold - dm - aver(gold,60) + aver(dm,60))
        INPUT = scale(sqrt(var(gold,60)) - sqrt(var(dm,60)))
        INPUT = scale((max(gold,60) - min(gold,60)) - (max(dm,60) - min(dm,60)))
END
```

INPUT CLUSTER 7

KAPITAL- UND GELDMARKTZINSEN AUSLAND

BEGIN UK 3M.Euro

    INPUT = scale(uk3m - aver(uk3m,60))
    INPUT = scale(max(uk3m,60) - min(uk3m,60))
    INPUT = scale(max(uk3m,60) - aver(uk3m,60))
    INPUT = scale(min(uk3m,60) - aver(uk3m,60))
    INPUT = scale(rsi(uk3m,60))
    INPUT = scale(skew(uk3m,60))
    INPUT = scale(kurtosis(uk3m,60))
    INPUT = scale(sqrt(var(uk3m,60)))
    INPUT = scale(sqrt(var(uk3m,30)) - sqrt(var(uk3m(-30),30)))
    INPUT = scale(sqrt(smooth((uk3m - uk3m(-1)) * (uk3m - uk3m(-1)),2 / 61)))
    INPUT = scale((sqrt(smooth((uk3m - uk3m(-1)) * (uk3m - uk3m(-1)),2 / 31))) -
    (sqrt(smooth((uk3m - uk3m(-1)) * (uk3m - uk3m(-1)),2 / 61))))

    vergleiche zu d3m
    INPUT = scale(aver(uk3m,60) - aver(d3m,60))
    LAG 0 -45 -60
    //L -45 corr zu scale(ln(upquart60(60) - med60(60))): 0.37
    //L -60 corr zu scale(ln(med60(60) - lowquart60(60))): 0.32
    //L -60 corr zu scale(ln(lowquart60(60) - min60(60))): 0.31
    INPUT = scale(uk3m - d3m - aver(uk3m,60) + aver(d3m,60))
    INPUT = scale(sqrt(var(uk3m,60)) - sqrt(var(d3m,60)))
    INPUT = scale((max(uk3m,60) - min(uk3m,60)) - (max(d3m,60) - min(d3m,60)))

    vergleiche zu ukzila
    INPUT = scale(aver(uk3m,60) - aver(ukzila,60))
    LAG 0 -45
    //L -45 corr zu scale(ln(upquart60(60) - med60(60))): 0.27
    INPUT = scale(uk3m - ukzila - aver(uk3m,60) + aver(ukzila,60))
    INPUT = scale(sqrt(var(uk3m,60)) - sqrt(var(ukzila,60)))
    INPUT = scale((max(uk3m,60) - min(uk3m,60)) - (max(ukzila,60) - min(ukzila,60)))

END

BEGIN US 3M.Euro

    INPUT = scale(us3m - aver(us3m,60))
    INPUT = scale(max(us3m,60) - min(us3m,60))
    INPUT = scale(max(us3m,60) - aver(us3m,60))
    INPUT = scale(min(us3m,60) - aver(us3m,60))
    INPUT = scale(rsi(us3m,60))
    INPUT = scale(skew(us3m,60))
    INPUT = scale(kurtosis(us3m,60))
    INPUT = scale(sqrt(var(us3m,60)))
    INPUT = scale(sqrt(var(us3m,30)) - sqrt(var(us3m(-30),30)))
    INPUT = scale(sqrt(smooth((us3m - us3m(-1)) * (us3m - us3m(-1)),2 / 61)))
    INPUT = scale((sqrt(smooth((us3m - us3m(-1)) * (us3m - us3m(-1)),2 / 31))) -
    (sqrt(smooth((us3m - us3m(-1)) * (us3m - us3m(-1)),2 / 61)))

    vergleiche zu d3m
    INPUT = scale(aver(us3m,60) - aver(d3m,60))
    INPUT = scale(us3m - d3m - aver(us3m,60) + aver(d3m,60))
    INPUT = scale(sqrt(var(us3m,60)) - sqrt(var(d3m,60)))
    INPUT = scale((max(us3m,60) - min(us3m,60)) - (max(d3m,60) - min(d3m,60)))

    vergleiche zu uszila
    INPUT = scale(aver(us3m,60) - aver(uszila(-1),60))
    INPUT = scale(us3m - uszila(-1) - aver(us3m,60) + aver(uszila(-1),60))
    INPUT = scale(sqrt(var(us3m,60)) - sqrt(var(uszila(-1),60)))
    INPUT = scale((max(us3m,60) - min(us3m,60)) - (max(uszila(-1),60) - min(uszila(-1),60)))

END

BEGIN UK zins lang

  INPUT = scale(ukzila - aver(ukzila,60))
  INPUT = scale(max(ukzila,60) - min(ukzila,60))
  LAG 0 -30
  //L -30 corr zu scale(ln(upquart60(60) - med60(60))): 0.31
  INPUT = scale(max(ukzila,60) - aver(ukzila,60))
  INPUT = scale(min(ukzila,60) - aver(ukzila,60))
  LAG 0 -23 -40
  //L -23 corr zu scale(ln(upquart60(60) - med60(60))): -0.33
  //L -40 corr zu scale(ln(med60(60) - lowquart60(60))): -0.26
  INPUT = scale(rsi(ukzila,60))
  INPUT = scale(skew(ukzila,60))
  INPUT = scale(kurtosis(ukzila,60))
  INPUT = scale(sqrt(var(ukzila,60)))
  LAG 0 -35
  //L -35 corr zu scale(ln(upquart60(60) - med60(60))): 0.31
  INPUT = scale(sqrt(var(ukzila,30)) - sqrt(var(ukzila(-30),30)))
  INPUT = scale(sqrt(smooth((ukzila - ukzila(-1)) * (ukzila - ukzila(-1)),2 / 61)))
  LAG 0 -11 -38 -42 -60
  //L -11 corr zu scale(ln(lowquart60(60) - min60(60))): 0.33
  //L -42 corr zu scale(ln(max60(60) - upquart60(60))): 0.26
  //L -38 corr zu scale(ln(upquart60(60) - med60(60))): 0.33
  //L -60 corr zu scale(ln(med60(60) - lowquart60(60))): 0.29
  INPUT = scale((sqrt(smooth((ukzila - ukzila(-1)) * (ukzila - ukzila(-1)),2 / 31))) -
  (sqrt(smooth((ukzila - ukzila(-1)) * (ukzila - ukzila(-1)),2 / 61))))

  vergleiche zu dzila
  INPUT = scale(aver(ukzila,60) - aver(dzila,60))
  LAG 0 -60
  //L -60 corr zu scale(ln(max60(60) - upquart60(60))): 0.43
  //L -60 corr zu scale(ln(upquart60(60) - med60(60))): 0.27
  //L -60 corr zu scale(ln(med60(60) - lowquart60(60))): 0.26
  INPUT = scale(ukzila - dzila - aver(ukzila,60) + aver(dzila,60))
  INPUT = scale(sqrt(var(ukzila,60)) - sqrt(var(dzila,60)))
  INPUT = scale((max(ukzila,60) - min(ukzila,60)) - (max(dzila,60) - min(dzila,60)))
END

BEGIN US zins lang

  INPUT = scale(uszila - aver(uszila,60))
  LAG -1
  INPUT = scale(max(uszila,60) - min(uszila,60))
  LAG -1
  INPUT = scale(max(uszila,60) - aver(uszila,60))
  LAG -1
  INPUT = scale(min(uszila,60) - aver(uszila,60))
  LAG -1
  INPUT = scale(rsi(uszila,60))
  LAG -1
  INPUT = scale(skew(uszila,60))
  LAG -1
  INPUT = scale(kurtosis(uszila,60))
  LAG -1
  INPUT = scale(sqrt(var(uszila,60)))
  LAG -1
  INPUT = scale(sqrt(var(uszila,30)) - sqrt(var(uszila(-30),30)))
  LAG -1
  INPUT = scale(sqrt(smooth((uszila - uszila(-1)) * (uszila - uszila(-1)),2 / 61)))
  LAG -1
  INPUT = scale((sqrt(smooth((uszila - uszila(-1)) * (uszila - uszila(-1)),2 / 31))) -
  (sqrt(smooth((uszila - uszila(-1)) * (uszila - uszila(-1)),2 / 61))))
  LAG -1

vergleiche zu dax
INPUT = scale(aver(uszila(-1),60) - aver(dzila,60))
INPUT = scale(uszila(-1) - dzila - aver(uszila(-1),60) + aver(dzila,60))
INPUT = scale(sqrt(var(uszila(-1),60)) - sqrt(var(dzila,60)))
INPUT = scale((max(uszila(-1),60) - min(uszila(-1),60)) - (max(dzila,60) - min(dzila,60)))
END

INPUT CLUSTER 8

GUETER- UND ARBEITSMARKT INLAND

BEGIN   arbeitslosenzahl

    INPUT = scale(aver(arbqu,60) - aver(arbqu,120))
    INPUT = scale(sqrt(var(arbqu,60)) - sqrt(var(arbqu,120)))
END

BEGIN   auftraege bauindustrie

    INPUT = scale(aver(aufbau,60) - aver(aufbau,120))
    INPUT = scale(sqrt(var(aufbau,60)) - sqrt(var(aufbau,120)))
    LAG 0 -60
END

BEGIN   produktion prod. gewerbe

    INPUT = scale(aver(pprod,60) - aver(pprod,120))
    INPUT = scale(sqrt(var(pprod,60)) - sqrt(var(pprod,120)))
END

BEGIN   BIP konst.preise

    INPUT = scale(aver(bip,60) - aver(bip,120))
    INPUT = scale(sqrt(var(bip,60)) - sqrt(var(bip,120)))
END

BEGIN   auftragseingang ausl. sadj

    INPUT = scale(aver(aeausl,60) - aver(aeausl,120))
    INPUT = scale(sqrt(var(aeausl,60)) - sqrt(var(aeausl,120)))
END

BEGIN   auftragseingang inl. sadj

    INPUT = scale(aver(aeinl,60) - aver(aeinl,120))
    INPUT = scale(sqrt(var(aeinl,60)) - sqrt(var(aeinl,120)))
END

BEGIN   HBsaldo

    INPUT = scale(aver(hbsaldo,60) - aver(hbsaldo,120))
    INPUT = scale(sqrt(var(hbsaldo,60)) - sqrt(var(hbsaldo,120)))
END

TARGET CLUSTER 0

BEGIN   interquartile differenzen

    TARGET = scale(ln(max60(60) - upquart60(60)))
    TARGET = scale(ln(upquart60(60) - med60(60)))
    TARGET = scale(ln(med60(60) - lowquart60(60)))
    TARGET = scale(ln(lowquart60(60) - min60(60)))
END

Anhang 3: Spezifikationsdatei für das Interface Modell auf Basis der intraquartilen Differenz des Median

APPLICATION DAX_median

MODE DAY WEEK 5

FROM MIN TO MAX

TRAINING FROM 02.12.83 TO 28.07.92

VALIDATION PERIODIC 16

INPUT CLUSTER 1

ZEITVARIABLEN

BEGIN day of week
INPUT = scale(dayOfWeek())
END

BEGIN month of year
INPUT = scale(month())
END

DAX UND ANGELEHNTE VARIABLEN, ANDERE AKTIENINDIZES INLAND

BEGIN dax

INPUT = scale(ln(dax))
LAG 0 -60
//L -60 corr zu scale(med60(60) - med60): -0.33

CHARTTECHNIK

differenzen
INPUT = scale(ln(dax) - ln(dax(-60)))
INPUT = scale(ln(dax) - ln(dax(-40)))
INPUT = scale(ln(dax) - ln(dax(-20)))

kruemmung;wendepunkte
INPUT = scale(aver(ln(dax),20) - 2 * aver(ln(dax(-20)),20) + aver(ln(dax(-40)),20))
INPUT = scale(aver(ln(dax),15) - 3 * aver(ln(dax(-15)),15) + 3 * aver(ln(dax(-30)),15) - aver(ln(dax(-45)),15))

trend
INPUT = scale(trendL(aver(ln(dax),60)))
INPUT = scale(trendS(aver(ln(dax),60)))

maximum - minimum
INPUT = scale(max(ln(dax),60) - ln(dax))
INPUT = scale(min(ln(dax),60) - ln(dax))

TECHNISCHE INDIKATOREN

volatilitaet
INPUT = scale(sqrt(var(ln(dax) - ln(dax(-1)),60)))

relative staerke index
INPUT = scale(rsi(ln(dax),60))

durchschnitte
INPUT = scale(ln(dax) - aver(ln(dax),60))

oszillatoren
INPUT = scale(aver(ln(dax),60) - aver(ln(dax),120))

MACD
INPUT = scale(smooth(ln(dax),(2 / 61)) - smooth(ln(dax),(2 / 121)) - smooth(smooth(ln(dax),(2 / 61))-
smooth(ln(dax),(2 / 121)),2 / 10))

STATISTIK

INPUT = scale((ln(dax) - aver(ln(dax),60)) / sqrt(var(ln(dax),60)))
INPUT = scale(sqrt(var(ln(dax),60)))
INPUT = scale(var(ln(dax),30) - var(ln(dax(-30)),30))

schiefe
INPUT = scale(skew(ln(dax),60))

kurtosis
INPUT = scale(kurtosis(ln(dax),60))

TARGETORIENTIERTE TRANSFORMATIONEN

INPUT = scale(med60 - med60(-60))
LAG 0 -20 -40 -60
INPUT = scale(med60 - ln(dax))
LAG 0 -20 -40 -60
END

BEGIN dax composite

vergleiche zu dax
INPUT = scale(ln(daxcomp) - ln(dax))
LAG 0 -60
//L -60 corr zu scale(med60(60) - med60): 0.35
INPUT = scale(ln(daxcomp) - ln(dax) - aver(ln(daxcomp),60) + aver(ln(dax),60))
END

BEGIN MS D

INPUT = scale(ln(msd) - ln(dax))
INPUT = scale(ln(msd) - ln(dax) - aver(ln(msd),60) + aver(ln(dax),60))
END

BEGIN MS Europa

INPUT = scale(ln(mseu) - ln(msd))
INPUT = scale(ln(mseu) - ln(msd) - aver(ln(mseu),60) + aver(ln(msd),60))
END

BEGIN Datastream Gesamt D Index KGV

INPUT = scale(ln(datkgv))
LAG 0 -60
//L -60 corr zu scale(med60(60) - med60): -0.52
INPUT = scale(ln(datkgv) - aver(ln(datkgv),60))
INPUT = scale(max(ln(datkgv),60) - ln(datkgv))
INPUT = scale(min(ln(datkgv),60) - ln(datkgv))
INPUT = scale((ln(datkgv) - aver(ln(datkgv),60)) / sqrt(var(ln(datkgv),60)))
INPUT = scale(rsi(ln(datkgv),60))
INPUT = scale(skew(ln(datkgv),60))
INPUT = scale(kurtosis(ln(datkgv),60))
INPUT = scale(sqrt(var(ln(datkgv),60)))

//vergleiche zu dax
INPUT = scale(ln(datkgv) - ln(dax))
INPUT = scale(ln(datkgv) - ln(dax) - aver(ln(datkgv),60) + aver(ln(dax),60))
END

BEGIN   boersenumsatz aktien ffm

        INPUT = scale(umsatz)
        INPUT = scale(umsatz - aver(umsatz,60))
        INPUT = scale(max(umsatz,60) - umsatz)
        LAG 0 -60
        //L -60 corr zu scale(med60(60) - med60): -0.29
        INPUT = scale(min(umsatz,60) - umsatz)
        INPUT = scale((umsatz - aver(umsatz,60)) / sqrt(var(umsatz,60)))
        INPUT = scale(rsi(umsatz,60))
        INPUT = scale(skew(umsatz,60))
        INPUT = scale(kurtosis(umsatz,60))
        INPUT = scale(sqrt(var(umsatz,60)))
        LAG 0 -60
        //L -60 corr zu scale(med60(60) - med60): -0.31

        //vergleiche zu dax
        INPUT = scale(umsatz - ln(dax))
        INPUT = scale(umsatz - ln(dax) - aver(umsatz,60) + aver(ln(dax),60))
END

INPUT CLUSTER 2

KAPITAL- UND GELDMARKTZINSEN INLAND

BEGIN   D 3M.Euro

        INPUT = scale(d3m)
        INPUT = scale(d3m - aver(d3m,60))
        INPUT = scale(max(d3m,60) - d3m)
        INPUT = scale(min(d3m,60) - d3m)
        INPUT = scale((d3m - aver(d3m,60)) / sqrt(var(d3m,60)))
        INPUT = scale(rsi(d3m,60))
        INPUT = scale(skew(d3m,60))
        INPUT = scale(kurtosis(d3m,60))
        INPUT = scale(sqrt(var(d3m,60)))
        LAG 0 -50
        //L -50 corr zu scale(med60(60) - med60): 0.37

        vergleiche zu dzila
        INPUT = scale(d3m - dzila)
        INPUT = scale(d3m - dzila - aver(d3m,60) + aver(dzila,60))
END

BEGIN   D zins lang

        INPUT = scale(dzila)
        INPUT = scale(dzila - aver(dzila,60))
        INPUT = scale(max(dzila,60) - dzila)
        INPUT = scale(min(dzila,60) - dzila)
        LAG 0 -60
        //L -60 corr zu scale(med60(60) - med60): 0.30
        INPUT = scale((dzila - aver(dzila,60)) / sqrt(var(dzila,60)))
        INPUT = scale(rsi(dzila,60))
        INPUT = scale(skew(dzila,60))
        INPUT = scale(kurtosis(dzila,60))
        INPUT = scale(sqrt(var(dzila,60)))
END

INPUT CLUSTER 3

GELDMARKT - MONETAERE AGGREGATE INLAND

BEGIN   inflationsrate

        INPUT = scale(infl - aver(infl,60))
END

BEGIN   bankkredite oeff. hand
             INPUT = scale(kroeff - aver(kroeff,60))
END

BEGIN   bankkredite nichtbanken
             INPUT = scale(krnb - aver(krnb,60))
END

BEGIN   M3/%veraend. 12mon adj.
             INPUT = scale(m3 - aver(m3,60))
             INPUT = scale(m3proz)
END

BEGIN   zbgeldmenge/%veraend. 12mon adj.
             INPUT = scale(zbgeld - aver(zbgeld,60))
             INPUT = scale(zbgeldproz)
END

BEGIN   ausl. nettokaeufe aktien
             INPUT = scale(auslakt - aver(auslakt,60))
END

BEGIN   aktienfonds cash/assets
             INPUT = scale(aktfoc / aktfoa - aver(aktfoc / aktfoa,60))
END

BEGIN   spezialfonds cash/assets
             INPUT = scale(spefoc / spefoa - aver(spefoc / spefoa,60))
END

INPUT CLUSTER 4

IFO-GESCHAEFTSKLIMAINDIZES

BEGIN   IFO - gewerbliche wirtschaft
             INPUT = scale(gewwi - aver(gewwi,60))
END

BEGIN   IFO - investitionsgueter
             INPUT = scale(invgut - aver(invgut,60))
END

BEGIN   IFO - verbrauchsgueter
             INPUT = scale(verbrgut - aver(verbrgut,60))
END

BEGIN   IFO - bau
             INPUT = scale(bau - aver(bau,60))
END

INPUT CLUSTER 5

AKTIENINDIZES AUSLAND

BEGIN djones industrial

    INPUT = scale(ln(dj))
    LAG -1 -61
    //L -61 corr zu scale(med60(60) - med60): -0.27
    INPUT = scale(ln(dj) - aver(ln(dj),60))
    LAG -1
    INPUT = scale(max(ln(dj),60) - ln(dj))
    LAG -1
    INPUT = scale(min(ln(dj),60) - ln(dj))
    LAG -1
    INPUT = scale((ln(dj) - aver(ln(dj),60)) / sqrt(var(ln(dj),60)))
    LAG -1
    INPUT = scale(rsi(ln(dj),60))
    LAG -1
    INPUT = scale(skew(ln(dj),60))
    LAG -1
    INPUT = scale(kurtosis(ln(dj),60))
    LAG -1
    INPUT = scale(sqrt(var(ln(dj),60)))
    LAG -1

    //vergleiche zu dax
    INPUT = scale(ln(dj(-1)) - ln(dax))
    INPUT = scale(ln(dj(-1)) - ln(dax) - aver(ln(dj(-1)),60) + aver(ln(dax),60))
END

BEGIN FT100

    INPUT = scale(ln(ft))
    INPUT = scale(ln(ft) - aver(ln(ft),60))
    INPUT = scale(max(ln(ft),60) - ln(ft))
    INPUT = scale(min(ln(ft),60) - ln(ft))
    INPUT = scale((ln(ft) - aver(ln(ft),60)) / sqrt(var(ln(ft),60)))
    INPUT = scale(rsi(ln(ft),60))
    INPUT = scale(skew(ln(ft),60))
    INPUT = scale(kurtosis(ln(ft),60))
    INPUT = scale(sqrt(var(ln(ft),60)))

    //vergleiche zu dax
    INPUT = scale(ln(ft) - ln(dax))
    INPUT = scale(ln(ft) - ln(dax) - aver(ln(ft),60) + aver(ln(dax),60))
END

BEGIN swiss MI

    INPUT = scale(ln(swmi))
    LAG 0 -50
    //L -50 corr zu scale(med60(60) - med60): -0.29
    INPUT = scale(ln(swmi) - aver(ln(swmi),60))
    INPUT = scale(max(ln(swmi),60) - ln(swmi))
    INPUT = scale(min(ln(swmi),60) - ln(swmi))
    INPUT = scale((ln(swmi) - aver(ln(swmi),60)) / sqrt(var(ln(swmi),60)))
    INPUT = scale(rsi(ln(swmi),60))
    INPUT = scale(skew(ln(swmi),60))
    INPUT = scale(kurtosis(ln(swmi),60))
    INPUT = scale(sqrt(var(ln(swmi),60)))

```
            //vergleiche zu dax
            INPUT = scale(ln(swmi) - ln(dax))
            LAG 0 -60
            //L -60 corr zu scale(med60(60) - med60): 0.31
            INPUT = scale(ln(swmi) - ln(dax) - aver(ln(swmi),60) + aver(ln(dax),60))
END

BEGIN   nikkei

            INPUT = scale(ln(nikkei))
            INPUT = scale(ln(nikkei) - aver(ln(nikkei),60))
            INPUT = scale(max(ln(nikkei),60) - ln(nikkei))
            INPUT = scale(min(ln(nikkei),60) - ln(nikkei))
            INPUT = scale((ln(nikkei) - aver(ln(nikkei),60)) / sqrt(var(ln(nikkei),60)))
            INPUT = scale(rsi(ln(nikkei),60))
            INPUT = scale(skew(ln(nikkei),60))
            INPUT = scale(kurtosis(ln(nikkei),60))
            INPUT = scale(sqrt(var(ln(nikkei),60)))

            //vergleiche zu dax
            INPUT = scale(ln(nikkei) - ln(dax))
            INPUT = scale(ln(nikkei) - ln(dax) - aver(ln(nikkei),60) + aver(ln(dax),60))
END
```

INPUT CLUSTER 6

WAEHRUNGEN UND GOLD

```
BEGIN   DM handelsgewichtet

            INPUT = scale(dm)
            INPUT = scale(dm - aver(dm,60))
            INPUT = scale(max(dm,60) - dm)
            INPUT = scale(min(dm,60) - dm)
            INPUT = scale((dm - aver(dm,60)) / sqrt(var(dm,60)))
            INPUT = scale(rsi(dm,60))
            INPUT = scale(skew(dm,60))
            INPUT = scale(kurtosis(dm,60))
            INPUT = scale(sqrt(var(dm,60)))
END

BEGIN   USDollar

            INPUT = scale(usd - dm)
            INPUT = scale(usd - dm - aver(usd,60) + aver(dm,60))
END


BEGIN   GBPPfund

            INPUT = scale(pfund - dm)
            INPUT = scale(pfund - dm - aver(pfund,60) + aver(dm,60))
END

BEGIN   gold

            INPUT = scale(gold - dm)
            INPUT = scale(gold - dm - aver(gold,60) + aver(dm,60))
END
```

INPUT CLUSTER 7

KAPITAL- UND GELDMARKTZINSEN AUSLAND

```
BEGIN   UK 3M.Euro

            INPUT = scale(uk3m)
```

```
            INPUT = scale(uk3m - aver(uk3m,60))
            INPUT = scale(max(uk3m,60) - uk3m)
            INPUT = scale(min(uk3m,60) - uk3m)
            INPUT = scale((uk3m - aver(uk3m,60)) / sqrt(var(uk3m,60)))
            INPUT = scale(rsi(uk3m,60))
            INPUT = scale(skew(uk3m,60))
            INPUT = scale(kurtosis(uk3m,60))
            INPUT = scale(sqrt(var(uk3m,60)))

            //vergleiche zu d3m und ukzila
            INPUT = scale(uk3m - d3m)
            INPUT = scale(uk3m - d3m - aver(uk3m,60) + aver(d3m,60))
            INPUT = scale(uk3m - ukzila)
            INPUT = scale(uk3m - ukzila - aver(uk3m,60) + aver(ukzila,60))
END

BEGIN   US 3M.Euro

            INPUT = scale(us3m)
            INPUT = scale(us3m - aver(us3m,60))
            INPUT = scale(max(us3m,60) - us3m)
            INPUT = scale(min(us3m,60) - us3m)
            INPUT = scale((us3m - aver(us3m,60)) / sqrt(var(us3m,60)))
            INPUT = scale(rsi(us3m,60))
            INPUT = scale(skew(us3m,60))
            INPUT = scale(kurtosis(us3m,60))
            INPUT = scale(sqrt(var(us3m,60)))
            LAG 0 -60
            //L -60 corr zu scale(med60(60) - med60): 0.27

            //vergleiche zu d3m und uszila
            INPUT = scale(us3m - d3m)
            INPUT = scale(us3m - d3m - aver(us3m,60) + aver(d3m,60))
            INPUT = scale(us3m - uszila(-1))
            INPUT = scale(us3m - uszila(-1) - aver(us3m,60) + aver(uszila(-1),60))
END

BEGIN   UK zins lang

            INPUT = scale(ukzila)
            INPUT = scale(ukzila - aver(ukzila,60))
            LAG 0 -60
            //L -60 corr zu scale(med60(60) - med60): -0.26
            INPUT = scale(max(ukzila,60) - ukzila)
            INPUT = scale(min(ukzila,60) - ukzila)
            LAG 0 -60
            //L -60 corr zu scale(med60(60) - med60): 0.38
            INPUT = scale((ukzila - aver(ukzila,60)) / sqrt(var(ukzila,60)))
            INPUT = scale(rsi(ukzila,60))
            LAG 0 -60
            //L -60 corr zu scale(med60(60) - med60): -0.27
            INPUT = scale(skew(ukzila,60))
            INPUT = scale(kurtosis(ukzila,60))
            INPUT = scale(sqrt(var(ukzila,60)))
            LAG 0 -30
            //L -30 corr zu scale(med60(60) - med60): -0.41

            //vergleiche zu dzila
            INPUT = scale(ukzila - dzila)
            INPUT = scale(ukzila - dzila - aver(ukzila,60) + aver(dzila,60))
END

BEGIN   US zins lang

            INPUT = scale(uszila)
            LAG -1
            INPUT = scale(uszila - aver(uszila,60))
```

```
        LAG -1
        INPUT = scale(max(uszila,60) - uszila)
        LAG -1
        INPUT = scale(min(uszila,60) - uszila)
        LAG -1
        INPUT = scale((uszila - aver(uszila,60)) / sqrt(var(uszila,60)))
        LAG -1
        INPUT = scale(rsi(uszila,60))
        LAG -1
        INPUT = scale(skew(uszila,60))
        LAG -1
        INPUT = scale(kurtosis(uszila,60))
        LAG -1
        INPUT = scale(sqrt(var(uszila,60)))
        LAG -1

        //vergleiche zu dzila
        INPUT = scale(uszila(-1) - dzila)
        INPUT = scale(uszila(-1) - dzila - aver(uszila(-1),60) + aver(dzila,60))
END
```

INPUT CLUSTER 8

GUETER- UND ARBEITSMARKT INLAND

BEGIN   arbeitslosenzahl

       INPUT = scale(arbqu - aver(arbqu,60))
END

BEGIN   auftraege bauindustrie/%veraend. 12mon

       INPUT = scale(aufbau - aver(aufbau,60))
       INPUT = scale(aufbauproz)
END

BEGIN   produktion prod. gewerbe/%veraend 12mon

       INPUT = scale(pprod - aver(pprod,60))
       INPUT = scale(pprodproz)
END

BEGIN   BIP konst.preise/%veraend. 4quart

       INPUT = scale(bip - aver(bip,60))
       LAG 0 -12
       // L -12 corr zu scale(med60(60) - med60): 0.33
       INPUT = scale(bipproz)
END

BEGIN   auftragseingang ausl. sadj/%veraend 12mon

       INPUT = scale(aeausl - aver(aeausl,60))
       INPUT = scale(aeauslproz)
       LAG 0 -60
       //L -60 corr zu scale(med60(60) - med60): 0.33
END

BEGIN   auftragseingang inl. sadj/%veraend 12mon

       INPUT = scale(aeinl - aver(aeinl,60))
       INPUT = scale(aeinlproz)
       LAG 0 -60
END

BEGIN HBsaldo

   INPUT = scale(hbsaldo - aver(hbsaldo,60))
END

TARGET CLUSTER 0

BEGIN median

   TARGET = scale(med60(60) - med60)
END

Anhang 4: Inter- und intraquartile Differenzen - Interface Modell - Quartalsbetrachtung - Generalisierung

max60(60) - upquart60(60):

	MSD	MSD CIR	MAD	MAD CIR	Bias
1. Quartal: 29.07.92 - 27.10.92 (65 Pattern)	0.0121	0.10	0.0102	0.31	0.0062
2. Quartal: 28.10.92 - 26.01.93 (65 Pattern)	0.0091	0.46	0.0072	0.62	0.0009
3. Quartal: 27.01.93 - 27.04.93 (65 Pattern)	0.0207	0.63	0.0112	0.58	0.0109
4. Quartal: 28.04.93 - 28.07.93 (66 Pattern)	0.0242	0.79	0.0173	0.80	0.0166

upquart60(60) - med60(60):

	MSD	MSD CIR	MAD	MAD CIR	Bias
1. Quartal: 29.07.92 - 27.10.92 (65 Pattern)	0.0064	0.04	0.0052	0.23	0.0004
2. Quartal: 28.10.92 - 26.01.93 (65 Pattern)	0.00112	0.43	0.0083	0.72	-0.0079
3. Quartal: 27.01.93 - 27.04.93 (65 Pattern)	0.0061	0.09	0.0049	0.35	0.0048
4. Quartal: 28.04.93 - 28.07.93 (66 Pattern)	0.0269	0.93	0.0197	0.96	0.0111

med60(60) - lowquart60(60):

	MSD	MSD CIR	MAD	MAD CIR	Bias
1. Quartal: 29.07.92 - 27.10.92 (65 Pattern)	0.0079	0.07	0.0071	0.30	0.0022
2. Quartal: 28.10.92 - 26.01.93 (65 Pattern)	0.0183	1.28	0.0124	0.94	0.0091
3. Quartal: 27.01.93 - 27.04.93 (65 Pattern)	0.0047	0.07	0.0041	0.32	0.0029
4. Quartal: 28.04.93 - 28.07.93 (66 Pattern)	0.0210	0.56	0.0184	0.87	0.0044

lowquart60(60) - min60(60):

	MSD	MSD CIR	MAD	MAD CIR	Bias
1. Quartal: 29.07.92 - 27.10.92 (65 Pattern)	0.0151	0.37	0.0131	0.65	0.0108
2. Quartal: 28.10.92 - 26.01.93 (65 Pattern)	0.0139	0.99	0.0102	1.01	0.0019
3. Quartal: 27.01.93 - 27.04.93 (65 Pattern)	0.0074	0.08	0.0036	0.16	0.0001
4. Quartal: 28.04.93 - 28.07.93 (66 Pattern)	0.0163	0.28	0.0135	0.56	0.0064

med60(60) - med60:

	MSD	MSD CIR	MAD	MAD CIR	Bias
1. Quartal: 29.07.92 - 27.10.92 (65 Pattern)	0.0364	1.06	0.0304	1.04	-0.0171
2. Quartal: 28.10.92 - 26.01.93 (65 Pattern)	0.0290	0.35	0.0222	0.54	-0.0008
3. Quartal: 27.01.93 - 27.04.93 (65 Pattern)	0.0391	2.80	0.0304	1.76	-0.0017
4. Quartal: 28.04.93 - 28.07.93 (66 Pattern)	0.0453	0.42	0.0360	0.55	0.0304

Anhang 5: Inter- und intraquartile Differenzen - Interface Modell - Monatsbetrachtung - Generalisierung

	max60(60) - upquart60(60)		upquart60(60) - med60(60)		med60(60) - lowquart60(60)		lowquart60(60) - min60(60)		med60(60) - med60	
	MSD	MAD	MSD	MAD	MSD	MAD	MSD	MAD	MSD	MAD
Monat 1: 29.07.92 - 27.08.92 (22 Pattern)	0.0168	0.0164	0.0081	0.0071	0.0077	0.0069	0.0084	0.0069	0.0406	0.0379
Monat 2: 28.08.92 - 28.09.92 (22 Pattern)	0.0098	0.0079	0.0072	0.0067	0.0097	0.0092	0.0206	0.0205	0.0444	0.0380
Monat 3: 29.09.92 - 28.10.92 (22 Pattern)	0.0068	0.0059	0.0022	0.0017	0.0057	0.0048	0.0135	0.0112	0.0190	0.0158
Monat 4: 29.10.92 - 27.11.92 (22 Pattern)	0.0102	0.0083	0.0121	0.0097	0.0044	0.0041	0.0054	0.0049	0.0291	0.0241
Monat 5: 30.11.92 - 29.12.92 (22 Pattern)	0.0115	0.0099	0.0135	0.0096	0.0159	0.0121	0.148	0.0113	0.0384	0.0325
Monat 6: 30.12.92 - 28.01.93 (22 Pattern)	0.0034	0.0032	0.0068	0.0053	0.0268	0.0204	0.0201	0.0168	0.0121	0.0098
Monat 7: 29.01.93 - 01.03.93 (22 Pattern)	0.0042	0.0041	0.0026	0.0022	0.0027	0.0023	0.0088	0.0069	0.0162	0.0132
Monat 8: 02.03.93 - 31.03.93 (22 Pattern)	0.0068	0.0055	0.0043	0.0040	0.0038	0.0034	0.0015	0.0011	0.0507	0.0437
Monat 9: 01.04.93 - 30.04.93 (22 Pattern)	0.0411	0.0311	0.0090	0.0089	0.0087	0.0081	0.0002	0.0002	0.0496	0.0414
Monat 10: 03.05.93 - 01.06.93 (22 Pattern)	0.0318	0.0267	0.0429	0.0372	0.0197	0.0165	0.0185	0.0144	0.0595	0.0565
Monat 11: 02.06.93 - 01.07.93 (22 Pattern)	0.0128	0.0093	0.0122	0.0100	0.0277	0.0263	0.0177	0.0165	0.0403	0.0325
Monat 12: 02.07.93 - 28.07.93 (19 Pattern)	0.0110	0.0090	0.0147	0.0135	0.0135	0.0120	0.0127	0.0112	0.0128	0.0096

	max60(60) - upquart60(60)		upquart60(60) - med60(60)		med60(60) - lowquart60(60)		lowquart60(60) - min60(60)		med60(60) - med60	
	MSD CIR	MAD CIR	MSD CIR	MAD CIR	MSD CIR	MAD CIR	MSD CIR	MAD CIR	MSD CIR	MAD CIR
Monat 1: 29.07.92 - 27.08.92 (22 Pattern)	0.41	0.64	2.55	1.69	0.03	0.18	0.06	0.22	1.03	1.12
Monat 2: 28.08.92 - 28.09.92 (22 Pattern)	0.07	0.27	0.02	0.15	0.16	0.40	1.93	1.86	2.44	1.64
Monat 3: 29.09.92 - 28.10.92 (22 Pattern)	0.02	0.14	0.01	0.09	0.20	0.49	0.44	0.63	0.28	0.52
Monat 4: 29.10.92 - 27.11.92 (22 Pattern)	0.37	0.53	6.59	2.51	0.11	0.32	0.71	0.93	2.11	1.49
Monat 5: 30.11.92 - 29.12.92 (22 Pattern)	0.89	0.98	0.22	0.36	1.67	1.34	2.66	1.70	0.60	0.72
Monat 6: 30.12.92 - 28.01.93 (22 Pattern)	0.17	0.41	2.55	1.44	1.63	1.22	0.81	0.85	0.03	0.14
Monat 7: 29.01.93 - 01.03.93 (22 Pattern)	0.02	0.15	0.03	0.22	0.44	0.65	0.33	0.48	0.42	0.75
Monat 8: 02.03.93 - 31.03.93 (22 Pattern)	0.82	0.82	0.02	0.15	0.02	0.16	0.0051	0.05	4.69	2.09
Monat 9: 01.04.93 - 30.04.93 (22 Pattern)	1.09	1.02	1.37	1.26	0.21	0.49	0.0001	0.0064	11.72	3.79
Monat 10: 03.05.93 - 01.06.93 (22 Pattern)	1.20	1.13	0.91	0.94	0.54	0.73	0.88	0.88	1.00	1.02
Monat 11: 02.06.93 - 01.07.93 (22 Pattern)	1.32	0.93	0.53	0.66	0.49	0.80	0.20	0.52	0.19	0.36
Monat 12: 02.07.93 - 28.07.93 (19 Pattern)	0.13	0.33	3.51	1.97	2.92	2.05	0.16	0.43	0.05	0.18

Anhang 6: Entwicklungen der Nenner der CIR-Berechnungen für die intraquartile Differenz des Median im Rahmen der Interface- Modellierung

Vergleich des MSD CIR Zählers und Nenners der intraquartilen Differenz des Median in ihrer Entwicklung über den Generalisierungszeitraum hinweg:

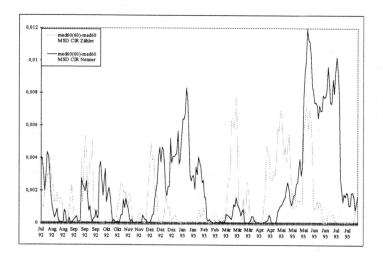

Vergleich des MAD CIR Zählers und Nenners der intraquartilen Differenz des Median in ihrer Entwicklung über den Generalisierungszeitraum hinweg:

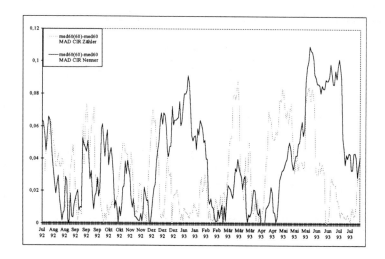

Anhang 7: Absolute Lagemaße - Interface Modell -
Quartalsbetrachtung - Generalisierung

maxabs60(60):

	MSD	MSD CIR	MAD	MAD CIR	Bias
1. Quartal: 29.07.92 - 27.10.92 (65 Pattern)	51.86	0.33	42.83	0.60	-17.64
2. Quartal: 28.10.92 - 26.01.93 (65 Pattern)	57.76	0.28	44.16	0.47	-15.07
3. Quartal: 27.01.93 - 27.04.93 (65 Pattern)	93.49	1.33	66.84	0.95	23.21
4. Quartal: 28.04.93 - 28.07.93 (66 Pattern)	150.25	0.67	119.96	0.73	103.74

upquartabs60(60):

	MSD	MSD CIR	MAD	MAD CIR	Bias
1. Quartal: 29.07.92 - 27.10.92 (65 Pattern)	61.40	0.61	52.32	0.86	-26.99
2. Quartal: 28.10.92 - 26.01.93 (65 Pattern)	53.66	0.30	39.06	0.48	-15.80
3. Quartal: 27.01.93 - 27.04.93 (65 Pattern)	68.60	1.25	53.73	1.17	4.02
4. Quartal: 28.04.93 - 28.07.93 (66 Pattern)	112.27	0.51	91.94	0.63	71.43

lowquartabs60(60):

	MSD	MSD CIR	MAD	MAD CIR	Bias
1. Quartal: 29.07.92 - 27.10.92 (65 Pattern)	55.36	0.67	44.29	0.75	-29.67
2. Quartal: 28.10.92 - 26.01.93 (65 Pattern)	55.90	0.74	47.32	0.80	-16.59
3. Quartal: 27.01.93 - 27.04.93 (65 Pattern)	64.42	2.42	50.77	1.49	-8.72
4. Quartal: 28.04.93 - 28.07.93 (66 Pattern)	53.93	0.35	45.94	0.57	43.44

minabs60(60):

	MSD	MSD CIR	MAD	MAD CIR	Bias
1. Quartal: 29.07.92 - 27.10.92 (65 Pattern)	66.61	0.58	52.51	0.73	-44.43
2. Quartal: 28.10.92 - 26.01.93 (65 Pattern)	56.81	0.99	47.33	0.90	-19.15
3. Quartal: 27.01.93 - 27.04.93 (65 Pattern)	61.55	1.62	47.93	1.18	-8.90
4. Quartal: 28.04.93 - 28.07.93 (66 Pattern)	47.00	1.22	39.29	0.95	31.87

medabs60(60):

	MSD	MSD CIR	MAD	MAD CIR	Bias
1. Quartal: 29.07.92 - 27.10.92 (65 Pattern)	56.32	1.08	46.85	1.05	-27.00
2. Quartal: 28.10.92 - 26.01.93 (65 Pattern)	45.57	0.35	34.84	0.54	-2.13
3. Quartal: 27.01.93 - 27.04.93 (65 Pattern)	65.46	2.89	50.73	1.77	-4.08
4. Quartal: 28.04.93 - 28.07.93 (66 Pattern)	76.81	0.39	61.89	0.54	51.43

Anhang 8: Absolute Lagemaße - Interface Modell - Monatsbetrachtung - Generalisierung

	maxabs60(60)		upquartabs60(60)		lowquartabs60(60)		minabs60(60)		medabs60(60)	
	MSD	MAD	MSD	MAD	MSD	MAD	MSD	MAD	MSD	MAD
Monat 1: 29.07.92 - 27.08.92 (22 Pattern)	54.48	48.44	76.67	71.02	50.65	47.32	48.94	45.73	63.23	58.77
Monat 2: 28.08.92 - 28.09.92 (22 Pattern)	66.51	62.09	67.62	60.74	75.28	62.00	95.75	78.79	68.62	58.49
Monat 3: 29.09.92 - 28.10.92 (22 Pattern)	26.29	18.53	29.03	25,47	31.85	24.49	41.60	33.46	28.81	23.90
Monat 4: 29.10.92 - 27.11.92 (22 Pattern)	45.12	38.39	44.95	37.77	47.80	40.51	50.71	41.62	43.86	36.41
Monat 5: 30.11.92 - 29.12.92 (22 Pattern)	6.28	75.99	78.16	63.14	70.19	62.75	65.70	52.32	61.77	51.41
Monat 6: 30.12.92 - 28.01.93 (22 Pattern)	20.94	17.80	19.06	15.39	44.99	37.75	49.77	43.72	19.95	16.25
Monat 7: 29.01.93 - 01.03.93 (22 Pattern)	32.64	28.99	27.92	23.91	29.37	24.35	25.86	23.07	27.01	21.92
Monat 8: 02.03.93 - 31.03.93 (22 Pattern)	72.25	60.50	81.75	68.28	89.94	79.11	86.48	76.04	86.86	74.48
Monat 9: 01.04.93 - 30.04.93 (22 Pattern)	164.51	136.21	92.68	80.69	66.99	56.06	66.29	55.42	79.98	66.84
Monat 10: 03.05.93 - 01.06.93 (22 Pattern)	214.45	213.49	162.87	161.18	70.71	69.08	51.44	44.39	99.44	94.31
Monat 11: 02.06.93 - 01.07.93 (22 Pattern)	114.89	93.86	92.37	78.37	35.60	26.68	35.16	30.36	71.45	58.44
Monat 12: 02.07.93 - 28.07.93 (19 Pattern)	30.76	23.25	23.36	21.55	35.46	32.84	40.14	43.20	24.26	18.16

	maxabs60(60)		upquartabs60(60)		lowquartabs60(60)		minabs60(60)		medabs60(60)	
	MSD CIR	MAD CIR	MSD CIR	MAD CIR	MSD CIR	MAD CIR	MSD CIR	MAD CIR	MSD CIR	MAD CIR
Monat 1: 29.07.92 - 27.08.92 (22 Pattern)	2.52	1.64	1.77	1.47	0.29	0.54	0.20	0.51	1.02	1.12
Monat 2: 28.08.92 - 28.09.92 (22 Pattern)	0.25	0.50	0.32	0.55	4.69	1.97	3.55	1.87	2.44	1.64
Monat 3: 29.09.92 - 28.10.92 (22 Pattern)	0.13	0.31	1.18	1.16	0.27	0.43	0.21	0.40	0.29	0.53
Monat 4: 29.10.92 - 27.11.92 (22 Pattern)	1.53	1.31	3.01	1.75	1.05	1.00	0.88	0.89	2.09	1.49
Monat 5: 30.11.92 - 29.12.92 (22 Pattern)	0.40	0.58	0.41	0.56	1.19	1.05	0.97	0.83	0.65	0.75
Monat 6: 30.12.92 - 28.01.93 (22 Pattern)	0.02	0.14	0.02	0.13	0.28	0.46	1.03	0.91	0.03	0.15
Monat 7: 29.01.93 - 01.03.93 (22 Pattern)	0.20	0.43	0.30	0.62	0.46	0.74	0.36	0.63	0.43	0.75
Monat 8: 02.03.93 - 31.03.93 (22 Pattern)	0.56	0.69	0.92	0.89	6.27	2.42	3.84	2.23	4.88	2.13
Monat 9: 01.04.93 - 30.04.93 (22 Pattern)	3.48	2.05	12.59	4.12	4.84	2.07	1.47	1.14	11.06	3.69
Monat 10: 03.05.93 - 01.06.93 (22 Pattern)	1.02	1.01	0.93	0.98	1.13	1.22	1.70	1.18	0.99	1.02
Monat 11: 02.06.93 - 01.07.93 (22 Pattern)	0.28	0.44	0.23	0.41	0.11	0.27	0.65	0.70	0.20	0.36
Monat 12: 02.07.93 - 28.07.93 (19 Pattern)	0.12	0.42	0.05	0.24	0.12	0.34	0.77	0.76	0.05	0.19

Anhang 9: Interface Modell und Benchmark Modell auf Basis von Differenzengrößen - Hit Rate - Monatsbetrachtung - Generalisierung

	Interface Modell HR	Benchmark Modell HR
Monat 1: 29.07.92 - 27.08.92 (22 Pattern)	0.95	0.86
Monat 2: 28.08.92 - 28.09.92 (22 Pattern)	1.00	1.00
Monat 3: 29.09.92 - 28.10.92 (22 Pattern)	1.00	1.00
Monat 4: 29.10.92 - 27.11.92 (22 Pattern)	0.50	0.41
Monat 5: 30.11.92 - 29.12.92 (22 Pattern)	0.91	0.86
Monat 6: 30.12.92 - 28.01.93 (22 Pattern)	0.77	1.00
Monat 7: 29.01.93 - 01.03.93 (22 Pattern)	0.86	0.95
Monat 8: 02.03.93 - 31.03.93 (22 Pattern)	1.00	1.00
Monat 9: 01.04.93 - 30.04.93 (22 Pattern)	0.68	1.00
Monat 10: 03.05.93 - 01.06.93 (22 Pattern)	1.00	1.00
Monat 11: 02.06.93 - 01.07.93 (22 Pattern)	1.00	1.00
Monat 12: 02.07.93 - 28.07.93 (19 Pattern)	0.37	0.84

Anhang 10: Interface Modell und Benchmark Modell auf Basis von Absolutgrößen - Hit Rate - Monatsbetrachtung - Generalisierung

	Interface Modell				Benchmark Modell			
	HR gesamt	HR short	HR neutral	HR long	HR gesamt	HR short	HR neutral	HR long
Monat 1: 29.07.92 - 27.08.92 (22 Pattern)	0.14	0.27	0.14	0.82	0.64	0.73	0.68	0.86
Monat 2: 28.08.92 - 28.09.92 (22 Pattern)	0.32	0.18	0.55	0.64	0.50	0.55	0.50	0.95
Monat 3: 29.09.92 - 28.10.92 (22 Pattern)	0.82	0.82	0.64	0.82	0.64	1.00	0.64	0.64
Monat 4: 29.10.92 - 27.11.92 (22 Pattern)	0.19	0.73	0.68	0.50	0.64	1.00	0.64	0.64
Monat 5: 30.11.92 - 29.12.92 (22 Pattern)	1.00	1.00	0.12	0.82	0.82	1.00	0.82	0.82
Monat 6: 30.12.92 - 28.01.93 (22 Pattern)	1.00	1.00	1.00	1.00	1.00	1.00	1.00	1.00
Monat 7: 29.01.93 - 01.03.93 (22 Pattern)	0.68	0.77	0.55	0.77	0.45	0.95	0.50	0.45
Monat 8: 02.03.93 - 31.03.93 (22 Pattern)	0.14	0.23	0.55	0.32	0.00	0.23	0.77	0.00
Monat 9: 01.04.93 - 30.04.93 (22 Pattern)	0.91	0.23	0.36	0.91	0.09	0.95	0.14	0.09
Monat 10: 03.05.93 - 01.06.93 (22 Pattern)	0.36	0.68	0.50	0.27	0.73	1.00	0.73	0.73
Monat 11: 02.06.93 - 01.07.93 (22 Pattern)	1.00	1.00	0.86	0.86	0.95	1.00	0.95	0.95
Monat 12: 02.07.93 - 28.07.93 (19 Pattern)	1.00	1.00	0.68	0.68	1.00	1.00	1.00	1.00

Literaturverzeichnis

A

[AKAI73] Akaike, H.: Information Theory and an Extension of the Maximum Likelihood Principle, in: Petrov, B. / Csake, F. (Hrsg.): Proceedings of the 2nd International Symposium on Information Theory, Budapest 1973.

[ARMI94] Arminger, G.: Ökonometrische Schätzmethoden für neuronale Netze, in: Bol, G. et al. (Hrsg.): Finanzmarktanwendungen neuronaler Netze und ökonometrischer Verfahren, Heidelberg 1994, S. 25-39.

[ASOH89] Asoh, H. / Otsu, N.: Nonlinear Data Analysis and Multilayer Perceptrons, in: Proceedings of International Joint Conference on Neural Networks, Vol. II, Washington 1989, S. 411-415.

[ASSE91] Assenmacher, W.: Einführung in die Ökonometrie, Oldenbourg 1991.

[AZOF94] Azoff, E.M.: Neural Network Time Series Forecasting of Financial Markets, New York 1994.

B

[BACK90] Backhaus, K. et al.: Multivariate Analysemethoden, Berlin 1990.

[BAES92] Baestaens, D.E. / Van den Bergh, W.M.: Tracking the Amsterdam Stock Market Using Hecht-Nielsen's Knowledge Net, in: Proceedings to PASE Workshop, Vol. 2, No. 6, Prag 1992, S. 543-559.

[BALS92] Balsara, N.: Money Management Strategies for Futures Traders, New York 1992.

[BAMB89] Bamberg, G. / Schittko, U.K.: Einführung in die Ökonometrie, 1989.

[BARR92] Barron, A.R.: Universal Approximation Bounds for Superpositions of a Sigmoidal Function, Technical Report, Yale University, 1992.

[BARU95] Barucci, E. et al.: No-Arbitrage Asset Pricing with Neural Networks under Stochastic Volatility, Working Paper, University of Florence and Banca Commerciale Italiana, 1995.

[BAUE90] Bauer, H.-U. / Geisel, T.: Sequence Analysis in Feedback Multilayer Perceptrons, in: Eckmiller, R. (Hrsg.): Parallel Processing in Neural Systems and Computers, North Holland 1990, S. 375-378.

[BAUM88] Baum, E.B. / Wilczek, F.: Supervised Learning of Probability Distributions by Neural Networks, in: Anderson, D. (Hrsg.): Neural Information Processing Systems, New York 1988, S. 52-61.

[BEAL90] Beale, T. / Jackson, T.: Neural Computing: An Introduction, Bristol/Philadelphia/New York 1990.

[BERN95] Bernhardt, C.: Mathematische und statistische Grundlagen, Seminar DVFA, Frankfurt a. M. 1995.

[BOUR87] Bourland, H. / Kamp, Y.: Auto-Association by Multilayer Perceptrons and Singular Value Decomposition, Manuscript, M217, Philips Research Lab., Brussels 1987.

[BROC87] Brock, W. / Dechert, W.D. / Scheinkman, J.A.: A Test for Indepence Based on the Correlation Dimension, Working Paper, Dept. of Economics, University of Wisconsin, University of Houston and University of Chicago, 1987.

[BURG95] Burgess, A.N. / Refenes A.N.: A Generalised Mean-Absolute-Deviation Estimator for Predicting Quantiles of Stock Index Distributions, Working Paper, Neuroforecasting Unit, London Business School, 1995.

C

[COX85] Cox, J.C. / Rubinstein, M.: Options Markets, New Jersey 1985.

[CRUZ88] Cruz, C.A.: Understanding Neural Networks, A Primer, Amherst 1988.

[CYBE89] Cybenko, G.: Approximation by Superpositions of a Sigmoidal Function, in: Mathematics of Control, Signals and Systems, Vol. 2, S. 303-314.

D

[DAY69] Day, N.E.: Estimating the Components of a Mixture of Normal Distributions, in: Biometrica, Bd. 56, Nr. 3, 1969.

[DEGR91] de Groot, C. / Würtz, D.: Time Series Analysis with Connectionist Networks, in: Proceedings of PASE '91, Parallel Problem Solving Applications in Statistics and Economics, Zürich 1991, S. 87-96.

[DEMP89] Dempster, A.P. et al.: Maximum Likelihood from Incomplete Data via the EM Algorithm, in: Journal of the Royal Statistical Society B, 1989.

[DEUB95] Deutsche Börse AG: DAX-Volatilitätsindex, Merkblatt der Deutsche Börse AG, Frankfurt a. M. 1995.

[DUDA73] Duda, R.O. / Hart, P.E.: Pattern Classification and Scene Analysis, New York 1973.

E

[ELJA90] El-Jaroudi, A. / Makhoul, J.: A New Criterion for Posterior Probability Estimation with Neural Nets, in: Proceedings of International Joint Conference on Neural Networks, Vol. III, San Diego 1990, S. 185-192.

[ELMA90] Elman, J.L.: Finding Structure in Time, in: Cognitive Science, Volume 14, No. 2, 1990, S. 179-211.

[EVER84] Everitt, B.S.: Maximum Likelihood Estimation of the Parameters in a Mixture of two univariate Normal Distributions; A Comparison of Different Algorithms, in: The Statistican, Bd. 33, 1984.

F

[FAHL91] Fahlmann, S.E. / Lebiere, C.: The Cascade-Correlation Learning Architecture, Technical Report, Carnegie Mellon University, 1991.

[FAMA65] Fama, E.F.: The Behavior of Stock-Market Prices, in: The Journal of Business, Vol. XXXVIII, 1965, S. 34-105.

[FINN91] Finnoff, W.: Complexity Measures for Classes for Neural Networks with Variable Weight Bounds, in: Proceedings of the International Joint Conference on Neural Networks, Singapore 1991.

[FINN93] Finnoff, W. / Hergert, F. / Zimmermann, H.G.: Improving Model Selection by Nonconvergent Methods, Arbeitspapier, Siemens AG, Zentrale Forschungs- und Éntwicklungsabteilung, München 1993.

[FINN93b] Finnoff, W. / Hergert, F. / Zimmermann H.G.: Neuronale Lernverfahren mit variabler Schrittweite, Arbeitspapier, Siemens AG, Zentrale Forschungs- und Éntwicklungsabteilung, München 1993.

[FINN94] Finnoff, W.: Diffusion Approximations for the Constant Learning Rate Backpropagation Algorithm and Resistence to Local Minima, in: Neural Computation, Vol. 6, No. 2, 1994.

[FOER84] Förster, F. et al.: Der Lisrel-Ansatz der Kausalanalyse und seine Bedeutung für die Marketing-Forschung, in: Zeitschrift für die Betriebswirtschaft, 54. Jg., Heft 4, 1984, S. 346-367.

[FRAN87] Franzmann, H.-J.: Der Monatseffekt am deutschen Aktienmarkt, in: ZfB, 57. Jg., 1987, S. 611-635.

[FRAN89] Franzmann, H.-J.: Saisonalitäten und Bewertung am deutschen Aktien- und Rentenmarkt, Frankfurt a. M. 1989.

[FREA89] Frean, M.R.: The Upstart Algorithm: A Method for Constructing and Training Feed-Forward Neural Networks, in: Neural Computation, 1989.

[FRIE84] Friedrich, D.: Systemtheorie und ökonomische Modelle, Freiburg 1984.

G

[GALLA88] Gallant, A.R. / White H.: There Exists a Neural Network that Does not Make Avoidable Mistakes, in: Proceedings of IEEE Conference on Neural Networks, 1988, S. 24-27.

[GALLI88] Gallinari et al.: Multilayer Perceptrons and Data Analysis, in: Proceedings of IEEE Conference on Neural Networks, Bd. I, 1988, S. 391-399.

[GALLI91] Gallinari et al.: On the Relations Between Discriminant Analysis and Multilayer Perceptrons, in: Neural Networks, Vol. 4, 1991, S. 349-360.

[GERK88] Gerke, W.: Destabilisieren Computerprogramme die Aktienkurse? in: Spektrum der Wissenschaft, Nr. 1, 1988, S. 24-31.

[GERK91] Gerke, W. / Bienert, H.: Die Entwicklung einer computerisierten Modellbörse zur Simulation von Kursbildungsprozessen, Arbeitspapier, Universität Mannheim, 1991.

[GERK92] Gerke, W. / Hendrik, G. / Schroeder-Wildberg, U.: Market-Transparency and the Efficiency of an Experimental Stock Market with Homogeneous Information Supply, Working Paper, No. 6, Universität Erlangen-Nürnberg, 1992.

[GISH90] Gish, H.: A Probabilistic Approach to the Understanding and Training of Neural Network Classifiers, in: Proceedings of IEEE Conference of Acoustics Speech and Signal Processing, 1990, S. 1361-1364.

[GRAM89] Gramß, T. / Strube, H.W. : Entwicklung mehrschichtiger Neuronaler Netzwerke zur Worterkennung und -reproduktion, in: Informationstechnik it, Nr. 31, 1989, S. 324-333.

[GRAN91] Granger, C.W.: Developments in the Nonlinear Analysis of Econometric Series, in: Scandinavian Journal of Economics, Vol. 93, Iss. 2, 1991, 263-276.

[GRAß95] Graßmann, J.: Artificial Neural Networks in Regression and Discrimination, Arbeitspapier, Institut für Biostatistik, DKFZ, Heidelberg 1995.

[GRAY90] Gray, R.M.: Entropy and Information Theory, New York 1990.

H

[HAEF94] Haefke, C. / Helmenstein, C.: Stock Price Forecasting of Austrian Initial Public Offerings Using Artificial Neural Networks, in: Proceedings of Neural Networks in the Capital Markets, Pasadena 1994.

[HAFF95] Haffner, C.: Möglichkeiten der Modellierung des realen Börsengeschehens mit Hilfe der Kapitalmarktsynergetik, Frankfurt a. M. 1995.

[HAKE82] Haken, H.: Synergetik, Berlin 1982.

[HAMP90] Hampshire, J.B. / Pearlmutter, B.: Equivalence Proofs for Multi-Layer Perceptron Classifiers and the Bayesian Discriminant Function, in: Proceedings of the 1990 Connectionist Models Summer School, San Mateo 1990, S. 159-172.

[HANS89] Hanson, S.J. / Pratt, L.Y.: Comparing Biases for Minimal Network Construction with Back-Propagation, in: Touretzky, D.S. (Hrsg.): Advances in Neural Information Processing I, 1989.

[HART93] Hartung, J. et al.: Statistik, Oldenbourg 1993.

[HAST95] Hastie, T.J. / Tibshirani, R.J.: Nonparametric Regression and Classification Part I and II, in: Cherkassky et al. (Hrsg.): From Statistics to Neural Networks - Theory and Pattern Recognition Applications, Berlin et al. 1995, S. 62-82.

[HAYK94] Haykin, S.: Neural Networks - A Comprehensive Foundation, New York 1994.

[HECH89] Hecht-Nielsen, R.: Neurocomputing, Reading 1989.

[HERG92] Hergert, F. / Finnoff, W. / Zimmermann, H.G.: Evaluation of Pruning Techniques, Arbeitspapier, Siemens AG, Zentrale Forschungs- und Entwicklungsabteilung, München 1992.

[HERT91] Hertz, J. / Krogh, A. / Palmer, R.: Introduction to the Theory of Neural Computation, Lecture Notes Volume I, Santa Fe Institute Studies in the Sciences of Complexity, Redwood City et al. 1991.

[HILL94] Hillmer, M. / Graf, J.: Aktienkursprognose mit Statistischen Verfahren und Neuronalen Netzen: Ein Systemvergleich, in: Bol, G. et al. (Hrsg.): Finanzmarktanwendungen neuronaler Netze und ökonometrischer Verfahren, Heidelberg 1994, S. 149-182.

[HINT86] Hinton, G.E. / Sejnowski, T.S.: Learning and Relearning in Boltzman Machines, in: Rumelhart, D.E. / McClelland, J.L. (Hrsg.): Parallel Distributed Processing - Explorations in the Microstructure of Cognition, Foundations, Cambridge / London 1986, S. 282-317.

[HORN89]　Hornik, K. / Stinchcombe, M. / White, H.: Multilayer Feedforward Networks are Universal Approximators, in: Neural Networks, Vol. 2, 1989, S. 359-366.

[HORN90]　Hornik, K. / Stinchcombe, M. / White, H.: Universal Approximation of an unknown Mapping and its Derivatives using Multilayer Feedforward Networks, in: Neural Networks, Vol. 3, 1990, S. 551-560.

[HORN91]　Hornik, K.: Approximation Capabilities of Multilayer Feedforward Networks, in: Neural Networks, Vol. 4, 1991, S. 251-257.

[HRYC93]　Hrycej, D.: A New Algorithm for Hidden and Input Layer Pruning, Proceedings to Neuro Nimes '93, 6th International Conference, Nimes 1993, S. 85-93.

[HSIE91]　Hsieh, D.A.: Chaos and Nonlinear Dynamics: Application to Financial Markets, in: Journal of Finance, XLVI:5, 1991, S. 1839-1877.

[HUTC94]　Hutchinson, J.M. et al.: A Nonparametric Approach to Pricing and Hedging Derivatives Securities via Learning Networks, in: Journal of Finance, No. 49, S. 851-889, 1994.

J

[JANß92]　Janßen, B. / Rudolph, B.: Der Deutsche Aktienindex DAX - Konstruktion und Anwendungsmöglichkeiten, Frankfurt a. M. 1992.

K

[KEMK88]　Kempke, C.: Der neuere Konnektionismus, Ein Überblick, in: Informatik Spektrum, Nr. 11, 1988, S. 143-162.

[KERL94]　Kerling, M. / Poddig, T.: Klassifikation von Unternehmen mittels KNN, in: Rehkugler, H. / Zimmermann, H.G. (Hrsg.): Neuronale Netze in der Ökonomie, München 1994, S. 427-490.

[KLEE91]　Kleeberg, J.M.: Die Eignung von Marktindizes für eine empirische Aktienmarktuntersuchung, Wiesbaden 1991.

[KÖHL90]　Köhle, M.: Neurale Netze, Wien / New York 1990.

[KOTL95]　Kotler, P. / Bliemel, F.: Marketing-Management, Stuttgart 1995.

[KRAT90]　Kratzer, K.P.: Neuronale Netze, Grundlagen und Anwendungen, München/Wien 1990.

[KUAN91]   Kuan, C-M. / White, H.: Artificial Neural Networks: An Econometric Perspective, Arbeitspapier, University of Illinois und University of California, 1991.

[KULB68]   Kullback, S.: Information Theory and Statistics, New York 1968.

L

[LAND90]   Landes, T. / Loistl, O.: Complexity Models in Financial Markets - The Interpendencies of non-observable Value Estimates and observable Price Quotations, Working Paper, University of Paderborn, 1990.

[LANG93]   Lang, A.J.: Indices für den deutschen Aktienmarkt, in: Die Bank, Nr. 11, 1993, S.648-650.

[LAPE87]   Lapedes, A. / Farber, R.: Nonlinear Signal Processing Using Neural Networks: Prediction and System Modelling, Los Alamos National Laboratory, Los Alamos 1987.

[LEBA94]   LeBaron, B.: Nonlinear Diagnostics and Simple Trading Rules for High-Frequency Foreign Exchange Rates, in: Weigend, A. / Gershenfeld, N. (Hrsg.): Time Series Prediction - Forecasting the Future and Understanding the Past, Reading 1994, S. 457-474.

[LECU90]   Le Cun, Y. / Denker, J. / Solla, S.: Optimal Brain Damage, in: Advances in Neural Information Processing Systems II, San Mateo 1990, S. 598-605.

[LEE93]   Lee, T.H. / White, H. / Granger, C.W.J.: Testing for Neglected Nonlinearity in Time Series Models, in: Journal of Econometrics, Bd. 56, 1993, S. 269-290.

[LIPP87]   Lippmann, R.P.: An Introduction to Computing with Neural Nets, in: IEEE Acoustics, Speech and Signal Processing Magazine, 1987, S. 4-22.

[LIPP95]   Lippmann, R.P.: Neural Networks, Bayesian a posteriori Probabilities, and Pattern Classification, in: Cherkassky et al. (Hrsg.): From Statistics to Neural Networks - Theory and Pattern Recognition Applications, Berlin et al. 1995, S. 83-104.

M

[MACK91]   MacKay, D.: Bayesian Modelling and Neural Networks, Ph.D. Thesis, California Institute of Technology, Pasadena 1991.

[MIES91]   Miesbach, S.: Wenn Roboter arbeiten lernen: Ideen und Methoden der Neuroinformatik zur Regelung und Steuerung, Informationstechnik it, Nr. 6, 1991, S. 300-309.

[MILL94]   Miller, M.: Das Optimieren von Neuronalen Netzen für den Einsatz zur Prognose in der Ökonomie, in: Bol, G. et al. (Hrsg.): Finanzmarktanwendungen neuronaler Netze und ökonometrischer Verfahren, Heidelberg 1994, S. 125-147.

[MOOD89]   Moody, J.: Fast Learning in Networks of Locally-Tuned Processing Units, in: Neural Computation, Vol. 1, No. 2, 1989.

[MOOD92]   Moody, J.: The Effective Number of Parameters: An Analysis of Generalisation and Regularization in Nonlinear Systems, in: Advances in Neural Information Processing Systems IV, San Mateo 1992, S. 837-854.

[MOOD93]   Moody, J. / Utans, J.: Principled Architecture Selection for Neural Networks: Application to Corporate Bond Rating Prediction, in: Neural Information Processing Systems, No. 4, 1993, S. 683-690.

[MOOR62]   Moore, A.: A Statistical Analysis of Common-Stock Prices, Ph.D. Thesis, University of Chicago, 1962.

[MOZE89]   Mozer, M. / Smolensky, P.: Using Relevance to Reduce Network Size Automatically, in: Connection Science, Vol. I, No. 1, 1989.

[MURA94]   Murata N. et al.: Network Information Criterion - Determining the Number of Hidden Units for an Artificial Neural Network Model, in: IEEE Transactions on Neural Networks, Vol. 5, No. 6, 1994, S. 865-872.

N

[NELS90]   Nelson, M. / Illingworth, W.T.: A Practical Guide to Neural Nets, Reading 1990.

[NEUN94]   Neuneier, R. / Tresp, V.: Radiale Basisfunktionen, Dichteschätzungen und Neuro-Fuzzy, in: Rehkugler, H. / Zimmermann, H.G. (Hrsg.): Neuronale Netze in der Ökonomie, München 1994, S. 91-130.

[NEUN94b] Neuneier, R. et al.: Estimation of Conditional Densities: A Comparison of Neural Network Approaches, in: Proceedings of the International Conference on Artificial Neural Networks, Bd. 1, 1994, S. 689-692.

[NISO94]   Nison, S.: Beyond Candlesticks, New Japanese Charting Techniques Revealed, New York et al. 1994.

[NIVE93]   Nivelle, F. et al.: Optimal Design of Neural Network Using Resampling Methods, in: Proceedings of Neuro Nimes '93, 6th International Conference, Nimes 1993, S. 95-105.

[NIX94] Nix, D.A. / Weigend, A.: Estimating the Mean and Variance of the Target Probability Distribution, in: Proceedings of World Congress of Neural Networks, 1994.

[NNCM94] **Proceedings of the Second International Conference on Neural Networks in the Capital Markets**, Pasadena 1994.

[NNCM95] **Proceedings of the Third International Conference on Neural Networks in the Capital Markets**, London 1995.

[NOWL91] Nowlan, S.J.: Soft Competitive Adaption: Neural Network Learning Algorithms based on Fitting Statistical Mixtures, Ph.D. Thesis, School of Computer Science, Carnegie Mellon University, Pittsburgh 1991.

O

[ORMO93] Ormoneit, D.: Estimation of Probability Densities using Neural Networks, Diplomarbeit, Technische Universität München, 1993.

[ORMO95] Ormoneit, D.: Reliable Neural Network Predictions in the Presence of Outliers and Non-Constant Variances, Arbeitspapier, Siemens AG, Zentrale Forschungs- und Entwicklungsabteilung, München 1995.

P

[PAO89] Pao, Y.-H.: Adaptive Pattern Recognition and Neural Networks, Reading 1989.

[PODD92] Poddig, T.: Künstliche Intelligenz und Entscheidungstheorie, Wiesbaden 1992.

[PODD93] Poddig, T.: Ein Jacknife-Ansatz zur Struktrextraktion in Multilayer-Perceptrons bei kleinen Datenmengen, in: Kirn, S. / Weinhardt, C. (Hrsg.): Tagungsband Workshop KI-Methoden in der Finanzwirtschaft, Universität Giessen, 1993.

[PODD94] Poddig, T. / Wallem, A.: Wechselkursprognosen, in: Rehkugler, H. / Zimmermann, H.G. (Hrsg.): Neuronale Netze in der Ökonomie, München 1994, S. 290-336.

R

[RAFF74] **Raffee, H.**: Grundprobleme der Betriebswirtschaftslehre, Betriebswirtschaftslehre im Grundstudium der Wirtschaftswissenschaft, Band 1, Göttingen 1974.

[REDE94] **Redelberger, T.**: Grundlagen und Konstruktion des VDAX-Volatilitätsindex der Deutsche Börse AG, Arbeitspapier der Deutsche Börse AG, Frankfurt a. M. 1994.

[REFE92] **Refenes, A.N. / Azema-Barac, M.**: Neural Network Applications in Financial Asset Management, Arbeitspapier, University College London, 1992.

[REFE93] **Refenes, A.N. / Zapranis, A. / Bentz, Y.**: Modeling Stock Returns With Neural Networks, in: Proceedings of Neural Networks in the Capital Markets, London 1993, o. S..

[REFE94] **Refenes, A.N.**: Measuring the Performance of Neural Networks in Modern Portfoliomanagement: Testing Strategies and Metrics, in: Proceedings of Neural Networks in the Capital Markets, Pasadena 1994, S. 1-13.

[REFE95] **Refenes, A.N. (Hrsg.)**: Neural Networks in the Capital Markets, New York 1995.

[REFE95b] **Refenes, A.N.**: Data Modelling Considerations, in: Refenes, A.N. (Hrsg.): Neural Networks in the Capital Markets, New York 1995, S. 55-65.

[REFE95c] **Refenes, A.N.**: Methods for Optimal Network Design, in: Refenes, A.N. (Hrsg.): Neural Networks in the Capital Markets, New York 1995, S. 33-54.

[REFE95d] **Refenes, A.N.**: Neural Network Design Considerations, in: Refenes, A.N. (Hrsg.): Neural Networks in the Capital Markets, New York 1995, S. 15-32.

[REHK90] **Rehkugler, H. / Poddig, T.**: Statistische Methoden versus Künstliche Neuronale Netze zur Aktienkursprognose, eine vergleichende Studie, Bamberger Betriebswirtschaftliche Beiträge, Nr. 73/1990, Bamberg 1990.

[REHK92] **Rehkugler, H. / Poddig, T.**: Anwendungsperspektiven und Anwendungsprobleme von Künstlichen Neuronalen Netzwerken, in: Information Management, Nr. 2, 1992, S. 50-58.

[REHK94] **Rehkugler, H. / Zimmermann, H.G. (Hrsg.)**: Neuronale Netze in der Ökonomie, München 1994.

[RICH91] **Richard, M.D. / Lippmann, R.P.**: Neural Network Classifiers Estimate Bayesian a posteriori Probabilities, in: Neural Computation, Vol. 3, No. 4, 1991, S. 461-483.

[RIES94] Rieß, M.: Ihr Netzwerk denkt mit, Neuronale Netze im Einsatz bei der Allianz Lebensversicherung, in: Versicherungsbetriebe, o. J., Nr. 7/8, 1992, S. 6-9.

[RIPL92] Ripley, B.D.: Statistical Aspects of Neural Networks, Arbeitspapier des Department of Statistics, University of Oxford, 1992.

[ROGE62] Rogers, E.M.: Diffusion of Innovations, New York 1962.

[RUCK90] Ruck, D. et al.: The Multilayer Perceptron as an Approximation to a Bayes Optimal Discriminant Function, in: IEEE Transactions on Neural Networks, Vol. 1, No. 4, 1990.

[RUME86] Rumelhart, D.E. / Hinton, G.E. / Williams, R.J.: Learning internal Representations by Error Propagation, in: Rumelhart, D.E. / McClelland, J.L. (Hrsg.): Parallel Distributed Processing - Explorations in the Microstructure of Cognition, Foundations, Cambridge 1986, S. 318-362.

S

[SARL94] Sarle, W.S.: Neural Networks and Statistical Models, in: Proceedings of the Nineteenth Annual SAS Users Group International Conference, S. 1538-1550.

[SCHL93] Schlittgen, R.: Einführung in die Statistik, München 1983.

[SCHNE92] Schneeweiss, C.: Planung, Band 2: Konzepte der Prozeß- und Modellgestaltung, Berlin et al. 1992.

[SCHNI89] Schnittke, J.: Überrenditeeffekte am deutschen Aktienmarkt - Eine theoretische und empirische Untersuchung, Köln 1989.

[SENN95] **SENN - Software Entwicklungsumgebung für Neuronale Netze**, Siemens Nixdorf Advanced Technologies GmbH, Benutzerhandbuch, Version 2.0, 1995.

[SHAR66] Sharpe, W.: Mutual Fund Performance, in: Journal of Business, Januar 1966.

[SMYT89] Smythe, E.J.: Temporal Representation in a Connectionist Speech System, in: Touretzky (Hrsg.): Advances in Neural Information Processing Systems I, 1989, S. 240-247.

[SRIV94] Srivastave, A.N. / Weigend, A.: Computing the probability density in connectionist regression, in: Proceedings of the International Conference on Artificial Neural Networks, Bd. 1, 1994, S. 685-688.

[STIN89] Stinchcombe, M. / White, H.: Universal Approximation using Feedforward Networks with non-sigmoid Hidden Layer Activation Functions, in: Proceedings of International Joint Conference on Neural Networks, Vol. I, New York 1989, S. 613-617.

[STOR88]   Stornetta, W.S.: A Dynamical Approach to Temporal Pattern Processing, in: Anderson, D. (Hrsg.): Neural Information Processing Systems American Institute of Physics, New York 1988, S. 46-54.

T

[TAM90]   Tam, K.Y. / Kiang, M.: Predicting Bank Failurs: A Neural Network Approach, in: Applied Artificial Intelligence, Vol. 4, No. 4, 1990, S. 265-282.

[TANK88]   Tank, D.W. / Hopfield, J.J.: Kollektives Rechnen mit neuronenähnlichen Schaltkreisen, in: Spektrum der Wissenschaft, Februar 1988, S. 46-54.

[THEI66]   Theil, H.: Applied Economic Forecasting, Amsterdam 1966.

[TREL90]   Treleaven, P. / LanLoo, S.: Novel Information Technologies for Rocket Science, in: Proceedings of International Conference on Forecasting and Optimisation in Financial Services, London 1990, S. 1-12.

[TRES94]   Tresp, V. / Ahmad, S. / Neuneier R.: Training Neural Networks with Deficient Data, in: Hanson, S.J. et al. (Hrsg.): Advances in Neural Information Processing Systems, No. 6, 1994, o. S..

[TUKE77]   Tukey, A.: Exploratory Data Analysis, Reading 1977.

V

[VAPN71]   Vapnik, V.N. / Chervonenkis, A.Y.: On the Uniform Convergence of Relative Frequencies of Events to Their Probabilities, in: Theory of Probability and Its Applications, No. 16, 1971, S. 264-280.

W

[WAN90]   Wan, E.A.: Neural Network Classification: A Bayesian Interpretation, in: IEEE Transactions on Neural Networks, No. 4, 1990, S. 303-305.

[WEIG91]   Weigend, A.S. / Rumelhart, D. / Hubermann, B.: Generalization by Weight Elimination with Application to Forecasting, in: Lippmann, R.P / Moody, J. (Hrsg.): Advances in Neural Information Processing III, 1991.

[WEIG93]   Weigend, A.S. / Gershenfeld, N.A. (Hrsg.): Time Series Prediction - Forecasting the Future and Understanding the Past, Reading 1993.

[WEIG94]   Weigend, A.S.: Predictions with Confidence Intervals (Local Error Bars), in: Proceedings of the International Conference on Neural Information Processing, Seoul 1994, S. 847-852.

[WERB74]   Werbos, P.J.: Beyond Regression, Ph.D. Thesis, Harvard University, 1974.

[WERB94]   Werbos, P.J.: The Roots of Backpropagation - From Ordered Derivatives to Neural Networks and Political Forecasting, New York 1994.

[WHIT89a] White, H.: Learning in Artificial Neural Networks: A Statistical Perspective, in: Neural Computation 1, 1989, S. 425-464.

[WHIT89b] White, H.: Some Asymptotic Results for Learning in Single Hidden-Layer Feedforward Network Models, in: Journal of the American Statistical Association, Vol. 84, No. 408, 1989, S. 1003-1013.

[WHIT89c] White, H.: An Additional Hidden Unit Test for Neglected Nonlinearity, in: Proceedings of the International Joint Conference on Neural Networks, Washington 1989, S. 451-455.

[WHIT90]   White, H.: Connectionist Nonparametric Regression: Multilayer Feedforward Networks Can Learn Arbitrary Mappings, in: Neural Networks, Vol. 3, 1990, S. 535-549.

[WHIT92]   White, H.: Parametric Statistical Estimation with Artificial Neural Networks, Technical Report, University of California, 1992.

[WHIT95]   White, H.: Parametric Statistical Estimation with Artificial Neural Networks: A Condensed Discussion, in: Cherkassky et al. (Hrsg.): From Statistics to Neural Networks - Theory and Pattern Recognition Applications, Berlin et al. 1995, S. 127-146.

[WITT94]   Wittkemper, H.-G.: Neuronale Netze als Hilfsmittel zur Rendite- und Risikoschätzung von Aktien, Köln 1994.

[WÖHE86]   Wöhe, G.: Einführung in die Allgemeine Betriebswirtschaftslehre, München 1986.

[WUER94]   Würtz, D. et al.: A "Neural" Decision Support System for Predicting Currency Exchange Rates, Arbeitspapier, ETH Zürich, 1994.

Z

[ZEID90]   Zeidenberg, M.: Neural Networks in Artificial Intelligence, West Sussex 1990.

[ZIMM90]   Zimmermann, H.G.: Planungs- und Entscheidungsunterstützung mit neuronalen Netzen, in: Neuronale Netze, Tutorium der GI- Jahrestagung, Stuttgart 1990, S. 1-21.

[ZIMM92]   Zimmermann, H.G. / Hergert, F. / Finnoff, W.: Neuron Pruning and Merging Methods for Use in Conjunction with Weight Elimination, Arbeitspapier, Siemens AG, Zentrale Forschungs- und Entwicklungsabteilung, München 1992.

[ZIMM94]   Zimmermann, H.G.: Neuronale Netze als Entscheidungskalkül, in: Rehkugler, H. / Zimmermann, H.G. (Hrsg.): Neuronale Netze in der Ökonomie, München 1994, S. 1-87.